中井真孝　校注

新訂　法然上人絵伝

思文閣出版

凡例

一、本書の底本は、浄土宗総本山知恩院が所蔵する『法然上人行状絵図』四十八巻を使用した。

二、活字化するに当たり、常用漢字体を使用し、俗字・略字・変体仮名等は通用の字体に改めた。ただし躍り字は、漢字は「々」、仮名は「ゝ」「〳〵」を用いた。

三、読解に資するために、適宜に句読点を施し、引用文や会話文に「　」『　』などを付けた。また清音の仮名に濁音符を付けたが、現代と異なり、中世において清音または濁音で発音していたと思われる語は、それを尊重した。

四、仏教用語や固有名詞には現代仮名遣いによる振り仮名を付し、古語や歴史的仮名遣いの仮名には漢字を当てるなど、なるべく読み易くした。

五、原文の割書き・注記は〈　〉で括り、一行書きとした。漢文体の文章は、先に原文を掲げ、その後ろの（　）内に訓読文を旧仮名遣いで入れた。

六、原文に見せ消ちしてある文字は翻刻しなかった。

七、漢字の振り仮名は、通読に便宜を得るために努めてつけたが、釈迦《しゃか》・如来《にょらい》・阿弥陀《あみだ》・観音《かんのん》・地蔵《じぞう》・菩薩《ぼさつ》、往生《おうじょう》・帰依《きえ》・経論《きょうろん》・化身《けしん》・供養《くよう》・畜生《ちくしょう》・念珠《ねんじゅ》・凡夫《ぼんぷ》・末法《まっぽう》のごとく誰もが容易に読める仏教語には付さなかった。また語によっては訓読・音読、音読でも漢音・呉音のいずれにすべきか判断つかない場合は、私見によった。

八、底本の誤字（当て字）は、正字を右傍もしくは脚注に付記した。

九、巻第十八の『選択集』『無量寿経釈』、巻三十一「七箇条起請文」の読み下し文の仮名書きに対しては、なるべく原著の漢字表記を当てた。典拠が判明している文章も同様である。

十、漢字の「見」と草書体の「み」の判別は、原則として寛永十三年刊本に従った。

新訂　法然上人絵伝　目次

凡　例

法然上人行状絵図

第一

序……三
父母仏神に祈て上人を懐妊し給ふ事……四
御誕生の時白幡天より降る事……五
小児の時勢至丸と号する事……五
父時国定明が為に夜討にあへる事……六
時国最後遺言の事……七

第二

定明逐電念仏往生の事……八
小児菩提寺観覚の室に入給事……八
観覚小児の器量を見て台嶺に送る事……九
小児上洛の時道にて法性寺殿へ参りあひ給ふ事……一〇

第三

小児叡山持宝坊に入給事……一一
小児四教義をさづかりて不審をなす事……一一
持宝坊小児の器量に驚きて皇円の室に送る事……一二
小児十五歳剃髪登壇受戒の事……一三
十六歳の時まづ三大部を学び給事……一三
十八歳西塔黒谷慈眼房の室に御遁世の事……一四

第四

上人一切経御披閲の事……一六
嵯峨清涼寺に御参籠の事……一七
法相の蔵俊二字を奉らるる事……一七
三論の寛雅秘書を附属し奉らるる事……一八
華厳宗の慶雅二字を奉らるる事……一八
御室より上人を御招請上人御辞退の事……二〇

第五
上人自解の御物語の事……………………二三
十住心論に付て弘法大師と夢中に御問答の事……二四
中川実範二字を奉らるる事…………………二七
上人教外の仏心に通達し給事………………二八
宝地房上人の智徳をほめ給事………………二九
上人の老後に静厳法印の弟子法門を尋ね奉る事…三一

第六
上人一切経御披覧の後浄土宗に入給事………三三
慈眼房と称名観仏勝劣問答の事……………三四
叡山黒谷を出て東山吉水に住して浄土宗を開給事…三五
善導恵心の勧に随て称名を宗とし給ふ御物語の事…三五
念仏七万遍の後は昼夜余言をまじへ給ざりし事…三七
凡夫入報土の義を顕さんが為に別宗を立給事……三八
信寂房に聖道浄土の二教を東西の宣旨に譬て御示の事……………三九
上人の命によて俊乗坊唐より五祖の真影を将来する事……………四〇

第七
法華三昧の時普賢道場に現じ山王影降の事……四二
華厳御披講の時竜神守護の事………………四二
上西門院にて御説戒の時小蛇解脱の事………四三
三密御修行の時種々の瑞相現ずる事…………四四
夢中相承の事……………………………四四
三昧発得の後種々の勝相を見給事……………四六

第八
暗夜に光明を放ち給事……………………四八
勢至菩薩来現の事…………………………四九
弥陀の三尊来現の事………………………四九
霊山寺別時念仏の時種々瑞相の事…………五〇
月輪殿より御退出の時頭光を現じ給事………五〇
御念珠より光を放つ事……………………五一
鏡の御影并勢至円通の文を自賛に用ひ給事……五一
諸人種々の瑞夢を感ずる事…………………五三

第九

後白河法皇御如法経の時上人御先達の事……五五

御料紙をむかへ奉らるる事……五六

写経の水をむかへ奉らるる事……五七

十種供養の事……五八

御経奉納の為に首楞厳院に臨幸の事……五八

中堂より還御の事……五九

第十

高倉天皇上人に御帰依御受戒の事……六一

後白河法皇御受戒幷往生要集を講じ給ふ事……六一

法皇御臨終上人御善知識の事……六二

法皇の御菩提の為に別時念仏六時礼讃を行じ給事……六三

法皇の御遠忌に浄土の如法経を始行し給事……六三

後鳥羽院御受戒幷上西門院修明門院御受戒の事……六七

第十一

月輪殿にて御仏事の時上人伝供の上座を勤め給事……六九

殿下御帰依の余り月輪殿に上人の御休所を造らしめ給事……六九

上人月輪殿へ参りたまふ時殿下御はだしにておりむかはせ給ふ事……七〇

上人月輪殿の請に依て選択集を御撰述の事……七一

上人房籠禁足の事……七二

月輪殿上人を師として御出家受戒の事……七三

第十二

大炊御門左大臣経宗公念仏往生の事……七四

花山院左大臣兼雅公念仏往生の事……七五

右京権大夫隆信朝臣奇瑞往生の事……七五

民部卿範光兼て死期を知り念仏往生の事……七六

大宮内府実宗公念仏往生の事……七七

野宮左大臣公継公奇瑞往生の事……七七

第十三

聖護院無品親王御臨終前に上人を請じて念仏往生の事……七九

竹林房静厳法印上人の御教化に依て疑念を散ずる

事……八〇
清水寺大勧進沙弥印蔵滝山寺に不断念仏始行の事…八一
興福寺古年童奇瑞往生の事……八二
多くの師範還て弟子と成給ひし御物語の事……八二
引接寺の三尊御開眼の事……八四
第十四
天台座主権僧正顕真の事……八六
大原問答の事……八七
顕真一向専修の行者と成給事……九〇
顕真大願を立て一向称名の五坊を建立の事……九二
顕真座主御往生の事……九二
第十五
慈鎮和尚上人の御教化に依て受戒念仏の事……九四
慈鎮日吉の拝殿にて七日の間西方懺法幷六時に高声念仏の事……九五
天王寺の絵堂に九品往生人の詩歌の事……九六
月輪殿の御息妙香院良快僧正上人に帰依の事……一〇四
第十六
明遍僧都光明山より高野山に遁世の事……一〇七
僧都選択集披覧の後専修念仏門に入給ふ事……一〇七
僧都上人に謁して散心称名の疑を決し給ふ事……一〇九
僧都日課百万返の行者を軽しめて夢に善導の御しかりにあひ給ふ事……一一〇
僧都往生の事……一一二
第十七
安居院聖覚法印上人の御化導に帰せられし事……一一四
上人瘧病の時聖覚説法祈願の霊験の事……一一六
但馬宮より念仏往生の御尋の時法印請文の事……一一七
上人第三年の御忌に法印真如堂にて七日説法の事…一一八
聖覚法印往生の事……一一九
法印往生の後夢中に人を勧化し給ふ事……一一九
第十八
選択集の簡要の文少々訳和する事……一二三
往生大要鈔の三心要文の事……一三〇

大経の釈の中に女人往生の願の細釈の事……一三二
第十九
月輪殿の北政所へ進ぜらるる御返状の事……一三五
陰陽師阿波介初て二念珠を作る事……一三六
住山僧東大寺の上棟を見て疑を散じ奇瑞往生の事…一三八
尼聖如房の臨終に遣す御消息の事……一三九
法華読誦の尼専修念仏に帰して往生の事……一四二
第二十
天野四郎入道教阿に示し給ふ至誠心の御教訓をうけて往生の事……一四五
沙弥随蓮が夢に上人無智念仏の安心を示し給事…一五〇
山伏作仏房熊野権現の御告に依て上人に帰依せし事……一五二
第二十一
上人常に仰せられし肝要の法語三十一箇条を記す事……一五五
小消息の事……一六二
念仏行者の用心委細の御教誡の事……一六四
第二十二
或人に示し給安心起行委細の御消息の事……一七〇
或人の種々不審を答給中の十九箇条を記す事……一八〇
第二十三
或人往生の用心を尋ける御答九箇条の事……一八五
観相称名を執せる鎮西の修行者に御教訓の事……一九七
第二十四
上人弥陀経の大意を演給事……一九九
諸宗の祖師は皆極楽に往生し給御物語の事……二〇〇
聖光房安楽房安心の尋に依て上人御答の事……二〇一
四種三昧末代の人難行なる事……二〇三
左京大夫信実朝臣の伯母に答給御消息の事……二〇四
走湯山の尼妙真顕密の行を捨て念仏往生の事……二〇五

第二十五
鎌倉二位禅尼念仏用心御尋上人御返状の事……二〇七
大胡義隆が子息太郎実秀安心を示し給上人御返状の事……二〇九
武蔵国弥次郎入道夢の告により死期を知て念仏往生の事……二一六
第二十六
甘糟太郎忠綱上人に疑を決して戦場にて奇瑞往生の事……二一九
宇津宮弥三郎頼綱発心念仏奇瑞往生の事……二二一
薗田太郎成家出家念仏奇瑞往生の事……二二三
西明寺殿念仏往生の事……二二五
第二十七
熊谷入道蓮生始て上人の御教化を承りてけしからず泣たりし事……二二八
蓮生上品上生の往生の大願をおこせし事……二三〇
蓮生不背西方の文を信じて関東下向馬上にもうしろさまに乗たる事……二三四
蓮生兼て決定往生の種々の奇瑞を感ずるに付て月輪殿より上人へ御尋の御状の事……二三六
蓮生兼て死期を知て奇瑞不思議の大往生の事……二三八
第二十八
津戸三郎為守上人に帰依して但信称名の行者となる事……二四〇
征夷将軍専修の旨を召尋らるべきよし為守上人へ申進じければ委く御返事の事……二四五
為守出家して尊願と号する事……二五〇
第二十九
成覚房幸西邪見の一念義を立て門徒を擯罰せられし事……二五五
平基親卿成覚房の義を記して上人に邪正を決せらるる事……二五五
基親卿に答給ふ御返状の事……二五八
越後国光明房に遣す一念義を誡しめ給御返状の事……二五九

一念義停止の起請文を定給事……二六一
第三十
肥後阿闍梨皇円発願して大蛇の身を受られし事 …二六四
妙覚寺浄心房虚仮の行者なりし事 ……二六五
本三位重衡卿生捕れて上洛の時上人の御教訓を蒙る事……二六六
東大寺造営の為に上人を大勧進職に補せらるべき院宣幷上人御辞退の事……二六七
上人俊乗房を大勧進職に選び奏せられし事 ……二六八
上人大仏殿にて浄土三部経御講談の事……二六八
上人御詠歌の事……二七〇
第三十一
南都北嶺の衆徒専修停止の訴の事 ……二七三
上人門弟連署の七箇条の起請文を座主に進ぜらるる事……二七三
月輪殿座主に進ぜらるる御消息の事……二七七
興福寺の衆徒白疏を捧る事 ……二八〇
第三十二
聖覚を執筆にて上人所懐を述給へる御消息の事 …二八一
第三十三
住蓮安楽鹿谷にして別時念仏六時礼讃修行の事 …三〇二
建永二年二月上人遠流の宣旨下る事 ……三〇三
門弟等なげき申によりて上人御教訓の事 ……三〇四
月輪殿御なごりを惜給ふ事 ……三〇六
第三十四
三月十六日上人花洛を出て夷境に趣き給事 ……三〇八
鳥羽より川船にてくだり給ふ事……三〇九
摂津国経の島につき給ふ事……三〇九
播磨国高砂の浦につき給ふ事……三〇九
同国室の泊につき給ふ事 ……三一〇
第三十五
讃岐国塩飽の地頭が館に着給事……三一一
讃岐国子松庄生福寺に住し給ふ事 ……三一二

月輪殿御往生并光親卿に御遺言の事……三一三
津戸三郎為守に御返状の事……三一五
熊野権現上人の御本地を直聖房に告給事……三一六
上人国中の霊地を御巡礼の事……三一七
第三十六
建永二年十二月遠流勅免の宣旨下る事……三一八
摂津国柙部にてしばし御勧化の事……三一九
同国勝尾寺に暫く止り給事……三一九
上人所持の一切経を勝尾寺に施入し給ふ事……三二〇
上人帰洛の宣旨下る事……三二二
建暦元年霜月廿日上人大谷の禅房に帰住の事……三二四
第三十七
建暦二年正月二日より上人御所労の事……三二五
十一日に仏菩薩の来現をおがみ給ふ事……三二六
同日年来三昧発得し給ふ御物語の事……三二六
廿日に紫雲坊の上にたなびく事……三二七
廿五日午の正中上人御往生の事……三二八
桑原左衛門入道念仏往生の事……三二九
第三十八
御往生の前後に諸人種々の瑞夢を感ずる事……三三一
有人大谷の御廟所を寄進并諸人瑞夢の事……三三三
堀河太郎入道廟堂の柱を寄進霊験往生の事……三三四
第三十九
御没後七七日仏事の事……三三六
二七日導師求仏房檀那別当入道の孫の事……三三七
三七日導師住真房檀那正信房湛空の事……三三七
四七日導師法蓮房檀那良清の事……三三七
五七日導師権律師隆寛檀那勢観房源智の事……三三八
六七日導師法印聖覚檀那慈鎮和尚の事……三三八
七七日導師三井僧正公胤檀那法蓮房信空の事……三三九
第四十
公胤決疑鈔を作て選択を破し并前非を悔て念仏往生の事……三四一

栂尾明恵上人摧邪輪を作て選択を破せられし事　…三四四
後禅林寺静遍僧都選択集を破せんとして却て念仏門に入れし事……三四六

第四十一
毘沙門堂明禅法印選択集に帰して専修念仏の事　…三四八
後鳥羽院遠所の御所幷但馬の宮より散心念仏往生御尋法印所存注進の事　……三五〇
法印奇瑞往生の事　……三五四

第四十二
山僧並榎の竪者定照衆徒の蜂起を勧て隆寛等を流す事……三五六
嘉禄三年六月山門の衆徒大谷の廟堂を破却せんとする事……三五七
御廟改葬の事……三五八
西郊にわたし奉る路次の警固の事　……三五八
嵯峨及広隆寺に移し置奉る事……三五九
安貞二年正月西山の粟生野にて荼毘し奉る事……三五九
正信房湛空御骨を迎て二尊院の雁塔に奉納の事　…三六〇

第四十三
白川の法蓮房信空附法の事　……三六二
西仙房心寂生涯別時念仏の行儀にて奇瑞往生の事　…三六四
嵯峨正信房湛空附法の事　……三六七
播磨国朝日山の信寂房附法の事……三六八
竹谷の乗願房宗源附法の事　……三七〇

第四十四
長楽寺の隆寛律師附法の事　……三七三
上人小松殿の御堂にて選択集を隆寛に御附属の事　…三七五
律師遠流の時長楽寺にて別時念仏奇瑞を顕はす事　…三七六
律師相模国飯山にて奇瑞往生の事　……三七六
武州の刺史朝直朝臣律師の勧化に帰して念仏往生の事……三七八
遊蓮房円照の事……三八〇

第四十五
勢観房源智附法の事……三八二
遠江国蓮花寺の禅勝房の事……三八五
醍醐の俊乗房重源附法の事……三九四
第四十六
鎮西の聖光房弁長附法の事……三九七
聖光房帰国の後背宗の邪義を記して上人に御証判を請れし事……三九八
聖光房念仏授手印撰述の時善導大師影現し給事……四〇〇
筑後国善導寺建立の事……四〇一
聖光房念仏往生修行門製作の事……四〇三
第四十七
西山の善恵房証空附法の事……四〇六
善恵房白木の念仏巧説の事……四〇七
津戸三郎入道尊願の尋に付て善恵房返状の事……四一〇
善恵房恭敬修を好み精進修行の事……四一七
第四十八
法性寺空阿弥陀仏和讃念仏の事……四二〇
空阿の臨終行儀の尋に付て上人御返状の事……四二一
上人常に空阿の無智念仏の化導をほめ給し事……四二二
空阿兼て死期を知て奇瑞往生の事……四二三
嵯峨の往生院念仏房の事……四二四
真観房感西の事……四二五
石垣の金光房の事……四二六
法本房行空成覚房幸西は一念の邪義を立て門徒を擯出せられ覚明房長西は諸行本願義を執して選択集に違背せる故并門徒の列に載ざる事……四二六
解　題……四二九
あとがき
索引（僧尼・人名・典籍・寺院・地名）

法然上人行状絵図

法然上人行状絵図　第一

夫以《それおもんみれば》、我《わが》本師釈迦如来は、あまねく*流浪三界《るろうさんがい》の迷徒をすくはむがために、ふかく平等一子の悲願をおこしましますによりて、忽《たちまち》に*無勝荘厳《むしょうしょうごん》の化《け》をかくして、かたじけなく*娑婆濁悪《しゃばじょくあく》の国に入給《いりたまい》しよりこのかた、非生《ひしょう》に生を現じて、*無憂樹《むうじゅ》の花ゑ《（笑）》みをふくみ、非滅に滅をとなへて、*堅固林《けんごりん》の風こゝろをいたましむ。在世《ざいせ》八十箇年、慈雲ひとしく群生《ぐんじょう》におほ《（被）》ひ、滅後二千余廻《かい》、法水《ほっすい》なを《（猶）》*三国にながる。教門しなこと《（品異）》に、利益《りやく》これまち〳〵なり。そのなかに聖道《しょうどう》の一門は、穢土《えど》にして自力をはげまし、濁世《じょくせ》にありて得道を期《ご》す。但《ただ》をそ《（恐）》らくは、とき澆季《ぎょうき》にをよ《（及）》びて、*二空《にくう》の月くもりやすく、こゝろ*塵縁《じんえん》にはせて、三悪のほの《（炎）》をまぬがれがたし。煩悩《ぼんのう》具足の凡夫、*順次《じゅんし》に輪廻《りんね》のさとを出《いで》ぬべきは、たゞこれ浄土の一門のみなり。これにつきて、諸家《しょけ》の*解尺《げしゃく》、蘭菊《らんぎく》美をほしきまゝにすといへども、唐朝の*善導和尚《ぜんどうかしょう》、弥陀の化身として、ひとり本願の深意《じんい》をあらはし、我朝《わがちょう》の法然上人《ほうねんしょうにん》、勢至《せいし》の応現として、もはら《（専）》称名《しょうみょう》の要行《ようぎょう》をひろめ給ふ。和漢国ことなれども化導《けどう》一致にして、男女《なんにょ》

［序］
流浪三界　迷いの世界に生死を繰り返す
無勝荘厳　釈尊の過去世の浄土
娑婆濁悪　五濁と十悪がはびこるこの世
無憂樹　この木の下で摩耶夫人が釈尊を産む
堅固林　沙羅の樹林。ここで釈尊が入滅する
三国　天竺（インド）・震旦（中国）・日本
二空　人も法もともに空である
塵縁　六識（眼・耳・鼻・舌・身・意の認識作用）の対象
順次に　この世の生涯を終えた次の世において
解尺　尺は「釈」の当て字
善導　中国浄土教の大成者（六一三～八一）

貴賤《きせん》信心を得やすく、紫雲異香《*いきよう》往生の瑞《ずい》すこぶるしげ《（繁）》し。念仏の弘通《ぐずう》こゝに尤《もっとも》さか《（盛）》むなりとす。しかるに上人遷化《*せんげ》のゝち、星霜やゝつもれり。教誡《きようかい》のことば利益のあと、人やうやく《（漸）》これをそらんぜず。もしるして後代にとゞめずは、たれか賢をみてひとし《（等）》からむことをおもひ、出離*の要路ある事をしらむ。これによりてひろく前聞《ぜんもん》をとぶらひ、あまねく旧記をかんがへ、まことをえらび、あやまりをたゞして、粗《ほぼ》始終の行状*を勒《ろく》するところなり。おろかなる人のさとりやすく、み《（見）》むものゝ信をすゝめむがために、数軸《*すじく》の画図《えず》にあらはして、万代《ばんだい》の明鑑にそなふ。往生をこひねがはむ輩《ともがら》、たれかこのこゝろざしをよみ《（嘉）》せざらむ。

抑《そもそも》上人は、美作国《みまさかの》久米*の南条稲岡《いなおかの》庄の人なり。父は久米の押領使《*おうりようし》漆《うるま》の時国《ときくに》、母は秦氏《はたうじ》なり。子なきことをなげきて、夫婦こゝろをひとつにして仏神に祈申《いのり》に、秦氏夢に剃刀《かみそり》をのむとみて、すなはち懐妊す。時国がいはく、「汝《なんじ》がはらめるところ、さだめてこれ男子《なんし》にして、一朝*の戒師たるべし」と。秦氏そのこゝろ柔和にして、身に苦痛なし。かたく酒肉五辛*をたちて、三宝に帰する心深かりけり。

[第一図]

異香　かぐわしい香り
遷化　高僧の死去をいう
出離の要路　生死輪廻の世界を離れる肝要な道
行状を勒する　人の行実・業績などを記述する
数軸　多くの巻物。数は「多く」、軸は「巻物」を意味する。実際は全四八巻

[父母仏神に祈て上人を懐妊し給ふ事]
久米の南条稲岡庄　現在の岡山県久米郡久米南町
押領使　地方の乱行の鎮定や盗賊の逮捕に当たる官職
一朝の戒師　天子に戒を授ける高僧
五辛　五種の辛味や臭みのある野菜

つゐ（遂）に*崇徳院《すとくいん》の御宇《ぎょう》、*長承《ちょうしょう》二年四月七日午《うま》の正中《しょうちゅう》に、秦氏なやむ事なくして男子をうむ。時にあたりて紫雲天にそびく（聳）。館《たち》のうち家の西に、もとふたまた（二股）にしてすゑ（末）しげく（繁）、たかき椋《むく》の木あり。白幡《しらはた》二流《ふたながれ》とびきたりて、その木《こ》ずゑ（末）にかゝれり。*鈴鐸《れいたく》天にひゞき、文彩《もんさい》日にかゞやく。七日を経て天にのぼりてさりぬ。見聞《けんもん》の輩奇異のおもひをなさずといふことなし。これより彼《かの》木を両幡《ふたはた》の椋の木となづく。星霜かさなりてかたぶき（傾）たふれ（倒）にたれど、異香つねに薫じ、奇瑞《きずい》たゆることなし。人これをあがめて、仏閣をたてゝ*誕生寺《たんじょうじ》と号し、*影堂《えいどう》をつくりて念仏を修《しゅ》せしむ。昔*応神《おうじん》天皇御誕生の時、八《やつ》の幡くだる。正見正語《しょうけんしょうご》等の*八正道《はっしょうどう》に住したまふしるしなりといへり。いま上人出胎《しゅったい》の瑞、ことの儀あひおなじ。さだめてふかきこゝろあるべし。

[第二図]

所生《しょしょう》の小児《しょうに》、字《あざな》を*勢至と号す。竹馬《ちくば》に鞭《むち》をあぐるよはひ（齢）より、その性《しょう》かしこくして成人のごとし。やゝもすれば、にしの壁にむかひゐる（居）くせあり。*天台大師童稚《どうち》の行状にたがはずなん侍《はべ》りける。

[御誕生の時白幡天より降る事]
崇徳院　第七五代天皇（在位一一二三～四一）
長承二年　一一三三年
鈴鐸　幡に付いた鈴
誕生寺　岡山県久米郡久米南町にある浄土宗の寺
影堂　上人の木像を安置する仏堂
応神天皇　第一五代天皇（在位二七〇～三一〇）
八正道　仏教の基本的な八種の実践法（正見・正思惟・正語・正業・正命・正精進・正念・正定）

[小児の時勢至丸と号する事]
勢至　元禄一三年の刊本に「勢至丸」とする。
天台大師　中国天台宗の初祖、名は智顗（五三八～九七）

[第三図]

かの時国は、先祖をたづぬるに、*仁明《にんみよう》天皇の御後、*西三条右大臣〈光公《ひかる》〉の後《こう》胤《いん》、式部《しきぶの》大郎源《みなもと》の年《とし》、陽明門にして蔵人《くろうど》兼高《かねたか》を殺す。其科《そのとが》によりて美作国に配流《はいる》せらる。こゝに当国久米の押領使神戸《かんべ》の大夫《たいふ》漆の元国《もとくに》がむすめに嫁《か》して、男子をむ《（生）》ましむ。元国男子なかりければ、彼の外孫《がいそん》をもちて子として、その跡をつがしむる時、源の姓をあらためて漆の盛行《もりゆき》と号す。盛行が子重俊《しげとし》、々々《（重俊）》が子国弘《くにひろ》、々々《（国弘）》が子時国なり。これによりて、かの時国いさゝか本姓に慢ずる心ありて、当庄〈稲岡〉の*預所《あずかりどころ》明石《あかし》の*源内武者《げんないむしや》定明《さだあきら》〈伯耆守《ほうきのかみ》源長明《ながあきら》が嫡男、*堀川院《ほりかわのいん》御在位の時の*滝口也《たきぐちなり》〉をあなづりて、執務にしたがはず、面謁せざりければ、定明ふかく遺恨して、*保延《ほうえん》七年の春、時国を夜討にす。この子ときに九歳也。にげかくれてもの《（物）》ゝひま《（隙）》より見《み》給ふに、定明庭にありて、箭《や》をはげ《（矧）》てたて《（立）》りければ、小矢《こや》をもちてこれをいる《（射）》。定明が目のあひだにたちにけり。この疵《きず》かくれなくて、事あらはれぬべかりければ、時国が親類のあた《（仇）》を報ぜん事をおそれて、定明*逐電してながく当庄にいら《（入）》ず。それよりこれを小矢児《こやちご》となづく。見聞の諸人《しよにん》、感歎せずといふことなし。

[父時国定明が為に夜討にあへる事]

仁明天皇　第五四代天皇（在位八三三～五〇）

西三条右大臣　仁明天皇の皇子、源姓を賜る（八四五～九一三）

預所　領主に代わり荘園の管理を行なう

源内武者　源姓の内舎人の意で、上皇の御所を護衛する武士をいう

堀川院　第七三代天皇（在位一〇八六～一一〇七）

滝口　宮中の護衛に当たる武士

保延七年　一一四一年

逐電　行方をくらまして逃げる

[第四図]

時国ふかき疵をかうぶり（被）て、死門にのぞむとき、九歳の小児にむかひていはく、「汝《なんじ》さらに会稽《*かいけい》の恥をおもひ、敵人《てきじん》をうらむる事なかれ。これ偏《ひとえ》に先世《ぜんぜ》の宿業《*しゆくごう》也。もし遺恨をむすばゞ、そのあた世々《せぜ》につきがたかるべし。しかじはやく俗をのがれいゑ（家）を出《いで》て、我菩提《ぼだい》をとぶらひ、みづからが解脱《*げだつ》を求《もとめん》には」といひて、端坐《*たんざ》して西にむかひ、合掌して仏を念じ、眠《ねむる》がごとくして息絶《たえ》にけり。

[第五図]

[時国最後遺言の事]

会稽の恥　戦いに敗れた時の恥辱
宿業　前世の報い
解脱　現世の苦悩から解放されて自由の境地に達する
端坐　姿勢を正して座る

法然上人行状絵図　第二

定明《さだあきら》逐電のゝち、隠居の心しづかにして、已造《*いぞう》の罪をくひ、当来*の苦をかなしみ、念仏をこた（怠）らずして往生の望《のぞみ》をとぐ。其《その》子孫みな上人《しょうにん》の余流をうけ、浄土の一行《いちぎょう》をむねとせり。小児《しょうに》たゞ人にあらず、豈怨敵《あにおんてき》をうらむる心あらんや。定明疵《きず》を被るによりて、跡をかくし、往生を遂《とげ》、子孫又《また》浄土門に入《いる》。権化《*ごんげ》の善巧《*ぜんぎょう》なるべし。迷情あへ（敢）てあやしみをなす事なかれ。

[第一図]

当国に菩提寺《*ぼだいじ》といふ山寺あり。かの寺の院主《いんじゅ》観覚《*かんがく》得業《*とくごう》と云《いい》けるは、もと延暦《えんりやく》寺《じ》の学徒なりけり。大業の望を達せざることをうらみて、南都にうつり、法相《*ほっそう》を学して所存をとぐ。ひさし（久）の得業とぞ申ける。秦氏《はたうじ》が弟なりければ、小児の叔《おじ》なるうへ（上）、父遺言の事ありければ、童子彼《かの》室にいりぬ。学問の性《しょう》ながるゝ水よりもすみやかにして、一をきゝて十をさとる。きくところのこと憶持して、更にわするゝこ

[定明逐電念仏往生の事]
已造の罪　時国を殺害したこと
当来　将来、来世
権化　仏菩薩が衆生を救うため、仮に姿を変えてこの世に現れる
善巧　衆生を教化するための巧みな手段

[小児菩提寺観覚の室に入給事]
菩提寺　岡山県勝田郡奈義町にある寺
観覚　智鏡房ともいう
得業　学僧の位階の一つ
法相　南都六宗の一つ

となし。

[第二図]

観覚小児の器量をみるに、いかにもたゞ人にはあらずおぼえければ、いたづらに辺鄙《へんぴ》の塵《ちり》に混ぜん事ををしみ《（惜）》て、はやく*台嶺《たいれい》の雲にをくら《（送）》むことをぞ支度《したく》しける。しかるべき事にやありけん、小児そのおもむきをきゝて、旧里にとゞまるこゝろなく、*花洛《からく》をいそぐ思《おもい》のみあり。観覚よろこびて、此《この》ちごを相《あい》具して母の所にゆきて、ことのよしをかたる。児童*母儀《ぼぎ》をこしらへていはく、「うけがたき人身《にんじん》をうけ、あひがたき仏教にあふ。眼《まなこ》のまへの無常をみて、夢の中《うち》の栄耀《えいよう》をいとふべし。就中《なかんずく》に亡父の遺言、耳の底にとゞまりて、心のうちにわすれず。はやく四明*にのぼりて、すみやかに一乗*をまなぶべし。但《ただし》母よ《（世）》にいまさん程は、*晨昏《しんこん》の礼をいたし、*水菽《すいしゆく》の孝をつとむべしといへども、*有為《うい》をいとひ無為*にいるは、真実の報恩なりといへり。一旦《いったん》の離別をかなしみ、永日《えいじつ》の悲歎をのこし給《たまう》事なかれ」と、再三なぐさめ申。母堂ことはりにをれ《（折）》て、承諾の詞《ことば》をのぶ《（述）》といへども、袖《そで》にあまるかなしみの涙、小児のくろかみをうるを《（潤）》す。有為のならひ《（習）》しのびがたく、*浮生《ふせい》のわかれ

[観覚小児の器量を見て台嶺に送る事]
台嶺　比叡山
花洛　華やかな京都
母儀をこしらふ　母親をなだめる
四明　比叡山の別称
一乗　仏の真の教えは唯一で、すべての者が仏になれると説く教え。天台宗をいう
晨昏の礼　朝夕に仕えること
水菽の孝　貧しくとも親に孝行する
有為　無常（迷い）の世界
無為　涅槃（悟り）の世界
浮生　はかないこの世

まど《（惑）》ひやすくて、かくぞおもひつゞけゝる。

かたみ《（形見）》とてはかなきをや《（親）》のとゞめてし*このわかれ《（別）》さへまたいかにせん

さてしもあるべきならねば、*叡岳西塔《えいがくさいとう》の北谷持宝房《じほうぼう》の源光《げんこう》がもとにつかはす。観覚が状云《じょうにいわく》、「進上*大聖文殊《だいしょうもんじゅの》像一体」と。これ智恵のすぐれたる事をしめす心なりけり。

［第三図］

童子十五歳、*近衛院御宇《このえのいんのぎょう》*久安三年春二月十三日に、千重《ちえ》の霞《かすみ》をわけて九禁の雲に入る。*つくりみち《（作道）》にして*法性寺殿《ほっしょうじどの》〈忠通《ただみち》公、于時《ときに》摂政〉の御出《ぎょしゅつ》にまいりあひたてまつる。小児馬よりをり《（降）》て道のかたはらに侍《はべ》るに、御《み》車をとゞめられて、「いづくの人ぞ」と御尋《たずね》ありければ、おくりの僧、ことのよしを申あぐ。*御《おん》礼儀ありてすぎさせ給ふ。*供奉《ぐぶ》の人々存外のおもひをなす。のちに仰《おおせ》られけるは、「路次《ろし》にあふ所の小童、眼より光をはなつ。いかにもたゞものにあらざることをしりぬ。これによりて礼をなしき」とぞ仰られける。*月輪殿《つきのわどの》の御帰依あさからざりけるも、彼《か》の御《おん》物語を御耳の底にとゞめられけるゆへ《（故）》にやありけむとおぼつか《（覚束）》なし。

この　「此の」と「子の」の掛け詞
叡岳西塔　比叡山（延暦寺）は三塔（東塔・西塔・横川）に分かれ、西塔に五谷（北谷・東谷・南谷・南尾・北尾）があった
大聖　仏への敬称。また菩薩にもいう

［小児上洛の時道にて法性寺殿へ参りあひ給ふ事］
近衛院　第七六代天皇（在位一一四一～五五）
久安三年　一一四七年
つくりみち　京都南郊の鳥羽に新しく作った道
法性寺殿　藤原忠通。摂政・関白（一〇九七～一一六四）
御礼儀あり　会釈をたまわる
供奉　お供に付き従う
月輪殿　九条兼実。藤原忠通の三男、摂政・関白（一一四九～一二〇七）

［第四図］

法然上人行状絵図　第三

童子*入洛《じゅらく》の、ち、まづ観覚得業《かんがくとくごう》が状を持宝房《じほうぼう》につかはす。源光《げんこう》、観覚が状を披覧して、文殊《もんじゅ》の像をたづぬるに、たゞ小児《しょうに》のみ上洛《じょうらく》せるよし使者申ければ、源光はやく児童の聡明《そうめい》なる事をしりぬ。すなはち児《ちご》のむかへにつかはしければ、同十五日に*登山《とうざん》す。

[第一図]

*独木《どくぼく》かけはし（懸橋）あやうく、*九花いろめづら（珍）し。持宝坊にいたり給《たまい》ぬ。試《こころみ》にまづ*四教義をさづくるに、籤《せん》をさ（挿）して不審をなす。うたがふところ、みな*円宗《えんじゅう》のふるき論義なりけり。「まことにたゞ人にあらず」とぞ申あ（合）へりける。

[第二図]

この児の器量ともがら（輩）にすぎて、名誉ありしかば、源光「われはこれ魯鈍《ろどん》の浅才

[小児叡山持宝坊に入給事]
入洛　都へ入る。「洛」は京都をいう
登山　比叡山に登る

[小児四教義をさづかりて不審をなす事]
独木かけはし　丸太一本を谷に懸け渡した橋
九花　九花樹、応春花のこと
四教義　隋の智顗の著述。蔵・通・別・円の四教について説く
円宗　天台宗の別称

[持宝坊小児の器量に驚きて皇

なり。碩学《せきがく》につけて、円宗の奥義をきはめ《（究）》しめむ」といひて、久安三年四月八日、この児を相《あい》具して、功徳院《くどくいん》の肥後阿闍梨《ひごの*あじゃり》皇円《*こうえん》のもとにゆきて入室《にっしつ》せしむ。彼《かの》皇円は、粟田《*あわた》の関白四代の後、参川権守重兼《みかわのごんのかみしげかね》が嫡男、少納言資隆朝臣《しょうなごんすけたかあそん》の長兄、椙生《すぎぅ》の皇覚《*こうかく》法橋《*ほっきょう》の弟子、当時の明匠、一山の雄才なり。闍梨少生《しょうせい》の聡敏《そうびん》なることをきゝて、おどろきていはく、「去夜《さんぬる》の夢に、満月《まんがつ》室に入《いる》とみる。いまこの法器にあふべき前兆なりけり」とぞ悦《よろこび》申されける。

［第三図］

同年十一月八日、華髪《*かはつ》をそり法衣《ほうえ》を着し、戒壇院にして大乗戒をうけ給にけり。

［第四図］

ある時、すでに出家の本意《ほい》をとげ侍《はべり》ぬ。いまにをきて《（於）》は跡を林藪《りんそう》にのがれむとおもふよし、師範の闍梨に申されければ、たとひ隠遁《いんとん》の志ありとも、まづ六十巻*をよみてのち、その本意を遂《とぐ》べきよし、闍梨いさめ給ければ、「われ閑居をねがふ事は、永《ながく》名利《*みようり》の望《のぞみ》をやめて、しづかに仏法を修学《しゅがく》せんためなり。この仰《おおせ》まことにしかな

［円の室に送る事］
阿闍梨　弟子を教え、師範となる僧の尊称
皇円　平安後期の学僧、扶桑略記を著述（?～一一六九）
粟田の関白　藤原道兼（九六一～九五）
皇覚　平安後期の学僧、天台顕教の椙生流の祖
法橋　律師に相当する僧位

［小児十五歳剃髪登壇受戒の事］
華髪　美しい黒髪

［十六歳の時まづ三大部を学び給事］
六十巻　智顗の法華玄義・法華文句・摩訶止観の各一〇巻、湛然の法華玄義釈籤・法華文句記・摩訶止観輔行伝弘決の各一〇巻の総称、

り」とて、生年《しょうねん》十六歳の春、はじめて本書をひらく。三箇年をへて、三大部をわたりたまひぬ。

［第五図］

*恵解《えげ》天然にして、秀逸のきこえあり。四教*五時の廃立《はいりゅう》鏡をかけ、*三観《さんがん》一心の妙理玉をみがく。所立《しょりゅう》の義勢、殆《ほとんど》師のをしへ（教）にこえたり。闍梨いよ〳〵感歎して、「学道をつとめ大業をとげて、円宗の棟梁《とうりょう》となり給へ」と、より〳〵こしらへ申されけれども、更に承諾の詞《ことば》なし。なを（猶）これ名利の学業なる事をいとひ、たちまちに師席を辞して、*久安六年九月十二日、生年十八歳にして、西塔黒谷《さいとうくろだに》の慈眼房《じげんぼう》*叡空《えいくう》の廬《いおり》にいたりぬ。幼稚のむかしより成人のいまに至《いたる》まで、父の遺言わすれがたくして、とこしなへに隠遁の心ふかきよしをのべ給に、「少年にしてはやく出離の心をおこせり。まことにこれ*法然《ほうねん》道理のひじり（聖）なり」と随喜して、法然房と号し、実《じつ》名《みょう》は源光の上の字と叡空の下の字をとりて、源空《げんくう》とぞつけられける。かの叡空上《しょう》人《にん》は、大原の*良忍《りょうにん》上人の附属、*円頓戒相承《えんどんかいそうじょう》の正統《しょうとう》なり。*瑜伽《ゆが》秘密の法にあきらかにして、一山これをゆるし、四海これをたうと（尊）びけり。

三大部という
名利　名誉と利得

［十八歳西塔黒谷慈眼房の室に御遁世の事］
恵解　智恵と理解力
五時　釈尊の教説を華厳・阿含・方等・般若・法華涅槃の五時に分ける
三観一心　空・仮・中の三観を同時に観ずること
久安六年　一一五〇年
叡空　太政大臣藤原伊通の子、天台宗の学僧（?～一一七九）
法然道理　あるがままの自然の道理
良忍　融通念仏宗の祖、声明の中興（一〇七二～一一三二）
円頓戒　天台宗に伝える大乗戒。円戒ともいう
瑜伽秘密　天台密教（台密）

［第六図］

法然上人行状絵図　第四

上人黒谷《しようにんくろだに》に蟄居《ちつきよ》のゝちは、ひとへに名利《みようり》をすて、一向に*出要をもとむるこゝろ切なり。これによりていづれの道よりか、このたびたしかに*生死《しようじ》をはなるべきといふことをあきら《（明）》めむために、*一切経を披閲すること*数遍《すへん》にをよ《（及）》び、自他宗の*章疏《しようしよ》まなこにあてずといふことなし。恵解《えげ》天然にしてその義理を通達《つうだつ》す。あるとき*天台智者の本意《ほい》をさぐり、*円頓《えんどん》一実の戒体を談じ給《たまう》に、慈眼房《じげんぼう》は「心《しん》をもて戒体とす」といひ、上人は「*性無作《しようむさ》の仮色《けしき》をもて戒体とす」とたてたまふ。立破《りつぱ》再三にをよ《（及）》び、問答多時をうつすとき、慈眼房腹立《ふくりゆう》して、木枕《きまくら》をもてうたれければ、上人師のまへ《（前）》をたゝれにけり。慈眼房思惟《しゆい》すること数剋《すこく》のゝち、上人の部屋に来臨して、「御房の申さるゝむねは、はや天台大師の本意、一実円戒の至極なりけり」とぞ申されける。仏法にわたくし《（私）》なきこと、あはれにはんべ《（侍）》り。かゝりければ上人をもて軌範として、師かへりて弟子となり給にけり。

［上人一切経御披閲の事］
出要　出離のための肝要な道
生死をはなる　生死輪廻の世界を離れる
一切経　仏教典籍の総称
数遍にをよぶ　何回にも達する
章疏　経論の注釈書。
天台智者　天台大師ともいう。智者大師は諡号、名は智顗（五三八〜九七）
円頓一実　「一実円頓」と同意。絶対真実である円頓戒
性無作の仮色　受者の身に生じた、自然に悪を止める働きをなすもの

［第一図］

*保元々《ほうげんがん》年上人二十四のとし、叡空《えいくう》上人にいとまをこひて、嵯峨《さが》の清凉寺《*しょうりょうじ》に七日参籠《さんろう》のことありき。求法《ぐほう》の一事を祈請《きしょう》のためなりけり。この寺の本尊尺《(釈)》迦善逝《*ぜんぜい》は、*西天《さいてん》の雲をいで《(出)》、*東夏の霞《かすみ》をわけて、三国につたはりたまへる霊像なれば、とりわき懇志をはこびたまひけるも、ことはり《(理)》にぞおぼえ侍《はべ》る。

［第二図］

上人その性《しょう》俊にして、大巻の文《もん》なれども三遍これを見《み》給に、文くらからず義あきらかなり。諸教の義理をあきらめ、*八宗の大意をうかゞひえて、かの宗々の先達《*せんだつ》にあひて、その自解《*じげ》をのべ給に、面々に*印可し、各々に称美せずといふことなし。清凉寺の参籠七日満じければ、それより南都へくだり、法相宗《ほっそうしゅう》の碩学《せきがく》蔵俊僧都《*ぞうしゅんそうず》〈贈僧正《ぞうそうじょう》〉の房にいたりて、修行者《しゅぎょうじゃ》のさまにて、「対面し申さん」と申されたりけり。*大ゆか《(床)》におはし《(御座)》けるを、僧都いかゞおもはれけん、あか《(明)》り障子《しょうじ》をあけて、うちへ請《しょう》じいれたてまつりて対面し、法談とき《(時)》をうつされけり。宗義につきて不審をあ

［嵯峨清凉寺に御参籠の事］

保元元年　一一五六年
清凉寺　京都市右京区にある浄土宗の寺。嵯峨の釈迦堂ともいう
善逝　如来の別号の一つ
西天　インド
東夏　中国

［法相の蔵俊二字を奉らるる事］

八宗　南都六宗（倶舎・成実・律・法相・三論・華厳）と天台・真言二宗の総称
先達　指導的な地位にいる人
自解　自学して会得した解釈
印可　所説の正しいことを認める
蔵俊　興福寺権別当、法相宗の学僧（一一〇四～八〇）
大ゆか　母屋と簀子の間の広縁

げられけるに、僧都返答にをよ《（及）》ばざる事どもありけり。上人こゝろみに独学の推義をのべ給ければ、僧都感歎していはく、「貴房はたゞ人にあらず、をそら《（恐）》くは大権《*だいごん》の化現《けげん》歟《か》。むかしの論主《*ろんじゅ》にあひたてまつるとも、これにはすぐ《（過）》べからずとおぼゆるほどなり。智恵深遠《じんのん》なること、言語《*ごんご》道断なり」とて、*二字をたてまつり、一期《いちご》のあひだ毎年に供養をのぶる《（延）》こと、をこた《（怠）》りなかりけるとなん。

［第三図］

醍醐《だいご》に三論宗の先達あり。権律師寛雅《ごんりつしかんが》これなり。かしこにゆきて所存をのべ給に、律師すべてものいはず。うちにたちいりて、文櫝《*ふみびつ》十余合をとりいだ《（出）》して、「予が法門附属するに人なし。きみすでにこの法門に達し給へり。こと〴〵く秘書を附属したてまつる」とてこれを進ず。称美讃嘆《さんだん》のことば、かたはらいたきほどなり。進士《*しんじ》入道阿性房《*あしょうぼう》等、御ともしてこの事を見聞《けんもん》して、奇特《きどく》のおもひをなしけり。

［第四図］

仁和寺《にんわじ》に華厳《けごん》宗の名匠あり。大納言法橋《だいなごんほっきょう》慶雅《*きょうが》と号す。仁和寺の岡といふ所に居

大権　衆生を救うために仮の姿をとって現れた仏菩薩を尊んでいう

論主　論書の著者

言語道断　言葉では表現できない

二字　実名を記した名札を呈して弟子の礼をとる

［三論の寛雅秘書を附属し奉らるる事］

文櫝　書籍を入れておく箱。櫝は「櫃」の誤字

進士　紀伝・詩文を学んだ文章生の異称

阿性房　名は印西

［華厳宗の慶雅二字を奉らるる事］

住せるゆへ《（故）》に、岡の法橋とぞ申ける。醍醐にもかよひけるにや、醍醐の法橋ともいへり。かの法橋は上人の弟子阿性房のしり《（知）》人なりければ、上人華厳宗の不審をたづねとは《（問）》れんために、阿性房をあひぐ《（具）》してむかひ給へるに、法橋まづ*左右《そう》なく申いだすやう《（様）》は、「*弘法《こうぼう》大師の*十住心《じゅうじゅうしん》は華厳宗によりてつくり給へり。このむねを*御室《おむろ》に申ところに、興《きょう》あることなり、はやく勘《かんがえ》申べきよし、おほせ《（仰）》をかうぶる《（被）》あひだ、学問このほどかむが《（考）》へ侍なり」と申とき、初対面なれば、さてもあるべけれども、学問のならひは黙止《もだ》しがたくおもはれけるによりて、上人の給けるは、「なにしにかは華厳宗にはより侍べき。大日経の住心品《じゅうしんぼん》の心をもて、つくられたるにてこそ侍れ。第六の*他縁大乗心《たえんだいじょうしん》は法相宗のこゝろなり。第七の*覚心不生心《かくしんふしょう》は三論宗也《なり》。第八の*一道無為《いちどうむい》心は天台宗なり。第九の*極無自性《ごくむじしょう》心は華厳宗なり。第十の*秘蜜荘厳《ひみつしょうごん》心は真言宗なり」とて、はじめ*異生羝羊《いしょうていよう》心より、をはり《（終）》秘蜜《（密）》荘厳心まで、をの〳〵《（各）》*偈《げ》を誦《じゅ》して、一々にその道理を釈しのべたまひて、「浅深《せんじん》をたて勝劣を判ずることをば、諸宗をの〳〵難をくわへ、不受し申なり。天台宗に難《なんじ》申やうは」など、くはしく釈しのべられ、又華厳宗の自解の様《よう》をこまかに申のべ給に、法橋これをきゝて、阿性房の縁《えん》に侍《はべる》をよびて、「これはきゝたまふか、これがやう《（様）》に心え《（得）》てんに、

慶雅　大納言源顕雅の子、華厳宗の学僧。鏡賀・景雅とも書く

左右なく　無造作に

弘法大師　真言宗の始祖、名は空海（七七四〜八三五）

十住心　空海の著述、正しくは秘密曼荼羅十住心論

御室　後白河天皇の皇子、守覚法親王（一一五〇〜一二〇二）

他縁大乗心　絶対の慈悲をもって大乗利他の行をなす心

覚心不生心　心もその対象も空であると観ずる心

一道無為心　あるがままの絶対的真理を悟る心

極無自性心　一切の事物は自性がないと悟る心

秘蜜荘厳心　密教の究極の真理を悟る心。蜜は「密」の当て字

異生羝羊心　本能に支配されている愚か者の心

偈　経典の中の詩句

往生し損じてんや」と感嘆して、「われこの宗を相承《そうじよう》すといへども、かくのごとく分明《ふんみよう》ならず。上人自解の法門をきくに、*下愚《かぐ》処々の不審をひらく。*佗(他)宗推度《すいたく》の智恵、自宗相伝の義理にこえ給へり」とて、随喜感嘆はなはだし。かくのごとくして、たがひに法談数剋《すこく》のゝち、「この宗の*血脈《けちみやく》にいり侍《はべら》ばや」と上人の給へば、「慶雅が上にや」と法橋申さるゝあひだ、「いかゞさることは侍べき。華厳宗をばことさら伝受したてまつらんと存ずるなり」と申されければ、血脈ならびに華厳宗の書籍《しよじやく》少々わたしたてまつりぬ。さてかの法橋、最後には上人を招請《まねきしよう》じて、戒をうけ二字をたてまつる。戒の布施には、*円宗文類《えんじゆうもんるい》といふ二十余巻の文《ふみ》をとりいだして、「慶雅はこのほかはもちたるもの侍らず。上人もことも(異物)のをばなにゝかはせさせ給べき」とて、黒谷へぞ送進《おくりしんじ》ける。上人のたまひけるは、「よき*学生《がくしよう》になりぬれば、かくのごとく帰すべきことには帰するなり。この法橋は華厳宗にとりてはよき名匠なり。*弁暁《べんぎよう》法印も慶雅法橋の弟子なり」とぞおほせられける。

[第五図]

上人諸宗に通達し給へること、人口あまねきうへ(上)、慶雅法橋御室の御前にて、

下愚　きわめて愚か者、自分の謙称

他宗推度　他宗の教理を推し量る

血脈　教義を相承した証に与える系図

円宗文類　高麗の義天の著述

学生　学匠のこと

弁暁　華厳宗の僧、東大寺別当（一一三九～一二〇〇）

[御室より上人を御招請上人御辞退の事]

「自門佗《(他)》門おほくの学生にあひ侍つれども、この上人がやうにもの《(物)》申《もうす》僧こそ侍らね」と称美し申けるを、きこ《(聞)》しめされて、御室より上人を招《まねき》請《しよう》ぜられ、天台宗を学せらるべきよしおほせられければ、天台宗はむかしはかた《(形)》のごとく伝受し侍しかども、いまは*但念仏《たんねんぶつ》になりて、天台宗は*癈忘《はいもう》し侍うへ、*山門には*澄憲《ちようけん》、*三井《みい》には*道顕《どうけん》など申《もうす》名匠たち侍り。かの人々にめしとはるべきか。*おのづからかへ《(返)》りきゝ侍らんも、そのはゞかり侍よしを申《もうし》給しかば、「みなうけたまはりをき《(置)》たることなり。*色題《しきだい》その詮《せん》侍らず」とて、かさねてしきりに仰《おおせ》られけれども、なを《(猶)》かたく辞退し申給へば、「さらば念仏のことを学せらるべし。そのついでに少々談儀《(義)》侍べし」などおほせられければども、自然《じねん》に延引して日月ををく《(送)》られけるに、*後白川法皇《ごしらかわのほうおう》最後の御時《おんとき》、上人御《おん》*善知識《ぜんじしき》にめされてまいり給けるとき、御室も御参会ありけるに、そのことおほせられいだして、「このあひだ*住京のついでに素懐をとげばや、いかゞ侍べき」とおほせられければ、「かやうのおりふしは*物忩《ぶつそう》にも侍り。また*きとめさ《(召)》るゝ事も侍らん時は、中間《ちゆうげん》にもの申《もうし》*さし《(差)》侍らんこともあし《(悪)》く侍れば、しづかに参上つかまつるべし」とて、そのつい《(序)》でもむなしくやみにき。そののちいく程なくて、御室もう《(失)》せさせ給にしかば、つゐ《(遂)》にその節をとげられずといへども、懇切の

但念仏　ただひたすら念仏を称える行者
癈亡　忘れ去る。癈は「廃」と同義
山門　延暦寺の別称
澄憲　藤原通憲の子、法印。唱導をよくする（一一二六〜一二〇三）
三井　園城寺（滋賀県大津市にある天台宗の寺）の別称
道顕　藤原顕時の子、権大僧都
おのづから　もしも、万一
色題　挨拶、遠慮
後白川法皇　第七七代天皇（在位一一五五〜五八）
善知識　仏道に導く人、ここでは臨終を看取る僧をいう
住京　京都に滞在する
物忩　騒がしい、落ちつかない
きと　急に、すぐに
さす　中途で止める

御こゝろざしをつくされしも、上人諸宗に達《たつし》たまへるゆへなりき。

［第六図］

法然上人行状絵図　第五

上人《しようにん》のたまはく、「学問ははじめて*見たつるは、きはめて大事なり。師の説を伝《つたえ》習《ならう》はやすきなり。しかるに我は諸宗みなみづから章疏《しようしよ》を見て心え《（得）》たり。戒律にも*中の川の少将の上人、*偸蘭叉《ちゆうらんじや》といふ*名目《みようもく》ばかりぞき丶つたへたる。さらではみな見いだ《（出）》したるなり。法相宗《ほつそうしゆう》も蔵俊《ぞうしゆん》にあふといへども、法相を学せず。かの人はゞ《（憚）》かりをなしてをしへ《（教）》ず、名目ひとつぞき丶とりたる。故慈眼房《こじげんぼう》も分明《ふんみよう》ならず。小乗戒の事は*非学生《ひがくしよう》なり。わづかに*理観ばかりなり。普通によき学生といふも、大乗の戒律にを《（於）》きては、予がごとく沙汰《さた》したるものはすくなきなり。当世《とうせ》にひろく書を披見したることは、たれも覚《おぼえ》ず。書をみるに、これはその事を詮《せん》にはいふよと、みることのありがたきことにて侍《はべる》に、われは書をとりて、一見をくは《（加）》うるに、そのことを釈したる書よなとみる*徳の侍也《なり》。詮はまづ篇目《へんもく》をみて、大意をとるなり」と。又のたまはく、「自佗《（他）》宗の学者、宗々所立《しよりゆう》の義を各別にこ丶ろえずして、自宗の儀《（義）》に違するをばみな*ひがこと丶心えたるは、*いひ《（謂）》なきことなり。宗々みなをの《（各）》

［上人自解の御物語の事］

見たつ　諸説の中から正しいものをよく見て選び定める

中の川の少将の上人　名は実範、真言律中川流の祖（?～一一四四）

偸蘭叉　梵語の音写、波羅夷・僧残などの未遂罪

名目　呼び名、読み方

非学生　学問を修めていない者

理観　普遍の真理を観想すること

徳　優れた能力、長所

ひがこと　間違い、あやまり

いひ　いわれ、根拠

〱たつるところの法門、各別なるうへ(上)は、諸宗の法門一同なるべからず。みな自宗の儀(義)に違すべき条は勿論《もちろん》なり」とぞおほ(仰)せられける。

［第一図］

*建仁《けんにん》二年九月十九日談議のとき、上人かたりてのたまはく、「弘法《こうぼう》大師の十住《じゆうじゆう》心論《しんろん》は、*義釈によりてつくり給《たま》へるに、義釈に違することおほし。かの義釈は*善無《ぜんむ》畏《い》三蔵の説を、*一行阿闍梨《いちぎょうあじゃり》記せられたるなり。一行はいとまなき人にて、未再治《みさいじ》にてやみにしを、のちに再治の本おほし。その中に弘法大師再治の本もある也。義釈には、極無自性心《ごくむじしょうしん》に華厳般若《けごんはんにゃ》等の不思議の*境界《きょうがい》を摂すとこそあるを、弘法大師の再治の本には、般若をばすてゝ、たゞ華厳を摂すとかゝれたり。又十住心には、華厳宗ぞと釈せられたり。十住心といふは、異生羝羊《いしょうていよう》心、*愚童持斎《ぐどうじさい》心、*嬰童無畏《ようどうむい》心《しん》、*唯蘊無我《ゆいうんむが》心、*抜業因種《ばつごういんじゅ》心、佗(他)縁大乗《たえんだいじょう》心、覚心不生《かくしんふしょう》心、一道無為《いちどうむい》心、極無自性《ごくむじしょう》心、秘密荘厳《ひみつしょうごん》心なり。始《はじめ》の異生羝羊心は*三悪道《さんなくどう》なり。この中に修羅《しゅら》を摂す。第二は人道也。このなかにもろ〱の儒教の仁義礼智信等を摂するなり。第三は天道なり。これに老庄(荘)の教《きょう》を摂す。第六は法相宗、第七は三論宗、第八は天台宗、第九は

［十住心論に付て弘法大師と夢中に御問答の事］
建仁二年　一二〇二年
義釈　一行が善無畏の説く所を筆記した大日経の注釈書
善無畏　中国に本格的な密教を伝えたインド僧（六三七〜七三五）
一行　善無畏と金剛智に師事した中国密教の祖師（六八三〜七二七）
境界　境地
愚童持斎心　愚かな童のように道徳に目覚めた心
嬰童無畏心　嬰児のように天上界の楽を求める心
唯蘊無我心　五蘊の法あり、人我は無と観ずる心
抜業因種心　十二因縁を観じ、生死の苦因を抜く心
三悪道　地獄道・餓鬼道・畜生道。「道」は生存の状態をいう

華厳宗、第十は真言宗なり。はじめの一をのぞきて、余の九種の住心には、*外典《げてん》*内典の種々の諸教、みなそのなかに摂せり。しかれば弘法大師の御心《みこころ》によらば、内外《ないげ》の典籍《てんじゃく》みなこれを学すべき歟《か》。これによりて、御室《おむろ》も多聞《たもん》広学をこのみ、御沙汰ある歟とおぼゆるなり。たゞしこの十住心論の義に大なる難あり。義釈にはあるひは唯《ただ》経を摂すといひ、あるひは唯論を摂すともいへるを、一宗に*とりなして、華厳宗に摂す、*法華宗《ほっけ》に摂すなど、*ひきなされたるは、ひがことゝおぼゆるなり。もしその宗に摂して勝劣を判ぜば、たがひに是非あり。その宗論にをきて《(於)》は、むかしよりいまだ*ことき《(事切)》れざるものなり。法華宗は華厳宗よりもあさしといはゞ、すでに法華宗のこゝろに違せり。いかでか*をして《(推)》天台宗とはいふべき。たゞ華厳宗のこゝろばかりにてこそはあらめ。宗々たがひに浅深《せんじん》をあらそふ、*よそにてたれか定判《じょうはん》せん。おほよそ《(凡)》一宗のならひ、*一代聖教《しょうぎょう》にをきて浅深を判ずる、つねのことなり。しかれば一切経は、おなじく釈迦一仏の所説なれども、宗々の所学にしたがひて、浅深勝劣不同なれば、いづれの宗の一切経といふべし。天台宗の一切経あり、華厳宗の一切経あり。乃至《ないし》法相三論にも、をの〱《(各)》一切経あるべし。天台宗の一切経のなかには、法華をすぐれたりとするがゆへ《(故)》に、*爾前《にぜん》の諸経に相対《あい》して*十勝《じっしょう》を立《たて》た

外典　仏教以外の典籍
内典　仏教の典籍
とりなす　別のものに変える
法華宗　天台宗を指す
ひきなす　「ひき」は強調の接頭語
こときる　決着する
をして　尊び仰いで
よそにて　第三者の
一代聖教　釈尊が一生の間説かれた教え
爾前　法華経より以前に説かれた
十勝　十の殊勝なことがら

り。華厳宗の一切経には、華厳をもちてすぐれたりとす。三論には諸大乗経*顕道無《けんどうむ》異《い》とはいへども、般若をもちて*至極とす。法相には解深密経《げじんみっきょう》をもちて真実とす。かくのごとくをの〳〵所解《しょげ》不同なるを、*をさへ《（抑）》て宗々を十住心にあてゝ、浅深をさだめらるゝ条、そのいひなきことなり。諸宗のならひ、たゞ経ばかりをこそ、浅深をも勝劣をも立たることにてあれ。いはんや善無畏の義釈は、すでに経ばかりに約せり。又義釈には、華厳般若種々不思議の境界を摂すといへるを、十住心論には、唯華厳にかぎり、あやまりてその宗までを摂して、般若をば覚心不生心に摂すること、又もちて違せり。かくのごときの義をもちて、ひそかに*難勢《なんぜい》をくはへ《（加）》たてまつるほどに、いまは二十余年にもやなりぬらん、源平の乱よりさき《（前）》、嵯峨《さが》に住《じゅうし》たりしころ、夢にみるやう、*請用《しょうよう》して侘行《たぎょう》したりけるそのあとに、『弘法大師よりきとまいらせ給へとて、御つかひの候《そうらい》《（他）》つる』といふをきゝて、心におもふやう、内々難じ申ことのきこへたるよなとおもへども、さあらんにつけてもと存じて、すなはち大師のところへ参ず。五間ばかりなる家の、*板敷《いたじき》もなく*へだて《（隔）》もなくて、唯内によほう《（四方）》にぬりめぐらしたる壁の、*くち《（口）》もなきのみあり。大師はこのうちにおはしま《（御座）》すとおぼゆ。まづ外にて*こはづくろひ《（声作）》をしたれば、その壁のうちより、『こなた《（此方）》へ』

顕道無異　顕わす所は中道で、差異はない
至極　最上
をさえて　無理に
難勢　非難、批判
請用　説法や法会に招かれる
板敷　板の間、縁側
へだて　仕切り戸
くち　入り口
こはづくろひ　咳払いをする

とおほせらる、こゑ《（声）》あり。その御こゑにつきて、いり《（入）》てかべのうちをみれば、さらにその戸なし。かべのくづれ《（崩）》たるところのみあり。そのくづれよりくゞりいれば、大師壁のきは《（際）》におはしまして、すなはち胸をあはせ《（合）》ていだき《（抱）》あふ。大師の御顔《みかお》は予が左の肩にをき《（置）》給。かくて前々*難破することゞもを、一々に*会釈《えしやく》せしめ給ふ。これをきけどもなを《（猶）》驚動せず。『それは』と申て、かさねてその義を難じたてまつらんとするとおぼしくて夢さめぬ。のちにこれを案ずるに、難じ申《もうす》義みな大師の御心にあひかなへるか。ひしといだきあひたてまつりたることは、御意《みこころ》にかなひたるがみゆる《（見）》なるべし。げにもよく難ぜられたりとおぼし《（思）》めせ《（召）》ばこそ、夢にもさまぐ〵に会釈し給《たまい》つらめ。凡《およそ》は*後学《こうがく》畏《おそる》べしといひて、学生《がくしよう》はかならずしも*先達《せんだつ》なればといふことはなきなり。かの如来滅後五百年に、五百の*羅漢あつまりて*婆娑論《ばしやろん》をつくれりしに、九百年に*世親《せしん》いで《（出）》ゝ、*倶舎論《くしやろん》をつくりて、さきの義を破し給き。義の是非を論ぜんことは、あながちに上古にもをそる《（恐）》まじきものぞ」とぞおほせられける。

難破　非難し論破する
会釈　矛盾がないように解釈する
後学　後進の学徒
先達　先輩の学者
羅漢　阿羅漢の略で、小乗仏教の最高の聖者
婆娑論　阿毘達磨大婆娑論の略称
世親　五世紀のインドの学者
倶舎論　阿毘達磨倶舎論の略称

[中川実範二字を奉らるる事]

[第二図]

上人は、もと天台の真言をならひ給へり。しかるを中の川の阿闍梨《あじやり》実範《じつぱん》、ふかく

上人の法器を感じて、*許可灌頂《こかかんじょう》をさづけ、宗の大事のこり《（残）》なくこれをつたふ。かの実範は東寺の流《りゅう》、*中院《ちゅういん》の阿闍梨教真《きょうしん》灌頂の弟子、かねて*勧修寺《かんじゅじ》の僧正《そうじょう》*範俊《はんじゅん》を師とす。たゞ*事相教相に達するのみならず、佗《（他）》宗の法門またくら《（暗）》からざりけり。しかるに上人を帰依のあまり、後には二字をたてまつり、鑑真和尚《がんじんかしょう》相伝の戒をうく。上人は円頓《えんどん》の戒法を宗《むね》とし給へりき。しかるに円戒をさし《（差）》をき《（措）》て、かの相伝の戒をうけられける。さだめてふかきこゝろ侍《はべり》けんかし。

［第三図］

上人、智恵第一のほまれ《（誉）》ちまたにみち、多聞《たもん》広学のきこへよ《（世）》にあまねし。おほよ《（凡）》そ我朝《わがちょう》にわたれる聖教《しょうぎょう》伝記まなこ《（眼）》にあてずといふことなし。しかれば本国の*明師観覚《かんがく》も二字をたてまつり、黒谷《くろだに》の尊師叡空《えいくう》も軌範とし給き。たゞ*教内の宗旨に達するのみにあらず、又*教外《きょうげ》の仏心、*をぎろをさぐる。「宗門は先達なきゆへにこれを決せず」と、つねにの給けるとなん。円頓戒談義のとき、成覚房《じょうかくぼう》*幸西《こうさい》たづねていはく、「この戒は諸法の至極をもて戒体とす。しかるに*山王院《さんのういん》の大師、『諸法の至極を禅とす』とのべ給へり。もししからば、禅門とこの戒体と合《がっ》すやいなや」と。上

許可灌頂　密教を学び弟子となる者に行う灌頂
中院　中院流（東密流派の一つ）
勧修寺　京都市山科区にある真言宗の寺
範俊　真言宗の僧、東寺長者（一〇三八～一一一二）
事相教相　密教における修法と教学の両面

［上人教外の仏心に通達し給事］
明師　尊師と同義、師を敬っていう語
教内　経典によって教えを説く宗派の総称
教外の仏心　経典によらず仏の心を悟る宗派（禅宗）
をぎろ　広くて深遠なさま
幸西　上人の弟子、一念義を唱える（一一六三～一二四七）
山王院の大師　名は円珍、諡号は智証大師（八一四～九一）

人決し給はく、「これは教内の理法なり。かれは修心《しゆしん》の教外なり。なにをもてか合すとせん。得禅の人この戒をと（説）かば、いよ〳〵正理《しようり》にかなふべし。*禅人《ぜんにん》教をとけば、教文《きようもん》禅にしたがふ。*教人《きようにん》禅をとけば、禅門教にしたがふ。をよ（凡）そ真言止観をもて、禅を推すべきにあらず。いはんや法相三論をや。いかにいはむや、自余の小乗の宗をや」と。さらにこれ教者のことばにあらず。まことに縄みじかくしては、深泉にいたりがたく、翅《つばさ》よ（弱）はくしては、*大虚にかけることなし。智あさく心つたなくして、宗門に達することあらんや。されば禅の宗旨を論ぜられたる上人自筆の書いまにあり。末学うたがふことなかれ。

［第四図］

あるとき上人、*月輪殿《つきのわどの》にして*山僧と参会の事侍しに、かの僧「浄土宗を立給《たてたまう》なるは、いづれの文《もん》によりて立給ぞや」とたづぬるとき、「善導《ぜんどう》の*観経疏《かんぎようのしよ》の附属の文なり」と答給《こたえ》に、重《かさねて》いはく、「宗義をたつる程のことに、なんぞたゞ一文によるべきや」と。上人*微咲《みしよう》して、物もの給はざりけり。かの僧山に帰てのち、宝地房《ほうじぼう》の法印*証真《しようしん》にこのことをかたりて、「法然房《ほうねんぼう》すべて返答にをよ（及）ばず」と申けるを、法

禅人　禅を修める人
教人　教内諸宗の人
大虚　大空
［宝地房上人の智徳をほめ給事］
月輪殿　京都市東山区にあった九条兼実の邸宅
山僧　比叡山の僧
観経疏の附属の文　「上来雖説定散両門之益」云々の文章
微咲　咲は「笑」に同じ
証真　平安後期の天台宗の学僧、三大部私記を著す

印申されけるは、「法然房の物いはれざるは、不足言《ふそくごん》に処するゆへなり。かの上人は天台宗の達者たるうへ《（上）》、あまさへ《（剰）》諸宗にわたりて、あまねくこれを習学して、智恵深遠《じんのん》なる事、つねの人にこえたり。返答かなはずして物いはずとおもふ＊僻見《びやくけん》、さらにをこす《（起）》べからず」とぞ申されける。かの法印は、つねに上人に親近《しんごん》して法門を談ぜしゆへに、智恵の分際をしりて申されけるにこそ。ことに戒の法門は上人に相承《そうじよう》の人なり。かの法印＊竪義《りゆうぎ》の時は、恵光房《えこうぼう》の永弁《ようべん》法印を師とせられけるに、＊元《がん》品《ぼん》の無明《むみよう》は＊妙覚智断《みようかくちだん》、＊三惑は同時断《どうじだん》の義を立《たつ》べきよしさづけ給けるに、証真は一代聖教を見《みる》に、三惑は異時断《いじだん》、元品の＊能治《のうじ》は＊等覚智《とうがくち》也《なり》。此《この》旨を立べきよし申されければ、「その心なるべし」と永弁法印ゆるされけるゆへに、等覚智断の義を立《りつ》す。澄憲《ちようけん》法印＊題者《だいしや》にて＊しらべ給けるに、＊竪者《りつしや》「五千余巻の経教をひらきたるに、いまだ妙覚智断の文をみず」と立するに、見聞《けんもん》の大衆《だいしゆ》同音に、博覧を感ずる声甚し。その時澄憲法印、「竪者すでに智剣をふるふ《（振）》、題者あに《（豈）》＊わひかねをぬか《（抜）》ざらんや」というふ名句を申されけり。弱年のむかし猶《なお》かくのごとし、いはんや《（況）》積学の後をや。一切経を披覧すること五遍なりしかども、＊恵心院《えしんいん》の僧都《そうず》の高覧に同せんをはゞかりて、三遍のよしを披露せられけるとかや。昼夜に地蔵菩薩に物がたりし、又おぼつ《（覚束）》

僻見　ひがんだ考え、偏見
竪義　問答によって学業を試みる法会
元品の無明　最も根源的な煩悩
妙覚智断　菩薩最高位の智恵で断つ
三惑　一切の煩悩で見思惑・塵沙惑・無明惑をいう
能治　退治する、断ち切る
等覚智　妙覚智より一つ下の智恵
題者　竪義の時、出題して可否を判定する人
しらぶ　吟味する
竪者　竪義の時、試問を受ける人
わひかね　元禄一三年の刊本に「さび刀」と訂す。さび刀は廃学老衰の比喩
恵心院の僧都　名は源信。往生要集の著者（九四二～一〇一七）

かなきことあれば、*中堂にまいりて薬師仏にたづねたてまつり、*十禅師《じゅうぜんじ》に詣《けい》して尋《たずね》申に、かならず授られけり。常のことばには、「我師はとを（遠）くは*大聖《だいしょう》世尊、ちかくは天台*妙楽」とて、末師をばもちゐ（用）られざりけり。*往生伝をつくりて、我身をかきいれられけるとかや。時の人、地蔵の化身とぞ申ける。しかるに彼《かの》法印、上人を智恵深遠の人なりと申されけるは、*本地《ほんじ》の智恵といひ、*垂迹《すいじゃく》の広才といひ、たがひに知たまへるゆへなるべし。余人の称美よりも、気味ありてぞおぼえ侍る。

[第五図]

上人の老後に、竹林房《ちくりんぼう》の静厳《じょうごん》法印の弟子きたりて、竪義の才学にそなへんために、天台宗の法門をたづね申けるに、くはしく深奥《じんのう》をさづけられにけり。かの人のちに申けるは、「老耄《ろうもう》のうへ念仏にひまなくして、聖教を見ざるよしは申されしかども、*文理《もんり》のあきらかなること、当時の*勤学《きんがく》にこえたまへり。たゞ人にあらず」と。そのころ山門に碩学《せきがく》（林）はやしをなしき。しかるに*数輩《すはい》の明匠をさしをきて、隠遁《いんとん》の上人に宗の大事をたづね申ける、その達し給へるほども、あらはれてぞおぼえ侍る。上人かたりての給はく、「われ聖教を見ざる日なし。*木曽《きそ》の冠者《かじゃ》*花洛《からく》に乱入の

中堂　根本中堂のこと。一乗止観院という
十禅師　山王七社の一つ
大聖世尊　釈尊の尊称
妙楽　名は湛然。中国天台宗の中興の祖（七一一～八二）
往生伝　今選往生伝と題するが、伝存しない。
本地　ここでは勢至菩薩や地蔵菩薩をいう
垂迹　ここでは上人や証真法印を指す

[上人の老後に静厳法印の弟子法門を尋ね奉る事]

文理　文章と道理
勤学　学問に勤め励む者
数輩の明匠　多くの優れた学僧
木曽の冠者　源義仲（一一五四～八四）
花洛に乱入　一一八三年七月二八日

とき、たゞ一日聖教を見ざりき」と。のちには念仏のいとまをおしみて、称名《しようみよう》の外は佗《(他)》事なかりけり。後学よろしくそのあと《(跡)》をまなぶべきにや。

［第六図］

法然上人行状画図　第六

上人《しようにん》、*聖道《しようどう》諸宗の教門にあきらかなりしかば、法相《ほつそう》三論の碩徳《せきとく》、面々にその義《ぎ》解《げ》を感じ、天台花厳《けごん》の明匠、一々にかの宏才《こうさい》をほむ。しかれどもなを（猶）出離の道にわづらひて、身心《しんじん》やすからず、*順次解脱《じゆんしげだつ》の要路をしらんために、一切経をひらき見給《みたまう》こと五遍なり。*一代の教跡《きようじやく》につきて、つら〱思惟《しゆい》し給に、かれもかたく、これもかたし。しかるに恵心《えしん》の往生要集、もはら（専）善導和尚《ぜんどうかしよう》の*釈義をもて指南とせり。これにつきてひらき見給に、かの釈には*乱相（想）の凡夫、*称名《しようみよう》の行《ぎよう》によりて順次に浄土に生ずべきむねを判じて、凡夫の出離をたやすくすゝめられたり。蔵経披覧のたびに、これをうかゞふといへども、とりわき見給こと三遍、つゐに（遂）「一心専念弥陀名号、行住坐臥不問時節久近、念々不捨者、是名正定之業、順彼仏願故（一心に専ら弥陀の名号《みようごう》を念じて、*行住坐臥《ぎようじゆうざが》に*時節の久近《くごん》を問はず、*念々に捨てざる者、これを*正定《しようじよう》の業《ごう》と名づく。かの仏の願に順ずるが故に）」の文《もん》にいたりて、末世の凡夫弥陀の名号を称せば、かの仏の願に乗じて、たしかに往生をうべ（得）かりけりといふことはり（理）をおもひ

[上人一切経御披覧の後浄土宗に入給事]

聖道諸宗の教門　自力で悟りを得ることを説く諸宗の教え。聖道門

順次解脱　この生涯を終えて直ちに迷いから解き放たれる

一代の教跡　釈尊が生涯に説かれた教えのあと

釈義　経典などを解釈する。ここでは観経疏を指す

乱想　心が散乱する、乱れた心

称名　阿弥陀仏の名を称えること

行住坐臥　日常の立ち居振る舞い

時節の久近　時間の長短

念々に捨てざる者　瞬時にも休まず、念仏を称えること

正定の業　往生浄土のために正（まさ）しく定めたる行い

さだめ給ぬ。これによりて*承安《じようあん》五年の春、生年《しようねん》四十三、たちどころに余行をすてゝ、一向に念仏に帰し給にけり。

［第一図］

あるとき上人、「往生の業には称名にすぎたる行あるべからず」と申さるゝを、慈眼房《じげんぼう》は観仏*すぐれたるよしをの給ければ、称名は本願の行なるゆへ（故）に、まさるべきよしをたて申たまふに、慈眼房又《また》、「先師良忍《りようにん》上人も、観仏すぐれたりとこそおほせ（仰）られしか」との給けるに、上人、「良忍上人もさきにこそむまれ（生）給たれ」と申されけるとき、慈眼房腹立《ふくりゆう》したまひければ、「善導和尚も『上来雖説定散両門之益、望仏本願、意在衆生一向専称弥陀仏名（上来《じようらい》*定散《じようさん》両門の益《やく》を説きたまふと雖《いえど》も、仏の本願に望むれば、*意衆生《こころしゆじよう》をして一向に専ら弥陀仏の名《みな》を称せしむるに在り）』と尺（釈）したまへり。称名すぐれたりといふことあきらかなり。聖教《しようぎよう》をばよく〳〵御覧候《ごらんじそうら》はで」とぞ申されける。

［第二図］

承安五年　一一七五年

［慈眼房と称名観仏勝劣問答の事］

観仏　仏を観察・想念すること。観想の念仏

定散　定善と散善。定善とは心を専注させて行う善根、散善とは散乱した心のままで行う善根をいう

意　釈尊の真意

上人、一向*専修《せんじゅ》の身となり給にしかば、つゐ《（遂）》に四明の*巌洞《がんどう》をいで《（出）》ゝ、西山の*広谷《ひろたに》といふところに居をしめ給き。いくほどなくて、東山*吉水《よしみず》のほとりにしづ《（静）》かなる地ありけるに、かの広谷のいほり《（庵）》をわたしてうつりすみ給。たづね《（訪）》いたるものあれば、浄土の法をのべ、念仏の行をすゝめらる。*化導《けどう》日にしたがひてさかりに、念仏に帰するもの雲霞《うんか》のごとし。そのゝち、*賀茂《かも》の河原屋《かわらや》、*小松殿《こまつどの》、*勝尾寺《かちおでら》、*大谷など、その居あらたまるといへども、*勧化《かんげ》をこた《（怠）》ることなし。つゐにほまれ一朝にみち、益《やく》四海にあまねし。これ弥陀の一教、わがくにゝ縁ふかく、念仏の勝行《しょうぎょう》、*末法に相応するゆへなるべし。大谷は上人往生の地なり。かの跡いまにあり。東西三丈余《あまり》、南北十丈ばかり、このうちにたてられけん坊舎、いくほどのかまへ《（構）》にかあらんとみえたり。その節倹のほどもおもひやられて、あはれにたと《（尊）》くぞ侍《はべ》る。いまの御影堂《みえいどう》の跡これなり。

[第三図]

或《ある》時、上人おほせられていはく、「出離の志ふかゝりしあひだ、諸《もろもろ》の教法《きょうぼう》を信じて、諸の行業《ぎょうごう》を修《しゅ》す。おほよそ《（凡）》仏教おほしといへども、所詮《しょせん》*戒定恵《かいじょうえ》の三学をばす

[叡山黒谷を出て東山吉水に住して浄土宗を開給事]
専修　専ら称名を修すること
巌洞　洞穴。ここでは比叡山の黒谷をいう
広谷　長岡京市の光明寺の辺り
吉水　京都市東山区の知恩院の辺り
化導　教え導くこと
賀茂の河原屋　知恩寺の前身。京都市上京区の相国寺の辺り
小松殿　京都市東山区にあった平重盛の邸宅（のち九条兼実が伝領）
勝尾寺　箕面市にある真言宗の寺
大谷　今の知恩院勢至堂がある所
勧化　教えを説き導くこと
末法　釈尊滅後、正法・像法に続く時代で、教えだけが残る世
[善導恵心の勧に随て称名を宗とし給ふ御物語の事]
戒定恵　戒は善を修め悪を防ぐこ

ぎず。所謂《いわゆる》小乗の戒定恵、大乗の戒定恵、*顕教《けんぎょう》の戒定恵、密教の戒定恵也《なり》。しかるにわがこの身は、戒行にをいて《（於）》一戒をもたもたず、*禅定《ぜんじょう》にをいて一《ひとつ》もこれをえず。*人師《にんし》尺《（釈）》して、*尸羅《しら》清浄《しょうじょう》ならざれば*三昧《さんまい》現前せずといへり。又凡夫の心は、物にしたがひてうつりやすし。たとへば猿猴《えんこう》の枝につたふがごとし。まことに散乱して動じやすく、一心しづまりがたし。*無漏《むろ》の正智《しょうち》なに丶よりてかをこらん《（起）》や。若《もし》無漏の智剣なくは、いかでか悪業煩悩《あくごうぼんのう》のきづな《（絆）》をた丶んや。悪業煩悩のきづなをた丶ずは、なんぞ*生死繫縛《しょうじけばく》の身を解脱《げだつ》することをえんや。かなしきかな〱、いか丶せん〱。こ丶に我等《ら》ごときは、すでに戒定恵の三学の*器《うつわもの》にあらず。この三学のほかに我《わが》心に相応する法門ありや、我身に堪《たえ》たる修行やあると、よろづの智者にもとめ、諸の学者にとぶらひ《（訪）》しに、をしふる《（教）》に人もなく、しめす輩《ともがら》もなし。然間《しかるあいだ》なげき〱経蔵にいり、かなしみ〱聖教にむかひて、手自《てずからみずから》ひらきみ《（見）》しに、善導和尚の観経《かんぎょう》の疏《しょ》の、『一心専念弥陀名号、行住坐臥不問時節久近、念々不捨者、是名正定之業、順彼仏願故（一心に専ら弥陀の名号を念じて、行住坐臥に時節の久近を問はず、念々に捨てざる者、これを正定の業と名づく。かの仏の願に順ずるが故に）』といふ文を見得《みえ》てのち、我等がごとくの無智の身は、偏《ひとえ》にこの文をあふぎ《（仰）》、専《もはら》このことはり《（理）》をたの

と、定は心を専注させること、恵は真理を証得すること
顕教　密教に対する語で、釈尊が明確に説き示した教え
禅定　心静かに瞑想すること
人師　（仏菩薩でない）人の、法を説く師、学者
尸羅　梵語の音写、戒のこと
三昧　梵語の音写、定のこと
無漏　煩悩の汚れがない
生死繫縛　生死輪廻の世界に縛られている
器　器量・力量のある人

みて、念々不捨の称名を修して、*決定《けつじよう》往生の*業因《ごういん》に備《そなう》べし。たゞ善導の*遺教《ゆいきよう》を信ずるのみにあらず、又あつく弥陀の*弘誓《ぐぜい》に順ぜり。順彼仏願故《じゆんぴぶつがんこ》の文、ふかく魂にそ《（染）》み、心にとゞめたるなり。恵心の先徳の往生要集をひらくに、往生之業念仏為本（往生の業には念仏を本となす）といひ、又かの人の妙行業記《みようぎようごうき》の文にも、往生之業念仏為先（往生の業には念仏を先となす）といへり。*覚超僧都《かくちようそうず》、恵心の僧都にとひての給はく、『所行の念仏は、これ*事《じ》を行ずとやせん、これ*理を行ずとやせん』と。恵心の僧都こたへての給はく、『こゝろ*万境《ばんきよう》にさへ《（遮）》ぎる。こゝをもて我たゞ称名を行ずるなり。往生の業には称名尤《もと》もたれ《（足）》り。これによりて、一生中の念仏その数を勘《かんがえ》たるに、二十*倶胝遍《くていへん》なり』との給へり。然則《しかればすなわち》源空《げんくう》は大唐の善導和尚のをしへにしたがひ、本朝の恵心の先徳のすゝめにまかせて、称名念仏のつとめ*長日《じようにち》六万遍なり。死期《しご》やうやく《（漸）》ちかづくによりて、又一万遍をくはへて、長日七万遍の行《ぎよう》者《じや》なり」とぞおほせられける。

［第四図］

上人の念仏七万遍になされてのちは、昼夜に余事をまじ《（交）》へられざりけり。されば

決定往生　必ず往生する
業因　原因となる行い
遺教　後世に残された教え
弘誓　衆生を救おうとする仏菩薩の広大な誓願
覚超　天台宗の学僧、密教に優れる（九六〇～一〇三四）
事を行ず　事観（仏身の相好を観想する）の念仏
理を行ず　理観（絶対の真理を観想する）の念仏
万境　あらゆる対象
倶胝　数の単位で、億または千万
長日　常の日、日ごろ

［念仏七万遍の後は昼夜余言をまじへ給ざりし事］

そのゝち、人のまいりて法門をたづね申けるには、きゝたまふかとおぼしくては、念仏のこゑ（声）すこしひき（低）くなり給ばかりにてぞありける。一向に念仏をさし*（差）を（措）きたまふことなかりけるとなん。

［第五図］

上人、或時かたりてのたまはく、「われ浄土宗をたつる心は、凡夫の報土*にむ（生）まるゝことをしめ（示）さむためなり。もし天台によれば、凡夫浄土にむまるゝことをゆる（許）すに似たれども、浄土*を判ずる事あさし。もし法相によれば、浄土を判ずる事ふかしといへども、凡夫の往生をゆるさず。諸宗の所談ことなりといへども、すべて凡夫報土にむまるゝことをゆるさゞるゆへ（故）に、善導の尺（釈）義によりて浄土宗をたつるとき、すなはち凡夫報土にむまるゝ事あらはるゝなり。こゝに人おほく誹謗《ひほう》していはく、『かならず宗義を立《りつ》せずとも、念仏往生をすゝむべし。いま宗義をたつる事は、たゞこれ勝他*のためなるべし。我等凡夫むまるゝ事をえ（得）ば、*応身《おうじん》応土なりとも足ぬべし。なんぞ強《あながち》に*報身《ほうじん》報土の義をたつるや』と。この義一往*ことはりなるに似たれども、再往*をいへばその義をしらざるがゆへなり。もし別の宗を立せずは、凡夫

さしをく　後回しにする

［凡夫入報土の義を顕さんが為に別宗を立給事］

報土　阿弥陀仏の極楽浄土

浄土を判ずる　浄土の種類などを判定する

勝他　他宗より優れていると思う

応身応土　応身は衆生を救うためにその機根に応じて現れた仏身、応土はその国土をいう

報身報土　報身は菩薩が修行しそ

報土に生ずる義もかくれ、本願の不思議もあらはれがたきなり。しかれば善導和尚の尺《（釈）》義にまかせて、かたく報身報土の義を立す。これまた《（全）》く勝他のためにあらず」とぞおほせせられける。

［第六図］

上人、播磨《はりま》の*信寂房《しんじやくぼう》におほせせられけるは、「こゝに*宣旨《せんじ》の二《ふたつ》侍《はべる》をとりたがへて、*鎮西《ちんぜい》の宣旨をば坂東《ばんどう》へくだし、*坂東の宣旨をば鎮西へくだしたらんには、人もちゐ《（用）》てんや」との給に、信寂房しばらく案じて、「宣旨にても候へ、とりかへたらんをばいかゞもちい侍べき」と申ければ、「御房は道理をしれる人かな。*やがてさ《（然）》ぞ。帝王の宣旨とは尺《（釈）》迦の遺教なり。宣旨二ありといふは、*正像末《しようぞうまつ》の三時の教《きよう》なり。聖道門の修行は正像の時の教なるがゆへに、*上根上智のともがら《（輩）》にあらざれば証しがたし。たとへば西国の宣旨のごとし。浄土門の修行は末法濁乱《じよくらん》の時の教なるがゆへに、下根下智のともがらを器とす。これ奥州《おうしゆう》の宣旨のごとし。しかれば三時相応の宣旨、これをとりたがふ《（違）》まじきなり。大原にして聖道浄土の論談ありしに、法門は*牛角《ごかく》の論なりしかども、*機根くらべには源空かちたりき。『聖道門はふかし

の報いとして得た仏身、報土はその国土をいう。ここでは阿弥陀仏と極楽浄土を指す
一往　細かい点はおいて、大略
再往　再び文意を明らかにする

［信寂房に聖道浄土の二教を東西の宣旨に譬て御示の事］
信寂房　上人の弟子、晩年は遠江の横路に住む（?～一二四四）
宣旨　天皇の勅命を伝える文書
鎮西　九州の異称
坂東　東国ともいい、相模・上野より以東の諸国
やがてさぞ　まさにその通りだ
正像末　釈尊滅後の時代区分。正法は教・行・証がある時代、像法は教・行があって証のない時代、末法は行・証がなく教だけが残る時代
上根上智　優れた機根（能力・資質）、優れた智恵。下根下智に対する語
牛角　互いに優劣がない

といへども、時すぎぬればいまの機にかなはず。浄土門はあさきに似たれども、当*根にかなひやすし』といひしとき、末法万年、余経悉滅、弥陀一教、利物偏増（末*法万年に余経悉《ことごと》く滅す。弥陀の一教のみありて、利物《*りもつ》偏増す）の道理におれて、人みな信伏しき」とぞおほせられける。

［第七図］

震旦《*しんだん》に浄土の法門をのぶる（述）人師おほしといへども、上人唐宋《そう》二代の高僧伝の中より、曇鸞《*どんらん》、道綽《*どうしゃく》、善導、懐感《*えかん》、少康《*しょうこう》の五師をぬきいで、、一宗の相承《そうじょう》をたて給へり。其後《そののち》俊乗房重源入唐《*しゅんじょうぼうちょうげんにっとう》のとき、上人仰《おおせ》られていはく、「唐土《もろこし》に五祖の影像*あり、かならずこれをわたすべし」と。これによりて渡唐の後、あまねくたづね（尋）もとむるに、上人の仰たがはず、はたして五祖を一鋪《いっぽ》に図する影像を得たり。重源いよ〱上人の内鑑冷然《*ないかんれいねん》なることをしる。かの当麻寺《*たいまでら》の曼荼羅《*まんだら》は、弥陀如来化尼《*けに》となりて、大炊《*おおい》天皇の御《ぎょ》宇《う》天平宝字《*てんぴょうほうじ》七年にをり（織）あらはし給へる霊像なり。序正《*じょしょう》三方の縁《へり》のさかひ、日観三障《*にっかんさんしょう》の雲のありさま、人さらにわきまへ（弁）がたかりしを、のちに文徳《*もんとく》天皇の御宇天安*二年に、もろこし（唐土）よりわたれる善導大師の御《おん》釈の観経疏《かんぎょうのしょ》の文

機根くらべ　今の世の人の機根にかなうかどうかの論争
当根　現今の人の機根
末法万年云々　この文は窺基の西方要決による
利物　衆生に利益を与える

［上人の命によて俊乗坊唐より五祖の真影を将来する事］
震旦　中国の異称
曇鸞　中国浄土教の祖、往生論注を著す（四七六～五四二）
道綽　中国浄土教の僧、安楽集を著す（五六二～六四五）
懐感　善導の弟子、群疑論を著す
少康　唐代浄土教の僧（?～八〇五）
俊乗坊重源　南無阿弥陀仏とも号す。東大寺再建の大勧進職（一一二一～一二〇六）
影像　肖像画、画像
内鑑冷然　智恵の光が鏡のように清らかで曇りがない

を見てこそ、人不審をばひらき侍しか。天平宝字七年より天安二年にいたるまでは九十六年なり。そのかみ吾朝《わがちょう》にてをられたる曼荼羅の、はるかの後にわたれる観経の疏の文に符合せるをば、不思儀(議)とこそ申伝《もうしつたえ》て侍れ。いま上人さきだちて浄土の宗義をひらきたまひ、のちに重源入唐の時、かの影像をわたすべきよしを命ぜられ、わたすところの影像、上人の仰にたがはざること、豈《あに》奇特《きどく》にあらずや。されば道俗貴賤《きせん》、かの五祖の真影を拝して、いよ〳〵上人の徳に帰し、ます〳〵念仏の信をふかくしけり。当時*二尊院《にそんいん》の経蔵に安置するは、かの重源将来の真影なり。

［第八図］

当摩寺　摩は「麻」の当て字。奈良県葛城市にある真言宗・浄土宗の寺
曼荼羅　梵語の音写、仏菩薩の集合像を描いたもの
化尼　姿を変えて尼となる
大炊天皇　第四七代淳仁天皇（在位七五八〜六四）
天平宝字七年　七六三年
序正三方　観経疏の序分義（右縁）、正宗分定善義（左縁）、同散善義（下縁）
日観三障　日想観の時、業障の軽重によって黒黄白の雲で遮られる
文徳天皇　第五五代天皇（在位八五〇〜五八）
天安二年　八五八年
二尊院　京都市右京区にある天台宗の寺

法然上人行状絵図　第七

上人《しょうにん》、たゞ諸宗の教門にあきらかなるのみにあらず、修行おほくその証を得給《えたまい》き。そのかみ四明黒谷《くろだに》にして、*法花三昧《ほっけざんまい》をおこなひ給しとき、普賢白象《ふげんびゃくぞう》にのりて、まのあたり道場に現じ給ふ。又上人ある時、叡空《えいくう》上人ならびに*西仙房《さいせんぼう》とゝもにおこなひたまひけるに、*山王《さんのう》*影向《ようごう》して納受のかたちをあらはし給けり。これ末代の奇《き》特《どく》なり。

[第一図]

上人黒谷にして花厳経《けごんぎょう》を講じ給けるに、あをき《(青)》小《お》ぐちなは《(蛇)》机のうへ《(上)》にありけるを、*法蓮坊信空《ほうれんぼうしんくう》にとりてすつ《(捨)》べきよしおほせ《(仰)》られければ、かの法蓮房かぎりなくくちなはにおづ《(怖)》る人なりけれども、師の命そむきがたきによりて、*出文机《いだしふづくえ》の明障子《あかりしょうじ》をあけまう《(設)》けて、ちりとり《(掃)》にはきいれてなげす《(投)》てゝ、障子をたてゝけり。さてかへりてみれば、くちなはなを《(猶)》もとのところにありけり。これをみるに*遍身にあせ

[法華三昧の時普賢道場に現じ山王影降の事]

法花三昧　法華経によって中道実相の理を観ずる行法

西仙房　名は心寂、もと叡空の弟子、のち上人に師事（?～一二〇四）

山王　比叡山の地主神山王権現

影向　神仏が姿を現すこと

[華厳御披講の時竜神守護の事]

法蓮坊信空　藤原行隆の子、もと叡空の弟子、のち上人に師事（一一四六～一二二八）

出文机　付書院の古称

遍身　からだじゅう

いで《(出)》ゝ、おそろしかりけり。上人見《み》給て、「などとりてはすてられぬぞ」と仰《おおせ》られければ、法蓮房しか〲とこたへ申さるゝに、上人黙然《もくねん》として物もの給はざりけり。其《その》夜法蓮房の夢に、大竜かたちを現じて、「我はこれ花厳経を守護するところの竜神なり。おそるゝ事なかれ」といふとおもひて、ゆめさめにけり。むかしこの経*竜宮にありて、*人間《じんかん》に流布せず。*龍樹《りゆうじゆ》菩薩竜宮にゆき《(往)》てこれをひらき見て、人間にかへりてこれをひろめ給き。そのゝち*覚賢《かくけん》*三蔵震旦《しんだん》にして、*安帝*義熙《ぎき》十四年三月十日より、揚州《ようしゆう》*謝司空寺《しゃしくうじ》に護浄花厳法堂《ごじょうけごんほうどう》をたてゝ、花厳経を訳し給しとき、堂のまへの蓮花池《れんげち》より、毎日に青衣《しょうえ》なる二人の童子、あした《(朝)》にいでゝ、ちり《(塵)》をはらひ、すみ《(墨)》をすり、くるれ《(暮)》ばいけの底へなむかへり《(帰)》入ける。経を訳しをはり《(終)》てのちは、みえずなりにけり。この経ひさしく竜宮にありしゆへ《(故)》に、竜神うやまひて守護をくはへ侍《はべり》けるにこそ。上人の披講まことにいたりて、竜神を感ぜしめたまひける、ゆゝしくぞ侍ける。

［第二図］

*上西門院《じょうさいもんいん》ふかく上人に帰しまし〱て、念仏の御《おん》志あさからざりけり。或時《あるとき》上

竜宮　仏法守護の竜神の住む宮殿
人間　人間の住む世界
龍樹　二～三世紀の南インドの仏教学者、名はナーガージュナ。菩薩は尊称
覚賢　北インドの僧、名はブッダバッダラ。中国へ来て訳経する（三五九～四二九）
三蔵　訳経の僧に対する敬称
安帝　東晋の第一〇代皇帝（在位三九七～四一八）
義熙十四年　四一八年
謝司空寺　東晋の司空謝石の建立、道場寺ともいう

［上西門院にて御説戒の時小蛇解脱の事］

人を請《しよう》じ申されて、七箇日のあひだ説*戒あり。円戒の奥旨《おうし》をのべ給に、一《ひとつ》のくちなは、からがき《（唐垣）》の上に七日のあひだ、はたらかずして聴聞《ちようもん》の気色也《*けしきなり》。みる人あやしみおもふほどに、*結願《けちがん》の日にあたりて、かのくちなは死せり。そのかしら《（頭）》の中より、一の蝶《ちよう》いで丶、そらにのぼるとみる人もあり、天人のかたちにてのぼるとみる人もありけり。昔*恵表《えひよう》*比丘《びく》武当山《ぶとうさん》にして無量義経を講読せしに、こゑ《（声）》をきく青雀《せいじやく》*歓《かん》喜苑《ぎおん》に生ぜり。かの先蹤《せんしよう》をおもふに、この小蛇《おぐちなわ》も大乗の結縁《けちえん》によりて、天上にむ《（生）》まれ侍けるにや。

［第三図］

上人秘*密の窓にいり、*観念の床《ゆか》に坐《ざ》し給しに、あるときは蓮花《れんげ》あらはれ、ある時は*羯磨《かつま》を見《み》、あるときは宝珠を拝す。観心明了《かんじんみようりよう》にして、瑞相《ずいそう》を眼前にあらはし給ふことおほかりけり。

［第四図］

上人ある夜夢みらく、一の大山《たいさん》あり、その峰きはめてたかし。南北長遠《ちようおん》にして

上西門院　鳥羽天皇の皇女、名は統子（一一二六～八九）
説戒　梵網経の講説
気色　態度、そぶり
結願の日　説戒の最終日
恵表　五世紀末の中国の僧
比丘　梵語の音写、出家した僧
歓喜苑　忉利天にある園

［三密御修行の時種々の瑞相現ずる事］
秘密の窓　密教修法の場
観念の床　観想を行う場
羯磨　羯磨金剛の略。三鈷杵を十字に組み合わせたもの

［夢中相承の事］

西方にむかへり。山のふもとに大河《だいが》あり、碧水《へきすい》北より出《いで》て波浪南にながる。河原眇々《*びょうびょう》として辺際なく、林樹茫々《*ぼうぼう》として限数をしらず。山の腹にのぼりて、はるかに西方をみたまへば、地よりかみ五丈ばかりあがりて、空中に一聚《*いっしゅう》の紫雲あり。この雲とびきたりて、上人の所にいたる。希有《けう》の思《おもい》をなし給ところに、この紫雲の中より無量の光を出《いだ》す。光のなかより孔雀鸚鵡《くじゃくおうむ》等の百宝色《*ひゃっぽうじき》の鳥とびいでゝよも（四方）に散じ、又河浜《かひん》に遊戯《*ゆげ》す。身より光をはなちて照耀《しょうよう》きはまりなし。其後衆鳥《しゅちょう》とびのぼりて、もとのごとく紫雲のなかにいりぬ。この紫雲又北にむかひて山河をかくせり。かしこに往生人あるかと思惟《しゆい》し給ほどに、又須臾《*しゅゆ》にかへりきたりて、上人のまへに*住す。やうやく（漸）ひろごり（広）て一天下《*いちてんげ》におほふ（覆）。雲の中より一人の僧出《いで》て、上人の所にきたり住す。そのさま腰よりしもは金色《こんじき》にして、こしよりかみは墨染《*すみぞめ》なり。上人合掌低頭《ていず》して申《もうし》給はく、「これ誰人《たれびと》にましますぞや」と。僧答《こたえ》給はく、「我は是《これ》善導《ぜんどう》なり」と。「なにのために来《きたり》給ぞや」と申給に、「汝専修《なんじせんじゅ》念仏をひろむること、貴《とうとき》がゆへに来れるなり」との給とみて夢さめぬ。画工乗台《じょうだい》におほせて、ゆめにみるところを図せしむ。世間に流布して夢の善導といへるこれなり。その面像のちに唐朝よりわたれる影像にたがは（違）ざりけり。上人の化導《けどう》、和尚《かしょう》の尊意にかなへる

眇々　広くて遙かなさま
茫々　広くて果てしないさま
一聚　ひと集まり
百宝色　様ざまな珍しく美しい色
遊戯　遊び楽しむ
須臾　しばらくの間
住す　とどまる
一天下　一天に同じ。空全体
墨染　黒く染めた僧衣

ことあきらけし。しかれば上人の勧進《かんじん》によりて、称名《しょうみょう》念仏を信じ往生をとぐるもの、*一州にみち*四海にあまねし。前兆のむなしからざる、たれの人か信受せざらん。

[第五図]

上人、*専修正行《しょうぎょう》とし《（年）》をかさね、一心専念こう《（功）》つもり給しかば、つゐ《（遂）》に*口称三昧《くしょうざんまい》を発《おこし》し給き。生年《しょうねん》六十六、*建久九年正月七日の*別時念仏のあひだ、はじめにはまづ*明相《みょうそう》あらはれ、次に*水想《（相）》*影現《ようげん》し、のちに瑠璃《るり》の地《じ》すこしき現前す。同二月に*宝《ほう》地《じ》宝池宝楼《ほうろう》を見たまふ。それよりのち連々に勝相あり。或時は左の眼《まなこ》より光をいだす。眼に瑠璃あり、かたち瑠璃のつぼのごとし。つぼにあかき花あり、宝瓶《ほうびょう》のごとし。或時ははるかに西方を見やり給に、宝樹つらなりて、高下《こうげ》心にしたがひ、或ときは座下《ざか》宝地となり、或時は仏の面像現じ、あるときは*三尊大身《だいしん》を現じ、或時は勢至《せいし》来現し給。すなはち画工に命じて、これをうつし《（写）》とゞめらる。或時は宝鳥琴笛《きんてき》等の種々のこゑをきく。くはしきむね御自筆の三昧発得《さんまいほっとく》の記にみえたり。かの記、上人在日《そんじつ》のあひだは披露なし。*勢観房《せいかんぼう》*遺跡《ゆいせき》を相承《そうじょう》のゝち、これを披見せられけ

一州　一国全体、全国
四海　天下、世の中

[三昧発得の後種々の勝相を見給事]
専修正行　専ら正行としての念仏を修する
口称三昧　念仏を称えて三昧の状態に入る
建久九年　一一九八年
別時念仏　日時を定めて念仏する
明相　光の照らすさま
水相　極楽の八功徳水のありさま
影現　ものの姿が現れる
宝地宝池宝楼　極楽の美しい地、八功徳水の池、宝で飾られた楼閣
三尊　阿弥陀仏と観音・勢至の二菩薩
勢観房　上人の弟子、名は源智（一一八三〜一二三八）
遺跡　上人が残された遺産

り。

高野《こうや》の明遍僧都《*みようへんそうず》は彼《か》の記をひらき見て、随喜の涙をながされけるとなん。

明遍　藤原通憲の子、真言宗の僧（一一四二〜一二二四）

［第六図］

法然上人行状絵図　第八

上人三昧発得《しようにんさんまいほつとく》の、ちは、暗夜に灯燭《とうしよく》なしといへども、眼《まなこ》より光をはなちて聖《しよう》教《ぎよう》をひらき、室の内外《うちと》を見給《みたまう》。法蓮房《ほうれんぼう》もまのあたりこれを拝し、*隆寛《りゆうかん》律師もことに此《この》事を信仰せられけり。あるとき*秉燭《へいしよく》の程に、上人のどかに聖教を披覧したまふをと《（音）》のしければ、*正信房《しようしんぼう》いまだ灯明などたてまつるとも覚《おぼえ》ざりつるにとおぼつか《（覚束）》なくて、ひそかに座下《ざか》を伺《うかがう》に、左右《そう》の御《おん》目のすみより光をはなちて、文《ふみ》の面《おもて》を照して見給。そのひかりのあきらかなる事、ともしび《（灯）》にすぎたり。いみじくたうと《（尊）》きことかぎりなし。かやうの*内証をばふかく隠密《おんみつ》する事にて侍《はべる》にと思て、ぬきあしして まかり《（罷）》いで《（出）》ぬ。又ある時、*更《こう》たけ夜しづかにして、*深窓に人なし。上人ひとり念仏し給。御《み》声勇猛《ゆみよう》なりければ、よな《（夜）》〳〵老骨をはげまし、おこたりなき御つとめ、いたはしくも貴《とうとく》も覚て、もし御要《（用）》もやいますらんとて、正信房まいりて、*やりど《（遣戸）》をひきあけて見たてまつれば、身光赫奕《かくやく》として坐《ざし》給へるたゝみ二帖《じよう》がうへ《（上）》に満《みて》り。あきらかなること、*暮山《ぼさん》に望《のぞみ》て夕陽《せきよう》を見《みる》がごとし。身の毛もたつばか

［暗夜に光明を放ち給事］

隆寛　藤原資隆の子、天台宗の僧。のち上人に師事（一一四八～一二二七）

秉燭の程　灯火をともす時分

正信房　上人の弟子、名は湛空（一一七六～一二五三）

内証　心の内に得られた悟りの証

更たく　夜の時間がたつ

深窓　奥深い部屋の中

やりど　引き戸

暮山　夕暮れの山

りなり。たうとしといふもおろか*なり。心*づき《（付）》なくやおぼす《（思）》らん、さればとてやがてまかり出《いで》むことも中々*なり。進退わづらふところに、ことのやう《（様）》みえぬとや思給《おぼし》けむ、上人「たれぞ」と問《とい》給。「湛空《たんくう》」と答《こたえ》申されければ、「はや《（早）》して各《おのおの》をもか様《よう》になしたてまつらばやな」とぞ仰《おおせ》られける。慈恩《じおん》*むかし玄奨《げんじょう》*の門下にありて、眼より光をはなちて、よる聖教をひらきしかば、泗州《ししゅう》*大師上座なりしかども、なを《（猶）》其《その》徳に信伏してあふぎ《（仰）》て師範とし給き。いま辺州*にして末代たりといへども、奇特《きどく》まことに上古に恥ざるをや。

［第一図］

あるとき上人、念仏しておはし《（御座）》けるに、勢至《せいし》菩薩来現し給事ありけり。そのたけ一丈余《あまり》なり。画工に命じて其相《そう》をうつしとゞめられ、ながく本尊とあふぎ申されけり。

［第二図］

上人*あからさまに草庵《そうあん》をたちいでゝ、かへり給へりけるに、弥陀の三尊、絵像《えぞう》に

おろか　言い尽くせない
心づきなし　気がきかない
中々　かえってしない方がよい
慈恩　中国法相宗の祖、名は窺基（六三二〜八二）
玄奨　中国の訳経僧、三蔵法師と称される（六〇〇〜六四）。奨は「奘」の当て字
泗州大師　中国法相宗の僧、名は慧沼（六五〇〜七一四）。泗は「淄」の当て字
辺州　辺国ともいい、日本を指す
［勢至菩薩来現の事］
［弥陀の三尊来現の事］
あからさまに　ほんのしばらく

あらず木像にあらず、垣《かき》をはなれ、板敷《いたじき》にも天井《てんじょう》にもつかずしておはしましけり。そのゝちは拝見し給ふこと、つねの事なりけり。

[第三図]

ところ〴〵に別時念仏を修《しゅ》し、不断の称名《しょうみょう》をつとむること、みなもと（源）上人の在《ざい》世《せ》よりおこれり。そのなかに、上人*元久二年正月一日より、*霊山寺《りょうぜんじ》にして三七日《さんしち》の別時念仏をはじめ給ふに、灯《ともしび》なくして光明あり。第五夜にいたりて*行道《ぎょうどう》するに、勢至菩薩おなじく烈（列）にたちて行道し給けり。法蓮房夢のごとくにこれを拝す。上人にこのよしを申に、「さる事侍《はべる》らん」と答たまふ。余人は更に拝せず。

[第四図]

同年四月五日、上人月輪殿《つきのわどの》にまいり給て、数刻《すこく》御法談ありけり。退出のとき、*禅《ぜん》閤庭上《こうていしょう》にくづれ（崩）をり（降）させ給て、上人を礼拝《らいはい》し、御《み》ひたいを地につけて、やゝひさしくありておき（起）させ給へり。御《おん》涙にむせびて仰られていはく、「上人地をはなれて虚空《こくう》に蓮花《れんげ》をふみ、うしろに*頭光《ずこう》現じて出《いで》給つるをばみずや」と。*右京権大夫《うきょうのごんのだいぶ》入

[霊山寺別時念仏の時種々瑞相の事]
元久二年　一二〇五年
霊山寺　京都市東山区にあった寺
行道　僧が読経・念仏しながら仏像の周りを巡り歩く

[月輪殿より御退出の時頭光を現じ給事]
禅閤　摂政・太政大臣の出家した者をいう。ここは九条兼実
頭光　仏の頭の後ろの光の輪
右京権大夫入道　藤原隆信（一一

道〈法名戒心《ほうみょうかいしん》〉中納言阿闍梨《ちゅうなごんのあじゃり》*尋玄《じんげん》〈号本蓮房《ほんれんぼうとごうす》〉二人御前に候《こうじ》ける、みな見たてまつらざるよしを申。池の橋をわたり給ひけるほどに、頭光現じけるによりて、かの橋をば頭光の橋とぞ申ける。もとより御帰依ふかゝりけるに、この後はいよ〳〵仏のごとくにぞうやまひ（敬）たてまつられける。

四二～一二〇五）
尋玄　中納言藤原資長の孫

［第五図］

ある人〈不注名字《みょうじをちゅうせず》〉上人の念珠を給はりて、よるひる名号《みょうごう》をとなふ。ある時、あからさまにたけくぎ（竹釘）にかけたりけるに、一室照曜する事ありけり。その光をたゞ（糺）しみるに、上人恩賜の念珠よりいでたり。珠《たま》ごとに歴々たり、なをし（猶）*晴夜《せいや》に星をみるがごとし。奇異の事なりといへり。

［御念珠より光を放つ事］
晴夜　晴れわたった夜

［第六図］

上人の弟子勝法房《しょうほうぼう》は、絵をかく仁《じん》なりけるが、上人の*真影を書たてまつりて、其銘を所望《しょもう》しけるに、上人これを見給て、鏡二面を左右の手にもち、*水鏡《みずかがみ》をまへにをかれ（置）て、頂《いただき》の前後を見合《みあわせ》られ、たがふ（違）ところには*胡粉《ごふん》をぬりて、なをし（直）つけ

［鏡の御影幷勢至円通の文を自賛に用ひ給事］
真影　まことの姿
水鏡　顔や姿を映すための水盥
胡粉　白い絵具

られてのち、「これこそ似たれ」とて勝法房に賜《たま》はせけり。銘の事は返答に及ばれざりけるを、勝法房後日に又参て申出《もうしいで》たりければ、上人の御まへに侍ける紙に、

我本因地以念
仏心入無生忍
今於此界摂念
仏人帰於浄土
十二月十一日　源空
勝法御房

(我もと*因地《いんじ》に念仏の心を以《も》て*無生忍《むしょうにん》に入る。今此界《しかい》に於《おい》て念仏の人を摂して浄土に帰せしむ。十二月十一日　源空《げんくう》　勝法御房)

とかきて授られければ、是《これ》を彼《かの》真影に押て帰敬《ききょう》しけり。これは首楞厳経《しゅりょうごんぎょう》の勢至の*円通《えんずう》の文《もん》なり。上人は勢至の応現*たりといふ事、世挙《こぞり》てこれを称す。しかるにおほくの文の中に、勢至の御詞《ことば》を自賛に用られ侍る、まことに奇特の事也《なり》。いま彼真影を拝《はいし》たてまつるに、胡粉を塗てなをされたる所多し。これ末代の*亀鏡《ききょう》たるによりて、彼御自筆の本を写て、此絵*に加置《くわえおく》ところ也。又或人《あるひと》、上人の真影を写て其銘

因地　悟りを求めて修行している段階
無生忍　無生無滅を悟ること
円通　仏菩薩の悟りの境地。円やかで全てのものにゆきわたる
応現　仏菩薩などが姿を変えて現れること
亀鏡　手本や参考にするもの
絵　絵巻物、絵伝

を申けるにも、この文を書て賜けり。彼正本《しょうほん》つたはりて、いまにありとなん申侍る。又*讃州《さんしゅう》生福寺《しょうふくじ》にすみ給し時は、勢至菩薩の像を自作して、「法然本地身、大勢至菩薩、為度衆生故、顕置此道場（法然本地身《ほんじしん》は大勢至菩薩なり。衆生《しゅじょう》を度せんが為《ため》の故に、この道場に顕はし置く）」〈等《など》〉、*置文《おきぶみ》に載られける、委事《くわしきこと》は彼配所の巻にしるすもの也。勢至の*垂迹《すいじゃく》たる条、その証拠かくのごとし。尤《もとも》仰信するにたれり。

［第七図］

諸人《しょにん》感夢の事おほきなかに、或人は上人蓮花のなかにして、念仏し給とみる。あるひとは*天童上人を囲繞《いにょう》して、管絃遊戯《かんげんゆげ》すとみる。あるは又洛中《らくちゅう》みな*闘諍堅固《とうじょうけんご》なれども、たゞ上人の住所ひとり*無為《ぶい》なり。これすなはち念仏するゆへ《（故）》なりとみる。或は嵯峨《さが》の釈迦如来つげての給はく、「当時法然房《ほうねんぼう》といふ人のひらきたる往生の道妙《みょう》にして、多《おお》のひとみなそのみちより往生すべし」と仰らるとみる。されば上人勧《かん》化《げ》の、ち、都鄙《とひ》に往生をとぐる《（遂）》人おほし。紫雲音楽こゝにもみえ、かしこにも聞ゆ。夢のつげむなしからざる事をしりぬ。極楽にのぞみをかけむともがら《（輩）》、たれか上人のをしへ《（教）》をあふがざらむ。

讃州　讃岐国の別称

置文　自分の考えや守るべき規定を書き残した文書

垂迹　仏菩薩などが衆生を救うために仮の姿をとって現れること。

［諸人種々の瑞夢を感ずる事］

天童　童子の姿をした天人

闘諍堅固　争いに明け暮れる時代

無為　無事平穏

［第八図］

法然上人行状絵図　第九

上人《しょうにん》、道心うちに薫じ、行業《ぎょうごう》ほかにあらはる。かみ王公よりしも*黎元《れいげん》にいたるまで、その徳に帰せずといふことなかりき。後白河法皇《ごしらかわのほうおう》河東《かとう》*押少路《おしこうじ》の仙洞《せんとう》にて、御《おん》*如法経を修《しゅ》しましますことありき。上人をもて御先達《せんだつ》とせらる。*文治《ぶんじ》四年八月十四日、*前方便《ぜんほうべん》をはじめらる。御《み》*経衆《きょうしゅ》は、法皇、妙音院《みょうおんいん》の入道相国《しょうこく》〈*師長《もろなが》公〉、源《げん》空《くう》上人ならびに門弟行賢《ぎょうけん》大徳、山門には良宴《りょうえん》法印、行智《ぎょうち》律師、仙雲《せんうん》律師、覚兼阿《かくけんあ》闍梨《じゃり》、重円《じゅうえん》大徳、園城寺《おんじょうじ》には道顕僧都《どうけんそうず》、真賢《しんけん》阿闍梨、玄修《げんしゅ》阿闍梨、円隆《えんりゅう》阿闍梨、円玄《えんげん》阿闍梨等なり。去《さんぬる》十日*日吉社《ひえのやしろ》に臨幸ありし時、*衆徒《しゅと》*執当《しっとう》澄雲《ちょううん》法印をもて申《もうし》入《いれ》けるは、「東寺の僧今度《こたび》の御経衆にめし入らるべきよし（由）そのきこえあり。*慈覚《じかく》大師始行《しぎょう》の法則《ほっそく》なり、他門の僧しかるべからず。又或《ある》上人めし入らるべきよし風聞《ふうぶんす》。これはあながちに*子細を申べからず」と〈*云々《うんぬん》〉。これによりて東寺の僧はめされず、上人は勅喚ありて御先達をつとめらる。上人*臈次《ろうじ》の第一たるうへ（上）、先達たり、一座たるべきよしおほ（仰）せらる。上人辞《じし》申さるといへども、勅定《ちょくじょう》しきりなるにより

［後白河法皇御如法経の時上人御先達の事］
黎元　人民
押少路の仙洞　鴨川東の白川にあった院の御所、押小路殿。少は「小」の当て字
如法経　法則に従って写経する法会
文治四年　一一八八年
前方便　法会に入る前の勤め
経衆　如法経法会の僧侶
師長　藤原師長（一一三八～九二）。相国は太政大臣の唐名
日吉社　滋賀県大津市にある神社
衆徒　寺内に住む多くの学僧
執当　寺院の庶務を担当する僧
慈覚大師　天台宗の僧、名は円仁（七九四～八六四）
子細　異議、不都合
云々　引用文を記し、これ以下を省略することを示す語
臈次　受戒後の年数による座次

て第一座に着す。正面の東西に座をしく。東の一座に上人、西の一座に法皇、上人のつぎに入道相国着し給《たまう》。良宴法印以下《いげ》、官次にまかせて列座す。*行基《ぎょうき》菩薩は世俗の法によりて、*婆羅門僧正《ばらもんそうじょう》のしもに着し給き。この例になぞら《（準）》へば、良宴法印上座たるべしといへども、別勅にて上人一座に着せらる。上人礼盤《らいばん》にのぼりて*啓白《けいびゃく》、其後《そののち》*錫杖《しゃくじょう》を誦《じゅ》し、*懺法《せんぼう》をはじめたまふ。前方便の間は、毎日*三時懺法なり。同廿日《はつか》の*後夜《ごや》の時より、正懺悔《しょうさんげ》をはじめらる。後夜の*調声《ちょうしょう》は上人、晨朝《じんじょう》の調声は法皇御つとめあり。堂荘厳《しょうごん》美をつくされ、作法又《また》厳重也《なり》。法皇御霊夢の事まし〳〵けり。子細御願文《がんもん》〈中納言《ちゅうなごん》兼光卿《かねみつきょう》草之《これをそうす》〉にみえたり。

［第一図］

九月四日御料紙をむかへらる。件《くだん》の料紙は観性法橋《かんしょうほっきょう》の進ずるところなり。かの法橋*慈鎮和尚《じちんかしょう》〈于時《ときに》法印〉同宿のあひだ、御料紙安置の所は和尚の住房*三条白川なり。*鳥羽院《とばのいん》の第七宮《だいしちのみや》*覚快《かくかい》親王の旧跡にてぞありける。良宴法印以下十一人の経衆は、かの所へむかふ。宿老のこり《（残）》とゞまる儀になぞらへて、法皇、上人、相国禅門、道場にまうけ《（設）》させ給ふ。料紙を銅《あかがね》の筒にをさめ《（納）》、御輿《みこし》に入たてまつりてむか《（迎）》

行基　奈良時代の高僧（六六八〜七四九）
婆羅門僧正　インドからの渡来僧、名は菩提僊那（七〇四〜七六〇）
啓白　法要の開始の言葉をいう
錫杖を誦す　錫杖を振り偈文を唱える
懺法　法華経による罪の懺悔
三時　晨朝（午前八時）・日中（正午）・日没（午後四時）
後夜　午前四時
調声　法要で最初に発声する役

［御料紙をむかへ奉らるる事］
慈鎮　藤原忠通の子、天台座主、名は慈円（一一五五〜一二二五）
三条白川　今の青蓮院を指す
鳥羽院　第七四代天皇（在位一一〇七〜二三）
覚快親王　天台座主（一一三四〜八一）

へたてまつる。南の*ひがくし《(日隠)》のしたに*案をたてゝ、御輿をかき《(昇)》すへ《(据)》たてまつる。良宴法印以下の経衆、外《ほか》に候《こう》じて*伽陀《かだ》を誦す。正面の明障子《あかりしょうじ》をあけられて、法皇伽陀を誦しましますに、上人、入道相国おなじく*助音《じょいん》申さる。料紙を道場に安置のゝち、行道《ぎょうどう》*合殺《かっさつ》あり。この儀はさだまれる法式《ほっしき》にあらず、上人これを申をこな《(行)》はれけり。

［第二図］

同八日写経の水をむかへらる。*下臈《げろう》の僧衆《そうしゅ》等*横川《よかわ》にのぼりて、慈覚大師のおこなひ給し根本の水をくみて、銅の瓶《びょう》にいれて持参す。同十一日御*筆立《ふでたて》なり。慈鎮和尚、観性法橋は御経衆にあらずといへども、もとより如法経中たるによりて、写経の時参ぜらる。和尚は入道相国のしもに着し、観性法橋は仙雲律師のしもに坐《ざ》す。上人礼盤にのぼりて啓白、下座《げざ》のゝち行道、々々《(行道)(終)》をはりて伽陀を誦す。其後十六人着座して、同時に筆をとり書写をはじめらる。

［第三図］

ひがくし　寝殿造の南中央の庇
案　物を載せる台、机
伽陀　梵語の音写、韻文の偈頌
助音　同音で唱和すること
合殺　行道などの終わりに音曲の仏号六遍を唱える

［写経の水をむかへ奉らるる事］
下臈　受戒後の年数の少ない
横川　比叡山三塔の一つ
筆立　書き始め

同十二日*巳刻《みのこく》に御《おおん》書写ことおへ（終）しかば、すなはち*十種供養《じつしゆ》の儀あり。*伶人《れいじん》の上《かん》達部《だちめ》、*透渡殿《すきわたどの》に着す。*地下《じげ》の呂人《りよにん》、日隠《ひがくし》の西の腋《わき》に座して、*沙陀調《さだちよう》の調子をふく。正面の庭上《ていしよう》に赤地の錦《にしき》の*地鋪《じふ》をしきて、その上に机二脚をたてゝ、十種供養の具を安《あん》ず。*天童二人、舞童《まいわらわ》十六人東西よりすゝみ出《いで》て、供具をとりて南の階下に参じて*伝供《てんぐ》をなす。衆僧《しゆそう》正面の左右《そう》にたちて伝供す。このあひだ*十天楽《じゆうてんらく》を奏す。御導師澄憲《ちようけん》法印なり。伝供のときは制禁かたくして、参詣《さんけい》の道俗やり（遣）水の北にのぞまずといへども、説法の時は勅許ありて、聴聞《ちようもん》の*緇素《しそ》群をなす。弁説玉をはく、貴賤《きせん》みな涙をながす。説法のおもむき前々に超過せり。ことに叡感《えいかん》あるよし権大納《ごんだいな》言《ごん》〈兼雅卿《かねまさ》〉をもて仰下《おおせくだ》さる。導師下座の時、*千秋楽を奏す。入道相国*唱歌《しようが》、中御《なかのみ》門《かど》大納言〈宗家卿《むねいえ》〉助音。凡《およそ》今日の儀式、万代《ばんだい》の美談なり。六十の御《おん》賀をおこなはれず、自然《じねん》にこの事にあるかのよし時の人申あへ（合）り。

［第四図］

同十三日御経《み》奉納のために、*首楞厳院《しゆりようごんいん》に臨幸あり。*長吏円良《えんりよう》法印の沙汰《さた》として、水飲《みずのみ》に御所をまうけ、供御《ぐご》ならびに御行水《ぎようずい》を用意す。法皇鳥居の岡より御《おおん》歩

［十種供養の事］
巳刻　午前十時頃
十種供養　華・香・瓔珞・伎楽など十種類を供える
伶人の上達部　雅楽を奏でる公卿
透渡殿　寝殿造の渡り廊下
地下の呂人　六位以下の楽人。呂は雅楽の音階の名
沙陀調　雅楽の調子の一つ
地鋪　地面に敷くもの
天童　天童に扮した子供
伝供　供物を手渡しで供える
十天楽　沙陀調に属する曲
緇素　道俗に同じ
千秋楽　盤渉調に属する曲
唱歌　楽器に合わせて歌う

［御経奉納の為に首楞厳院に臨幸の事］
首楞厳院　比叡山横川の中心寺院
長吏　寺院の主管者

行、まづ四季講堂に入御《じゆぎよ》。そのゝち如法堂の中門の外《ほか》に、天童以下供具をさゝげて左右にたつ。楽人法界房《がくにんほうかいぼう》の北の砌《みぎり》に候じて楽を奏す。中門のうちより御浄履《おんじようり》をたてまつりて、如法堂に入御。中門より御堂《みどう》にいたるまで*莚道《えんどう》をしく。西の戸より御経を入たてまつりて、正面の南の庇《ひさし》に安ず。御経衆南の*簀子《すのこ》に候ず。行智律師御経をとり出《いだ》したてまつる。法皇うけとらせおは《(御座)》しまして、長吏円良法印にわたしたま《(賜)》はす。このあひだ伽陀を誦す。御導師円能《えんのう》法印なり〈于時法橋〉。説法のゝち、中門のほかにして御布施を給ふ。次に十天楽を奏《そうす》。さて法界房に渡御《とぎよ》のゝち、*宗明楽《そめいらく》を奏し伽陀を誦す。御導師又円能法印なり。啓白下座のゝち、*中堂に臨幸あり。

[第五図]

中堂より還御《かんぎよ》、食堂《じきどう》にして御*装束《おんしようぞく》をあらためらる。このあひだ衆徒庭上に群参して、*延年種々の芸をほどこす。*奉行人定長卿《ぶぎようにんさだなが》をもて、御願無為《ぶい》の条、ひとへにこれ衆徒祈念のいたすところなり。叡感はなはだしきよし澄雲法印におほせくださる。澄雲庭にを《(降)》りて、勅定のおもむきを衆徒におほす。そのゝちゆふべ《(夕)》にをよ《(及)》びければ、すなはち還御あり。*亥刻《いの》に押少《(小)》路殿《どの》に着御《ちやくぎよ》、本道場にして懺法をおこなは

莚道　通路に敷く莚
簀子　板張りの縁側
宗明楽　新楽に属する雅楽の曲
中堂　首楞厳院の金堂
[中堂より還御の事]
装束　衣服、服装
延年　法会の後に演じる諸種の芸能
奉行人　法皇の命を受けて行事を執り行う人
亥刻　午後一〇時頃

る。これを*歓喜懺法《かんぎ》と号す。抑《そもそも》慈覚大師の門徒余流、山門園城の碩徳《せきとく》高僧その数おほかるなかに、隠遁《いんとん》の上人をめしいだして、御先達とせられけること、*しかしながら仏徳のいたり、御《おおん》帰依のあまりなり。

［第六図］

歓喜懺法　法会の終了を喜ぶために行う懺法
しかしながら　一切、すべて

法然上人行状画図　第十

*高倉院《たかくらのいん》御在位のとき、*承安《じょうあん》五年の春、勅請《ちょくしょう》ありしかば、主上に一乗円戒をさづけたてまつらる。卿相《けいしょう》頂戴《ちょうだい》し、宮人《きゅうじん》稽首《けいしゅ》す。*清和御門《せいわのみかど》、*貞観《じょうがん》年中に慈覚《じかく》大師を*紫震《ししん》に請《しょう》じたてまつられ、天皇々《(皇)》后ともに円戒をうけましく〵き。上人《しょうにん》かの九代の嫡嗣として、法流たゞ一器につたはりき。はるかにいにし《(古)》へのあとををこ《(興)》したまひぬるこそいみじく侍《はべ》れ。

［第一図］

後白河法皇《ごしらかわのほうおう》勅請ありければ、上人*法住寺《ほうじゅうじ》の御所に参じたまひて、一乗円戒をさづけ申されけり。山門園城《おんじょう》の碩徳《せきとく》をめされて、*番々に往生要集を講じ、おのく〵所存の義をのべさせられけるに、上人おほせ《(仰)》にしたがひて*披講し給《たまい》けるに、「往生極楽の教行《きょうぎょう》は濁世《じょくせ》末代の目足《もくそく》なり。道俗貴賤《きせん》たれか帰せざらむもの」とよみあげ給より、はじめてきこ《(聞)》しめさるゝやうに、御《おん》きもにそ《(染)》みてたうと《(尊)》く、御感涙はなは

［高倉天皇上人に御帰依御受戒の事］
高倉院　第八〇代天皇（在位一一六八～八〇）
承安五年　一一七五年
清和御門　第五六代天皇（在位八五八～七六）
貞観年中（八五九～七七）
紫震　内裏の正殿の紫宸殿。震は「宸」の当て字

［後白河法皇御受戒并往生要集を講じ給ふ事］
法住寺の御所　法性寺の北にあった。法住寺殿
番々に　順番に
披講　本を開いて講義する

だしかりけり。御信仰のあまり、右京権大夫隆信朝臣《うきようのごんのだいぶたかのぶあそん》におほせて、上人の真影を図して、*蓮花王院《れんげおういん》の宝蔵におさめらる。*先代にもその例まれなる事とぞ申あへ(合)りける。

[第二図]

後白河の法皇、ひとへに上人の勧化《かんげ》に帰しまし〳〵、御信仰他にことなりしかば、*百万遍の御苦行二百余ケ《か》度まで功をつみ、比類なき御《おん》事にてぞまし〳〵ける。*建久三年正月五日より*御悩《ごのう》ありけるに、日にしたがひておも(重)らせをはしまし(御座)ければ、御《おん》*善知識《ぜんじしき》に参ぜらるべきよし仰《おおせ》下さるゝによりて、二月廿《にじゅう》六日に上人参じたまひて、御戒を授《さずけ》たてまつられ、御往生の儀式をさだめ申さる。念仏往生の道は、日ごろきこしめしを(置)かれけるうへ(上)、かさねて申入らるゝむね(旨)ねむごろ(懇)なりしかば、いよ〳〵御信心ふかくして、御念仏をこたら(怠)せ給はず、御臨終ちかづかせ給ければ、同三月十二日*戌剋《いぬのこく》に*御仏《みほとけ》を渡《わたし》たてまつられ、十三日*寅《とらの》剋、御臨終*正念《しょうねん》にして称名《しょうみょう》相続し、御端坐《たんざ》ねぶる(眠)がごとくして、往生の*素懐をとげさせ給き。御《おん》年六十六なり。誠《まことに》御宿縁のいたり、あはれにぞおぼえ侍《はべる》。

蓮華王院　通称は三十三間堂
先代　以前の時代

[法皇御臨終上人御善知識の事]

百万遍　念仏を百万遍となえる
建久三年　一一九二年
御悩　ご病気
善知識　仏道に導く人、ここでは臨終を看取る僧をいう
戌剋　午後八時頃
御仏を渡す　ご仏像を身近に移す
寅剋　午前四時頃
臨終正念　臨終に心を乱さず
素懐　以前から抱いていた思い

[第三図]

法皇崩御《ほうぎょ》の後、かの御菩提《ぼだい》の御《おん》ために、建久三年秋のころ、大和《やまとの》*前司《ぜんじ》親盛《ちかもり》入道〈法名見仏《ほうみょうけんぶつ》〉八坂の引導寺《いんどうじ》にして、心阿弥陀仏《しんあみだぶつ》調声《ちょうしょう》し、*住蓮《じゅうれん》、*安楽《あんらく》、見仏等のたぐひ助音《じょいん》して、*六時礼讃《ろくじらいさん》を修《しゅ》し七日念仏す。結願《けちがん》の時、種々の捧物《ささげもの》をとりいで《（出）》ける。を、上人不受の気《け》をはし《（御座）》まして、「念仏はみづからのためのつとめなり。法皇の御菩提に廻向《えこう》したてまつるとも、布施*以外《もてのほか》の事なり。ゆめ〳〵あるべからず」とていましめ給ける。これ六時礼讃*共行《ぐうぎょう》のはじめなり。

[法皇の御菩提の為に別時念仏六時礼讃を行じ給事]
前司　前任の国司
住蓮　上人の弟子、建永の法難で刑死（?～一二〇七）
安楽　上人の弟子、名は遵西、建永の法難で刑死（?～一二〇七）
六時礼讃　昼夜六時に阿弥陀仏を礼讃する
以外　とんでもない
共行　仲間と共に修する

[第四図]

後白河の法皇の十三年の御遠忌《おんき》に当《あたり》て、*土御門院《つちみかどのいん》*元久元年三月に御《おん》仏事を修せられけるに、上人蓮花王院にして*浄土の三部経を書写せられ、能声《のうしょう》をゑら《（選）》びて六時礼讃を*懃行《ごんぎょう》して、ねんごろに御菩提をぞ訪《とぶらい》申されける。又大和入道見仏も、おなじく法皇の御菩提をいのり申さむために、いづれの行法《ぎょうぼう》をか修《しゅす》べきと思惟《しゆい》するに、法皇見仏が夢に、我《わが》菩提をば如法に訪べきよしを示されけり。則《すなわち》見仏此《この》由を上人

[法皇の御遠忌に浄土の如法経を始行し給事]
土御門院　第八三代天皇（在位一一九八～一二一〇）
元久元年　一二〇四年
浄土の三部経　無量寿経・観無量寿経・阿弥陀経
懃行　懃は「勤」と同義

に申ければ、上人浄土の三部経を如法に書写すべき次第、法花《ほっけ》の如法経になぞら（準）へて法則《ほっそく》を出《いだ》さる。所謂《いわゆる》かの記云《きにいわく》、

浄土三部経如法経次第

一《ひとつ》、御料紙《りょうし》事、*紙曾《こうぞ》を殖《うえ》て千日是《これ》を行へ。其《その》間は念仏礼讃を用《もちう》べし。若《もし》かくのごとくをこな（行）へる料紙なくは、*市《いち》の料紙を用べし。

一、堂荘厳《しょうごんの》事〈如常《つねのごとし》〉。

一、前方便《ぜんほうべん》七ケ日事、沐浴《もくよく》、潔斎、浄衣《じょうえ》等常のごとし。但《ただし》絹綿の類《たぐい》は用否《ようひ》人の意にあるべし。

一、入道場《にゅうどうじょうの》次第、門前の*灑水《しやすい》幷《ならびに》香呂《こうろ》、*花筥《けこ》、*香象《こうぞう》等常のごとし。次に無言行《ぎょう》道《どう》三反《べん》、*奉請《ぶじょう》、合殺《かっさつ》等常のごとし。次に諸衆《しょしゅ》*宝座の前に列立《れつりゅう》して、惣礼《そうらい》の伽《か》陀《だ》を誦《じゆす》べし。其詞云《ことばにいわく》、

帰命本師尺（釈）迦仏　十方世界諸如来
願主*（受）施主衆生請　不捨慈悲入道場
南無十方三世一切諸仏、哀愍納受入此道場

（本師釈迦仏、十方《じっぽう》世界の諸如来に帰命《きみょう》したてまつる。願はくは、施主たる衆生の請《しょう》

紙曾　和紙の原料となる木、楮
市の料紙　市場で買い求めた用紙
灑水　香水を注いで清めること
花筥　散華を盛る皿
香象　象の形をした香炉
奉請　仏菩薩などを請来する偈文
宝座　書写の経を置くための台座
主　「受」の誤記

を受け、慈悲を捨てたまはず、道場に入りたまへ。南無十方三世《さんぜ》一切の諸仏、哀愍《あいみん》納受して、この道場に入りたまへ）

本国弥陀諸聖衆　平等倶来坐道場
道場聖衆実難逢　衆等頂礼弥陀会
南無極楽世界諸尊聖衆、慈悲護念証明功徳

（本国の弥陀諸*聖衆《しょうじゅ》、平等に倶《とも》に来たりて道場に坐《まし》したまへ。道場の聖衆には実《まこと》に逢《あ》ふこと難し。衆等、*弥陀会《え》を頂礼《ちょうらい》したてまつる。南無極楽世界の諸尊聖衆、慈悲護念して、功徳《くどく》を証明《しょうみょう》したまへ）

次に弥陀を讃嘆《さんだん》したてまつるべし。

弘誓多門四十八　偏標念仏最為親
人能念仏々還念　専心想仏々知人
南無極楽化主弥陀如来、命終決定往生極楽

（弘誓《ぐぜい》は多門にして四十八なれど、偏《ひとえ》に念仏を標《あらわ》して最も親しとなす。人よく仏を念ずれば、仏もまた念じたまふ。専心に仏を想《おも》へば、仏も人を知りたまふ。南無極楽*化《け》主《しゅ》弥陀如来、命終《みょうじゅう》に決定《けつじょう》して極楽に往生せしめたまへ）

聖衆　阿弥陀仏に付き従う菩薩などの聖者たち
弥陀会　阿弥陀仏と聖衆の集まり
化主　教化の主で、仏をいう

次に経を讃嘆すべし。

念々思聞浄土教　文々句々誓当勲(勤)
憶想長時流浪久　専心聴法入真門
南無浄土三部甚深妙典、命終決定往生極楽

(念々に浄土教を思聞《しもん》し、文《もん》々句々に誓ひて当《まさ》に勤むべし。長時《じょうじ》流浪の久しきを憶想し、専心に法を聴きて真門*に入らむ。南無浄土三部の甚深《じんじん》の妙典、命終に決定して極楽に往生せしめたまへ)

次に礼讃、日没《にちもつ》の時より是を始《はじむ》べし。諸衆着座、導師登礼盤《とうらいばん》、礼讃の後、高*《こう》声《しょう》念仏三百反《ぺん》、但《ただし》時の早晩によるべし。礼讃の時刻は日没〈申時*《さるの》〉、初夜〈戌時〉、半夜〈子時*《ねの》〉、後夜〈寅時〉、晨朝《じんじょう》〈辰時*《たつの》〉、日中〈午時*《うまの》〉なるべし。次に仏*経を讃嘆すべし。伽陀、其詞先のごとし。但開白*《かいびゃく》の時は念仏以後の讃嘆を略《りゃくす》べし。又開白以後は惣礼の伽陀を略べし。次に例時*の作法常のごとし。但日没一時*《いっとき》を用べし。次に読経は双巻*観経*《かんぎょう》なるべし。転読の多少、時の早晩に随《したがう》べし。次《つぎに》出堂*。

後々《ごご》の時これになぞらへて知べし。前方便七ケ日の間、日別*かくのごとくな

真門　真実の法門
高声念仏　大きく声に出して唱える念仏
申時　午後四時頃　子時　午前零時頃　辰時　午前八時頃　午時　午後零時頃
仏経　ここは浄土三部経
開白　法要の開始を告げる勤行
例時の作法　引声（ゆるやかな曲調の音声）で阿弥陀経を読む
一時　二時間
双巻　無量寿経（二巻）のこと
観経　観無量寿経の略称
出堂　堂より退出する
日別　毎日

るべし。

一、写経七ケ日事、沐浴、潔斎、入道場、礼讃、念仏、讃嘆、読経等の次第、前方便のごとし。一事も違すべからず。筆立《ふでだて》の次第、初日晨朝の礼讃以後、啓白《けいびゃく》有べし。其器量を選《えらぶ》べし。*分経幷《ならびに》墨筆等以下《いげ》の諸事、常のごとし。日別の書写、礼讃已後《いご》、多少時によるべし。但七ケ日の間に其功を終《おう》べき也《なり》。日別*解《げ》説《せつ》、日中の礼讃以後なるべし。日々の次第、是になぞらへて知べし。七ケ日の間の儀式かくのごとし。

次に奉納の次第、常のごとし。仏経讃嘆、先のごとし。但讃嘆の多少時宜《じぎ》によるべし。奉納*路次《ろし》の間の合殺、常のごとし。

上人記録の法則かくのごとし。追福のために是等《これら》の善根《ぜんごん》を修する事、このときよりはじまれるとなむ申つたへ侍る。されば其後、三部経を如法に書写する事、世におほく聞へ侍り。

［第五図］

*後鳥羽院《ごとばのいん》、度々《たびたび》勅請ありて円戒を御伝受、上西門院《じょうさいもんいん》、*修明門院《しゅめいもんいん》おなじく御受戒

分経　写経する各白の分担

解説　写経に関する講説

路次　道すがら

［後鳥羽院御受戒幷上西門院修明門院御受戒の事］

ありき。かゝりしかば、*三公*々卿《くぎよう》かうべ（頭）をかたぶけ、一朝あふぎて伝戒の師とせずといふ事なかりき。

［第六図］

後鳥羽院　第八二代天皇（在位一一八三〜九八）
修明門院　後鳥羽天皇の後宮、順徳天皇の母。藤原重子（一一八二〜一二六四）
三公　太政大臣・左大臣・右大臣
公卿　参議以上と三位以上の貴族

法然上人行状絵図　第十一

諸人《しよにん》の帰依あさからざりしなかに、九条関白《くじようの》殿下《てんが》〈兼実《かねざね》公、号後法性寺殿《のちのほつしようじどのとごうす》、又号月輪殿《つきのわどのとごうす》〉信仰他にことに（異）崇重《そうじゆう》比類なかりき。二月十九日、*法性寺殿の御忌日《きにち》に御仏事ありけるに、伝供《てんぐ》の時、僧俗座をわかちてたちならべり。「今日はことにねんごろなる仏事也《なり》。上人《しようにん》も伝供に立給《たちたまう》べし」と殿下おほせ（仰）事ありければ、*松殿《まつどの》〈基房《もとふさ》公〉「まことにさ候《そうろう》べし」と申《もうし》給に、上人は隠遁《いんとん》の身たるうへ（上）、*凡僧にてお（御座）はするに、慈鎮和尚《じちんかしよう》〈于時僧正《ときにそうじよう》〉受戒の師範たるに恕《じよ》せられて、上人を*座上《ざしよう》にひき申されければ、*菩提山《ぼだいせんの》僧正〈*信円《しんえん》〉おなじく上座《しようざ》をゆづりたてまつりたまふ。上人両僧正の上に立て、松殿の俗の*一座にてをはしましける（御座）にむかひて、僧の一座なりけり。道徳のいたりいみじき事にも侍《はべる》かな。

［第一図］

月輪殿をつくられけるに、例もなき屋《や》を一宇さしづ（*指図）を下されて立させられけり。

［月輪殿にて御仏事の時上人伝供の上座を勤め給事］

法性寺殿　藤原忠通。長寛二年（一一六四）二月一九日没

松殿　藤原忠通の子基房。関白（一一四五〜一二三〇）

凡僧　僧綱の職に就いていない僧

座上　上座に同じ。上位の座次

菩提山　奈良市にある正暦寺のこと

信円　法相宗の僧、藤原忠通の子（一一五三〜一二二四）

一座　第一位の座次

［殿下御帰依の余り月輪殿に上人の御休所を造らしめ給事］

「殿下の御所おほく見《み》候へども、かゝる屋いまだ見候はず」と奉行《ぶぎょう》の三位《さんみ》範季卿《のりすえきょう》申ければ、「*思食様《おぼしめすよう》あり」とていそがせられければ、まづ造《つくり》たてゝけり。何事の*御料にかとおもふ程に、はや上人の御息所《やすみどころ》なりけり。老者にてをはしませば、まづこゝにてやすめたてまつりてのちに、御対面あらむためにてぞ有ける。御帰依のあまりこれまでの御沙汰《さた》におよびければ、たぐひなく有がたき事にぞ、時の人申あ《(合)》へりける。

[第二図]

或《ある》時上人、月輪殿へ参じ給へるに、殿下御《おん》はだしにており《(降)》むか《(迎)》はせ給へば、*聖覚《せいかく》法印、三井《みい》の*大納言僧都《だいなごんのそうず》覚心《かくしん》おなじくおりむかひ、*恐々せられけり。上人僧都をあやしげに見たまふ。聖覚「あれは大納言僧都御房候《そうろう》」と申さるれば、僧都とりあへず「覚心」となのり申されき。意《こころ》は大納言も僧都も世におほければ、*実名《じつみょう》にてそれとし《(知)》られたてまつらむとなり。殿下かやうにせさせたまへば、まして*卿相雲《けいしょううん》客《かく》のおりさは《(騒)》がるゝ事ことはり也。

指図　絵図面
思食様　お考えになっているわけ
御料　お使いになる目的

[上人月輪殿へ参りたまふ時殿下御はだしにておりむかはせ給ふ事]
聖覚　澄憲の子、唱導に優れる。のち上人に師事（一一六七～一二三五）
大納言僧都　僧を父兄の官職名で呼ぶ通称。公名（きみな）
恐々　恐れかしこまる
実名　本名。仮名（けみょう、通称・俗称）の対語
卿相雲客　公卿や殿上人

［第三図］

*建久八年、上人いさゝか*なやみ給《たまう》事有けり。殿下ふかく御歎《なげき》ありける程に、いく程なくて平愈《へいゆ》し給にけり。上人同九年正月一日より草庵《そうあん》にとぢこもりて、*別請《べっしょう》におもむき給はざりければ、藤右衛門尉《とうのうえもんのじょう》重経《しげつね》を御使《つかい》として、「浄土の法門、年来教誡《きょうかい》を承るといへども、*心府《しんぷ》におさめがたし。要文《ようもん》をしるし給はりて、かつは面談になずらへ（準）、かつはのちの御《おん》かたみにもそなへ侍らん」と仰られければ、安楽房〈外記《げき》入道師秀《もろひで》子《の》〉を*執筆《しゅひつ》として、*選択集《せんちゃくしゅう》を選せられけるに、第三の章書写のとき、「予もし筆作の器《うつわもの》にたらずは、かくのごとくの*会座《えざ》に参ぜざらまし」と申けるをきゝ、給て、「此《この》僧*憍慢《きょうまん》の心ふかくして、悪道に堕しなむ」とて、これをしりぞけられにけり。その後は*真観房感西《しんかんぼうかんせい》にぞかゝせられける。この書を選進せられてのち、同年五月一日、上人の夢の中《うち》に善導《ぜんどう》和尚*来応して、「汝《なんじ》専修《せんじゅ》念仏を弘通《ぐずう》するゆへ（故）に、ことさらにきたれるなり」としめしたまふ。此書*冥慮《みょうりょ》にかなへる事しりぬべし。ふかく信受するにたれり。

［上人月輪殿の請に依て選択集を御撰述の事］
建久八年　一一九七年
なやむ　病気で苦しむ
別請　特別の招請
心府　心のうち。府は「腑」と同義
執筆　筆記者
選択集　上人の主著、選択本願念仏集の略称
会座　法会の場。ここでは選択集撰述の場
憍慢　自らおごり高ぶる
真観房感西　上人の常随の弟子（一一五三～一二〇〇）
来応　来現する
冥慮　計り知れない神仏の思し召し。ここは善導のそれを指す

［第四図］

殿下の御帰依あさからずして、上人参《まいり》たまふごとに、殿下おりむかはせ給へば、公卿《くぎよう》*殿上人《てんじようびと》のおりさはがるゝ事を、上人うるさき事におもひたまひて、九条殿へまいり給はざらむために、*房籠《ぼうごも》りとて別請におもむき給はず、いづかた《（何方）》へもありき《（歩）》給はざりけり。殿下しきりに御歎ありて、「たとひ房籠なりとも、身に*違例などの侍らむ時は来《きたり》給《たまい》なんや」と仰られければ、「さやう御《おん》時は*子細におよび侍らず」と申されければ、せめても請《しようじ》申されむとては、常に御違例とぞ号せられける。此上は辞《じ》申《もうす》に所なくして参《まいり》給けるを見て、門弟*正行房《しようぎようぼう》心中に、「あはれ房籠とてよ《（余）》の所へはましまさずして、九条殿へのみまいり給事、*しかしながら*檀越《だんおつ》をへつらひたまふとこそ、*人はそしり申さむずれ。しか《（然）》るべからぬわざ《（業）》かな」とおもひてねたる夢に、上人「汝はわが九条殿へまいる事をそしりおもふな」と仰らるゝに、「いかでかさる事候べき」と申《もうせ》ば、「汝はさおも《（思）》ふ也。九条殿と我とは*先生《せんしよう》に因縁あり。余人に准ずべからず。*宿習《しゆくじゆう》*かぎりある事をしらずして、謗《ほう》ずる心をおこさば、定《さだめ》て罪を得《う》べきなり」と仰らるとみる。さめてのち上人にこのよしをかたり申けれ

［上人房籠禁足の事］

殿上人　四位・五位の官人などで、清涼殿に昇ることを許された者

房籠り　住房にこもって外出しないこと。禁足

違例　病気

子細におよぶ　とやかく言う

正行房　南都にも住した上人の弟子

しかしながら　結局は

檀越　梵語の音写、僧や寺院に金品を施す人、施主

そしり申さむず　きっと非難するであろう

先生　前世、過去世。今生・後生の対語

宿習　前世からの習わし

かぎりある　続いている

ば、「さて*さぞかし、先生に因縁ある事なり」とぞの給ける。御帰依他にことなるほど、まことにたゞ事にあらずぞおぼえ侍る。

［第五図］

殿下、ひとへに念仏門に入《いり》給にしのちは、*浮生《ふせい》の栄耀《えいよう》をかろく（軽）して、往生浄土の御《おん》いとなみ他事なかりき。つゐ（遂）に*建仁《けんにん》二年正月廿《にじゅう》八日、月輪殿にして御*素懐〈法《ほう》名円証《みょうえんしょう》〉をとげらる。上人を*和尚《わじょう》として円戒を受持し、御帰依ます〱ふかゝりけり。

［第六図］

さぞかし　そのようだよ

［月輪殿上人を師として御出家受戒の事］

浮生の栄耀　はかないこの世の華やかな栄え

建仁二年　一二〇二年。二七日が正しい（明月記など）

素懐　出家の本意

和尚　戒和上、戒師

法然上人行状画図　第十二

*大炊御門《おおいのみかどの》左大臣〈経宗《つねむね》公〉所労*の時、或《ある》人の方便にて上人《しょうにん》を知識*に請《しょう》じ申されけり。念仏往生の事、日ごろいと*沙汰《さた》におよばぬ人にて、*左右《そう》なく勧進《かんじん》の事、中々あ（悪）しざまなるべかりければ、上人のはかり（謀）ことにて、屏風《びょうぶ》をへだて丶、ある僧となにとなく法門をおほせ（仰）られけるに、天竺《てんじく》、晨旦《しんだん》、我朝《わがちょう》まで仏法のつたはれる次第など、ゆ丶しく仰られたて丶、念仏往生の末代相応の法なる事など、こまかに宣説し給《たま》ふに、*左府これをき丶給て、信仰の心をこり（起）給にければ、一すぢ（筋）にその勧化《かんげ》にしたがひ、帰敬《ききょう》他にことなりき。生年《しょうねん》七十一、*文治《ぶんじ》五年二月十三日、出家をとげられにけり〈法名金剛覚《ほうみょうこんごうかく》、*為寛平法皇御名之由《かんぴょうのほうおうのおんなたるのよし》、在茂申間《ありしげもうすあいだ》、命終之後《みょうじゅうののち》、改法性覚《ほっしょうかくとあらたむ》〉。所労次第に危急のあひだ、同廿《にじゅう》七日より上人参住して、念仏をす丶め申さる。翌日*辰剋《たつのこく》、臨終正念《しょうねん》にして往生をとげ給にけり。上人の心ばせ、まことに*かしこくぞ侍《はべり》ける。

［大炊御門左大臣経宗公念仏往生の事］
大炊御門左大臣　藤原経宗（一一一九～八九）
所労　病気
知識　善知識のこと
沙汰におよばぬ　問題にしない
左右なく　容易に
左府　左大臣の唐名
文治五年　一一八九年
寛平法皇　第五九代宇多天皇（在位八八七～九七）
辰剋　午前八時頃
かしこく　思慮深い

［第一図］

*花山院《かさんのいんの》左大臣〈兼雅《かねまさ》公〉は、ふかく上人に帰したまひて、鎮西《ちんぜい》庄園の*土貢《とこう》をわかちて、毎年に施入せられけり。「我は*院内よりほかは*車たてたることなし。しかれども法然《ほうねん》上人の菴室《あんじつ》に車たてたらむは、なにかくるしかるべき」とて、つねにわたりたまひて、円頓戒《えんどんかい》をうけ念仏の法門を談ぜられけり。生年五十四、*正治《しょうじ》二年七月十四日に出家をとげ、同十六日に往生を遂られけるとなむ。

［第二図］

右京権大夫隆信朝臣《うきょうのごんのだいぶたかのぶあそん》は、ふかく上人に帰し、余仏余行《よぎょう》をさし(差)をき(措)て、たゞ弥陀の一尊をあがめ、ひとへに念仏の一行をつとむ。つゐ(遂)に上人にしたがひて、*建仁《けんにん》元年に出家をとげ、法名を戒心《かいしん》と号《ごうす》。一向専念の外、他事なかりけり。生年六十四の春、所労危急におよぶ。上人きゝ給て、住蓮《じゅうれん》、安楽《あんらく》二人の門弟をつかはして知識とせられけり。すでにをはり(終)にのぞむに、二人の僧を左右にをき(置)て、病者《びょうじゃ》と知識と同音に念仏し、*来迎《らいこう》の讃《さん》をとなへ、端坐《たんざ》合掌して往生をとぐ。*元久元年二月廿二

［花山院左大臣兼雅公念仏往生の事］
花山院左大臣　藤原兼雅（一一四八～一二〇〇）
土貢　領主に納める貢ぎ物
院内　院の御所
車たつ　車を止める、訪問する
正治二年　一二〇〇年

［右京権大夫隆信朝臣奇瑞往生の事］
建仁元年　一二〇一年
来迎の讃　阿弥陀仏の来迎を讃える偈頌

日なり。紫雲音楽以下《いげ》の奇瑞《きずい》一《ひとつ》にあらず。のちに正信房《しょうしんぼう》、かの墓所《むしょ》にむかひて念仏したまふに、異香《いきょう》なを《（猶）》うせず。*日本往生伝にしるし入られけるとなむ。

[第三図]

*卿二品《きょうのにほん》の弟*民部卿範光《のりみつ》は、後鳥羽院《ごとばのいん》の寵臣《ちょうしん》なり。ひとへに上人に帰して、称《しょう》名《みょう》のほか他事なかりけり。生年*五十四の春、*承元々年《じょうげんがん》三月十五日に出家をとげ、法名を静心《じょうしん》と号《ごうす》。病悩火急のよしき《（聞）》こしめ《（召）》されければ、しのびて御幸《こう》ありけり。「後生《ごしょう》の事いかゞおもひさだめ侍《はべる》」と御たづねありければ、「今度《こたび》の往生決定《けつじょう》して更疑所候《さらにうたがうところそうら》はず。其故《その》は、去夜《さんぬる》の夢に一人の高僧来《きたる》。『誰人《たれびと》にましますぞ』と問《とう》に、『我はこれ源空也《げんくうなり》。唐土《もろこし》にしては善導《ぜんどう》となづけ、此土《しど》にしては源空といふ。此界《しかい》に来《きたり》て衆生《しゅじょう》をみちびく事、已《すでに》三ケ《か》度也。今汝《なんじ》に命終の期《ご》をしめさむがために来臨す。明後日*午剋《うまの》その期なるべし』とのたまふと見て夢さめ侍ぬ。已《すでに》*冥《みょう》のつげにあづかれり。往生空《むなし》かるべからざるよしを存《ぞんず》」と申《もうす》。是《これ》を聞食《きこしめ》されて、深《ふかく》御随喜有けり。件日《くだんの》時すこしもたがはず、正念に安住し称名相続して往生をとぐ。不思議の事なりけり。

元久元年　一二〇四年。同二年二月二七日没が正しい（明月記）
日本往生伝　不詳

[民部卿範光兼て死期を知り念仏往生の事]
卿二品　後鳥羽天皇の乳母、藤原兼子
民部卿　藤原範光（一一五五～一二〇七）
五十四　五十三か（公卿補任）
承元元年　一二〇七年
午剋　午後零時頃
冥のつげ　仏の告げ

[第四図]

大*宮の内府《だいふ》〈実宗《さねむね》公〉は、帰敬の心ざし他にこと《（異）》におはせしかば、つねに上人に謁して念仏往生のみちをあきらめ、つゐに上人を和尚《わじよう》として、建*永元年十一月廿七日に出家をとげ、専修《せんじゆ》のつとめおこたりたまはず。上人の入*滅をかなしみて、初七日《しよなぬか》の諷誦《*ふじゆ》をさゝげられき。生年六十七*、建暦《*けんりやく》二年十二月八日、正念たがはず念仏相続して往生をとげられにけり。

[第五図]

野宮《*ののみやの》左大臣〈公継《きんつぐ》公〉は、師弟の契《ちぎり》あさからざるによりて、興福寺《こうぶくじ》の衆徒《しゆと》、上人の念仏興行をそねみ申て、奏聞《そうもん》におよびし時は、上人ならびに弟子権大納言《ごんだいなごん》〈公継公〉を遠流《おんる》せらるべきよし申　状《*もうしじよう》をさゝぐといへども、更《さらに》其心ざしをあらためず、専修のつとめおこたる事なくして、生年五十三、嘉禄《*かろく》三年正月廿三日に職を辞し、同卅《さんじゆう》日種々の奇瑞をあらはして往生をとげ、いまに末代の美談となり給へり。すべて月卿雲客《*げつけいうんかく》のなかに、化導《けどう》に帰する人おほく侍しかども、しげき《（繁）》によりてのせ

[大宮内府実宗公念仏往生の事]
大宮の内府　藤原実宗（一一四五～一二一二）。内府は内大臣の唐名
建永元年　一二〇六年
入滅　高僧などの死去をいう
諷誦　追善供養の趣意文
六十七　六十八か（公卿補任）
建暦二年　一二一二年

[野宮左大臣公継公奇瑞往生の事]
野宮左大臣　藤原公継（一一七五～一二二七）
申状　訴状
嘉禄三年　一二二七年
月卿雲客　公卿や殿上人

ず。

［第六図］

法然上人行状絵図　第十三

*聖護院《しょうごいん》の*無品《むほん》親王〈*静恵《じょうえ》〉御違例のとき、医療術《すべ》をつくさるといへども、しるしなかりければ、門徒の上総《かずさの》宰相《さいしょうの》僧正《そうじょう》行舜《ぎょうしゅん》、大弐《だいにの》僧正*公胤《こういん》以下《いげ》の人々、*信読の大般若経《だいはんにゃきょう》を転読して祈禱《きとう》をいたさる。この人々はみな仏家《ぶっけ》の*鸞鳳《らんぽう》、僧中の*竜象なりき。しかれどもすでにあやうくをは《(御座)》しましければ、この人々をさ《(差)》しを《(措)》かれて、上《しょう》人《にん》を招《まねき》請《しょう》ぜられしに、御使《つかい》二度まではかたく辞退してまいりたまはず。第三度の御使に、宰相《さいしょうの》律師実昌《じっしょう》といふ人来臨して、「理をまげて一度まいりたまひて、念仏の事申きかせまいらせたまへ」とて、ひきたつる様《よう》にせしかば、「まことに往生しましますべき人にてもや御坐《おわします》らん」とて、やがて律師の車にのり具してまいりたまひぬ。親王御対面ありて、「いかゞしてこのたび生死《しょうじ》は《(離)》なれ侍《はべる》べき。後生《ごしょう》たすけたまへ」と仰《おおせ》られければ、上人*臨終の行儀を談《だんじ》申され、弥陀本願のおもむきをのべ給《たまう》に、親王感涙しきりにくだりたまひ、帰敬《ききょう》の掌《たなごころ》をぞあ《(合)》はせられける。上人はやがてかへり給にければ、次の日御往生ありけるに、最後に念仏一万五千反《べん》申さ

［聖護院無品親王御臨終前に上人を請じて念仏往生の事］

聖護院　もと天台宗寺門派の門跡寺院

無品親王　位階のない親王

静恵　後白河天皇の皇子、園城寺長吏（一一六四～一二〇三）

公胤　天台宗寺門派の僧、園城寺長吏（一一四五～一二一六）

信読　経典を略さずに丁寧に読誦すること。信は「真」の義

鸞鳳・竜象　いずれも徳の優れた高僧のたとえ

臨終の行儀　臨終における念仏者の作法

せたまひて、念仏と丶もに御《おん》息とゞまりたまひにけり。諸人《しょにん》随喜の掌をあはせ、上人の徳をぞほめ申ける。実昌律師のちに御往生のやうを上人にかたり申ければ、上人もよろこび申されけり。

[第一図]

延暦寺《えんりゃくじ》＊東塔《とうとう》竹林房の静厳《じょうごん》法印、吉水《よしみず》の禅房にいたりて、「いかゞして此《この》たび生死をはなれ候《そうろう》べき」との給ければ、「源空《げんくう》こそたづね申たく侍れ」と申けるに、法印又「＊決択門《けっちゃくもん》はさる事にて、出離の道におきては智徳いたり、道心ふかくましませば、さだめて＊安立《あんりゅう》の義《ぎ》候らん」と申さるれば、「源空は弥陀《みだ》本願に乗じて極楽の往生を期《ご》する外は、またく（全）しることなし」と。法印申さる丶様《よう》、「所存もかくのごとし。＊美言をうけ給て、愚案をかたくせんがためにたづね申所也《もうすところなり》。但《ただし》妄念のきお（競）ひをこり（起）侍をばいかゞし候べき」と。上人のたまはく、「是煩悩《これぼんのう》の所為《しょい》なれば凡夫ちから及《およぶ》べからず。只《ただ》本願をたのみて名号《みょうごう》を唱《となう》れば、仏の願力に乗じて往生を得《う》としれり」。法印「信心決定《けつじょう》し、疑念忽《たちまち》にとけぬ。往生更にうたがひなし」とて退出し給けり。

[竹林房静厳法印上人の御教化に依て疑念を散ずる事]
東塔　比叡山三塔の一つ
決択門　知識で理解して判断を下す領域
安立　言葉に表して自己の考えをはっきりさせる
美言　ためになるよい言葉

［第二図］

上人、*清水寺《きよみずでら》にして説戒のついでに、罪悪の凡夫なれども、本願をたのみて念仏すれば、往生うたがひなきむね、ゝむごろ《（懇）》にすゝめ給ければ、寺家《じけ》の*大勧進《だいかんじん》*沙弥《しゃみ》印蔵《いんぞう》、ふかく本願を信じ、ひとへに念仏に帰す。是によりて*文治《ぶんじ》四年五月十五日、*滝山寺《たきやまでら》を道場として*不断常行念仏三昧《ふだんじようぎようねんぶつざんまい》をはじめしに、能信《のうしん》といへる僧、香炉をとりて開白発願《かいびやくほつがん》して*行導《ぎようどう》するに、願主印蔵寺僧等、ならびに比《び》丘《く》々々《（比丘）》尼《に》、そのかずをしらず結縁《けちえん》しけり。其行《そのぎよう》いまに退転なし。阿弥陀堂常行念仏と号する是なり。抑《そもそも》清水寺の霊像は、極楽浄土には*一生甫処《いっしょうふしょ》の薩埵《さった》、娑婆穢国《しゃばえこく》には*施無畏者《せむいしゃ》の大士《だいじ》なり。*仁和寺《にんわじ》入道親王の御夢想に、観音みづからのたまはく、「清水寺の滝は過去にもこれありき。現在にも是あり、未来にも又是あるべし。是すなはち大日如来の*鑁字《ばんじ》の智水なり」とて一首を詠じたまふ。

清水の滝へまいればをのづ《（自）》から現世《げんぜ》あむをむ《（安穏）》往生極楽

としめし給ければ、*大威儀師俊縁《だいいぎししゆんえん》を御使として、寺家へ仰をくら《（送）》れけるとかや。まことに其《その》たのみふかゝるべきもの也。上人の勧化《かんげ》によりて、此みぎりにして不断

［清水寺大勧進沙弥印蔵滝山寺に不断念仏始行の事］

清水寺　京都市東山区にある法相宗の寺

大勧進　寺社の建立や修理のため人々に協力を求める職務の人

沙弥　梵語の音写、出家してまだ具足戒を受けていない者

文治四年　一一八八年

滝山寺　清水寺の阿弥陀堂を指す

不断常行念仏三昧　四種三昧の中の常行三昧に基づき、一定の期間、昼夜間断なく念仏を称えること

行導　導は「道」と音通

一生甫処の薩埵　次の世において仏となれる菩薩

施無畏者の大士　衆生の恐怖を取り去り救うもの、観音菩薩をいう。大士は菩薩の美称

仁和寺入道親王　三条天皇の皇子、性信（一〇〇五～八五）か

鑁字の智水　鑁は梵字、大日如来を表す。智水は灌頂の水

念仏をはじめけるも、よしある事にや侍らん。

［第三図］

南都興福寺《こうぶくじ》の*古年童《こねんどう》は、上人清水寺にて説戒のとき、念仏をすゝめ給をきゝて、帰敬渇仰《かつごう》のあまり、やがて発心《ほっしん》出家して、松苑寺《しょうえんじ》のほとりにいほり《（庵）》をむすびて念仏しけるが、つゐ《（遂）》に霊瑞《れいずい》を感じ、高声《こうしょう》念仏して往生をとぐ。能信といふ僧、如法経のかうぞ《（楮）》をうへ《（植）》ながら、往生人に縁をむすばむために、棺の*さきの火の役をつとめてかへるに、異香《いきょう》ころものうへ《（上）》に薫ず。人々奇特《きどく》のおもひをなし、信心をますものおほかりけり。

［第四図］

*建仁《けんにん》二年三月十六日、上人かたりてのたまはく、「慈眼房《じげんぼう》は受戒の師範なるうへ、同宿して衣食《えじき》の二事、一向この*ひじり《（聖）》の扶持《ふち》なりき。然而《しかれども》法門をこと〴〵く習《ならい》たる事はなし。法門の義は水火のごとく相違して、常《つねに》論談せしなり。此聖《ひじり》と源空とは、南北に房*をならべて住したりしに、或時《あるとき》聖の居《い》給へる房のまへをすぐるに、聖

大威儀師　僧綱の実務を遂行する役職の僧。仁和寺の御室に仕えた

［興福寺古年童奇瑞往生の事］

古年童　代々仕えている雑役者

棺のさきの火の役　葬列で棺の前を松明で照らす役

［多くの師範還て弟子と成給ひし御物語の事］

建仁二年　一二〇二年

ひじり　高徳の僧、隠遁の修行僧

房　僧房、房舎、部屋

見《み》給て、『あの御房や』とよび給へば、とまりて『縁にゐ《(居)》て候』と申に、『大乗《だいじょうの》*実智《じっち》おこさで、浄土往生してんや』との給に、『往生し候なん』と答《こたえ》申とき、『なに、さはみえたるぞ』との給あひだ、『往生要集にみえて候』と申に、『往生要集のうちを見給たるぞ』との給間《あいだ》、『*いさ、た《(誰)》がうちを見ざるや*覧《らん》』と申たれば、聖腹《はら》立《たち》て、枕《まくら》をもちてなげうちに打《うち》給へば、やはらにげ《(逃)》て、我《わが》房のかた《(方)》へまかりたれば、をう《(追)》ておは《(御座)》して、はゝき《(箒)》のゑ《(柄)》をもちて肩をうちなどし給き。又のちに文《ふみ》をもてをは《(御座)》して、『これはいかにいふことぞ』との給を、心のうちに『無益《むやく》なり、事のい《(出)》でくれば、いまは物《もの》申さじ』とちかひをこ《(起)》して、『いさ、いかゞ候覧《そうろうらん》』と申たれば、又腹立て、『それらがや《(様)》うなる人を同宿したるは、かやう事をもいひあは《(合)》せん*れう《(料)》にてこそあれ』との給き。かやうにして、常にいさかひはせしかども、最後には覚悟房《かくごぼう》といひし聖に*二字をかゝせて、かへりて弟子になりて、房舎聖教《しょうぎょう》の*譲《ゆずり》文《ぶみ》をも、もとは譲渡《ゆずりわたす》とかゝれたりしを取返して、進上とかきなを《(直)》してた《(賜)》びて、『*生々世々《しょうじょうせぜ》にたがひに師弟とならむ料《りょう》に申ぞ』との給き。*真言の師範なりし相模《さがみの》阿闍梨重宴《あじゃりじゅうえん》も、最後には受戒の弟子になりて、戒をうけ給き。正《まさ》しく*三部の灌頂《かんじょう》を授《さずけ》給し丹後《たんご》の迎接房《こうしょうぼう》も、かへりて弟子となりて、*顕宗《けんしゅう》の法門ならびに浄土の法

実智　真実を正しく捉える智恵
いさ　さあ（感動詞）
覧　助動詞「らん」の当て字
れう　ためのもの（目的・理由）
二字　実名を記した名札
譲文　財産の譲渡状
生々世々　未来永劫
真言　天台の密教（台密）
三部の灌頂　胎蔵・金剛・蘇悉地の三種の灌頂
顕宗　顕教の諸宗

門をば、源空にならひて、終《つい》に往生を遂《とげ》にき。当時の＊院主《いんじゆ》僧都《そうず》円長《えんちよう》は、重宴阿闍梨の真言の弟子なれば、源空には＊同朋《どうぼう》なり。しかるにかの円長、真言の教相＊を重宴阿闍梨にとひければ、『心には覚《おぼゆ》れども、我は非学生《ひがくしよう》にてえいひ《＊（言）》ゝら《（開）》かぬぞとよ、法然房《ほうねんぼう》にとひ《（問）》ていはせて申さむ』と重宴の給ければ、円長も後には弟子になりて、『物なら《（習）》はむ』といひて、やがて受戒して師弟の＊振舞《ふるまい》にてありき。最初の師範なりし美作《みまさか》の観覚得業《かんがくとくごう》も弟子になりて、源空を戒師として受戒し給き。多くの師範みな弟子となり給しなかにも、当時の碩学《せきがく》どもの、慈眼房の受戒の弟子ならぬはなきに、其師の慈眼房の、かへりて弟子になりたまひたる事は、不思儀《（議）》の事とこそおぼゆれ」など、さま〴〵かたりたまへば、きく人みな随喜し、ふしぎの事なりとぞ申あひける。

［第五図］

［引接寺の三尊御開眼の事］

左衛門《さえもん》の志藤原宗貞《さかんふじわらのむねさだ》ならびに妻室《さいしつ》＊惟宗《これむね》の氏女《うじのむすめ》、夫婦心をひとつにして、堂舎建立《こんりゆう》の発願をなし、＊雲居寺《うんごじ》の北ひんがし《（東）》の＊つら《（面）》に其地をしめ、建仁元年四月十九日に上棟《じようとうし》、同二年春の比《ころ》、其功すでに終《おわり》にけり。本尊は阿弥陀の像、脇士《きようじ》は観音

院主　比叡山西塔（宝幢院）の主管者
同朋　仲間。ここでは兄弟弟子
教相　密教における教学の面
えいひゝらかぬ　十分に説明できない
振舞　態度
惟宗の氏女　惟宗氏の娘。氏女は名前が不詳のときの表現
雲居寺　京都市東山区にあった寺
つら　そば、傍ら、それに面して

地蔵を安置したてまつる。同年秋のころ、上人吉水の御房より、雲居寺の*勝応《しょうおう》弥《み》陀《だ》院《いん》へ百日参詣《さんけい》し給しとき、願主宗貞門前に*蹲居《そんきょ》して、堂舎建立の旨趣をのべ、御供養あるべきよしをのぞみ申ければ、上人堂内に入《いり》給て、仏像安置の体《てい》を御覧ぜられ、「この堂は源空が供養すべき堂にあらず」とて出《いで》られにけり。願主其こゝろをえずして周章するところに、或人申云《もうしていわく》、「上人は勢至《せいし》菩薩の*垂跡《すいじゃく》にましますといふ事、*人口あまねし。しかるに脇士に勢至菩薩のましまさゞる事、上人の御意《みこころ》に違するか」と申ければ、いそぎ又勢至菩薩を造立《ぞうりゅう》し、もとの地蔵をば異所にわたしたてまつり、其跡《あと》に勢至菩薩をすへ（据）たてまつりて後、上人また雲居寺へ御参詣のとき、建仁二年八月晦日《つごもり》、かさねて案内《あない》を申ところに、相違なく供養をとげられにけり。別御《べつのご》*啓白《けいびゃく》なし。たゞ念仏千反《べん》をとなへたまひ、やがて不断念仏を始行《しぎょう》せられ、寺号を引摂寺《いんじょうじ》とつけらる。この堂いまにあり。勢至菩薩のうしろにすゑ（据）たてまつる地蔵これなり。

［第六図］

勝応弥陀院　金色の八丈の大仏があった

蹲踞　うずくまる

垂跡　仏菩薩などが衆生を救うために仮の姿をとって現れること

人口　世間の人のうわさ

啓白　法要の初めに趣旨を申し上げる

法然上人行状画図　第十四

*天台座主《ざす》権僧正《ごんそうじょう》 *顕真《けんしん》、いまだ大僧都《だいそうず》におはせしとき、*承安《じょうあん》三年生年《しょうねん》四十三にして官職を辞し、菩提《ぼだい》をもとめて大原に籠居《ろうきょ》、春秋四ケ《か》年にをよ（及）ぶところに、*安元二年七月八日、*建春門院崩御《けんしゅんもんいんほうぎょ》のあひだ、かの御菩提のために法住寺《ほうじゅうじ》に新法華堂《しんほっけどう》をたてられ、*七々《しちしち》の御忌《ぎょき》をむかへて、同八月廿《にじゅう》五日に行法《ぎょうぼう》をはじめられしに、その先達《せんだつ》に叡山《えいざん》法華堂の*一和尚正覚房真恵《いちわじょうしょうがくぼうしんえ》をめされしかば、勅定《ちょくじょう》にしたがひしとき、大原の僧都かの闕《けつ》をのぞみて、聊《いささか》宿願の事侍《はべ》り、しばらく*入衆《にっしゅ》あるべからざるよし、堂中にふれをく（送）りてのち、同九月一日*子剋《ねのこく》に登山《とうざん》し、則《すなわち》参堂して一衆に烈（列）し、﨟次《ろうじ》にまかせて*三床《さんしょう》の二和尚に着し、*丑剋《うしの》一時《いっとき》つとめられてのち、一床の一和尚につきたまひぬ。其《その》後は禅光房顕明《ぜんこうぼうけんみょう》を代官として、三大師〈天台、*伝教《でんぎょう》、慈覚《じかく》〉の御忌日《きにち》以下《いげ》、大小の課役《かやく》等みな新入のごとく勤仕《ごんし》せられぬ。*四季の懺法《せんぼう》の*初夜の時には、かならず参堂したまひき。是《これ》則出離の道たやすからざる事をなげきて、名利《みょうり》の学道をのがれ籠居すといへども、決定《けつじょう》出離の直路《じきろ》思案いまだ一決せず。昼夜に

［天台座主権僧正顕真の事］
天台座主　延暦寺の主管者
顕真　藤原顕能の子（一一三一～一一九二）
承安三年　一一七三年
安元二年　一一七六年
建春門院　後白河天皇の女御、高倉天皇の母、平滋子（一一四二～一一七六）
七々の御忌　死後四九日目の法要
一和尚　法会などで席次の最も高い僧
入衆　法華堂の僧衆に加わること
子剋　午前零時頃
三床　第三番目の座席。三は「二」の誤りか
丑剋一時　午前二時前後の二時間
伝教　天台宗の始祖、名は最澄（七六七～八二二）
四季の懺法　四季に行う法華懺法
初夜　戌刻（午後八時頃）

この事をのみなげくところに、*十二禅衆《ぜんしゅ》の闕をきくとき、かの*半行半座《はんぎょうはんざ》の行法は、天台大師御筆《ごひつ》の法華《ほけ》経を本尊として、伝教大師*弘仁《こうにん》三年七月に草創したまへる要《よう》行《ぎょう》なり。これ生死《しょうじ》解脱《げだつ》の直路なるべしとおもひよ(寄)りたまひて、十二禅衆に烈(列)し給《たまい》にけり。毎日毎時のつとめに、懺法一巻をくわへ修《しゅ》する事は、かの僧都はじ(始)めをかれ(置)しかば、一衆《いっしゅ》同心してその行《ぎょう》いまにおこたらず。

[第一図]

其後八ケ年の歳暦をすぎて、*寿永二年九月に日吉《ひえ》の御幸《ごこう》のとき、座主*明雲《みょううん》の賞をゆづりて、法印に叙せらるといへども、かたく*松門《しょうもん》をとぢ、ひそかに蓬屋《ほうおく》に居してこと(事)にしたがはず、たゞ生死のい(出)でがたき事をのみなげく。おなじ法流をくめるよしみをもちて、つねに永弁《ようべん》法印と出離の道をかたりあ(合)はせ給に、かくのごときの事は法然上人《ほうねんしょうにん》に御尋《たずね》あるべきよしを永弁申けるにつきて、相模房《さがみぼう》といふものを使者として、登山の*便宜《びんぎ》にかならず*音信《いんしん》せしめ給へ、申承《もうしうけたまわる》べき事侍よし仰《おおせ》られたりければ、上人坂本へわたり給て、「*かく(斯)」と申されけり。法印おはしまし(御座)あひ(会)て対面し、「このたびいかゞして生死をはなれ侍べき」との給に、上人「いかにも

十二禅衆　法華堂の僧衆一二人
半行半座　四種三昧の一つ、法華三昧の行法
弘仁三年　八一二年
[大原問答の事]
寿永二年　一一八三年
明雲　源顕通の子（一一一五〜八三）
松門　松の木で自然にできた門
便宜　よい機会
音信　便り、連絡する
かく　このように。後ろに「来た」という意味の語を省略

*御はから《（計）》ひにはすぐべからず」と。法印申されけるは、「*先達にましませば、さだめて思《おもい》さだめ給へるむねあるらむ、しめし給へとなり」との給へば、上人「自身のためにはいさゝかおもひ《（思）》さだめたるむね候《そうろう》。たゞはやく極楽の往生を遂《とげ》候べし」と申されければ、法印「*順次《じゅんし》の往生とげがたきゆへ《（故）》に、このたづねをいたす。いかゞしてこのたびたやすく往生をとぐべきや」との給とき、上人答《こたえ》給はく、「成《じょう》仏《ぶつ》はかた《（難）》しといへども、往生は得やすし。道綽《どうしゃく》善導《ぜんどう》の心によれば、仏の願力を強《ごう》縁《えん》として、乱想の凡夫浄土に往生す」と。其後たがひに言説《ごんぜつ》なくして、上人かへり給てのち、法印の給けるは、「法然房は智恵深遠《じんのん》なれども、いさゝか*偏執《へんしゅう》の失あり」と。上人この事をかへりきゝ給て、「わが知ざる事には、かならず疑心をおこす事なり」との給けるを、法印又かへりきゝ給て、「まことに然《しか》なり。われ顕密《けんみつ》の教文《きょうもん》に*稽古《けいこ》をつむといへども、*しかしながら名利のためにして、浄土を心ざゝざるゆへに、道綽善導の尺《（釈）》義をうかゞはず。法然房にあらずは、たれかかくのごとくのことば《（言葉）》をいだすべきや」とて、このことばにはぢ《（恥）》て、百日のあひだ大原に籠居して、浄土の章疏《しょうしょ》を披閲し給てのち、「すでに浄土の法門をこそ*見立《みたて》侍にたれ。来臨して談ぜしめ給へ」と仰られたりければ、*文治《ぶんじ》二年秋のころ、上人大原へわたり給

計らひ　考え
先達　学問における先輩、先学者
順次の往生　この生涯を終えて直ちに往生する
偏執　偏った考えにとらわれる
稽古　学問すること
しかしながら　そのまま全部、まったく、すべて
見立　よく見定めて、自分の考えを立てる
文治二年　一一八六年

ふ。東大寺の大勧進俊乗房重源《だいかんじんしゅんじょうぼうちょうげん》、いまだ出離の道をおもひさだめざりけるをあ（憐）はれみ給て、このよしをつげ仰られたりければ、弟子三十余人を相《あい》具して大原にむかふ。*勝林院《しょうりんいん》の丈六堂に会合す。上人の方には、重源以下の弟子どもそのかずあつまれり。法印の方には、門徒以下の碩学《せきがく》ならびに大原の聖《ひじり》たち坐《ざ》しつらなれり。山門の衆徒《しゅと》をはじめて見聞《けんもん》の人おほかりけり。論談往復する事、一日一夜なり。上人法相《ほっそう》、三論、花厳《けごん》、法華、真言、仏心等の諸宗にわたりて、凡夫の*初心より*仏果の極位《ごくい》にいたるまで、修行の方軌、*得度の相貌《そうみょう》つぶさにのべ給て、「これらの法、みな義理ふかく利益《りやく》すぐれたり。*機法相応せば*得脱*くびす（踵）をめぐ（廻）らすべからず。たゞし源空《げんくう》ごときの頑愚《がんぐ》のたぐひは、更にその器《うつわもの》にあらざるゆへに、さとりがたくまどひやすし。しかるあひだ源空発心《ほっしん》の後、聖道門《しょうどうもん》の諸宗につきて、ひろく出離の道をとぶ（訪）らふに、かれもかたくこれもかたし。是則《これすなわち》世くだり人をろ（愚）かにして、機教あひそむ（相背）くゆへなり。しかるを善導の尺（釈）義、三部の妙典のこゝろ、弥陀の願力を強縁とするゆへに、有智《うち》無智を論ぜず、持戒破戒をゑら（選）ばず、*無漏無生《むろむしょう》の国にむ（生）まれて、ながく*不退を証する事、たゞこれ浄土の一門、念仏の一行《いちぎょう》なり」とて、*法蔵の因行《いんぎょう》より*弥陀の果徳にいたるまで、理をきはめ詞《ことば》をつくしをは（終）りて、

勝林院　京都市左京区にある天台宗の寺

初心　最初の発心

仏果の極位　仏となる最上の悟り

得度の相貌　悟りを得た様相

機法相応　人間の機根（能力・資質）と法（教え）が一致する

得脱　生死の迷いを脱して悟りを得る

くびすをめぐらすべからず　踵を転回するほどの時間も要しない。わずかな時間の譬え

無漏無生の国　煩悩の汚れや生死のない国、極楽浄土

不退　再び迷界に戻らない

法蔵の因行　法蔵菩薩の修行

弥陀の果徳　阿弥陀仏の功徳

「たゞしこれ*涯分《がいぶん》の自証をのぶるばかりなり。またく《(全)》*上機の解行《げぎよう》をさまたげむとにはあらず」との給ければ、法印よりはじめて満座の衆、みな信伏しにけり。*かたちをみれば源空上人、まことには弥陀如来の応現かとぞ感歎しあへりける。法印香炉をとり、高声《こうしよう》念仏をはじめ*行導《ぎようどう》したまふに、*大衆《だいしゆ》みな同音に念仏を修する事三日三夜、こゑ《(声)》山谷にみち、ひゞき林野をうごかす。信をおこし縁をむすぶ人おほかりき。

[第二図]

法印道心うちにもよを《(催)》して、出離の要路をもとめられけるに、上人の*諷諫《ふかん》を得《え》給てのちは、たちどころに余行《よぎよう》をさし《(差)》をき《(措)》て、一向専修《せんじゆ》の行者《ぎようじや》となり給にければ、自身の出離ひとへに念仏往生を期《ご》したまふのみにあらず、あまさ《(剰)》へ又《また》佗《(他)》人をすゝめられき。*姨《おば》の禅尼《ぜんに》をすゝめむために、念仏勧進の*消息《しようそこ》をつかはさる。世間に流布して、顕真の消息と号するこれなり。そのことばにいはく、「われ仏を念ずれば、仏われをてらし給《たまう》。光明われをてらせば、罪障きえずといふ事なし。*薬王樹《やくおうじゆ》にふ《(触)》るゝものは、毒なれどもくすりとなる。光をかぶら《(被)》んもの、たれか罪障のこりあら

涯分の自証　自分なりに内心に得た理解
上機の解行　機根の優れた人の理解や修行
かたち　姿、外形
行導　導は「道」と音通
大衆　参席の僧たち

[顕真一向専修の行者と成給事]
諷諫　遠まわしに誡めること
姨の禅尼　姨は母の姉妹、禅尼は出家した女性をいう
消息　手紙、便り
薬王樹　この樹の根・枝・葉のいずれもよく病を治す

む。かくばかりやす(易)き行を、*無数劫《むしゅこう》のあひだおも(思)ひよらざりけるかなしさよ。時すぎたる*智恵禅定《ぜんしょう》を修せむよりも、利益現在なる光明名号《みょうごう》を称念すべし。一行即《すなわち》一切行なれば、念仏の一行に諸行こと〴〵くおさまり、一念即無量念なれば、一称弥陀なにの不足かあらむ。*法界宮《ほっかいぐう》にいら(入)んとおもはゞ、極楽の東門《とうもん》よりいれ。*法身《ほっしん》の体《たい》を証せむとおもはゞ、*弥陀の名号をとなふべし。道綽は*講説《こうぜつ》をすてゝ一向に念仏になり、善導は雑行《ぞうぎょう》をきらひて専修をすゝむ。*占蔔《せんぷく》の林にいりぬれば、余の香《か》をかゞ(嗅)ず、*浄名《じょうみょう》の室にいりぬれば、功徳《くどく》の香をのみかぐ。この山にいらむ人は、たゞ念仏の香をのみかぎ、念仏のこゝろをのみきく事になし候はゞや〈*取詮《せんをとる》〉。文治二年十二月廿九日、護摩堂《ごまどう》の*尼御前《あまごぜ》へ」と〈云々《うんぬん》〉。法印専修の身となり、念仏を行とし給し事、この消息にあきらかなり。又十二人の衆をさだめをき(置)て、文治三年正月十五日より、勝林院に不断念仏をはじめおこなはれしに、法印は十二人の*随一に て、戌剋《いぬの》をぞつとめ給ける。開白《かいびゃく》の夜は十二人皆参じ、行道《ぎょうどう》して同音の念仏を修するに、毘沙門天王《びしゃもんてんのう》烈(列)にたち給へりけるを、法印まのあたり拝したまひて、良忍《りょうにん》上人の*融通《ゆずう》念仏には*鞍馬寺《くらまでら》の毘沙門天王くみしたまひ、あまさへ*諸天善神《ぜんじん》をすゝめ入たまひけることもおもひあは(合)せられ、いよ〳〵信心をまし、たうと(尊)くおぼしけれ

無数劫　計り知れないほどの長時間
智恵禅定　六波羅蜜の中の智恵と禅定
法界宮　大日如来の宮殿。密厳国ともいう
法身の体　大日如来の理体
弥陀　ここでは大日・弥陀一体説に立つ
講説　涅槃経の講説
占蔔　西域の香りのよい名花。占蔔は「瞻蔔」の当て字
浄名の室　維摩居士の居室
詮を取る　要点を取る
尼御前　尼に対する敬称
随一　その中の一人
融通念仏　自他の称える念仏の功徳が融通しあうと説く
鞍馬寺　京都市左京区にある天台宗（今は鞍馬弘教）の寺
諸天善神　仏法を守護する神々

ば、念仏守護のために、毘沙門天王を当堂に安置せられけり。

[第三図]

法印一《ひとつ》の大願をたてゝいはく、「この寺に五坊をたてゝ、一向称名《しょうみょう》を相続して、余行をまじへつとめじ」と。その願むなしからず、つゐ（遂）に文治三年十月にはた（果）されにけり。池上《いけがみ》の阿闍梨《あじゃり》*皇慶《こうけい》の旧跡、*乙護《おとご》法守護の霊地に五坊をたて、*楞厳院《りょうごんいん》安楽の谷をうつ（写）して新安楽と号し、性智房《しょうちぼう》、鏡智房《きょうちぼう》、妙智房《みょうちぼう》、仏智房《ぶっちぼう》、勝智房《しょうちぼう》とぞつけられける。その行法いまに*退転せずとなむ。かのとき大仏の上人俊乗房、又一の*意《い》楽《ぎょう》をゝこ（起）して、「わが国の道俗*炎魔王宮《えんまおうぐう》にひざまづきて、名字《みょうじ》をとはれんとき、仏号をとなへしめむために、阿弥陀仏名《みょう》をつくべし」とて、みづから南無阿弥陀仏とぞ号せられける。これ我朝《わがちょう》の阿弥陀仏名のはじめなり。

[第四図]

其後、三千の衆徒をし（推）て挙申《きょしもうす》によりて、文治六年三月七日、天台座主に補《ふ》せらるといへども、かたく辞申《じしもうし》給しを、勅使大原へむかひて、*宣命《せんみょう》をくだして座主職《しき》

[顕真大願を立て一向称名の五坊を建立の事]

皇慶　台密谷流の祖（九七七～一〇四九）

乙護法　童形をした仏法守護の神

楞厳院安楽の谷　比叡山横川にある安楽谷。念仏三昧の霊地

退転　衰えすたれる、中絶する

意楽　心に思う願いごと

炎魔王宮　炎魔王の宮殿。炎魔は「閻魔」とも書き、冥界の王で、死者の善悪を審判する

[顕真座主御往生の事]

宣命　天皇の命令を伝える和文体の詔

をさづけらる。つゐにめし出《いだ》されて、同五月廿四日*最勝講の*証議《(義)》をつとめ、同廿八日権僧正に拝任す。治山《じざん》三ケ年のあひだ、*内論《うち》義《(議)》二ケ度、*寂光《じゃっこう》大師の御廟《びょう》の*番《つがい》論義、伝教大師の御廟浄土院の番論義などとりおこなはれ、もはら《(専)》吾山《わが》の仏法の絶《たえ》たるをつぎ、すたれたるをおこされしかども、かたはらにはなを《(猶)》称名の行業《ぎょうごう》おこたらずして、法華堂の初夜の行法には高声念仏千反《べん》をくわへ修せられき。その行いまに退転なし。日来《ひごろ》の腫物《はれもの》の*いた《(労)》はり、にはかに増気して、浄土院の番論義の夜、*建久三年十一月十四日*寅剋《とらの》、東塔円融房《えんゆうぼう》にして、正念《しょうねん》たがはず念仏相続し、往生の素懐をとげ給き。遺言のむねありければ、則《すなわち》大原に*をく《(送)》りたてまつりぬ。近古の高僧、山門の英傑なり。しかしながら上人の訓導によりて、出要をおもひさだめられき。心あらむ人たれかそのあと《(跡)》をこひねがはざらん。僧正つねにの給けるは、「一向専念の身となりて、顕密の行業をさしをきしはじめは、*よに《(世)》こゝろぼそかりしなり」とぞ申されける。

［第五図］

最勝講　宮中の清涼殿で金光明最勝王経を講説する法会
証義　議論の当否を判断する役
内論義　正月の御斎会の最終日に天皇の御前で行う論義
寂光大師　最澄の弟子、名は円澄（七七一～八三六）
番論義　二人一組で交互に問答させる。五組一〇題の問答を行う
いたはり　病気
建久三年　一一九二年
寅剋　午前四時頃
をくる　葬送
よに　まことに、非常に

法然上人行状絵図　第十五

慈鎮和尚《じちんかしょう》〈号吉水僧正《よしみずのそうじょうとごうす》、慈円《じえん》〉は、法性寺殿《ほっしょうじどの》〈忠通公《ただみち》〉の御息《そく》、*青蓮院《しょうれんいん》の覚快法親王《かくかいほっしんのう》〈鳥羽院第七宮《とばのいんだいしちのみや》〉の附弟《ふてい》、山門の*鏂鍵《すうけん》、*秘教の棟梁《とうりょう》として、*三昧《さんまい》の一流、*秘決をつくし奥義をきはめ、*山務四ケ《か》度、興隆むかしにこえ、名望世にすぐれ給《たま》へり。しかれども宿習《しゆくじゆう》の開発《かいほつ》し給けるにや、しきりに世間の栄耀《えいよう》をいとひ、ふかく出離の要道をたづね、隠遁《いんとん》のこゝろざしあさからずして、より〳〵籠居《ろうきょ》のいとまを申されけるに、敢《あえ》て勅許なかりければ、その本意《ほい》をとげられずといへども、あるときしばらく西山の*善峰寺《よしみねでら》に籠居して、心閑《しずか》につとめおこなはれけるに、いつしか勅使ひまなくして、つゐ（遂）に召出《めしいだ》され給にけり。其《その》後は隠居のすまひ（住）もかなはざりければ、つねに上人《しょうにん》に御対面ありて、*底下《ていげ》の凡夫開語（悟）得脱の要義を談ぜられけるに、上人諸宗の大綱をあげて、一々の義理をつくさるゝに、「みなこれ*上代上機のためのを（教）しへにして、*末代下根のたぐひをよび（及）がたし。浄土の宗旨称名《しょうみょう》の本願のみぞ、*苦海の船師、*愛河《あいが》の橋梁《きょうりょう》にて、愚鈍下智の*当機にあひかなへる」とて、聖道《しょうどう》浄土の

［慈鎮和尚上人の御教化に依て受戒念仏の事］

青蓮院　京都市東山区にある天台宗の寺
鏂鍵　肝要な人物。鏂は「枢」の当て字
秘教　天台宗の密教（台密）
三昧　台密の流派の一つ、三昧流
秘決　秘密の口伝。決は「訣」に同じ
山務四ケ度　座主を四度も勤める
善峰寺　京都市西京区にある天台宗の寺

底下の凡夫　最低の罪深い人

上代上機　昔の機根の優れた人
末代下根　末世の機根の劣った人
苦海の船師　苦の海を渡す船頭
愛河の橋梁　愛欲の河に架けた橋
当機　この機根の人々

奥義をのべられければ、和尚随喜の御心《み》ねんごろにして、一乗円頓《えんどん》の戒をうけ、*散心《さんじん》称名の行《ぎよう》をぞ崇重《そうじゆう》せられける。

［第一図］

本願の旨趣をとぶらひ、極楽の往生をのぞみまし〳〵けるあまりにや、*建仁元年九月廿《にじゆう》一日より七ケ日のあひだ、*日吉聖真寺《ひえしようしんじ》の拝殿にて、実円《じつえん》、*実全《じつぜん》、仁慶《じんけい》、*良尋《りようじん》以下《いげ》廿余人の門弟をともないて、かつは本地《ほんじ》弥陀の内証に資し、かつは垂迹《すいじやく》*明神《みようじん》の*外用《げゆう》をかざらんがために、慈覚《じかく》大師の古風をしたひ、*西方懺法《せんぼう》をぞおこなはれける。六時の時ごとに高声《こうしよう》念仏千反《べん》までとなへ給しに、偏執《へんしゆう》*我慢《がまん》の大衆《だいしゆ》、さだめて違乱をなす事やあらんと人おもひあへ（合）りけるに、七ケ日のあひだ*そこばく（許多）の大衆群集《くんじゆ》すといへども、みな貴敬《ききよう》のたなごゝろ（掌）をあはせて、誹謗《ひほう》のくちびるをうごかさず。信心無弐《むに》のまへ（前）には、魔障たよりをえざるにやと、見聞《けんもん》の諸人《しよにん》不思議の思《おもい》をなし、たとまず（尊）といふ事なかりけり。

［第二図］

散心称名　散乱した心のままで称える念仏

［慈鎮日吉の拝殿にて七日の間西方懺法幷六時に高声念仏の事］

建仁元年　一二〇一年

日吉聖真寺　山王七社の一つ。祭神は八幡大菩薩、本地は阿弥陀仏。寺は「子」の当て字

実全　天台座主（一一四一～一二二一）

良尋　九条兼実の子、法性寺座主

明神　霊験あらたかな神。ここでは聖真子

外用　外に現れる働き

西方懺法　阿弥陀仏を本尊とする懺悔の法要

我慢　おごり高ぶる、慢心

そこばくの大衆　多くの僧たち

四天王寺《してんのうじ》の別当に補任《ふにん》せられし時は、大僧正*行慶《ぎょうけい》寺務のとき顚倒《てんとう》して後、としひさしくなりにし*絵堂《えどう》を新造して、漢家《かんか》本朝の往生伝をゑらび（選）、*尊智法眼《そんちほうげん》におほせ（仰）て、九品《くほん》往生人を画図《えず》にあらはし、*入道相国《しょうこく》〈頼実《よりざね》公〉以下九人の秀才をすゝめて、和歌を詠じて九品面々の行状を称嘆し、菅宰相《かんさいしょう》〈于時大蔵卿《ときにおおくらきょう》〉為長《ためなが》卿をして*四《し》韻《いん》の周詩を賦《ふ》せしめ、権大納言《ごんだいなごん》教家《のりいえ》卿色紙形《がた》をぞ清書せられける。所謂《いわゆる》、

上品上生《じょうぼんじょうしょう》　*智覚禅師《ちかくぜんじ》　〈*新修往生伝〉

九品蓮台其最上　杭州智覚独当機
詞花永馥禅（神）棲賦　宿鳥不驚寂定衣
直指西方生死断　不経陰府古今稀
炎王常拝画図像　蘇息高僧面見帰

（九品蓮台その最上　杭州の智覚独《ひと》り機に当たる　詞花永く馥《かんば》し*神棲《しんせい》の賦《ふ》　宿鳥驚かず*寂定《じゃくじょう》の衣《ころも》　直ちに西方に詣《いた》りて生死《しょうじ》断えぬ　*陰府を経ざること古今稀《まれ》なり　炎王常に画図の像を拝す　蘇息《そそく》の高僧面《まのあた》り見て帰る）

九《ここの》しな（品）かみなきはな（花）のうてな（台）にもころも（衣）のうらにとり（鳥）やすむ（棲）らむ　入道太（大）相国〈頼実公〉

［天王寺の絵堂に九品往生人の詩歌の事］
行慶　白河天皇の皇子、園城寺長吏（一一〇一～六五）
絵堂　壁に聖徳太子の行状を描いた仏堂
尊智　絵所の絵師
入道相国　藤原頼実、法名顕性（一一五四～一二二五）
四韻の周詩　八句の漢詩
智覚　中国五代・北宋の僧、名は延寿（九〇四～七五）
新修往生伝　中国北宋の王古の撰、三巻
神棲の賦　智覚の作った詩の題
寂定の衣　智覚が禅定中に鳥が衣に巣を作った
陰府　冥界の閻魔王の庁

上品中生《ちゅうしょう》

尼善恵《あまぜんえ》　〈*戒珠集《かいしゅしゅう》〉

賢劫如来放大光　善哉善恵往西方
六旬有限新泉路　三昧無人旧道場
地（池）上蓮粧生八葉　俗間花色恥余香
眼前兼得仏霊告　九品妙台第二望

（*賢劫《けんごう》の如来大光を放つ　善きかな善恵西方に往《ゆ》く　*六旬《じゅん》限りあり新たなる泉路*　三《さん》昧《まい》人なし旧《ふる》き道場　池上の蓮《はちす》の粧《よそお》ひは八葉を生《な》す　俗間の花の色は余香《よきょう》を恥づ　眼前に兼ねて仏の霊告《れいごう》を得たり　九品の妙台第二の望み）

*ふるさとにのこる（残）はちす（蓮）はあるじにてやどる（宿）ひとよ（一夜）にはな（花）ぞひらくる　*前《さきの》摂政殿下《てんが》　〈道家公《みちいえ》〉

上品下生《げしょう》　*侍従所監《じじゅうしょのげん》藤原忠季《ただすえ》　〈*後拾遺往生伝〉

我朝朝請大夫土（士）　二世清祈一念深
勁節先彰同雪竹　善根高挺属雲林
三年十月黄昏涙　上品下生金刹心
夢裏乗蓮西去速　客塵自是不能侵

戒珠集　中国北宋の戒珠が撰した浄土往生伝、三巻

賢劫の如来　ここは阿弥陀仏を指す

六旬　六〇歳

泉路　黄泉の旅路

ふるさと　ここは浄土を指す

前摂政殿下　九条道家（一一九三〜一二五二）

侍従所　侍従が出仕した詰め所。監はその雑務を掌る役

後拾遺往生伝　三善為康の撰、三巻

（我朝《わがちよう》の*朝請大夫《ちようせいたいふ》の士　二世の清祈一念深し　勁節《けいせつ》先《ま》づ彰《あらわ》れて雪竹に同じ　善根《ぜんごん》高く挺《ぬきん》でて*雲林《うりん》に属す　*三年十月黄昏《たそかれ》の涙　上品下生*金刹《こんせつ》の心　夢の裏《うち》に蓮に乗じて西に去ること速やかなり　*客塵《きやくじん》これより侵すこと能《あた》はず）

*み《(見)》しゆめのやど《(宿)》をうつゝにさとり《(悟)》きてきのふ《(昨日)》の花につゆぞひらくる　権大納言基家《もといえ》

中品上生《ちゆうぼん》　*大原沙弥《たいげんのしやみ》　〈戒珠集〉

大原貧侶臨河畔　欲画弥陀功独遅
尊像未成沙暖処　浮生易滅雨来時
夜夢縦告出離道　老涙不堪臆子悲
中品上生今所示　至于旧友各相思

（大原の貧侶河畔《ひんりよかはん》に臨み　*弥陀を画《えが》かんと欲するに功独り遅し　尊像いまだ成らず沙《すな》の暖《やわら》かなる処《ところ》　浮生《ふせい》滅《き》え易《やす》し雨の来る時　夜の夢はたとひ出離の道を告ぐとも　老いの涙は子を臆《おも》ふの悲しみに堪《た》へず　中品上生今示す所　旧友に至るまでおのおの相《あい》思ふ）

ゆふだち《(夕立)》にみづ《(水)》もまさごの河なみやはちす《(蓮)》のなか《(中)》のうへ《(上)》のしらつゆ　*前太

朝請大夫　従五位上の唐名
雲林　雲林院（京都市北区にあった天台宗の寺）のこと
三年　天永三年（一一一二）
金刹　金色に輝く仏の国、浄土
客塵　煩悩
みしゆめ　六角堂に詣でて上品下生の夢告をえる
大原　中国山西省の地名
弥陀を画く　絵の絹が買えないので河の砂に描く
前太政大臣　西園寺公経（一一七一～一二四四）

政大臣〈公経《きんつね》公〉

中品中生　*少将《しょうしょうの》義孝《よしたか》〈*保胤《やすたね》往生伝、有夢告《むこくあり》〉

天延之比無常理　子葉落風槐体家
故苑露消空暗涙　荒原煙尽只春霞
羽林昔有双棲鳥　夢路今攀一詠花
極楽界中詩上趣　品生所指足相加

（*天延の比《ころ》無常の理《ことわり》　子葉風に落つ*槐体《かいてい》の家　*故苑《こえん》露消えて空しき暗《くれ》の涙　荒原煙尽きてただ春の霞《かすみ》　*羽林《うりん》に昔双棲《そうせい》の鳥あり　夢路に今一詠の花を攀《よ》づ　極楽界中詩上の趣　品生《ほんしょう》の指す所相《あい》加ふるに足れり）

しの（偲）ばずよなに*ふるさと（古里）のむめ（梅）が（香）丶も*かさ（重）なる中のはなのやどりに　*右大将実氏《さねうじ》

中品下生　沙門智縁《しゃもん*ちえん》〈戒珠伝〉

昔在人間雖放逸　帰真年積智縁功
鬢花落飾罷秋鶴　羽猟発心礼世雄
昼夜三時三品観　桑楡一暮一期終

少将義孝　太政大臣藤原伊尹の子
保胤往生伝　慶滋保胤の撰する日本往生極楽記、一巻
天延の比　天延二年（九七四）
槐体の家　大臣家
故苑　故人の愛した花園
羽林　羽林郎将の略で、少将の唐名
ふるさと　ここは娑婆世界を指す
かさなる中　中品中生をいう
右大将　西園寺実氏。公経の子
智縁　現行本に伝記なし。慈湛か

九蓮第六託生趣　述尽向西結大夢

（昔人間《*じんかん》に在《あ》りて放逸なりと雖《いえど》も　真に帰して年積もる知縁が功　鬢花《びんか》落飾して秋鶴*を罷《や》め　*羽猟発心《ほっしん》して*世雄《せおう》を礼《らい》す　昼夜三時三品《さんぼん》の観　*桑楡《そうゆ》一暮一期《ご》の終はり　九蓮第六託生《たくしょう》の趣　述べ尽くす西に向かひて大夢を結ぶことを）

すて《（捨）》やらで子をおもふしか《（鹿）》のしるべ《（導）》よりかりのやまぢ《（山路）》はいとひ《（厭）》いで《（出）》にき

*正三位家隆《しょうさんみかりゅう》

下品《げぼん》上生　釈法敬《しゃくのほっきょう》　〈戒珠伝〉

当初法敬有遺約　身後不忘霊告専
音楽聞天遷化暁　光明入夢十三年
善哉一子出家力　遂是双親得道縁
昔寺維那修善積　宜昇下品上生蓮

（当初《そのかみ》法敬遺約*あり　身後忘れず霊告の専らなることを　音楽天に聞こゆ遷化《せんげ》の暁　光明夢に入る十三年　善いかな一子出家の力　遂《つい》にこれ双親得道の縁　昔寺の*維那修《ゆいなしゅ》善《ぜん》積もる　宜《よろ》しく昇《のぼ》るべし下品上生の蓮）

たち《（立）》かへる《（帰）》ゆめのたゞち《（直路）》にをしへ《（教）》をく《（置）》うてな《（台）》のはなのすゑ《*（末）》のうはつゆ《（上露）》　従*

人間　ここは在家の時代をいう
秋鶴を罷む　年若くして剃髪する
羽猟　弓矢をもって狩猟する
世雄　阿弥陀仏
桑楡　老いて死に近いさま
正三位　藤原家隆（一一五八―一二三七）。定家と並ぶ歌人
遺約　法敬が往生の後、還来するという約束
維那　寺の庶務を掌る僧
すゑのうはつゆ　「すゑ」が下品、「うは」が上生を表現

二位民部卿《みんぶ》定家《ていか》

下品中生　覚真阿闍梨《かくしんあじやり》　〈*続本朝往生伝〉

尋鞍馬寺久棲遅　祈請炎王有所思
陽茂闍梨従入夢　西方覚蕊不生疑
九生蓮位上中下　万部花文読誦持
以第八門当此品　来縁定熟命終時

（鞍馬寺《くらまでら》を尋ねて久しく*棲遅《せいち》す　炎王に祈請《きしょう》して思ふ所あり　*陽茂《ようも》闍梨夢に入りてより　西方の*覚蕊《かくずい》疑ひを生ぜず　九生の蓮位《れんい》上中下　万部の*花文《けもん》読誦《どくじゅ》し持《たも》つ　*第八門この品《ほん》に当たるを以《も》て　*来縁定めて熟せん命《みょう》終《じゅう》の時）

おしへ《（教）》いる《（入）》丶みちはかすが《（春日）》のさとの月さとればはる《（春）》のひかりなりけり　入道従三位保季《やすすえ》

下品下生　釈恵進《えしん》　〈新修往生伝〉

釈恵進貧無所畜　檀施之物誰応侵
欲飛鶖眼虚労眼　不憶梟心還有心
百部花文今已満　八旬楡景遂西沈

従二位　藤原定家（一一六二―一二四一）。新古今和歌集の撰者
続本朝往生伝　大江匡房の撰、一巻
棲遅　静かに隠棲する
陽茂　鞍馬寺の別当
覚蕊　浄土における悟り
花文　法華経
第八門　夢の中で陽茂が春日小路の左衛門町（右京二条二坊八町）の西辺第八門の宅地に入った
来縁　来世の縁

善哉下品下生位　従在世間素意深
（釈の恵進貧にして畜《たくわ》ふる所なし　檀施《だんせ》の物誰《たれ》か応《まさ》に侵すべき　*鵝眼《ががん》を飛ばさんと欲して虚《むな》しく眼を労す　*梟心《きょうしん》を憶《おも》はず還《かえ》りて心あり　百部の花文今すでに満てり　八旬の*楡景《ゆけい》遂に西に沈む　善いかな下品下生の位　世間に在りしより素意深し）
こゝのしな《（九品）》ねがふはちす《（蓮）》のすゑ《*（末）》のいとをみださ《（乱）》でかへるよる《（夜）》のしらなみ
正四位下範宗朝臣《のりむねあそん》
色紙形記銘《きのめいにいわく》　云

貞応三年〈甲申〉始自去冬、三春孟夏之間、以絵師法眼尊智、守本様依伝文、図絵既訖。今於西面、更画作九品往生之人、殊勧進一乗浄土之業。表裏共不交他筆、尊智図之、以詩歌形其心。詩句《（句）》九品、同令菅大符《（府）》卿為長卿作之。和歌丞相以下、広勧九人各詠一首。復当南北裏、同画四天像。此堂大僧正行慶寺務之間、顚到之後、以聖霊院礼堂東廂為其所、今新建立于旧跡、彰興隆之本意也。

（*貞応《じょうおう》三年甲申《きのえさる》、去《さんぬる》冬より始めて、*三春孟夏の間、絵師法眼尊智を以て、*本様を守り*伝文に依《よ》りて、図絵《ずえ》すでに訖《おわ》んぬ。今西面に於《おい》て、更に九品往生の人を画《えが》き作《な》し、殊に一乗浄土の業《ごう》を勧進《かんじん》す。*表裏共に他筆を交へず、尊智これを図し、詩歌を以てその心を形《あら》はす。詩句九

鵝眼　銭の異称
梟心　悪逆の心
楡景　夕暮れの日影
すゑのいと　下品下生をいう
貞応三年　一二二四年
三春孟夏　一月から四月まで
本様　もとの図様
伝文　聖徳太子の伝記の文章
表裏　内側と外側

品は、同じく菅*大府卿の為長卿をしてこれを作らしむ。和歌は*丞相《しようじよう》以下、広く九人を勧めて各《おのおの》一首を詠ぜしむ。また南北の裏に当たりて、同じく四天の像を画けり。この堂は大僧正行慶寺務の間、顚到の後、聖霊院《しようりよういん》の礼堂《らいどう》の東廂《びさし》を以てその所となす。今新たに旧跡に建立《こんりゆう》して、興隆の本意《ほい》を彰《あら》はすなり）

別当前大僧正法印大和尚位慈円 記之《これをしるす》

これひろく諸人の心をすゝめて、*欣求《ごんぐ》のおもひをはげまさむためなり。まことにこの行状をみて、たれの人か穢悪《えあく》充満の*さかひをいとひ、浄土不退の*砌《みぎり》をこひねが（冀）はざらむ。*自証の得脱のみにあらず、*化他《けた》の御こゝろざしふかゝりける。ありがたくたと（尊）くも侍《はべる》かな。

日吉の社に百日参籠《さんろう》し給て、*後生菩提《ごしようぼだい》をいのり申されける*念誦《ねんじゆ》のひまに、百首の歌を詠じ給けるをく（奥）に、

わがたのむ*な（七）ゝの社のゆふだすき（木綿襷）かけても*六のみちにかへすな

人をみるもわが身をみるもこはいか（如何）になむあみたぶつ〳〵

とぞかきつけ給ける。往生の望《のぞみ》ふかくして、欣求の心をはげまされけるに、称名の*薫修《くんじゆ》日あさく、光陰の運転時うつりぬとやおぼ（思）しめ（召）されけむ、ある時詠じ給ける

大府卿　大蔵卿の唐名
丞相　大臣の唐名
欣求　浄土を願い求める
さかひ　境遇
砌　ところ、場所
自証　自ら悟りを得る
化他　他人を教化する
後生菩提　来世に極楽に生まれて悟りを得る
念誦　経文や仏の名号を口にとなえること
なゝの社　山王七社
六のみち　六道。生死輪廻の世界
薫修　習慣となるように努める

は、

極楽にまだわがこゝろ《（心）》ゆきつかず*ひつじ《（羊）》のあゆみ《（歩）》しばしとゞまれ

浮生をかろくし、おもひを*浄刹《じようせつ》にかけ給《たまう》事、ひとへに上人*諷諫《ふうかん》のゆへ《（故）》なりければ、帰敬《ききよう》他にことにして、上人遷化の時は哀傷にたえず、最初の引摂《いんじよう》を待よし、*中陰の作善《さぜん》に諷誦文《ふじゆもん》をさゝげられ、報恩謝徳の儀ねんごろなりけり。されば御臨終の後、或《ある》人の夢に示されけるは、「さしも功労《くろう》せし*顕蜜《（密）》の稽古《けいこ》は、物の要《（用）》にもたゝず、時々せし*空観《くうがん》と称名念仏ばかりぞ、後世《ごせ》の資糧とはなる」とぞ仰られける。

[第三図]

月輪《つきのわ》の禅閤《ぜんこう》の御息、妙香院《みようこういん》の僧正〈*良快《りようかい》〉は、慈鎮和尚の附法《ふほう》として、*大師正《せい》嫡《ちやく》の跡をうけ、顕密兼学の宗匠《そうしよう》なりき。しかれども宿縁のうちにもよほ《（催）》されけるにや、上人の勧化《かんげ》に帰したまひ、厭離穢土《えんりえど》の思《おもい》ふかく、欣求浄土の願《ねがい》ねんごろなりしかば、ひとへに弥陀の本願を信じて念仏を行じ給ひ、浅近《せんごん》念仏の抄を記して無智の輩《ともがら》をすゝめらる。かの序の言《ことば》には、「夫以《それおもんみれば》*本覚真如《ほんがくしんによ》の月、*無明戯論《むみようけろん》の雲にかくれ、*常住仏性《じようじゆうぶつしよう》の蓮、*生死妄染《もうぜん》の泥に埋《うずもれ》しよりこのかた、或は*焼《（焦）》熱大焼《（焦）》熱の

ひつじのあゆみ　死にちかづく譬え
浄刹　浄土
諷諫　それとなく教えいさめる
中陰の作善　死後七日ごとに営む仏事
顕密の稽古　顕教と密教を学問すること
空観　一切のものは空であると観じる

[月輪殿の御息妙香院良快僧正上人に帰依の事]
良快　九条兼実の子、天台座主（一一八五〜一二四二）
大師正嫡の跡　伝教大師からの正統な法流
本覚真如　本性としての絶対の悟り
無明戯論　無知による無益な議論
常住仏性　すべてのものに備わる

炎にむせびて、*多百千劫塵数《ごうじんじゅ》の諸仏の出世をもすぎ、或は*紅蓮《ぐれん》大紅蓮の氷にとぢられて、*無量億生恒沙《おくしょうごうじゃ》の如来の化導《けどう》にもゝれたり。或は餓鬼城に入て一万五千歳、飢饉のうれ（憂）へしのびがたく、或は畜生道に堕して三十四億類、残害のくるしみ*いく（幾）そばくぞ。たま〳〵人中《にんじゅう》の生《しょう》を受《うく》といへども、余州にありて仏法をきかず、まれに天上の報《ほう》を感ずといへども、*化楽《けらく》にほこりて浄業《じょうごう》を修《しゅ》する事なし。而今《しかるに》*南瞻《なんせん》部洲《ぶしゅう》仏法流布の国にむ（生）まれて、西方浄刹欣求指南の教《おしえ》を得たり。このたび出離の直《じき》道《どう》に赴《おもむか》ずは、いづれの時にか菩提の正路《しょうろ》に向《むかう》べき。就中《なかんずく》一生涯のさだまりなき事夢のごとし、幻のごとし。*五盛陰《ごじょうおん》の待ことある、旦《あした》とやせん暮とやせむ。しかるに煩悩《ぼんのう》内にもよ（催）をし、悪縁外にひきて、このことはり（理）におどろく輩すくなく、その勤《つとめ》をいたすたぐひまれなり。頓死《とんし》また（全）くわかきによらず、重病かならずしも老《おい》を待ことなし。誰かさだめむ、今日《こんにち》その日にあらずとは。争《いかでか》しらむ、我《わが》身その類《たぐい》にあらずとは。*無常のつげ忽《たちまち》にきたり、*有為《うい》のすがたながくかくれぬれば、一善の畜《たくわえ》もなきによりて、*三途《さんず》の底に堕しぬ。過去*漫々の*流転すでにかくのごとし。未来永々の*輪廻《りんね》又然《しかる》べし。いそぎて出離の要術を求めよ。更に生死の妄報に着することなかれ。爰《ここに》弥陀の念仏は*諸教所讃多在弥陀（諸教に讃《ほ》むる所、多く弥陀に在り）、*大恩教主

仏となる可能性
生死妄染　生死輪廻の虚妄に染まる
焦熱大焦熱　八大地獄の第六と第七の地獄
多百千劫塵数　計り切れないほどの長時間に多量の
紅蓮大紅蓮　八寒地獄の第七と第八の地獄
無量億生恒沙　数えきれないほど生死を繰り返す間に無数の
いくそばくぞ　どれほど沢山あることか
化楽　化は「快」の誤り
南瞻部洲　須弥山の南にある大陸。人間の住む世界
五盛陰の待こと　五盛陰苦は八苦の一つ。ここは、人間は五陰（色・受・想・行・識）が仮に合わさった存在で、その五陰の一つでも欠ければ死に至る、という意か
無常のつげ　人の死の告知
有為のすがた　人間としての仮の姿
三途　火途（地獄）・刀途（餓鬼）・血途（畜生）
漫々　長い時間
流転・輪廻　車輪が転げ回るように迷いの世界で生死を繰り返す

すでにこの仏を称讃《しょうさん》したまふ。弥陀一教利物偏増（弥陀の一教のみありて、利物《りもつ》偏増す）、末代の我等《ら》最もかの国を欣《ねがう》べし。誠に是《これ》末代相応の要法、凡夫易行《いぎょう》の直道なる者歟《か》。この故に初心の行者《ぎょうじゃ》のために念仏の簡要をしるして、分て七段とし、も（以）て九品を期《ご》す」〈已上取詮《いじょうせんをとる》〉とぞか丶れたる。

[第四図]

諸教所讃多在弥陀　湛然の摩訶止観輔行伝弘決に見える言葉。多くの教えが讃えている仏は阿弥陀仏であるという

大恩教主　釈尊の尊称

法然上人行状画図　第十六

高野《こうや》の僧都明遍《そうずみようへん》は、少納言《しようなごん》*通憲《みちのり》の子なり。長門《ながとの》法印*敏覚《びんかく》が嫡弟*として、三論の奥旨《おうし》をきはめ、才名世にゆるされたりしかども、名利《みようり》をいとふ心ふかくして、本寺*のまじはりをこのまず、つゐに（遂）三十七のとし、*交衆《きようしゆ》をのがれ*公請《くじよう》を辞し、*光明山《こうみようせん》に居をしめて、諸行をすてず万善をいとはず、ひろく出離の要路をたづね、あまねく顕密の*懃行《ごんぎよう》をいたされけり。時の人明遍は当時無双《ぶそう》の碩学《せきがく》なり、転任遅々のゆえに籠居《ろうきよ》する歟《か》のよし、をの〳〵（各）おしみあひければ、生年《しようねん》四十五の時、少僧都を宣下《せんげ》せられけれども、かたく辞して勅喚にしたがはず、隠遁《いんとん》のおもひいよ〳〵切にして、*建久六年五十四歳にて、ながく光明山をすてゝ、跡を*高野山にかくし、出離のつとめます〳〵ねんごろなり。有智《うち》の*道心者《どうしんじや》ちかくはこの人なり。

［第一図］

僧都、上人《しようにん》所造の*選択集《せんちやくしゆう》を披覧して、「この書のおもむき、いさゝか偏執《へんしゆう》なる

［明遍僧都光明山より高野山に遁世の事］

通憲　藤原通憲、平安末期の貴族・学者、法名は信西（一一〇六～一一五九）

敏覚　三論宗の僧、東大寺別当（?～一一八一）

嫡弟　跡継ぎの弟子

本寺　所属寺院の東大寺東南院

交衆　学徒との交わり

公請　僧が朝廷から法会等に招請されること

光明山　京都府木津川市にあった光明山寺

懃行　懃は「勤」と同義

建久六年　一一九五年

高野山　蓮華谷の蓮華三昧院

道心者　仏道を求める修行者

［僧都選択集披覧の後専修念仏門に入給ふ事］

ところありけり」とおもひて寝られたる夜の夢に、*天王寺《てんのうじ》の西門《さいもん》に病者《びょうじゃ》かずもしらずなやみ《（悩）》ふせるを、一人の聖《ひじり》の鉢にかゆをいれて、匙《さじ》をもちて病人の口ごとにいる丶ありけり。「誰人《たれびと》にかあらん」と丶《（問）》ふに、かたはらなる人こたへて、「法然《ほうねん》上人なり」といふと見てさめぬ。僧都おもはく、「われ選択集を偏執の文《もん》なりと思つるを、いましめらる丶ゆめなるべし。この上人は機をしり時をしりたる聖にておはし《（御座）》けり。病人の様は、はじめには*柑子《こうじ》 *橘《たちばな》 梨子《なし》柿《かき》などのたぐひを食《じき》すれども、のちにはそれも*とゞまりぬれば、わづかに*おもゆ《（重湯）》をもちてのどをうるを《（潤）》すばかりに命を*かく《（懸）》。この書に一向に念仏をすゝめられたる、これにたがはず。*五濁《ごじょく》*濫漫の世には、仏法の利益《りやく》次第に減ず。このごろはあまりに代《よ》くだりて、我等《ら》がありさま、たとへば重病のもの丶ごとし。三論法相《ほっそう》の柑子橘もくはれず、真言止観の梨子柿もくはれねば、念仏三昧《ざんまい》のおもゆにて、生死《しょうじ》をいづ《（出）》べきなりけり」とて、忽《たちまち》に顕密の諸行をさし《（差）》をき《（措）》て、専修《せんじゅ》念仏の門にいり、その名を*空阿弥陀仏《くうあみだぶつ》とぞ号せられける。とりわき天王寺とみられけるも、由緒なきにあらず。この寺は極楽*甫処《ふしょ》の観音大《だい》士《じ》、*聖徳《しょうとく》太子とむまれ《（生）》て、仏法をこの国にひろめ給《たまい》し最初の*伽藍《がらん》なり。*欽明《きんめい》天皇の御《おん》ために七日の念仏をつとめたまひ、命長*七年二月十三日、黒木《くろご》の臣《おみ》を御使《つかい》とし

選択集　上人の主著選択本願念仏集の略称
天王寺　大阪市天王寺区にある和宗総本山四天王寺
柑子　甘い果実、こうじみかん
橘　かんきつ類の総称
とどまる　止めになる、食べられなくなる
おもゆ　粥から米粒を取り除いた糊状の汁
かく　繋ぎ止める
五濁　末世に起こる五つ（劫・見・煩悩・衆生・命）の汚濁
濫漫　氾濫し蔓延する
空阿弥陀仏　法性寺の空阿と区別するため、有智の空阿ともいう
甫処　一生補処のこと。甫は「補」の当て字
聖徳太子　用明天皇の皇子（五七四〜六二二）
伽藍　梵語の音写、僧が修行する

て、*善光寺《ぜんこうじ》の如来へ御書を進《しんぜ》らる。その御ことばには、「名号七日称揚已、以斯為報広大恩、仰願本師弥陀尊、助我済度常護念（名号《みようごう》七日*称揚し已《おわ》んぬ。これを以《も》て広大恩を報ぜんとす。仰ぎ願はくは本師弥陀尊、我が済度を助けて常に護念したまへ）」と侍《はべり》けるに、如来の御返報には、「一日称揚無恩留、何況七日大功徳、我待衆生心無間、汝能済度豈不護（一日の称揚も*恩留まることなし。何《いか》に況《いわ》んや七日の大功徳をや。我衆生《われしゆじよう》を待つこと心に間《へだて》なし。汝能《よ》く済度す豈《あに》護らざらんや）」とぞあそばされける。御表書《おんうわがき》には「*上宮救世大聖《じようぐうくぜだいしよう》の御返事」と侍けり。この御消息《しようそこ》にこそ、この国は念仏三昧の有《う》縁《えん》なる事もあらはれにけれ。かの*鳥居《とりい》の額にも、「釈迦如来転法輪所、当極楽土東門中心（釈迦如来の*転法輪《てんぽうりん》の所、極楽土の東門《とうもん》の中心に当る）」とぞかゝれて侍る。わが国に生《しよう》をうけむ人は、尤《もと》もこの念仏門に帰すべきものなり。

［第二図］

上人、天王寺におはしけるとき、僧都善光寺参詣《さんけい》の事ありけるが、たづね参ぜられて、まづ使にて*案内《あない》し給ふに、上人客殿に出《いで》まう《（設）》けて、「これへ」と仰《おおせ》らる。僧都さしいりて、いまだ居なを《（直）》らぬほどに、「このたびいかゞして生死をはなれ候《そうろう》べ

浄所。寺の建物の総称
欽明　第二九代天皇（在位五四〇～七一）
命長七年　命長は私年号で、同七年は六四三年と六四六年の二説ある。聖徳太子の時代に合わない
善光寺の如来　信濃の善光寺の本尊阿弥陀如来
称揚　念仏を称える
恩　仏の恵み
上宮救世大聖　観音菩薩である上宮（聖徳）太子
鳥居　四天王寺西門の外にある
転法輪　仏が教えを説き広める
［僧都上人に謁して散心称名の疑を決し給ふ事］
案内　取り次ぎを請う

き」と申されければ、「南無阿弥陀仏と唱へて往生をとぐるにはしかずとこそ存《ぞんじ》候へ」と申されければ、僧都申さるゝやう、「たれもさは見をよび《(及)》て侍り。ただし念仏のとき、心の散乱し*妄念のおこり候をばいかがし候べき」と。上人のたまはく、「*欲界の*散地《さんじ》に生をうくるもの、心あに散乱せざらんや。煩悩《ぼんのう》具足の凡夫、いかでか妄念をとゞむべき。その条は源空《げんくう》もちからをよび候はず。心はちりみだれ、妄念はき《(競)》をひおこるといへども、口に名号をとなへば、弥陀の願力に乗じて*決定《けつじょう》往生すべし」と申されければ、「これうけ給《たまわり》候はむために、まいりて候《そうらい》つるなり」とて、僧都やがて退出し給にければ、「初対面の人、一言も世間の礼儀の詞《ことば》なくして、退出せられぬることよ」とて、人々たうと《(尊)》びあひけり。上人うちへいり給て、「心をしづめ妄念をこ《(起)》さずして念仏せんとおもはむは、む《(生)》まれつきの目鼻をとりはなちて、念仏せんとおもはんがごとし。あな*こと〴〵し」とぞ仰られける。

[第三図]

その後は、僧都ふかく上人に帰し、専修の行《ぎょう》をこ《(怠)》たりなかりけるが、念珠をはやくゝ《(繰)》りて*数遍《すへん》おほき事をば、*不実のきはまりなりとて、おほきに*不受せられける

妄念　迷いの心
欲界　本能的な欲望の世界
散地　心が散り乱れる境界
決定往生　必ず往生する、往生が決まる

ことごとし　仰々しい

[僧都日課百万返の行者を軽しめて夢に善導の御しかりにあひ給ふ事]

に、あるとき修行者《しゆぎようじや》一人きたりて、「毎日の念仏はいかほどをか所作《*しよさ》とさだむべく候覧《*らん》」とたづね申けるに、「御房はいくら程を申さるゝぞ」とかへ《返》しとはれければ、毎日百万反《べん》を申よしを答ふるに、「例の不実のものよ」とて、返答にも及ばずしてうちへ《入》いられにければ、修行者も帰《かへり》にけり。僧都ちとまどろみ《微睡》給へる夢に、貴《とうと》げなる僧きたりてつげての給はく、「毎日百万遍の行者《ぎようじや》をいひさまたげぬる事、はなはだしか《然》るべからず」とて、*もて《以》のほかなる気色《*けしき》にて、「われはこれ善導《ぜんどう》なり」と仰らるとみておどろきぬ。*遍身にあせながれ、胸さはぎ《騒》て、心のをきどころ《置》なきまでかなし《悲》くおぼえて、時剋《じこく》いくほどをへ《経》ざりければ、かの修行者をよびかへして、このよしをかたり*前非をくゐ《悔》んために、人を方々にわかちつかはしてをは《追》せられ、高野中《じゆう》をたづねさせらるゝに、つゐに行《ゆき》がた《方》をしらずなりにけり。僧都申されけるは、「日来《ひごろ*》はやぐり《早繰》の数反《*すへん》を不受する事、仏意《ぶつち》にそむけるゆへ《故》に、化人《*けにん》のつげしめされけるなり。実の修行者にはあらざりけり」とて、其《その》後はみづからもつねに百万反の数遍をぞせられける。僧都の夢想をもちてこれを思に、上人数反をすゝめ給へる事、あに和尚《かしよう》の尊意にかなはざらんや。たゞあふ《仰》ぎて信をとるべし。をろか《愚》なる心をもちて、これをあざける事なかれ。

数遍　念仏を唱える遍数
不実　真心がこもっていない
不受　認めない、承諾しない
所作　(日課としての)勤め、行い
覧　助動詞「らん」の当て字
もてのほか　意外な
気色　表情、態度
遍身　からだじゅう
前非　さきほどの過ち
はやぐり　念珠を早く繰る
数反　反は「遍」に同じ。ここでは「数多く念仏を唱える」の意
化人　仏菩薩が仮に人の姿になって現れた人

［第四図］

僧都、ひとへに上人の勧化《かんげ》を仰信《ごうしん》し、＊ふた心なかりければ、上人の滅後にはかの遺骨を＊一期《いちご》のあひだ頸《くび》にかけて、のちには高野の大将法印〈＊貞暁《じょうぎょう》、鎌倉＊右幕下息《うばくかのそく》〉相伝せられけり。籠山《ろうざん》三十年のあひだ、朝《あした》には＊自誓戒、＊舎利講、夕《ゆうべ》には＊臨終の行儀を修《しゅ》し、惣《そう》じて六時の同音念仏、日々夜々にをこたる事なし。他のためには人のゝ（望）ぞみにしたがひて、顕密の法門を談ぜられけれども、自行には一向称名《しょうみょう》のほか他事をまじへず、＊長斎持戒にして草菴《そうあん》をいづることなし。練行としふり（古）て、薫修《くんじゅ》日あらたなり。さても穢土《えど》の縁つきて、西土《さいど》の望《のぞみ》ちかづきけるにや、＊貞応《じょうおう》三年四月上旬のころより、いさゝか＊風痾《ふうあ》にをかされ（冒）、寝食例に違しければ、門弟等《ら》をの〳〵（各）＊結番して看病をいたし、念仏のこゑ（声）やむ時なし。病にしづむといへども、法門談儀（義）日ごろにかはらず、日をふる（経）まゝに経論の＊明文《みょうもん》を誦《じゅ》して、念仏いよ〳〵強盛《ごうじょう》なり。つゐに六月十六日＊子剋《ねのこく》、＊頭北面西《ずほくめんさい》にして念仏相続し、＊禅定《ぜんじょう》に入《いる》がごとくいきたえ給にけり。生年八十三なり。みる人随喜の感涙をながし、きく人在世《ざいせ》の徳行《とくぎょう》をぞしたひける。

［僧都往生の事］
ふた心　裏切る心
一期のあひだ　死ぬまでの間
貞暁　源頼朝の三男（一一八六～一二三一）
右幕下　右近衛大将、将軍の称。頼朝を指す
自誓戒　戒師につかず、自己の誓いによる受戒
舎利講　仏舎利を供養する法会
臨終の行儀　臨終に当たり阿弥陀仏の来迎をえるための作法
長斎　正午からの食事を摂らないとする「斎」を長く続ける
貞応三年　一二二四年
風痾　風邪
結番　順番を決めて交替で勤める
明文　明は「妙」の当て字。霊妙な偈文
子剋　午前零時頃
頭北面西　頭を北にし、顔を西に向けて伏す
禅定　心静かに瞑想すること

［第五図］

法然上人行状絵図　第十七

*安居院《あぐい》の法印聖覚《せいかく》は、入道少納言通憲《しょうなごんみちのり》の孫子《まご》、法印大僧都澄憲《だいそうずちょうけん》の*真弟なり。叡《えい》山竹林房《ざんちくりんぼう》の法印静厳《じょうごん》を師とす。*論説二道をかねて、智弁人にすぐれたりき。しかるに宿習のいたりにやありけむ、ふかく上人《しょうにん》の化導《けどう》に帰して、浄土往生の*口決《くけつ》をうく。大和前司親盛《やまとのぜんじちかもり》入道、「御往生の後は疑《うたがい》をたれの人にか決すべき」と上人にとひたてまつりけるに、「聖覚法印わが心をしれり」との給《たま》へり。浄土の法門にをき（於）て所存をのこされざる事しりぬべし。さればかの法印一巻の書を制作して、ひろく念仏をすゝむ。世間に流布して*唯信抄《ゆいしんしょう》と号するこれなり。かの書《しょに》云《いわく》、「罪ふかくはいよ〳〵極楽をねがふべし、*不簡破戒罪根深（破戒と罪根の深きとを簡《えら》ばず）といへり。善すくなくはます〳〵弥陀を念《ねんず》べし、*三念五念仏来迎（三念五念まで仏来迎《らいこう》したまふ）といへり。むなしく身を卑下し心を*怯弱《ごうにゃく》にして、*仏智不思議智を疑《うたがう》事なかれ。たとへば人たかき岸のしたにありて、のぼる事あたはざらんに、ちからつよき人岸の上に有て綱をおろして、この綱にとりつかせて、『われ岸の上に引登《ひきのぼ》せむ』

［安居院聖覚法印上人の御化導に帰せられし事］

安居院　比叡山竹林院の京都における里坊

真弟　師と親子関係にある弟子

論説二道　論義と説法の両方

口決　師から弟子へ口頭で奥義秘訣を伝える

唯信抄　承久三年八月の撰述

不簡破戒　典拠は法照の五会法事讃

三念五念　典拠は善導の法事讃

怯弱　恐れ弱める

仏智不思議智　阿弥陀仏の智恵が思いはかることのできないものであること

といはんに、ひく人のちからをうたがひ、綱のよはからん事をあやぶみて、手を*お（収）さめてこれをとらずは、更に岸の上にのぼるべからず。偏《ひとえ》にその言《ことば》にしたがひて、掌《たなごころ》をのべてこれをとらんには、即《すなわち》のぼる事を得《う》べし。仏力をうたがひ願力をたのまざる人は、菩提《ぼだい》の岸にのぼる事かたし。只《ただ》信心の手をのべて誓願の綱をとるべし。*電光朝露の命、*芭蕉泡沫《ばしょうほうまつ》の身、わづかに*一世《いっせ》の*懃修《ごんじゅ》をもて、忽《たちまち》に*五趣の古郷をはなれんとす。豈《あに》ゆるく諸行を兼んや。諸仏菩薩の結縁《けちえん》は*随心供仏《くぶつ》の朝《あした》を期《ごす》べし。大小経典の義理は*百法明門《ひゃっぽうみょうもん》の暮《くれ》を待べし」〈已上《いじょう》略抄〉とぞ侍《はべる》める。この法印ふかく上人の勧化《かんげ》を信敬《しんぎょう》のあひだ、処々にして説法のたびごとには、弥陀の本願を讃嘆《さんだん》し、念仏の*功能《くのう》をほめ申されけるを、上人きゝ給て、「これひとへに善導《ぜんどう》の御方便、*機感純熟の折節也《なり》。*然《しかる》べき名僧専修《せんじゅ》念仏の義を信じて、所々にして講尺（釈）せば、念仏の弘通《ぐずう》何事か如之哉《これにしかんや》」と悦《よろこび》仰《おおせ》られて、法印のもとへ申つかはされけるは、*法花経《ほけきょう》の中《うち》には*定まりて阿弥陀経を副供養《そえくよう》せらるゝなれば、いかなる所にても*機嫌*さまであ（悪）しからざらん所にては、阿弥陀経につきて四十八願の様《よう》を尺（釈）しのべられ候べきよし、くはしく授られけるとなん。

おさむ　伸ばした手を曲げる
電光朝露・芭蕉泡沫　身命のはかないことの譬え
一世　この世、今生
懃修　修行にはげむ
五趣の古郷　五悪趣（地獄・餓鬼・畜生・人・天）の世界
随心供仏　極楽に往生した人が思いのままに仏を供養する楽しみ
百法明門　浄土において種々の法門に通暁する智恵を得る
功能　結果を生じる働き、作用、功徳
機感純熟　衆生が仏の救いを感じとる心が熟し整う
然べき名僧　聖覚を指す
法花経の中に　法華経の（行法の）間には
定まる　慣例となる
副供養　付け加えて行う供養
機嫌　人がそしり嫌うこと

［第一図］

*元久二年八月に、上人*瘧病《ぎやくびよう》をわづらひ給《たまう》事ありけり。*月輪殿《つきのわどの》きこしめし、おどろきて医師をめされ、種々の療方をつくさるといへども、治術《ちじゆつ》かなはざりしかば、とりわき冥助《みようじよ》をあふがれ、御祈請《きしよう》あらんために、詫摩《たくま》の法印*証賀《しようが》におほせて、善導和尚《かしよう》の真影を図絵《ずえ》せられ、*後京極殿《のちのきようごくどの》その銘をかゝせ給て、安居院の法印聖覚〈于時《ときに》僧都〉に御導師参懃(勤)すべきよし仰らるゝに、法印申けるは、「聖覚も瘧病の事候《そうろう》が、明日はおこり日にて候へども、貴命のがれがたきうへ(上)、師範の恩を報ぜんために参懃(勤)すべく候。たゞし*早旦《そうたん》に御仏事をはじめらるべし」とて、翌日*払暁《ふつぎよう》に小松殿《こまつどの》へ参じて、*辰時《たつのとき》より説法をはじめて、*未剋《ひつじのこく》に結願《けちがん》す。その説法の*大底《たいてい》は、「*大師尺(釈)尊なを(猶)衆生《しゆじよう》に同《どう》じ給ときは、つねに病悩をうけ、療治をもちゐたまふ。いはんや凡夫血肉の身、いかでかその愁《うれい》なからん。しかれども浅智愚鈍の衆生は、このことはり(理)をしらず、さだめて疑心をなさんか。上人の化導すでに仏意《ぶつち》にかなふゆへ(故)に、まのあたり往生をとぐるものそのかずをしらず。しかれば諸仏菩薩、*諸天竜神いかでか衆生の不信をなげかざらん。*四天大王仏法をまぼり(守)給はゞ、かならずわ

さまで　それほど、たいして

［上人瘧病の時聖覚説法祈願の霊験の事］

元久二年　一二〇五年

瘧病　間欠熱の一種。発熱・悪寒・震えなどの病状を繰り返す

月輪殿　九条兼実

証賀　勝賀とも書く。平安末・鎌倉前期の絵仏師

後京極殿　鎌倉前期の摂政、九条良経（一一六九～一二〇六）

早旦・払暁　早朝、明け方

辰時　午前八時頃

未刻　午後二時頃

大底　おおむね

大師　偉大な導師

諸天竜神　仏法を守る神々や竜王

四天大王　持国天・増長天・広目天・多聞天

が大師上人の病悩をいやし給へ」とねんごろに申のべ給ければ、善導の*御影《みえい》の御前に異香《いきょう》しきりに薫じ、上人も聖覚もともに瘧病おちにけり。聖覚自《みずから》嘆じて、「*先師法印は炎旱《えんかん》の御祈禱《きとう》に、*大内《おおうち》にして*唱導をつとめ、*当座に雨をふらして名誉をほどこしき。聖覚が身にはこの事第一の高名《こうみょう》なり」とぞ申されける。まことに末代の奇特《きどく》、そのころの*口遊《くちずさみ》にてぞありける。

［第二図］

法印、ひとへに上人の勧化《かんげ》を信伏して、念仏往生の口伝相承《くでんそうじょう》、そのかくれなく名誉ありしかば、*承久《じょうきゅう》三年のころ、*但馬宮《たじまのみや》〈雅成《まさなり》親王〉念仏往生に条々の不審をたて、、時の名誉ある先達《せんだつ》に御尋《たずね》ありけり。この法印その*専一なり。かの*請文云《うけぶみにいわく》、「御念仏のあひだの御用心は、一切の功徳善根《くどくぜんごん》のなかに念仏最上候。*十悪五逆なりといへども、罪障また（全）くその障《さわり》とならず、一称一念のちから決定《けつじょう》して往生せしむべきよし、真実堅固《けんご》に御信受候べきなり。聊《いささか》も*猶予の儀ゆめ〳〵候べからず。或《あるい》は身の懈怠《けだい》不浄にはゞかり、或は心の散乱妄念におそれて、往生極楽に*不定《ふじょう》のおもひをなすは、極《きわめ》たるひが事にて候。仏意にそむくべく候なり。日々の御所作《しょさ》、更に

御影　高僧や貴人などの肖像
先師法印　澄憲を指す
大内　皇居、内裏
唱導　法会の表白（趣意文）を読み上げ、導師の役を勤める
当座　即座、即刻
口遊　うわさ話、評判
［但馬宮より念仏往生の御尋の時法印請文の事］
承久三年　一二二一年
但馬宮　後鳥羽天皇の皇子（一二〇〇～五五）。承久の乱で但馬国に配流
専一　第一の人
請文　命令などを承諾した旨を記した文書
十悪五逆　十悪と五逆の罪、極悪の罪業
猶予　ぐずぐずする
不定　確実でない、決まらない

不浄を憚《はばかり》思食《おぼしめす》べからず候。念仏の本意《ほい》はたゞ常念を要とし候。行住坐《ぎようじゆうざ》臥《が》時処諸《*じしょしょ》縁《えん》を簡《えら》ばず候。但《ただし》毎月一日歟《か》、殊《ことに》御精進潔斎《*しょうじんけっさい》にて御念仏候べき也。その外日々の御所作は、たゞ御《おん》手水《*ちょうず》ばかりにて候べき也」〈已上取詮《いじょうせんをとる》〉。又嘉禄《*かろく》二年のころ、後《ご》鳥羽院《とばのいん*》遠所の御所より、西林院《さいりんいん》の僧正《そうじょう》〈承円《*しょうえん》〉に仰《おおせ》下されける御書にも、散心《*さんじん》念仏の事一定《*いちじょう》出離しぬべく候はんやう、明禅《*みょうぜん》、聖覚などにくはしく尋さぐりて、最上の至要をしるし申さるべきよし仰下されければ、法印こまかにしるし申されけるとなむ。

[第三図]

上人の第三年の御忌《ぎょき》にあたりて、御追善のために建保《*けんぽう》二年正月に、法印真如堂《*しんにょどう》にして七ケ《か》日のあひだ、道俗をあつめて融通《ゆずう》念仏をすゝめられけるに、往生の要枢《ようすう》、安心起行《*あんじんきぎょう》のやう、上人勧化のむねこまぐ〵とのべたまひて、「これもし我《わが》大師法然《ほうねん》上人の仰られぬことを申さば、当寺の本尊御照罰*候へ」と、誓言《せいごん》再三に及《および》てのち、「もしなを（猶）不審あらん人は、鎮西《ちんぜい》の聖光房《*しょうこうぼう》にたづねとはるべし」と申されければ、聴衆《*ちょうじゅ》のなかに一人の隠遁《いんとん》の僧ありけるが、草菴《そうあん》にかへらずして、すぐに筑後《ちくご》国に

時処諸縁　時刻と場所と様ざまな事情
精進潔斎　身心を清め、不浄を忌む
手水　手や顔を洗い清める
嘉禄二年　一二二六年
遠所　遠方、ここでは隠岐をいう
承円　鎌倉前期の天台座主（一一八〇～一二三六）
散心念仏　平常の散乱した心のまま称える念仏
一定　確実に、必ず
明禅　鎌倉前期の天台宗の僧（一一六七～一二四二）

[上人第三年の御忌に法印真如堂にて七日説法の事]

建保二年　一二一四年
真如堂　京都市左京区にある天台宗の寺
安心起行　安心は心の持ち方（三心）、起行は実践（五種正行）をいう
照罰　神仏が人の行いを明らかに見て罰を与える

くだりて聖光房に謁し、法流をつたへ門弟となり、九州弘通の法将《ほっしょう》とぞなりにける。*敬蓮社《きょうれんじゃ》といへるこれなり。法印追福の心ざしあらはれて、諸人《しょにん》の随喜はなはだしくぞありける。

［第四図］

かの法印、一山の明匠四海の導師として、*公家《くげ》の勅喚、*諸亭の招請《しょうじょう》ひまなかりしかども、西土《さいど》往生の心ざしふかく、称名《しょうみょう》念仏の行《ぎょう》をこたり（怠）なくして、つゐ（遂）に*文《ぶん》暦《りゃく》二年三月五日、生年《しょうねん》六十九にて、端坐《たんざ》合掌し念仏数《す》百遍をとなへ、往生の素懐をとげられける。まことにかしこくたうとく（尊）ぞ侍る。

［第五図］

上野国《こうずけのくに》の国符（府）に明円《みょうえん》といふ僧侍りき。*遊行聖《ゆぎょうひじり》の念仏申てとをり（通）けるをとゞめ（留）を（置）きて、道場をかまへ念行*を興行しける程に、或《ある》夜のゆめに貴僧きたりて告云《つげていわく》、「念仏申ものはかならず極楽に往生する也。敢《あえ》て疑《うたがう》事なかれ。末代悪世《あくせ》の衆生の出離解脱《げだつ》の道、念仏にすぎたるはなし。我は吾朝《わがちょう》の大導師聖覚といふもの也。法然上

聖光房　弁長・弁阿ともいう。上人の弟子、浄土宗の第二祖（一一六二～一二三八）
聴衆　説法などを聴聞する人
敬蓮社　入阿・入西ともいう（?～一二八五）

［聖覚法印往生の事］
公家　朝廷
諸亭　貴族の邸宅
文暦二年　一二三五年

［法印往生の後夢中に人を勧化し給ふ事］
遊行聖　諸国を遍歴する修行僧
念行　「念仏」の誤りか

人の教《おしえ》によりて、弥陀の本願を信じ念仏を行じて、極楽に往生したる也」とて、一《いち》期《ご》の行状、往生の次第こまかにかたり給て、「いまこの道場の念仏に結縁《けちえん》せんがために、常にこの道場にあるなり。但《ただし》十一月には*本所《ほんじょ》に法談の事あるによりて、結縁のために必《かならず》本所にかへるべし。法談以後は又このところにかへりて、念仏に結縁すべき也」との給へり。夢さめて後、不思議の思をなし、「聖覚といへる人はいづれの所の人ぞ。吾朝の大導師とは何事ぞ」とたづぬるに、しりたりといふものなかりければ、明円鎌倉へのぼりて、*日光の別当僧正の房にいたりて尋《たず》申《ね》に、「聖覚法印といへるは、京都の安居院といふ所に侍りき。天下の大導師、名誉の*能説なりしかば、しらぬ人はなし」と仰られければ、やがて上洛《じょうらく》して安居院の旧跡をたづね、嫡弟*憲実《けんじつ》法印に夢の次第をかたるに、「在世《ざいせ》の行状といひ、往生の次第といひ、一事として違する事なし。就中《なかんずく》十一月一日より*天台大師講を始行《しぎょう》して、廿《にじゅう》四日までは毎日の講経終日の論談也。しかるに十一月には本所に法談あり、結縁のために必本所に帰《かえる》べきよし示さるゝ事、この講演の砌《みぎり》に影向《ようごう》の条疑なし」とて、憲実法印感涙をぞながされける。明円は聖覚法印の墳墓にまう《（詣）》でゝ、夢の中《うち》の勧化をよろこび、歓喜《かんぎ》の涙をながし、二心《ふたごころ》なき専修の行者《ぎょうじゃ》になりにければ、本国にかへりては、

本所　もとの住まい、安居院の旧坊

日光の別当僧正　法印尊家のこと

能説　巧みに説法する人

憲実　聖覚の孫

天台大師講　天台大師（智顗）の忌日（一一月二四日）に行う法会

*自行化他《けた》のつとめ、念仏の外《ほか》他事なかりけり。其《その》後は安居院の墓詣《はかもうで》となづけて、毎年に上洛してかの墳墓にぞまうでける。一期のあひだ念仏をこ（怠）たる事なくして、*瑞相《ずいそう》をあらはし、端坐合掌して数百遍の念仏をとなへ、殊勝の往生を遂《とげ》にけり。子息明心《みょうしん》幼稚の程は、明円が後家尼《ごけのあま》、年ごとに安居院の墓詣をしけるが、明心成人の後は、年ごとに明心上洛しけり。明心又*兼日《けんじつ》に往生の時日をさして、*（椅子）いすにのぼりて念仏数百遍をとなへ、端坐合掌して往生の素懐を遂にければ、其後は明心が子息明観《みょうかん》、毎年上洛して墓詣をぞしける。この念仏衆《ねんぶつしゅ》は、聖覚の旧跡を念仏の本所と仰崇《ぎょうそう》しけるによりて、或年明観上洛の時、憲実法印の嫡弟*憲基《けんき》法印にのぞみ申《もうす》様《よう》、この念仏*尽未来際《じんみらいさい》退転すべからざるよし、僧衆《そうしゅ》の中に御*下知《おんげじ》を下さるべきよし申けるによりて、弥陀本願の念仏は、濁世《じょくせ》末代の出離解脱の要法なるいはれ、尽未来際退転すべからざるよし、*慇懃《いんぎん》に書下《かき》されければ、御下知の旨にまかせて、ひとへに本願をあふぎ、念仏退転あるまじきよし、僧衆等《ら》請文をさゝげ、念仏いよ〳〵ねんごろなりければ、国中の貴賤帰敬《きせんききょう》の掌《たなごころ》をあはせ、結縁のおもひふかし。天竺《てんじく》、震旦《しんだん》、我朝《わがちょう》三国のあひだに、多《おおく》の人師《にんし》念仏の勧化をいたすといへども、いまだ夢の中の勧化をきかず、この法印の勧化、まことにめづらしく貴《とうとく》も侍かな。

自行化他　自ら仏道を修行し、さらに他人を教え導く
瑞相　めでたいしるし
兼日　それより以前の日
いす　ひじ掛け背もたれのあるもの
憲基　憲実の子
尽未来際　未来永劫に
下知　命令、指図する
慇懃　ねんごろ、丁寧

［第六図］

法然上人行状画図　第十八

上人《しようにん》製作の選択集《せんちやくしゆう》は、月輪殿《つきのわどの》の仰《おおせ》によりてえらび進ぜらるゝところ也《なり》。けだし念仏往生の亀鏡《ききよう》たり。その簡要少々しるし侍《はべる》べし。かの集の第一段云《だんにいわく》、「道綽禅《どうしやくぜん》師《じ》、聖道《しようどう》浄土の二門をたてゝ、聖道門をすてゝ浄土に帰する文《もん》」。問云《といて》、「一切衆《しゆ》生《じよう》皆仏性《ぶつしよう》あり。*遠劫《おんごう》よりこのかた《（以来）》、おほくの仏にあふべし。なにゝよりてかいまにいたるまで、なを《（仍）》みづから生死《しようじ》に輪廻《りんね》して*火宅を出《いで》ざるや」と。答云《こたえて》、「二種の*勝法《しようぼう》をえて生死をはら《（排）》はざるによりて、こゝをもち《（以）》て火宅をいで《（出）》ず。なにものをか二とする。一《ひとつ》にはいはく聖道、二《ふたつ》にはいはく浄土なり。その聖道の一種はいまの時に証しがたし。一には*大聖《だいしよう》をさること遥遠《ようおん》なるによる。二には理ふかくさとり《（解）》微《み》なるによる。この故に大集月蔵経云《だいしゆうがつぞうきように》、『わが末法の時の中の億々の衆生、行《ぎよう》をおこし道《どう》を修《しゆす》とも、いまだ一人としてうる《（得）》ものあらじ』。当今は末法これ五濁悪世《ごじよくあくせ》なり。たゞ浄土の一門のみありて、通入すべきみち《（路）》なり。この故に*大経云《だいきように》、『もし衆生ありて、たとひ一生悪をつくるとも、命終《みようじゆう》の時にのぞみて、十念相続して

[選択集の簡要の文少々訳和する事]

遠劫　永遠の過去

火宅　迷いの世界。火に燃える家にたとえる

勝法　すぐれた教え

大聖　釈尊（の時代

大経　無量寿経の通称。この引用文は阿弥陀の第十八願の趣意

わが名字《みょうじ》を称せむに、若《もし》むま(生)れずは*正覚《しょうがく》をとらじ』。又一切衆生すべてみづから*はか(量)らず。もし大乗によらば、*真如《しんにょ》*実相*第一義空、かつていまだ心にをか(措)ず、もし小乗を論ぜば、*見諦《けんたい》*修道《しゅどう》に修入《しゅにゅう》し、乃至《ないし》*那含《なごん》*羅漢《らかん》、*五下《ごげ》を断じ*五上をのぞ(除)くこと、道俗をとふ事なくいま(未)だ其《その》*分あらず。たとひ*人天《にんでん》の果報あれども、みな*五戒十善のためによくこの報をまねく。然《しかる》にたもちうるものははなは(甚)だまれ也。もし起悪造罪を論ぜば、なんぞ暴風*駛雨《しう》にことならん。こゝをも(以)て諸仏の大慈すゝめて浄土に帰せしめ給ふ。たとひ*一形《いちぎょう》悪をつくれども、たゞよく意《こころ》をかけて、*専精《せんしょう》につねによく念仏すれば、一切の諸障自然《じねん》に消除して、さだめて往生する事をう(得)。何ぞ思量せずしてすべて*去《さる》心なきや」。*私《わたくしに》云、「浄土宗の学者まづすべからく此《この》旨をしるべし。たとひさきより聖道門を学せる人なりといふとも、浄土門にお(於)きてその心ざしあらんものは、すべからく聖道をすてゝ浄土に帰すべし。例せばかの曇鸞法師《どんらんほっし》は、*四論の講説をすてゝ一向に浄土に帰し、道綽禅師は*涅槃《ねはん》の広業《こうごう》をさしを(闇)きて、ひとへに西方の行をひろめしがごとし。上古の賢哲なを(猶)もちてかくのごとし。末代の愚《ぐ》魯《ろ》むしろこれにしたが(遵)はざらんや」。

同《おなじき》第三段云、「弥陀如来余行《よぎょう》をもちて往生の本願とせず、たゞ念仏をもちて往生

正覚　悟りを開く（仏となる）
はかる　自らの器量を知る
真如　絶対不変の真理
実相　あるがままの真実のすがた
第一義空　最勝の空、絶対的な境地
見諦　見道のこと。仏道修行の四段階の最初
修道　仏道修行の第二段階
那含　仏道修行の第三段階
羅漢　仏道修行を完成した聖者
五下　欲界における五つの煩悩
五上　色界・無色界における五つの煩悩
分　状態や段階
人天　人間界や天上界
五戒十善　五戒を守り、十悪を犯さない
駛雨　夕立、急に強く降る雨
一形　人の形の続く間。一生涯
専精　心を専らにして精進する
去る　浄土へ往く
私　上人の解釈、見解
四論　中論・百論・十二門論・大智度論
涅槃の広業　涅槃経の講説

の本願とする文」といひて、無量寿経上の本願の文以下《いげ》をひけり。私詞《わたくしのことばに》云、問云、「あまねく《（普）》諸願に約して、麁悪《そあく》をえらびすてゝ善妙をえらびとる事、その理しかるべし。なんのゆへ《（故）》ぞ、第十八の願に一切の諸行をえらびすてゝ、たゞひとへに念仏の一行《いちぎょう》をえらびとりて、往生の本願とするや」。答云、「*聖意《しょうい》はかり《（測）》がたし、たやすく解《げ》するにあたはず。しかりといへども、いまこゝろみ《（試）》に*この義をもちてこれを解せん。一には勝劣の義、二には難易の義也。初《はじめ》に勝劣といふは、念仏はこれすぐれ《（勝）》、余行は劣《おとれる》なり。ゆへいかんとなれば《（所以者何）》、名号《みょうごう》はこれ*万徳《まんどく》の帰する所也。しかればすなはち、弥陀一仏のあらゆる*四智三身《さんじん》十力四無畏《しむい》等の一切の*内証の功徳《くどく》、*相好《そうごう》光明説法*利生《りしょう》等の一切の*外用《げゆう》の功徳、みなこと〴〵く阿弥陀仏の名号の中に摂《しょう》在《ざい》せり。かるがゆへ《（故）》に名号の功徳もとも《（最）》すぐれたりとす。余行はしからず、をの〳〵《（各）》*一隅をまもる。こゝをもちて劣《おとれり》とす。たとへ《（譬）》ば世間の屋舎のごとし。その屋舎の名字の中に、棟梁椽柱《とうりょうてんちゅう》等の一切の*家具を摂す。棟梁等の一々の名字の中には、一切を摂することあたはず。これをもてしりぬべし。しかればすなはち、名号の功徳は余の一切の功徳にすぐれたり。かるがゆへに劣《れつ》をすてゝ勝《しょう》をとりて、もちて本願とするか。次に難易の義といふは、念仏は修しやすく、諸行は修しがたし。

聖意　仏の御心、真意
この義　こは「二」の誤りか。選択集原文は「二義」に作る
万徳　一切の功徳
四智・三身・十力・四無畏等　仏が有する智恵、身格、知る力、恐れのない自信など
内証　内に得られた悟りの証
相好　仏の身体的特徴
利生　衆生を救済する
外用　外に現れる働き
一隅をまもる　数ある中の一つの面を保つ
家具　家屋を構成する部材

〈略抄〉かるがゆへにしりぬ、念仏はやすき（易）がゆへに一切に通ず、諸行はかたき（難）がゆへに*諸機に通ぜず。然則《しかればすなわち》、一切衆生をして平等に往生せしめむがために、難をすて、易をとりて本願とするか。若《もし》それ造像起塔をもちて本願とせば、貧窮困乏のたぐひ（類）は、さだめて往生のゝぞみ（望）をたゝ（絶）ん。しかるを富貴《ふき》のものはすくなく、貧賤《ひんせん》のものははなはだ（甚）おほし。もし智恵*高才をもちて本願とせば、愚*鈍下智のものは定《さだめ》て往生のゝぞみをたゝん。しかるに智恵のものはすくなく、愚痴のものははなはだおほし。多聞《たもん》多見をもちて本願とせば、小（少）聞小（少）見の輩《ともがら》さだめて往生の望《のぞみ》をたゝむ。しかるを多聞のものはすくなく、小（少）聞のものははなはだおほし。もし*持戒持律をもちて本願とせば、破戒*無戒の人さだめて往生のゝぞみをたゝん。しかるを持戒ののはすくなく、破戒のものは甚《はなはだ》多し。自余の諸行これに准じてしるべし。まさにしるべし、上《かみ》の諸行等をもちて本願とせば、往生をうるものはすくなく、往生せざるものはおほからん。然則、弥陀如来*法蔵比丘《ほうぞうびく》のむかし、平等の慈悲にもよほされ（催）て、あまねく一切を摂せんがために、造像起塔等の諸行をもちて往生の本願とせず、たゞ称名《しょうみょう》念仏の一行をもちてその本願とする也」。〈乃至《ないし》〉問曰《といていわく》、「一切の菩薩その願をたつ（立）といへども、あるひはすでに成就《じょうじゅ》せるもあり、又いまだ成就せざる

諸機　もろもろの機根の人
高才　すぐれた才能
下智　智恵の劣った
持戒持律　戒律をたもつ
無戒　戒を受けない
法蔵　阿弥陀仏の修行時における名前

もあり。いぶかし《（未審）》、法蔵菩薩の四十八願は、すでに成就せりとやせん、はた《（将）》いまだ成就せずとやせん」。答曰、「法蔵の誓願は一々に成就し給《たま》へり。いかむ《（何）》となれば、極楽界の中にすでに*三悪趣《さんなくしゅ》なし。まさにしるべし、これすなはち*無三悪趣の願を成就し給へるなり。なにをもちてかしる《（知）》ことをうるとならば、すなはち願成就の文《もんに》、『又《また》地獄餓鬼畜生、諸難の趣《しゅ》なし』といへるこれなり。又彼《かの》国の人天、*命をはり《（終）》てのち、三悪趣にかへる《（更）》ことなし。まさにしるべし、これすなはち*不更悪趣《ふきょうあくしゅ》の願を成就せるなり。何をもてかしることをうるとならば、すなはち願成就の文に、『又彼菩薩乃至成仏《じょうぶつ》まで悪趣にかへらず』といへるこれなり。又極楽の人天、すでに一《いち》人《にん》として三十二相を具せざるものあることなし。まさにしるべし、これすなはち*具三十二相の願を成就せるなり。何をもてかしることをうるとならば、すなはち願成就の文に、『彼国にむまる《（生）》ゝもの、みなこと〲く三十二相を具足す』といへる是《これ》也。かくのごとくはじめ《（初）》無三悪趣の願より、おはり《（終）》*得三法忍《とくさんぼうにん》の願にいたるまで、一々の誓願みなもて成就し給へり。第十八の念仏往生の願、あにひとり《（孤）》もて成就せざらんや。然則、念仏の人皆もて往生す。何をもてかしることをうるとならば、すなはち念仏往生の願成就の文に、『もろ〱《（諸）》衆生ありて、その名号をきゝて信心歓《かん》

三悪趣　地獄・餓鬼・畜生の世界。三悪道に同じ
無三悪趣の願　四十八願の中の第一願
命　選択集原文は「寿」
不更悪趣の願　四八願の中の第二願
具三十二相の願　同第二十一願
得三法忍の願　同第四十八願

喜《ぎ》して、乃至一念至心に廻向《えこう》して、かの国にむまれんと願ずれば、すなはち往生することを得て、*不退転に住す』といへる是也。おほよそ《凡》四十八願をもて浄土を荘《しょう》厳《ごん》せり。花池《けち》宝閣、願力にあらずといふことなし。何ぞ其《その》中にをいて《於》、ひとり《独》念仏往生の願を疑惑すべきや。しかのみならず《加之》一々の願のおはりに、『もししからずは正覚をとらじ』といへり。しかるに阿弥陀仏成仏してよりこのかた《已来》、いまにをきて*十劫《じっこう》なり。成仏のちかひすでにもて成就し給へり。まさにしるべし、一々の願むなしくまうく《設》べからず。故《かるがゆえ》に善導《ぜんどう》の給はく、『*彼《かの》仏いま現に世にまし《在》〱て成仏し給へり。まさにしるべし、*本誓《ほんぜいの》重願むなしからずといふ事《ことを》。衆生称念すればかならず往生をう《得》』〈已上《いじょう》〉。「*それすみやかに生死をはなれんとおもはゞ《欲》、二種の勝法の中に、しばらく《且》聖道門をさしをきて《閣》、えらびて浄土門にいれ《入》。浄土門に入らんとおもはゞ、*正雑《しょうぞう》二行の中に、しばらくもろ〱の雑行をなげすて《抛》ゝ、えらびて正行に帰すべし。正行を修せんと思はゞ、*正助二業《ごう》の中に、猶《なお》助業をかたはらにし《傍》て、えらびて正定《しょうじょう》をもはらにす《専》べし。*正定の業といふは、すなはちこれ仏の御名《みな》を称するなり。名を称すればかならずむまる《生》ゝことをう、仏の本願によるがゆへ《故》に」と。「しづかにおもんみれば《以》、善導の観経《かんぎょう》の疏《しょ》は、これ*西方の指南、行者《ぎょうじゃ》の目

不退転に住す　再び穢土に戻らない

十劫　劫は長大な時間の単位

彼仏いま云々　往生礼讃の文

本誓重願　本来の重大な誓願

それすみやかに　以下は選択集第十六章段の文

正雑二行　正行と雑行

正助二業　正定業と助業

正定の業　正（まさ）しく往生が定まる行い、阿弥陀仏が正しく（往生の業として）定めている行い

西方の指南　極楽往生を願う者の道案内

足なり。しかればすなはち、西方の行人《ぎようにん》かならずすべからく珍敬《ちんぎよう》すべし。就中《なかんずく》に毎夜の夢の中《うち》に僧ありて、*玄義を指授せり。僧といふはをそら《（恐）》くはこれ弥陀の*応現なり。しからばいふべし、この疏は弥陀の*伝説なりと。いかにいはんや大唐相伝していはく、『善導はこれ弥陀の化身なり』と。しからばいふべし、この文はこれ弥陀の直説《じきせつ》なりと。すでに『*うつ《（写）》さんとおもはんものは、もはら経法《きようぼう》のごとくせよ』といへり。このことば《（言）》まことなるかな。あふぎて本地《ほんじ》をたづぬれば、四十八願の*法王なり。十劫正覚の*となへ《（唱）》、念仏に*たのみ《（憑）》あり。ふして垂迹《すいじやく》をとぶらへば、専修念仏の導師なり。*三昧正受《さんまいしようじゆ》のことば《（語）》、往生にうたがひなし。本迹ことなりといへども、化導《けどう》これ一《いつ》なり。こゝに*貧道、むかしこの典を披閲して、粗《ほぼ》素意をさとれり。たちどころに余行をとゞめて、こゝに念仏に帰す。それよりこのかた今日にいたるまで、自行化佗《けた》（他）たゞ念仏をことゝす。然間《しかる》、まれに*津《しん》をとふものには、しめすに西方の通津《つうしん》を以《も》てし、たま〳〵行をたづぬるものには、をしふる《（誨）》に念仏の別行をもてす。これを信ずるものはおほく、信ぜざるものはすくなし」〈已上略抄〉。念仏を事とし往生をこひねがはん人、あにこの書を*いるかせにすべけんや。

玄義　奥深い意味
応現　仏菩薩などが姿を変えて現れる
伝説　説き伝える
うつさんと云々　観経疏の最末尾の文
法王　仏の尊称
となへ　声高らかな宣言
たのみ　全面的に依存する
三昧正受　正受は三昧と同義。ここでは善導の三昧発得をいう
貧道　上人の自称
津　（苦海を渡る船の）港
いるかせ　なおざり、おろそか

〔第一図〕

同《おなじき》製作の往生大要抄に云、「至誠心《*しじょうしん》といは《*(言っぱ)》真実の心なり。その真実といは、身にふるまひくち《(口)》にいひ心に思はん事、みな人め《(目)》をかざる事なく、まことをあらはすなり。しかるを人つねに、勇猛強盛《ゆみょうごうじょう》の心をゝこす《(起)》を至誠心と申は、この尺《(釈)》の心にはたがふなり」。

又云、「よはき《*(弱)》三心《*さんじん》具足したらん人は、くらゐ《*(位)》こそさがらんずれ、なを《(猶)》往生はうたがふべからざる也」。

又云、「外相《*げそう》の善悪をばかへりみず、世間の謗誉《ほうよ》をばわきまへず、内心に穢土《*えど》をいとひ浄土をもねがひ、悪をもとゞめ善をも修して、まめやかに仏の意《こころ》にかなはん事を思《おもう》を真実とは申《もうす》也」。

又云、「加様《かよう》に申せば、ひとへにこのよ《(世)》の人めはいかにもありなんとて、人のそしりをもかへりみず、ほか《(外)》を*かざらねばとて、心のまゝにふるまふ《(振舞)》がよきと申にてはなき也。はう《*(方)》にまかせてふるまへば、放逸とてわろき《(悪)》事にてある也。時にのぞみ《(臨)》たる機嫌戒《*きげんかい》のためばかりに、いさゝか人めをつゝむ《*(包)》かた《(方)》は、わざともさこそあるべ

〔往生大要鈔の三心要文の事〕
至誠心　三心の一つ、まことの心
いは　「言ふは」の促音便化、「言っぱ」と訓む
よはき　意思が堅固でない
三心　至誠心・深心・回向発願心をいう
くらゐ　極楽における地位
外相　外見上の姿
穢土　けがれた国土、娑婆世界
かざらねばとて　飾らないのでと思って
はう　方法、てだて
機嫌戒　世の人の人がそしり嫌うことをしないという戒め

けれ」。

又云、「機嫌戒となづけて、やがて*虚仮《こけ》になる事もありぬべし。これをかまへてよく〳〵*心えわ《(得分)》くべし」。

又云、「*この義を心えわかぬ人にこそあむめれ、仏の本願をばうたがはねども、我《わが》心のわろければ往生かなはじと申あひ《(合)》たるが、やがて本願をうたがふにて侍る也。さやうに申たち《(立)》なば、いか程までか仏の本願にかなふべしとかしり《(知)》侍べき。それをわきまへざらんにとりては、心のわろさはつき《(尽)》せぬ事にてこそあらんずれば、いまは往生してんと思たつ《(立)》よ《*(世)》はあるまじ。仏の御ちからをばいかほどゝしるぞ。これにすぎて仏の願をうたがふことはいかゞあるべき」。

又云、「たゞ心の善悪をもかへりみず、つみの軽重《きやうじゆう》をもわきまへず、心に往生せんと思て、くちに南無阿弥陀仏とゝなへ《(唱)》ば、こゑ《(声)》につきて決定《けつじよう》往生の思をなすべし。その*決定心によりて、すなはち往生の業はさだまるなり」。

又云、かく心えぬればやすきなり。往生は不定《ふじよう》におもへばやがて不定になり、定と思へばやがて一定する事也」。

又云、「*深信《じんしん》といは、かの仏の本願はいかなる罪人をもすてず、たゞ名号をとな

つゝむ　隠す、知られないようにする
虚仮　内心と外面が一致しない。偽り
心えわく　理解してわきまえる
この義　弥陀の本願を信じて念仏すれば必ず往生すること。以下は深心を釈する
よ　時、機会
決定心　決断して動揺しない心
深信　疑いなく深く信じる

ふる一声《いっしょう》までに、決定して往生すとふかくたのみて、すこしのうたがひもなきを申也」。

又云、「つみをもすて給はねば、心にまかせてつくらんもくる《（苦）》しかるまじ、一念にも往生すなれば、念仏はおほく申さずともありなんと、あしく心う《（得）》る人のいできて、つみをばゆるし、念仏をばせい《（制）》するやうに申なすが、返々《かえすがえす》も*あさましく候《そうろう》也。あく《（悪）》をすゝめ善をとゞむる仏法は、いかゞあるべき」。

［第二図］

上人、大経を*尺《しゃくし》給とき、四十八願の中の第卅《さんじゅう》五の女人《にょにん》往生の願の意《こころ》をのべての給はく、「上《かみ》の*念仏往生の願は男女《なんにょ》を*きらはず。今別にこの願ある、そのこゝろいかん。つら〳〵この事を案ずるに、女人は*さはり《（障）》おもし。別して女人に約せずは、すなはち疑心を生ずべし。そのゆへ《（由）》は、女人はとが《（科）》おもし。*大梵《だいぼん》高台の閣にもへだてられて、*梵衆梵輔《ぼんしゅぼんぶ》の雲をのぞむことなく、*帝釈柔儒《たいしゃくにゅうじゅ》の床《ゆか》にもくだされて、*三十三天の花をもてあそぶ事なし。*六天魔王の位、*四種輪王《りんのう》の跡、のぞみ《（望）》ながくたえてかげ《（影）》をさゝ《（差）》ず。*生死有漏《うろ》の果報、*無常生滅《しょうめつ》のつたなき*身とだにならず。いか《（何）》

あさまし　もってのほか

［大経の釈の中に女人往生の願の細釈の事］
尺　「釈」の当て字
念仏往生の願　第十八願
きらはず　分け隔てをしない
さはり　五障（女性は梵天・帝釈・魔王・転輪聖王・仏になれない）をいう
大梵高台　大梵天が住む宮殿
梵衆梵輔　大梵天の眷属や補佐の天衆
帝釈柔儒　帝釈天が住む宮殿

にいはん《（況）》や仏のくらゐ《（位）》をや。諸経論の中にきらはれ、在々所々に*擯出《ひんしゅつ》せられて、*三途《さんず》八難にあらずは赴《おもむく》べきかた《（方）》なく、*六趣四生《ししょう》にあらずは受《うく》べきかたち《（形）》なし。この日本にも霊地霊験の砌《みぎり》には、みなこと〴〵くきらはれたり。比叡山《ひえいざん》は伝教《でんぎょう》大師の建立《こんりゅう》、大師みづから結界して谷をさかひ《（堺）》峰をかぎり《（局）》て、女人の形をいれざれば、一乗《いちじょうの》峰たかくして五障の雲たなびく事なく、*一味《いちみの》谷ふかくして*三従の水ながるゝ事なし。高野山《こうやさん》は弘法《こうぼう》大師結界の峰、*真言上乗繁昌《はんじょう》の地也。*三密の月輪《がちりん》あまね《（普）》くてらすといへども、女人非器のやみ《（闇）》をばてらさず。*五瓶《ごびょう》の智水ひとしくながるといへども、女人垢穢《くえ》のあかをばす《（灑）》ゝがず。*聖武《しょうむ》天皇の御願十六丈*金銅《こんどう》の舎那《しゃな》、はるかにこれを拝見すといへども、なを《（尚）》扉の内にはい《（入）》れられず。*天智《てんじ》天皇の建立五丈*石《しゃく》像《ぞう》の弥勒《みろく》、あふぎてこれを礼拝すれども、なを壇の上には障《さわり》あり。乃至*金峰《きんぶ》の雲のうへ《（上）》、醍醐《だいご》の霞《かすみ》のそこ、女人更にかげをさゝず。悲哉《かなしきかな》、両足ありといへども、のぼらざる法《のり》の峰あり、ふまざる仏の庭あり。恥哉《はずかしき》、両眼あきらかなりといへども、見ざる霊地あり、拝せざる霊像あり。この穢土の瓦礫荊棘《がれきけいきょく》の山、*泥木素像の仏だにも障あり。いかにいはんや衆宝合成《しゅぼうごうじょう》の浄土、*万徳究竟《くきょう》の仏をや。これによりて往生そのうたがひあるべし。かるがゆへに、この理をかゞ《（鑑）》みて別にこの願あ

三十三天　帝釈天がいる忉利天のこと
六天魔王　化他自在天のこと
四種輪王　金・銀・銅・鉄の四輪王。転輪聖王ともいう
生死有漏　生死を輪廻し煩悩を有するもの
無常生滅　生滅を繰り返えす
身とだに　梵天ないし輪王にさえ
擯出　追放する
三途八難　仏法修行の妨げとなる境遇
六趣四生　六道の生き物
一味　一乗の教え、天台宗の教え
三従　父・夫・子に従う
真言上乗　真言大乗の教え
三密の月輪　密教の行業を月に譬える
五瓶の智水　五個の瓶に満たした智恵の水
聖武　第四五代天皇（在位七二四〜四九）
金銅の舎那　東大寺の盧舎那大仏
天智　第三八代天皇（在位六六八〜七一）
石像の弥勒　笠置寺の磨崖仏
金峰　金峰山の略、修験道の霊地

り。善導和尚《かしょう》この願を尺《(釈)》しての給はく、『*弥陀の大願力によるがゆへに、女人仏の名号を称すれば、命終のとき女身《にょしん》を転じ男子《なんし》となる事を得《う》。弥陀御手《みて》をさづけ《(接)》、菩薩身をたすけ《(扶)》て、宝花《ほうけ》のうへに坐《ざ》し、仏にしたがひて往生し、仏の*大会《だいえ》にいりて*無生《むしょう》を*証悟す。一切の女人、もし弥陀の*名願力《みょうがんりき》によらずは、千劫《ごう》万劫*恒沙《ごうじゃ》等の劫《こう》にも、つゐ《(終)》に女身を転ずることを得べからず』といへり。是則《これすなわち》、女人の苦をぬき《(抜)》女人の楽をあたふ《(与)》る、慈悲の誓願利生なり」〈已上見于大経尺《だいきょうしゃくにみゆ》。取要抄之《ようをとりてこれをしょうす》〉。

ある時、*尋常なる*尼女房ども、吉水の御房へまいりて、「罪ふかき女人も、念仏だにも申せば、極楽へまいり候なるは、まことにて候やらん」と申ければ、上人大経の尺《(釈)》の心をねむごろに申のべられて、第十八の願のうへにうたがひをたゝ《(絶)》むがために、とりわき女人往生の願をたて給へる事、まことにたのもし《*(頼)》かたじけ《(忝)》なきよしを仰られければ、歓喜の涙をながし、みな念仏門にいりにけるとなむ。

[第三図]

泥木素像　泥像（泥土を焼いて造った像）、木像、塑像（粘土で造った像）
万徳究竟　あらゆる功徳を究めた弥陀の大願力云々　観念法門の文
大会　説法の集まり
無生　無生無滅の真理
証悟　修行して悟る
名願力　名号の力と本願の力
恒沙　恒河沙の略、無限の数の譬え
尋常　上品でしとやか
尼女房　在家のまま髪を剃って仏門に入った女性
たのもし　しの下「く」脱か

法然上人行状絵図　第十九

月輪《つきのわ》の禅閤《ぜんこう》の御帰依あさからざりしかば、*北政所《きたのまんどころ》もおなじく御信伏ありて、念仏往生の事を御たづねありける御返事云《へんじにいわく》、「かしこまりて申上候《もうしあげそうろう》。さては御念仏申させおはしまし《（御座）》候なるこそ、*よ《（世）》にうれしく候へ。まことに往生の行《ぎょう》は念仏が*目出《めでたき》事にて候也《なり》。そのゆへ《（故）》は、念仏は弥陀の本願の行なればなり。余の行は、それ真言止観の*たかき行なりといへども、弥陀の本願にあらず。又念仏は*尺《（釈）》迦の付属の行なり。余行はまことに*定散《じょうさん》両門の目出たき行なりといへども、尺《（釈）》尊これを付属し給《たま》はず。又念仏は六方の諸仏の*証誠《しょうじょう》の行なり。余の行は、たとひ顕密*事理の*やむごとなき行なりと申せども、諸仏これを証誠し給はず。このゆへに、やう〳〵《（様々）》の行おほく候へども、往生のみちにはひとへに念仏すぐれたる事にて候也。しかるに往生のみちに*うとき《（疎）》人の申やうは、『余の真言止観の行にたへ《（堪）》ざるひとの、やすき《（易）》まゝのつとめ《（勤）》にてこそ念仏はあれ』と申は、きはめたるひがこと《（僻事）》にて候。そのゆへは、弥陀の本願にあらざる余行をきらひ《（嫌）》すて、又尺《（釈）》尊付属にあらざる行をばゑらび《（選）》とゞ《（止）》

［月輪殿の北政所へ進ぜらるる御返状の事］

北政所　摂政・関白の妻の称。ここでは藤原季行の娘を指す

よに　非常に、本当に

目出事　すぐれていること

たかき　すぐれている

釈迦の付属　釈尊が阿難に念仏の流布を付託したことをいう

定散両門　定善と散善の両方

証誠　真実であると証明する

事理　事観（個々の現象を観想）と理観（普遍の真理を観想）

やむごとなし　尊い、高貴な

うとき　よく知らない、不案内

め、又諸仏の証誠にあらざる行をばやめ《止》おさめ《収》て、いまはたゞ弥陀の本願にまかせ、尺《釈》尊の付属により、諸仏の証誠にしたがひて、をろか《愚》なるわたくしの*はからひ《計》をやめて、これらの*ゆへ《故》つよき念仏の行をつとめて、往生をばいのるべしと申にて候也。されば恵心僧都《えしんそうず》の往生要集に、『往生の業《ごう》念仏を本《もと》とす』と申たる、この心なり。いまはたゞ余行をとゞめて、一向に念仏にならせ給べし。念仏にとりても、一向専修《せんじゅ》の念仏なり。其《その》むね三昧発得《さんまいほっとく》の善導《ぜんどう》の観経疏《かんぎょうのしょ》にみえたり。又*双巻経に『一向専念無量寿仏』といへり。一向の言《ことば》は*二向三向に対して、ひとへに余の行をゑらびて、*きらひのぞく《除》心なり。*御いのりの*れう《料》にも、念仏がめでたく候。往生要集にも、余行の中に念仏すぐれたるよしみえ《見》たり。又伝教大師《でんぎょう》の*七難消滅の*法にも、念仏をつとむべしとみえて候。およそ現世後生《げんぜごしょう》の御つとめ、なにごと《何事》かこれにすぎ候べきや。いまはたゞ一向専修の*但《たん》念仏者にならせおはしますべく候」〈已上《いじょう》略抄〉。これによりて、専修念仏の御こゝろざし、*ふた心なかりけるとなん。

[第一図]

阿波介《あわのすけ》といふ*陰陽師《おんようじ》、上人《しょうにん》に給仕して念仏するありけり。或時《ある》上人かの俗をさ

はからひ　考え
ゆへつよき　理由や由緒が強固な
双巻経　無量寿経（二巻）のこと
二向三向　二方、三方に向く
きらひ　切り捨てる
御いのり　この上に刊本は「君達などの」の語を補う
れう　ため（目的・志向の対象）
七難　火難・水難・刀杖難・怨賊難など七種の災難
法　七難消滅護国頌のこと
但念仏者　ただ念仏だけで往生を願う人
ふた心　浮ついた心

[陰陽師阿波介初て二念珠を作る事]

して、「あの阿波介が申《もうす》念仏と、源空《げんくう》が申念仏と、いづれかまさる」と聖光房《しょうこうぼう》にたづね仰《おおせ》られけるに、心中にわきまふるむね《(旨)》ありといへども、御ことばをうけ給はりて、たしかに所存を*治定《じじょう》せんがために、「いかでか*さすがに御念仏にはひとしく候べき」と申されたりければ、上人ゆゝしく御気色《みけしき》かはりて、「されば日来《ひごろ》浄土の法門とては、なにごとをきかれけるぞ。あの阿波介も仏たすけ給へとおもひて南無阿弥陀仏と申す、源空も仏たすけ給へとおもひて南無阿弥陀仏とこそ申せ、更に*差別《しゃべつ》なきなり」と仰られければ、「もとより存ずることなれども、宗義の肝心いまさらなるやうに、たうとく《(尊)》おぼえて感涙をもよをし《(催)》き」とぞかたり給ける。*二念珠を*し《(為》いだし《出)》たるは、この阿波介にてなむ侍《はべる》なる。かの阿波介、百八の念珠を二連もちて念仏しけるに、そのゆへを人たづねければ、「*弟子ひまなく上下すれば、その緒《お》つかれやすし。一連にては念仏を申し、一連にては数をとりて、つもるところの数を弟子にとれば、緒やすまりてつかれ《(疲)》ざるなり」と申ければ、上人きゝ給て、「なに事もわが心に*そみ《(染)》ぬる事には、才覚がいでくる《(出)》なり。阿波介きはめて*性鈍《しょうどん》に、その心をろか《(愚)》なれども、往生の*一大事心にそみぬるゆへに、かゝる事をも案じ出《いで》けるなり。まことにこれたくみ《(巧)》なり」とぞほめ《(褒)》おほせ《(仰)》られける。

陰陽師　占いや祓いに従事する者
治定　確定する
さすがに　それでもやはり
差別　区別、相違
二念珠　二連の数珠を左右の手に持って繰る
しいだし　作り出す、考え出す
弟子　念珠の房につく子珠
そむ　(心に)強く感じる、深くしみる
性鈍に　生まれつき性格が鈍く
一大事　最も大切なことがら

[第二図]

上人かたりての給はく、「浄土の法門を学する*住山者《じゅうせんじゃ》ありき。示云《しめして》、『われすでにこの教《おしえ》の大旨を得たり。しかれども信心いまだおこらず、いかにしてか信心おこすべき』となげきあはせし(合)につきて、三宝に祈請《きしょう》すべきよし、教訓をくはへて侍しかば、かの僧はるかに程へてきたりていはく、『御《み》(教)をしへにしたがひて、祈請をいたし侍しあひだ、あるとき東大寺に詣《もうで》たりしに、おりふし棟木《むなぎ》をあぐる(上)日にて、おびたゞしき*大物《だいもつ》の材木ども、いかにしてひきあぐべしともおぼえぬを、*轆轤《ろくろ》をかまへてこれをあぐるに、大木を*め〳〵と中(宙)にまきあげられてとぶ(飛)がごとし。あなふし(不思議)ぎとみる程に、*おもふところ(据)におとしすへにき。これを見て、良匠のはかりこと(謀)な*(猶)をかくのごとし、*いかにいはんや弥陀如来の*善巧《ぜんぎょう》方便をやとおもひしおりに、*疑網たちどころにたえ(絶)て信心決定《けつじょう》せり。これしかしながら日比《ひごろ》祈請の*しるしなり』とかたりき。その、ち両三年をへてなむ、種々の霊瑞《れいずい》を現じて往生をとげゝる。受教と発心《ほっしん》とは各別なるゆへに、習学するには発心せざれども、*境界《きょうがい》の縁を見て信心をおこしけるなり。*人なみなみ(並々)に浄土の法をきゝ、念仏の行をたつ(立)とも、信心い

[住山僧東大寺の上棟を見て疑を散じ奇瑞往生の事]

住山者　比叡山に住む僧

大物　木材・石材などの大きな物

轆轤　重いものを曳き上げるのに用いる滑車

をめをめと　するすると

おもふところ　予定していた所(枘穴など)

なをかくのごとし　ちょうどこのようである

いかにいはんや…をや　まして…はいうまでもない

善巧方便　衆生を導くために巧みな手段を用いる

疑網　疑いが網のように心を束縛する

まだおこらざらむ人は、たゞねむごろ《（懇）》に心をかけてつねに思惟《しゆい》し、また三宝にいのり申べきなり」とぞ仰られける。

［第三図］

*尼聖如房《しようにょぼう》は、ふかく上人の化導《けどう》に帰し、ひとへに念仏を修《しゆ》す。所労の事ありけるが、臨終ちかづきて、「いま一度上人をみたてまつ《（見奉）》らばや」と申ければ、このよしを上人に申に、おりふし*別行の程なりければ、御文《おんふみ》にてこまかに仰つかは《（遣）》されけり。かの状云《じようにいわく》、「聖如房の御事《おんこと》こそ返々《かえすがえす》*あさましく候へ。〈乃至《ないし》〉たゞ*例ならぬ御事、*大事になどうけ給はり候はむだにも、いま一度は見まいらせたく、*をはり《（終）》まで の御念仏の事も、*おぼつかなく《（覚束）》こそ思まいらせ候べきに、まして御心にかけてつねに御たづね候らむこそ、まことに*あはれ《（哀）》にも心ぐるしく《（苦）》もおもひ《（思）》まいらせ候へ。*左《そ》右《う》なくうけ給《たまわり》候まゝにまいり《（参）》候て、見まいらせたく候へども、おもひきりてしば《（暫）》しいで《（出）》あり《（歩）》き候はで、念仏申《もうし》候はゞやと思はじめ《（始）》たる事の候を、やう《（様）》にこそよる事にて候へ、これをば退してもまいるべきにて候に、又思《おもい》候へば、詮《せん》じてはこの世の*見参《げんざん》とてもかくても候《そうらい》なん、かばね《（屍）》を執《しゆう》するまどひ《（惑）》にもなり候《そうらい》ぬべし。たれとて

しるし　霊験

境界　知覚・認識の対象、ここでは棟上げを指す

人なみなみ　一般の人と同じ程度に

［尼聖如房の臨終に遣す御消息の事］

聖如房　後白河天皇の皇女式子内親王（一一四九～一二〇一）の法名。承如法とも書く

別行の程　別時念仏の間

あさまし　驚きびっくりする

例ならぬ　体の不調、病気

大事　重篤な状態

をはり　臨終、最期

おぼつかなし　気がかり、心配だ

あはれ　ありがたい、尊い

左右なく　あれこれ考えずに

見参　お目にかかること

*もとまり《(留)》はつ《(果)》べき身にても候はず、我も人もたゞをくれ《(後)》さきだつ《(先立)》*かはり《(変)》め《(目)》ばかりにてこそ候へ。その*たえ《(絶)》ま《(間)》を思候も、又いつまでかとさだめ《(定)》なきうへ《(上)》に、たとひひさ《(久)》しと申とも、ゆめまぼろし《(夢幻)》いく程かは候べきなれば、たゞ*かまへておなじ仏の国にまいり《(参)》あひ《(合)》て、蓮《はちす》のうへにてこの世の*いぶせさも、ともに過去の因縁をもかたり、たがひに未来の化導をもたすけむ事こそ、返々も*詮にて候べきと、はじめより申を《(置)》き候しが、返々も本願を*とり《(取)》つめ《(詰)》まいらせて、*一念もうたがふ御心なく、一声も南無あみだぶと申せば、我身《わが》はたとひいかにつみふかく《(深)》とも、仏の願力によりて一《いち》定《じよう》往生するぞとおぼし《(思)》めし《(召)》て、よく〳〵一すぢ《(筋)》に念仏の候べき也。我等《われら》が往生は、ゆめ〳〵我身のよき《(善)》あしき《(悪)》により候まじ。ひとへに仏の御力ばかりにて候べき也。我ちから《(力)》にては、いかにめでたくたうとき《(尊)》人と申とも、末法のこのごろ、たゞちに浄土にむまる《(生)》ゝほどの事は*ありがたくぞ候べき。又仏の御ちからにて候はむには、いかに罪ふかくをろか《(愚)》につたなき《(拙)》身なりとも、それにはより候まじ。たゞ仏の願力を信じ信ぜぬにぞより候べき。〈乃至〉さて往生はせさせおはしま《(御座)》すまじきやうにのみ申きかする人々の候らむこそ、返々あさましく心ぐるしく候へ。いかなる智者めでたき人おほせらるとも、それになをどろか《(驚)》せおはしまし候《そうらい》ぞ。をの〳〵《(各)》のみち《(道)》

とてもかくても　どうでもこうでもよい
とまりはつべき　この世に留まりおおせる
かはりめ　違い
たえま　死ぬまでの間
かまへて　必ず、きっと
・いぶせさ　鬱陶しいこと。刊本はもの下に「は(晴)るけ」の語を補う
詮　大事なこと
とりつめ　しっかりと手に握る
一念　瞬間の思い
ありがたし　容易に出来ない、難しい

にはめでたくたうとき人なりとも、*さとり《解》あらず行ことなる《異》人の申候《そうろう》事は、往生浄土のためは*中々《なかなか》ゆゝしき*退縁*悪知識とも申候ぬべき事どもにて候。たゞ凡夫のはから《計》ひをばきゝ《聞》いれさせおはしまさで、一すぢに仏の御ちかひをたのみ《頼》まいらせさせおはしますべく候。さとりことなる人の、往生をいひ《言》さまたげむ《妨》によりて、一念もうたがふ心あるべからずといふことはり《理》は、善導和尚《ぜんどうかしよう》のよく〳〵こまか《細》に仰られたる事にて候也。〈乃至〉中々*あらぬすぢなる人はあしく候なん。たゞいかならむ人にても、尼女房なりとも、つねに御まへに候はむ人に念仏申させて、きかせおはしまして、御心ひとつ《一》をつよく《強》おぼしめして、一向に凡夫の善知識《ぜんじしき》をおぼしめしすて《捨》ゝ、仏を善知識にたのみまいらせさせ給べく候。〈乃至〉かやうに念仏を*かき《掻》こも《籠》りて申候はむなど思候も、ひとへに我身ひとつのためとのみは、もとより思候はず。おりしもこの御事をかくうけ給候《たまわりそうらい》ぬれば、いまよりは*一念ものこさ《残》ず、ことゞ〳〵《悉》くその往生の御たすけになさんと、廻向《えこう》しまいらせ候はむずれば、*かまへて〳〵おぼしめすさま《様》にとげ《遂》させまいらせ候はゞやとこそは、ふかく念じまいらせ候へ。もしこの心ざしまことならば、いかでか御たすけにもならで候べき。たのみおぼしめさるべきにて候。おほかた《大方》は申いで《出》候し*ひとことば《一言葉》に、御心をとゞめさせお

さとり　（浄土の法門の）領解
中々　かえって、むしろ
退縁　仏道修行を退却させる機縁
悪知識　善知識の反対語。悪法に導きいれる人
あらぬすぢなる人　別の方面（異学異見）の人
かきこもり　引きこもる
一念　一声の念仏
かまへて　よく心がけて
ひとことば　一言。往生浄土に関する言葉か

はします事も、*この世ひとつの事にて候はじと、さき《（前）》の世も*ゆかしくあはれ《（哀）》にこそ、思《（知）》しらるゝ事にて候へば、うけ給《たまわり》候ごとく、このたびまことにさきだ《（先立）》ゝせおはしますにても、又おもはずにさきだちまいらせ候事になるさだめ《（定）》なさにて候とも、つゐに《（遂）》*一仏浄土にまいり《（参）》あひ《（合）》まいらせ候はむ事、うたがひなくおぼえ候。ゆめまぼろしのこの世にて、いま一度など思《おもい》申《もうし》候事は、とてもかくても候なん。これをば一すぢにおぼしめしすてゝ、*いとゞもふかくねがふ《（願）》御心をもまし《（増）》、御念仏をもはげませ《（励）》おはしまして、かしこ《（彼処）》にてまたむ《（待）》とおぼしめすべく候。〈乃至〉もし*むげ《（無下）》によは《（弱）》くならせおはしましたる御事にて候はゞ、これは事ながく候べく候。えう《（要）》をとりてつたへ《（伝）》まいらせさせおはしますべく候。うけ給候まゝに、なに《（何）》となく*あはれにおぼえて、*をしかへし《（押）》又申候也〈已上略抄〉。この御文の趣をふかく心にそめて、念仏をこた《（怠）》らずして、つゐに*めでたき往生をとげにけるとなむ。

[第四図]

*仁和寺《にんわじ》にすみける尼、上人にまいりて申やう、「みづから千部の法華経《ほけきょう》をよむべきよし宿願の事ありて、七百部はすでによみをはれ《（終）》り。しかるにとし《（年）》すでにたけ《（長）》侍

この世ひとつ　今の世だけの
ゆかし　見たい、知りたい
一仏浄土　阿弥陀仏の極楽浄土
いとども　一層、ますます
むげに　まったく、すっかり
あはれ　気の毒、不憫に
をしかへし　折り返して
めでたし　素晴らしい、立派な
[法華読誦の尼専修念仏に帰して往生の事]
仁和寺　京都市右京区にある真言

ぬ。のこりの功いかにしてをへ《（終）》侍べしともおぼえ侍らず」となげき申ければ、「としより《（年寄）》たまへる御《おん》身には、めでたく七百部まではよみ給へるものかな。のこりをば一向念仏になされ候べし」とて、念仏の功能《くのう》をとき《（説）》ゝか《（聞）》せられければ、其のちは法華経の読誦《どくじゆ》をとゞめて、一向専称してとし《（年）》月をへて、すでに往生をとげにけり。丹《たん》後《ごの》国*志楽《しらく》の庄に弥勒寺《みろくじ》といふ山寺の*一和尚《いちわじよう》なりける僧の、むかしは天台山《てんだいさん》の学徒、のちには*遁世《とんせい》して上人の弟子となりて、一向に念仏して*五条の坊門《ぼうもん》*富少路《とみのこうじ》にすみけるが、ひるねしたる夢に、そらに紫雲そび《（聳）》けり。なかに一人の尼あり。まことに*心よげにうちゑ《（笑）》みて、「われは法然《ほうねん》上人のをしへ《（教）》によりて念仏して、只今《ただいま》すでに極楽へ往生し候ぬるぞ。これは仁和寺に候つる尼なり」と申とみて夢さめぬ。やがて上人のおはし《（御座）》ましける*九条なる所へ参て、「*妄相《もうぞう》にてや候らん、かゝるゆめを見て候」と申ければ、上人うち案じたまひて、「さる人あるらむ」とて、やがて仁和寺へ使《つかい》をつかはされんとするに、日くれ《（暮）》にければ、次のあした《（朝）》つかはさる。「*便宜《びんぎ》のよしにて、『なに事か候』とたづぬべし」とおほせられければ、つかひ《（使）》か《（彼）》のところへむかひてたづね申に、「かの尼公は昨日*午剋《うまのこく》に、はや往生し候ぬ」とぞ答《こたえ》申ける。あはれにたうと《（尊）》き事にてぞありける。

宗の寺
志楽の庄　京都府舞鶴市にあった荘園
一和尚　席次の最も高い僧
遁世　隠棲して世間の煩わしさから逃れること
五条の坊門　今の仏光寺通
富少路　少は「小」の当て字
心よげ　気持ちよさそうに
九条　法性寺の小御堂か
妄相　実際にはない幻の姿
便宜　ついで、よい機会
午剋　午後零時頃

［第五図］

法然上人行状画図　第二十

河内国《かわちの》に天野《*あまの》の四郎《しろう》とて、強盗の張本《*ちようぼん》なるものありけり。人をころし財をかすむるを業《わざ》として、世をわたりけるが、としたけて《（年長）》後、上人《しようにん》の化導《けどう》に帰し、出家して教阿弥陀仏《きようあみだぶつ》と号しけり。つねに上人の御もとに参じて、教訓をかぶり《（被）》けるが、或《ある》時夜半ばかりに、上人おき《（起）》ゐ《（居）》たまひて、ひそかに念仏し給《たまう》かとおぼしき事ありけり。教阿弥陀仏*うちしはぶき《（咳）》たりければ、上人やがてふし給ぬ。ねいり給へるさまにて、その夜もあけにけり。教阿弥陀仏、心のうちにいと心え《（得）》ぬわざかなとおもひけれども、たづね申にをよば《（及）》でやみにけり。程へてのち又参《さんじ》たるに、上人は*持仏堂にをはしませ《（御座）》ば、教阿弥陀仏はおほゆか《*（大床）》に候《こう》じて申けるは、「*無縁のものにて在京かなひがたく侍《はべ》れば、相模国《さがみの》河村《*かわむら》と申ところに、あひしり《（相知）》たるものゝ侍をたのみて、まかりくだり侍り。としたけ侍ぬれば、又見参《げんざん》に入らむこともかたく《（難）》候《そうろう》。もとより無智の者にて侍れば、甚深《じんじん》の法門をうけ給《たまわり》候とても、その甲斐《かい》あるべしとも覚《おぼえ》侍らず。たゞ詮《せん》をとりて、決定《けつじよう》往生仕《つかまつり》ぬべき御一言《いちごん》をうけ給はりて、生涯

［天野四郎入道教阿に示し給ふ至誠心の御教訓をうけて往生の事］

天野　今の大阪府河内長野市
張本　悪事の首謀者
うちしはぶき　咳ばらいする
持仏堂　念持仏を安置しておく堂
おほゆか　広縁、広廂（ひさし）
無縁　係累の縁者がいない
河村　今の神奈川県足柄上郡山北町

の御《おん》かたみにそなへ侍らむ」と。上人の給はく、「まづ念仏には甚深の義といふこ
となし。念仏申ものはかならず往生すとしるばかり也《なり》。いかなる智者*学生《がくしよう》なりと
も、*宗にあか《（明）》さゞらむ義をば、いかでかつくりいだし《（出）》ていふべき。ゆめ〳〵甚深の
義あるらむと*ゆかしく思はるべからず。念仏はやすき行《ぎよう》なれば、申《もうす》人はおほけれど
も、往生するものゝすくなきは、決定往生の*故実《こしつ》をしらぬゆへ《（故）》なり。去月《さんぬる》に又人
もなくて、御房と源空《げんくう》とたゞ二人ありしに、夜半ばかりにしのびやかに起居《おきい》て念仏
せしをば、御房はきかれけるか」と仰《おおせ》らるれば、「*寝耳にさやらむと承　候《うけたまわりそうらい》き」
と申ければ、「それこそやがて決定往生の念仏よ。*虚仮《こけ》とてかざる心にて申念仏が
往生はせぬなり。決定往生せんとおもはゞ、かざる心なくして、まことの心にて申
べし。いふにかひなきおさなき《（幼）》もの、もしは蓄生《（畜）》などにむかひては、かざる心はな
けれども、*朋《とも》*同行《どうぎよう》はいふにをよばず、その外つねになれみる妻子眷属《けんぞく》なれども、
東西を弁《わきまうる》ほどの者になりぬれば、それがためにかならずかざる《（飾）》心はおこるなり。
人のなかにすまむ《（住）》には、その心なき凡夫はあるべからず。すべて親しきも疎《うとき》も貴《とうとき》
も賤《いやしき》も、人にすぎたる往生の*あた《（仇）》はなし。それがためにかざる心をおこして、*順《じゆん》
次《し》の往生をとげざればなり。さりとて独居《ひとりい》もかなはず。いかゞして人目をかざる心

学生　ここでは学匠の意
宗　浄土宗の本旨。ここでは三部経・観経疏などの経釈をいう
ゆかし　知りたい、聞きたい
故実　典拠、いわれ
寝耳　夢うつつに聞く
虚仮　真実・至誠に対する語。内心と外面が相違すること
朋　友だち
同行　信仰・修行を同じくする仲間
あた　害をなすもの
順次の往生　この生涯を終えて直ちに往生する

なくして、まことの心にて念仏すべきといふに、つねに人にまじりて、しづまる心もなく、かざる心もあらむものは、夜*さしふけて見人《みる》もなく、聞人《きく》もなからむ時、しのびやかに起居て、百反《ぺん》にても千反《べん》にても、多少こゝろにまかせて申さむ念仏のみぞ、かざる心もなければ、仏意《ぶっち》に相応して決定往生はとぐべき。この心を得《え》なば、かならずしも夜にはかぎるべからず。朝《あした》にても昼にても暮にても、人のきくはゞ《（憚）》かりなからむ所にて、つねにはかくのごとく申べし。所詮《しょせん》決定往生をねがふまことの念仏申さむずるかざらぬ*心ね《（根）》は、たとへば盗人《ぬすびと》ありて、人の財を*思かけて、ぬすまむとおもふ心は底にふかけれども、面《おもて》はさりげなき様《よう》に*もてなして、*かまへてあやしげなる*色を人にみえじとおもはむがごとし。そのぬすみ心は人またく《（全）》しら《（知）》ねば、すこしもかざらぬ心なり。決定往生せむずる心も又かくのごとし。人おほくあつまり居たらむなかにても、念仏申いろ《（色）》を人にみせずして、心にわする《（忘）》まじきなり。その時の念仏は、仏よりほかはたれ《（誰）》かこれをしるべき。仏しらせ給はゞ、往生なむぞ疑はむ」と仰られければ、教阿弥陀仏申さく、「決定往生の法門こそ心得候《そうらい》ぬれ。すでにさとり《（解）》きはめ《（究）》侍り。この仰をうけ給《たまわら》ざら*ましかば、このたびの往生は*あぶなく候はまし。但《ただし》この仰のごとくにては、人のまへ《（前）》にて念珠をくり、口

さしふけ　深まる、ふける。「さし」は接頭語

心ね　心の底

思かけ　心にとめる、気にかける

もてなし　ふりをする

かまへて　決して、絶対に

色　様子、気配

ましかば…まし　もし…だったら、…だろう

あぶなし　不確かで実現しない

をはたらかす事はあるまじく候やらむ」と。上人の給はく、「それ又*僻韻《ひがいん》なり。念仏の本意《ほい》は常念を詮とす。されば*念々相続せよとこそす丶められたれ。たとへば世間の人をみるに、おなじ人なれども*豪憶《(臆)》あひわかれて、憶《(臆)》病の者になりぬれば、*身のためくる《(苦)》しかるまじき聊《いささか》のいかりをも、をぢ《(怖)》おそれて逃《にげ》かくる。豪の者になりぬれば、命をうしなふべきこは《(強)》き敵の、しかも逃かくれなばたすか《(助)》るべきなれども、すこしもおそれず、*ひとしさり《(一退)》もせざるがごとし。これがやうに*真偽の二類あり。*地体《じたい》*いつはり《(偽)》性《しょう》にして、かざる心あるものは、身のために要なき聊の事をも、かならずいつはりかざるなり。もとよりまことの心ありて虚言《きょごん》せぬものは、聊の*矯《きょう》飾《しょく》しては、身のためおほき《(大)》にその益《やく》あるべき事なれども、身の*利益《りやく》をばかへりみず、底にまことありてすこし《(少)》もかざる心なし。これみな本性《ほんしょう》にうけてむ《(生)》まれたるところなり。そのまことの心のもの丶、往生せんとおもひて念仏に帰したらんは、いかなる所いかなる人のまへにて申すとも、すこしもかざる心あるまじければ、これ真実心の念仏にして、決定往生すべきなり。なんぞこれをいましめむ。又地体はいつはり性にして、*世間ざまにつけては、いさ丶か不実の事もありしかども、*知識にあひて発心《ほっしん》して、往生せんとおもふ心ふかくなりぬれば、念々相続せんとおもひ

僻韻　ひねくれた考え
念々相続　往生礼讃の「念念相続、畢命為期者、十即十生百即百生」の文を指す
豪憶　豪胆と臆病
身のため　本人にとって
ひとしさり　一歩も後退しない
真偽　真実と虚偽
地体　もともと、元来
いつはり性　うそをつく性分
矯飾　うわべを偽り飾る
利益　刊本は「利養」に訂す
世間ざま　世間向け
知識　仏道に導く人

て、いかなる所いかなる人のまへにても、*無想に*ひた申に申《もうし》さむもの、これ又真実心の念仏なれば、決定往生すべきなり。またく制の限《かぎり》にあらず。いまいふところは、三心《さんじん》のなかに*一心もかけぬれば、往生せずと*尺《しやくし》給へるに、三心のなかの*真実心、人ごとに発《おこし》がたければ、その真実心を発《おこす》べきやう《（様）》をいふばかりなり。されば、たゞのとき念仏な申《もうし》そとは、いかゞすゝ《（勧）》むべき」と。又教阿弥陀仏申さく、「さきに仰の侍つるやうに、夜念仏申さむには、かならず起居《おきい》候べきか、又念珠袈《け》裟《さ》をとり侍べきか」と。上人の給はく、「念仏の行は行住坐臥《ぎようじゆうざが》をきらはぬ事なれば、ふして申さむとも居て申さむとも、心にまかせ時によるべし。念珠をとり袈裟をかくる事も、又折により*体《てい》に*しかたふべし。たゞ詮ずるところ、*威儀はいかにもあれ、このたびかまへて往生せんとおもひて、まことしく念仏申さむのみぞ大切なる」と仰られければ、教阿弥陀仏*歓喜躍踊《かんぎやくゆ》し、合掌礼拝《らいはい》して罷出《まかりいで》にけり。翌日に法蓮房信空《ほうれんぼうしんくう》のもとへゆきて*暇《いとま》こひけるに、昨日上人の授《さずけ》給へる決定往生の義とて申いだ《（出）》して、このたびの往生はすこしも疑なきよしよろこび申て、東国へ下向しにけり。其《その》後上人の御まへにて、法蓮房この事を申いだして、「さることの侍けるにや」と申されければ、「その事なり、さる*旧盗人《ふるぬすびと》と聞置《ききおき》て侍しほどに、*対機説法して侍

無想　一切の想念をなくす
ひた　ひたすら、いちずに
一心もかけぬれば　往生礼讃の「若少一心、即不得生」の文を指す
尺　「釈」の当て字
真実心　至誠心をいう
体　様子
しかたふ　「したがふ」の誤りか
威儀　規則にかなった動作や姿勢
歓喜躍踊　喜んで小踊りする。躍踊は「踊躍」の倒置か
暇こふ　別れの挨拶をする
旧盗人　年老いた盗人

き。一定《いちじょう》心得たりげにこそみえしか」とぞ仰られける。教阿かの河村にくだりてすみ侍けるが、所労づきて終焉《しゅうえん》にのぞむに、同行にかたりていはく、「わが往生は決定なり。これすなはちふかく上人のをしへ（教）を信ずるゆへ（故）なり、往生のやう（様）かならず上人に参じて申べし」と遺言して、正念《しょうねん》たがはず合掌みだるゝ事なく、*高声《こうしょう》念仏数《す》十反となへてをはり（終）にけり。同行やがて上洛《じょうらく》して、遺言の次第くはしく上人に申ければ、「よく心え（得）たりとみえしが、相違せざりける、あはれなる事なり」とぞ仰られける。

［第一図］

沙弥《しゃみ》*随蓮《ずいれん》〈住四条*万里小路《じじょうまでのこうじにじゅうす》〉は、上人配所へおもむき給し時、御とも申て帰依あさからざりき。上人これをあはれみて、念仏往生の道を開示し給に、ふかく信受してふた心なく念仏しけり。上人往生の後、*建保《けんぽう》二年のころ、「いかに念仏すとも、学問して三心をしらざらむには、往生すべからず」と申ものありければ、随蓮申さく、「故上人は、『念仏は*様《よう》なきをやう（様）とす。たゞひらに*仏語を信じて念仏すれば往生するなり』とて、またく三心のことをも仰られざりき」と。かの人かさねていは

対機説法　相手の機根に応じて法を説く

高声念仏　大きく声に出して唱える念仏

［沙弥随蓮が夢に上人無智念仏の安心を示し給事］

随蓮　後白河上皇の北面、高橋基時という

万里小路　今の柳馬場通

建保二年　一二一四年

様　形式、方法

仏語　仏の説いた言葉

く、「一切に心う《(得)》まじきもの丶ために、方便して仰られけるなり。上人御素意のおもむきは」とて、経尺《(釈)》の文《もん》などゆ丶しげに申きか《(聞)》せければ、「まことにさもやあるらむ」と、いさゝか疑心ををこ《(起)》すことありけるに、ある夜のゆめに、*法勝寺《ほっしょうじ》の西門より入てみれば、池のなかにいろ〳〵の蓮花《れんげ》さきみだれたり。西の廊《ろう》のかたへあゆ《(歩)》みよりてみれば、僧衆《そうしゅ》あまた烈《(列)》座して、浄土の法門を談ず。随蓮きざは《(階)》しにのぼりあがりてみれば、上人北《きたの》座に南むきに坐《ざ》したまへり。随蓮見たてまつりてかしこまるに、上人見たまひて、「これへまいれ」とめしければ、まぢか《(間近)》くまいりぬ。随蓮いまだことばをいだ《(出)》さゞるに、上人の給はく、「汝《なんじ》がこのほど心になげきおもふこと、ゆめ〳〵わづら《(煩)》ふべからず」と。随蓮この事すべて人にも申さず、なにとして*しろ《(知)》しめし《(召)》たるにかとおもひながら、*上件《かみくだん》のやうをくはしく申に、上人仰られていはく、「たとへばひが《(僻)》事をいふものありて、あの池の蓮花を蓮花にはあらず、梅ぞ桜ぞといはゞ信ずべしや」と。随蓮申て云《いわく》、「現に蓮花にて候はむをば、いかに人申《もうし》候とも、いかでか信じ候べき」と。上人の給はく、「念仏の義も又かくのごとし。源空が汝に、『念仏して往生する事は決定して疑なし』とをしへ《(教)》しを信《しんじ》たるは、蓮花を蓮花とおもはむがことし。ふかく信じて*とかくの沙汰《さた》に及ばず、たゞ念仏を

法勝寺　京都市左京区にあった寺。寺域南西に阿弥陀堂が、東南に園地が位置する

しろしめす　ご存知である
上件　先に述べた事柄

とかくの沙汰　あれこれの論議

申べきなり。あらぬ邪見の桜梅の義をば、ゆめ〳〵信ずべからず」と仰らるとみてゆめ《（夢）》さめぬ。随蓮疑念のこりなく散《さんじ》にけり。念仏功つもり、臨終正念《しょうねん》にして往生の素懐をとげ《（遂）》ゝるとなむ。

抑《そもそも》上人あるところには三心のやうをくはしく《（詳）》をしへ、ある所には三心の沙汰詮*なきよし仰られたり。これ人によるべき事なり。名号《みょうごう》をとなふればかならず往生すとばかり、まめやかにたのみ《（頼）》てとなふれば、その人の心にをのづから《（自）》三心もそなはりぬるを、*中々に三心とて事々《ことごと》しく申なすほどに、かへりて信心をみだる《（乱）》ことも侍なり。かゝらむ人のためには、三心の沙汰無益《むやく》の事なるべし。もし日来《ひごろ》はうたがひの心もあり、三心具せぬ人も、*聖教《しょうぎょう》を学すれば、道理にをれ《（折）》て三心のおこる事もあれば、さやうならむ人のためには、三心の様《よう》をしらむも大切なるべきを、一向にこれを*非《ひ》せば、又そのとが《（科）》あるべし。このすぢ《*（筋）》を心え《（得）》なば、上人両様の御勧進《かんじん》さらに相違を成すべからざるものなり。

［第二図］

遠江国《とおとうみの》*久野《くの》の作仏房《さぶつぼう》といひし山臥《やまぶし》は、*役行者《えんのぎょうじゃ》の跡をおひ山林*斗藪《とそう》の行をた

詮なし　無益、無意味

中々に　なまじっか

聖教　仏教の経典類

非す　非難、なじる

すぢ　条理、道理

［山伏作仏房熊野権現の御告に依て上人に帰依せし事］

て、、*大峰《おおみね》を経歴し熊野参詣《くまのさんけい》のあゆみをはこぶ事四十八ケ度《か》なり。たびごとに*証《しょう》誠権現《じょうごんげん》の宝前にひざまづき、「われさらに現世《げんぜ》の果報をいのらず。ねがはくは出離の要道をしめし給へ」とちかひけるに、四十八度満ずる時、「当時京都に法然房《ほうねんぼう》といふひじり《（聖）》あり、ゆきて出離の道をたづぬべし」としめし給ければ、すなはち上洛して上人に謁したてまつり、念仏往生の教導にあづかり、一向専修《せんじゅ》の行者となりにけり。本国にくだりては、みづから市にいでゝ染物などやうのものを売買して、命をつぐはかり《（謀）》こと《（事）》ゝしけり。もとより孤独の身なれば、同行もなく知識もなし。病をうけざれば、病悩のくるしみなく療治のわづらひなし。往生の期《ご》いたりて道場にいり、仏前にしてみづからかね《（鉦）》をうち、高声念仏数剋《すこく》にをよぶ《（及）》。*小法師《こぼうし》*朝飡《ちょうそん》をとゝのへて案内《あない》しけるに、「しばらく」とて、なを《（猶）》念仏のこゑ《（声）》しきりなり。念仏とゞまりてのち、また申*おどろかすに、をと《（音）》もせざりければ、ちかくよりてみるに、本尊にむかひ端坐《たんざ》合掌す。そのかほゑめる《（顔笑）》がごとし。さるほどに紫雲におどろき異香《いきょう》をたづねて、諸人《しょにん》雲集し*来縁をむすぶ。奇特《きどく》のことなりけり。上人の勧化《かんげ》神慮にかなえることかくのごとし。抑《そもそも》熊野山証誠権現は、本地《ほんじ》阿弥陀如来なり。いま神明とあらはれて、*無福の衆生《しゅじょう》に福をあたえむとちかひ給へるも、せめて慈悲

久野　今の静岡県袋井市
役行者　古代の呪術者、名は小角。修験道の開祖と仰がれる
山林斗藪　煩悩を払うため山林に寝て仏道修行に励むこと
大峰　大峰山の略、修験道の霊地
証誠権現　熊野本宮の証誠殿に祀る神
小法師　年若い僧
朝飡　朝ご飯
おどろかす　呼びかける、訪れる
来縁　来世の縁
無福　不幸せなこと

のあまりに、貪欲《どんよく》ふかくしてひとへに今生《こんじょう》の栄耀《えいよう》に心をそめ、後生《ごしょう》の*苦患《くげん》をわすれたる衆生の、人身《にんじん》をうけたるかひ（甲斐）なくして、ふた〻び悪道にかへるべきともがら（輩）を、すくはむがための済度《さいど》の方便なるべし。されば当山にまうで（詣）〻、後世《ごせ》ぼだい（菩提）をいのるひとは、*ながれにさほ（棹）さすがごとく、本願の正意《しょうい》にかなひて、かならず順次の往生をとぐなどぞ申つたへ侍る。*九品《くほん》の鳥居をたてられたるも、九品の浄土に*引《いん》接《じょう》の御本意を表すといえり。参詣の人、内には本地の本願をたのみ、外には垂跡《すいじゃく》の*擁護《おうご》をあふぎて、たゞひとへに順次往生の心ざしをさき（先）とし侍るべきものをや。

[第三図]

苦患　苦難や苦悩

ながれにさほさす　物事が順調に進むことの譬え

九品の鳥居　参道に下品下生ないし上品上生と題する九つの鳥居があった

引接　仏が迎えに来て浄土に導く

擁護　神仏が衆生の祈願に応じて護り助けること

法然上人行状絵図　第廿一

上人《しょうにん》つねに仰《おおせ》られける御詞《ことば》

上人の給《たま》はく、「口伝《くでん》なくして浄土の法門をみるは、往生の*得分を見うしなふなり。其《その》故は極楽の往生は、上《かみ》は*天親《てんじん》*龍樹《りゅうじゅ》をすゝめ、下《しも》は末世《まっせ》の凡夫、十悪五逆の罪人まですゝめ給へり。しかるを我《わが》身は最下《さいげ》の罪人にて、善人をすゝめ給へる文《もん》を見て、卑下の心ををこ（起）して、往生を不定《ふじょう》におもひて、順次《じゅんし》の往生を得ざる也《なり》。しかれば、善人をすゝめ給へるところをば善人の分と見《み》、悪人をすゝめたまへるところをば我分とみて、得分にする也。かくのごとく見さだめぬれば、*決定《けつじょう》往生の信心かたまりて、本願に乗じて順次の往生をとぐ（遂）るなり」。

又云《いわく》、「念仏申《もうす》にはまたく（全）別の様《よう》なし。たゞ申せば極楽へむま（生）るとしりて、心をいたして申ばまいる也」。

又云、「南無阿弥陀仏といふは、別したる事には思べからず。阿弥陀ほとけ我をたすけ給へといふことばと心え（得）て、心にはあみだほとけたすけ給へとおもひて、口

[上人常に仰せられし肝要の法語三十一箇条を記す事]
得分　利益（りやく）、取り分
天親　五世紀のインドの学僧、世親ともいう
龍樹　二〜三世紀の南インドの学僧
決定往生　必ず往生する、往生が決まる

には南無阿弥陀仏と唱《となう》るを、三心《さんじん》具足の名号《みょうごう》と申也」。

又云、「罪は十悪五逆のものなを《（猶）》むまると信じて、小罪をもをかさ《（犯）》じと思べし。罪人なをむまる、いかにいはんや善人をや。行《ぎょう》は一念十念むなしからずと信じて、*無間《むけん》に修《しゅ》すべし。一念なをむまる、いかにいはんや多念をや」。

又云、「一念十念に往生をすといへばとて、念仏を疎想《*（相）》に申すは、信が行をさまたぐるなり。念々不捨者（念々に捨てざる者）といへばとて、一念を不定におもふは、行が信をさまたぐるなり。信をば一念にむまると信じ、行をば*一形《いちぎょう》にはげむべし。又一念を不定におもふは、念々の念仏ごとに不信の念仏になる也。其故は阿みだ《（弥陀）》仏は、一念に一度の往生をあて《（当）》をき《（置）》給へる願なれば、念ごとに往生の業《ごう》となるなり」。

又云、「煩悩《ぼんのう》のうすく《（薄）》あつき《（厚）》をもかへりみず、罪障のかろき《（軽）》をもき《（重）》をも沙汰《さた》せず、たゞ口に南無阿弥陀仏と唱て、声につきて決定往生のおもひをなすべし」。

又云、「縦《たとい》*余事《よじ》をいとなん《*（営）》とも、念仏を申し〳〵これをするおもひをなせ。余事をし、念仏すとは思べからず」。

又云、「往生をねがひ、極楽にまいらん事をまめやかに思入《おもいいり》たる人の気色《けしき》は、世

無間に修する　間断なく念仏する。四修の中の無間修のこと
疎相　疎略、おろそか
一形　一生涯、一期
余事　他の仕事
いとなん　んは「む」に同じ。勤める

の中を*ひとくねり恨《うらみ》たる色にて常にはある也」。

又云、「人の命は食事《じきじ》の時、むせて死する事もあるなり。南無阿みだ仏とかみ《（嚙）》て、南無阿み陀仏とのみ《（呑）》入べきなり」。

又云、「*法爾《ほうに》の道理といふ事あり。ほのを《（炎）》はそらにのぼり、水はくだりさまにながる。*菓子のなかにすき《（酸）》物あり、あま《（甘）》き物あり。これらはみな法爾の道理なり、阿弥陀仏の本願は、名号をもて罪悪の衆生《しゅじょう》をみちびかんとちかひ給たれば、たゞ一向に念仏だにも申せば、仏の来迎《らいこう》は法爾の道理にてうたがひなし」。

又云、「善導《ぜんどう》の尺《（釈）》を拝見するに、源空《げんくう》が目には三心も南無阿弥陀仏、*五念も南無阿弥陀仏、*四修《ししゅ》も南無阿弥陀仏なり」。

又云、「『*弘願《ぐがん》といへるは、如大経説、一切善悪凡夫得生者、莫不皆乗阿弥陀仏大願業力為増上縁（大経に説くが如《ごと》し。一切*善悪の凡夫生《しょう》ずることを得《う》ることは、皆《みな》阿弥陀仏の*大願業力《ごうりき》に乗じて*増上縁とせずといふこと莫《な》し）』と善導釈し給へり。予がごときの*不堪の身は、ひとへにたゞ弘願を*たのんなり」。

又云、「我はこれ*烏帽子《えぼし》もきざる男也。十悪の法然房《ほうねんぼう》、愚痴の法然房が念仏して往生せんといふなり」。

ひとくねる　ちょっとすねる

法爾　あるがままの自然。「法然」に同じ

菓子　木の実、くだもの

五念　五念門（礼拝門・讃嘆門・作願門・観察門・回向門）のこと

四修　長時修・無間修・恭敬修・無余修

弘願　仏菩薩の広大な誓願

善悪の凡夫　善凡夫と悪凡夫

大願業力　阿弥陀仏の本願の力（大願力）と修行で得られた仏としての救いの力（大業力）

増上縁　他の働きを助長進展させる縁。ここでは阿弥陀の大願業力が凡夫の往生に強い働きをなす縁という意味

又云、「学生《がくしよう》*骨《こつ》になりて、念仏やうしな《（失）》はんずらむ」。

又云、「本願の念仏には、ひとり《（独）》だち《（立）》をせさせて、すけ《（助）》をさゝ《（差）》ぬなり。すけといふは、智恵をもすけにさし、持戒をもすけにさし、*道心をもすけにさし、慈悲をもすけにさす也。善人は善人ながら念仏し、悪人は悪人ながら念仏して、たゞむまれ《（生）》つきのまゝにて念仏する人を、念仏にすけさゝぬとはいふなり。さりながら悪をあらため、善人となりて念仏せん人は、仏の御《み》心に叶《かなう》べし。かなはぬ物ゆへに、*とあらんかゝらんと思ひて、決定心おこらぬ人は、往生不定の人なるべし」。

又云、「『仏告阿難、汝好持是語、持是語者、即是持無量寿仏名（仏《ほとけ》阿難《あなん》に告げたまはく、汝好《なんじよ》くこの語を*持《たも》て。この語を持てとは、即《すなわ》ちこれ無量寿仏の名《みな》を持てとなり）』といへり。名号をきくといふとも、信ぜずはきかざるがごとし。たとひ信ずといふとも、となへずは信ぜざるがごとし。たゞつねに念仏すべきなり」。

又云、「*近来の行人《ぎようにん》*観法《かんぽう》をなす事なかれ。*仏像を観ずとも、*運慶《うんけい》*康慶《こうけい》がつくりたる仏ほどだにも、観じあらはすべからず。極楽の*荘厳《しようごん》を観ずとも、桜梅桃李《ようばいとうり》の華菓《けか》ほども、観じあらはさん事かた《（難）》かるべし。たゞ『彼仏今現在世成仏、当知本誓重願不虚、衆生称念必得往生』（*かの仏今《いま》現に世に在《ましま》して成仏《じようぶつ》したまへり。当《まさ》に知るべし、

不堪　（難行に）堪えられない
たのん　んは「む」に同じ。頼む、すがる
烏帽子もきざる　無位無官の庶人
骨になる　骨は骨柄、人品のことで、ここでは学者ぶることをいう
道心　仏道を求める心
とあらんかからん　ああだこうだ
持て　忘れずに保つ（唱える）
近来　近ごろ、このごろ
観法　阿弥陀仏や浄土を観想する
仏像　仏の姿
運慶　鎌倉前期の仏師、康慶の子
康慶　平安末・鎌倉初の仏師
荘厳　宝樹などの有様
かの仏云々　善導の往生礼讃の文

本誓《ほんぜい》の重願虚《むな》しからざることを。衆生称念すれば必ず往生を得《う》)』の尺《（釈）》を信じて、ふかく本願をたのみて一向に名号を唱べし。名号をとなふれば、三心をのづ《（自）》から具足するなり」。

又云、「往生の業成就《じょうじゅ》は、臨終平生《へいぜい》にわたるべし。本願の文《もん》*簡別せざるゆへ《（故）》なり。恵心《えしん》の心も平生にわたるとみえたり」。

又云、「他力本願に乗ずるに二《ふたつ》あり、乗ぜざるに二あり。乗ぜざるに二といふは、一《ひとつ》には罪をつくる時乗ぜず。其故はかくのごとく罪をつくれば、念仏申とも、往生不定なりとおもふ時に乗ぜず。二には道心のおこる時乗ぜず。其故はおなじく念仏申とも、かくのごとく道心ありて申さんずる念仏にてこそ往生はせんずれ、無道心にては念仏すともかなふべからずと、道心をさきとして、本願をつぎにおもふ時乗ぜざるなり。次に本願に乗ずるに二の様《よう》といふは、一には罪つくる時乗ずるなり。其故はかくのごとく罪をつくれば、決定して地獄におつべし。しかるに本願の名号をとなふれば、決定往生せん事のうれしさよとよろこぶ時に乗ずる也。二には道心おこる時乗ずるなり。其故はこの道心にて往生すべからず、これ程の道心は無始*よりこのかた《（方）》おこれども、いまだ生死《しょうじ》をはなれず。故《かるがゆえ》に道心の有無を論ぜず、造罪

簡別　選び分ける

無始　限りなく遠い昔

の軽重《きようじゆう》をいはず、たゞ本願の称名《しようみよう》を念々相続せんちからによりてぞ、往生は遂《とぐ》べきとおもふ時に、他力本願に乗ずるなり」。

又云、「*せこ《(勢子)》にこめ《(込)》たる鹿も、とも《(友)》に目をかけずして、*人かげ《(影)》にかへ《(返)》らず、むかひたる方へおもひきりて*まひら《(真平)》にゝぐ《(逃)》れば、いくへ《(幾重)》人あれども、かならずにげらるゝなり。その*定《じよう》に佗《(他)》力をふかく信じて、万事を*しらず、往生をとげんと思べき也」。

又云、「称名のときに心に思べきやうは、人の膝《ひざ》などをひきはたらか《(働)》して、『や、たすけ給へ』といふ定なるべし」。

又云、「*七日七夜心無間《しんむけん》といふは、明日の大事を*かゝじと、今日はげむがごとくすべし」。

又云、「人の手より物をゑ《(得)》んずるに、すでに得たらんといまだ得ざると、いづれか勝《まさる》べき。源空はすでに得たる心地にて念仏は申なり」。

又云、「往生は一定とおもへば一定なり。不定と思へば不定なり」。

又云、「念仏申さんもの十人あらんに、たとひ九人は臨終あしくて往生せずとも、われ一人は決定して往生すべしとおもふべし」。

せこ　狩り場で獲物を駆り立てる人夫
人かげ　人の姿(がある所)
まひらに　ひたすら
定　…の通り、…と同じ
しらず　関わり合わず
七日七夜云々　善導の法事讃の文
かゝじ　怠るまい

又云、「一丈のほりをこえ《(越)》んと思はん人は、一丈五尺をこゑんとはげむべし。往生を期《ご》せん人は、決定の信をとりてあひはげ《(相励)》むべきなり」。

また云、「いけ《(生)》らば念仏の功つもり、しな《(死)》ば浄土へまいりなん。とてもかくてもこの身には、おもひわづら《(煩)》ふ事ぞなきと思ぬれば、死生《ししよう》ともにわづらひなし」。

あるとき上人、「あはれ、このたび《(度)》*しおほせ《(果)》ばや」など仰られけるを、*乗願房《じようがんぼう》うけ給《たまわり》て、「上人だにも、かやうに不定げなるおほせ《(仰)》の候はんには、その余の人はいかゞし候べき」と申ければ、上人うちわづら《(煩)》ひたまひて、「まさしく蓮台にのらんまでは、いかでかこのおもひはたえ《(絶)》候べき」とぞのたまひける。

或《ある》人、「上人の申させたまふ御念仏は、念々ごとに仏の御こゝろにかなひ候らん」など申けるを、「いかなれば」と上人かへ《(返)》しとは《(問)》れければ、「智者にてをはしませ《(御座)》ば、名号の功徳《くどく》をもくはしくしろ《(知)》しめ《(召)》し、本願のやうをもあきらかに御心得あるゆへに」と申けるとき、「汝《なんじ》本願を信ずる事まだ《(未)》しかりけり。弥陀如来の本願の名号は、木こり草かり、なつみ《(菜)》水くむたぐ《(類)》ひごときのものの、*内外《ないげ》ともにかけて*一文《もん》不通なるが、となふればかならずむま《(生)》ると信じて、真実にねがひて、常に念仏申を*最上の機とす。もし智恵をもちて生死をはなるべくは、源空いかでかか《(彼)》の聖道門《しようどうもん》を

しおほせばや　(往生を)なし遂げたいものだなあ

乗願房　上人の弟子、名は宗源(一一六八～一二五一)

内外ともにかけ　仏典もそれ以外の書籍の知識もなく

一文不通　文字一つ読めない、無学な

最上の機　仏の救済に預かる最上の人

すて、、この浄土門に趣《おもむく》べきや。聖道門の修行は、智恵をきはめて生死をはなれ、浄土門の修行は、愚痴*にかへりて極楽にむまるとしるべし」とぞおほせられける。

又人々後世《ごせ》の事申けるついでに、「往生は魚食《いおじき》せぬものこそすれ」といふ人あり。あるひは「魚食するものこそすれ」といふ人あり。とかく論じけるを上人きゝたまひて、「魚くふもの往生をせんには、鵜《う》ぞせむずる。魚くはぬものせんには、猿ぞせんずる。くふにもよらず、くはぬにもよらず、たゞ念仏申もの往生はするとぞ、源空はしりたる」とぞ仰られける。

上人御往生の後、三井寺《みいでら》の*住心房《じゅうしんぼう》の夢のうちにとは《(問)》れても、「念仏はまたく*風情《ふぜい》もなし、たゞ申よりほかの事なし」と上人答《こたえ》給ける。

[第一図]

又一紙にのせての給はく、「末代の衆生を往生極楽の機*にあてゝみるに、行すくなしとても疑《うたがう》べからず、一念十念に足ぬべし。罪人なりとても疑べからず、『罪根*ふかきをもきらは《（嫌）》じ』との給へり。時くだれりとても疑べからず、法滅*以後の衆生猶《なお》もて往生すべし、況《いわんや》近来をや。我身わろし《（悪）》とても疑べからず、『自身*は是《これ》煩悩具

愚痴にかえる　ものの道理に暗い愚かものだと自覚する

住心房　上人の弟子、名は覚瑜（一一五八〜一二三三）

風情　趣き、情趣

[小消息の事]

往生極楽の機　極楽に往生できる機根の人かどうか

罪根ふかき云々　主語は釈尊

法滅　仏法が滅びる。末法の時代が過ぎると仏法が滅尽するという

自身は云々　主語は善導

足せる凡夫なり』との給へり。十方《じっぽう》に浄土おほけれど、西方を願《ねがう》は十悪五逆の衆生の生《うまる》る故也。諸仏のなかに弥陀に帰したてまつるは、三念五念にいたるまで、みづから来迎し給《たまう》故也。諸行のなかに念仏を用《もちう》るは、彼《か》の仏の本願なる故也。いま弥陀の本願に乗じて往生しなむに、願として成《じょう》ぜずといふ事あるべからず。本願に乗ずる事は、信心のふかきによるべし。受がたき人身《にんじん》をうけて、あひ《(会)》がたき本願にあひて、おこし《(発)》がたき道心を発《おこ》して、離《はなれ》がたき輪廻《りんね》の里をはなれて、生《うまれ》がたき浄土に往生せむ事、悦《よろこび》の中のよろこびなり。罪は十悪五逆の者も生ずと信じて、少《(小)》罪をも*犯せじと思べし。罪人猶《なお》生る、況《いわんや》善人乎《をや》。行は一念十念猶むなしからずと信じて、無間に修すべし。一念猶生る、況多念哉《をや》。阿弥陀仏は不取正覚《ふしゅしょうがく》の言《ことば》を成就して、現に彼《かの》国にませば、定《さだめ》て命終《みょうじゅう》の時は来迎し給はん。尺《(釈)》尊は『善哉《よきかな》、我教《おしえ》にしたがひて生死を離《はなる》』と知見し給ひ、六方の諸仏は『悦哉《よろこばしきかな》、我証誠《しょうじょう》を信じて不退の浄土に生《うまる》』と悦給《たまう》覧《*らん》。天に仰《あおぎ》地に臥《ふし》て悦べし、このたび弥陀の本願にあふ事を。行住坐臥《ぎょうじゅうざが》にも報ずべし、かの仏の恩徳《おんどく》を。憑《たのみ》てもたのむべきは乃至《*ないし》十念の詞、信じても猶信ずべきは必得《*ひっとく》往生の文也」と。此《この》書世間に流布す。上人の小消息《*こしょうそこ》といへるこれなり。

犯せじ　元禄一三年刊本はせを「さ」に訂す

覧　助動詞「らん」の当て字
乃至十念　第十八願の「乃至十念若不生者、不取正覚」の文を指す
必得往生　往生礼讃の「当知本誓重願不虚、衆生称念必得往生」の文を指す
小消息　一紙小消息と称し、黒田の聖人に遣わしたものという

[第二図]

上人、念仏の行者《ぎようじや》の心得《う》べき様《よう》をおしへ給へる事あり。「『*所謂《いわゆる》われは阿みだ《(弥陀)》をこそたのみたれ、念仏をこそ信じたれ』とて、諸仏菩薩の*悲願をかろしめ《(軽)》たてまつり、法華《ほっけ》般若《はんにゃ》等の目出たき経どもを、わろくおもひそしる《(謗)》事、ゆめ〳〵あるべからず。阿弥陀仏を信じたればとて、よろづの仏をそしり、もろ〳〵の聖教《しょうぎょう》をうたがひそしりたらんずるは、信心のひがみ《(僻)》たるにてあるべき也。信心たゞしからずは、阿みだ仏の御心に叶《かなう》まじければ、念仏すとも弥陀の悲願にもれん事は一定也。又『罪をつくらじとつゝしみ《(慎)》てよから《(良)》んとするは、弥陀の本願をかろしむるにてこそあれ』。又『念仏を多く申さんとて、日々に数遍《すへん》の*かずをつむは、他力をうたがふにてこそあれ』などいふ事の多くきこゆる、かやうのひが事ゆめ〳〵もちゐる《(用)》べからず。いづれのところにか、阿弥陀仏は罪つくれとすゝめ給たる。これひとへにわが身に悪をもとゞめ《(止)》えず、罪をのみつくりゐ《(居)》たるまゝに、かゝる*ゆくぢ《(行路)》もなき虚言《きよごん》をたくみいだし《(出)》て、ものもしらぬ男女《なんによ》の輩《ともがら》を*すかし《(賺)》ほらかして、罪業《ざいごう》をすゝめ煩悩をおこさしむる事、*しかしながらこれ天魔のたぐひ也、*外道《げどう》のしわざ也。往生極

[念仏行者の用心委細の御教誡の事]
所謂　周知の通り
悲願　慈悲にもとづく誓願
かずをつむ　回数を増やす
ゆくぢ　おもむき、趣旨
すかしほらかす　だまして軽蔑する
しかしながら　全く
外道　異端者、邪説を説くもの

楽のあたかたき《（仇敵）》也と思べし。又念仏の数を多く申ものをば、自力をはげむといふ事、これ又*ものも覚へず、*浅猿《あさま》しき僻事《ひがこと》也。たゞ一念二念をとなふとも、自力の心ならん人は自力の念仏とすべし。千遍万遍をとなへ、百日千日よるひる《（夜昼）》はげみつとむとも、ひとへに願力をたのみ、他力をあふぎ《（仰）》たらん人の念仏は、声《しょう》声念々*しかしながら他力の念仏にてあるべし。されば三心をおこしたる人の念仏は、日々夜々時々剋《こく》々に唱《となう》れども、しかしながら願力をあふぎ、他力をたのみたる心にて唱居《となえい》たれば、*かけてもふれても自力の念仏とはいふべからず。又『三心と申事は、その子細をしりたる人の念仏に、三心具足せん事は*左右《そう》に及ばず。*つや〳〵三心の名をだにもしらぬ無智の輩の念仏には、いかでか三心具し候べき』と申す人も候やらん。これは返々《かえすがえす》ひが事にて候《そうろう》也。たとひ三心の名をだにもしらぬ無智の者なれども、弥陀のちかひをたのみたてまつりて、すこしもうたがふ心なくして、この名号を唱れば、この心が即《すなわち》三心具足の心にてあるなり。されば只《ただ》*ひらに信じてだにも念仏すれば、三心はをのづから《（自）》具する也。さればこそ、よ《（世）》に*浅猿しき一文不通の輩のなかにも、一すぢ《（筋）》に念仏するものは、臨終正念《しょうねん》にして目出《めでた》き往生をばすれ。これ*現証*あらたなる事也。露ちり《（塵）》も疑べからず。中々よくもしらぬ三心沙汰して、あしざ

ものも覚へず　道理をわきまえない
浅猿し　ひどい、もってのほか
しかしながら　すべて、みな
かけてもふれても　決して、全然
左右に及ばず　とやかく言わない
つやつや　少しも、まったく
ひらに　ひたむきに
浅猿し　身分がいやしい
現証　現に往生したという証拠
あらた　あらたか、著しい

まに心得たる人々は、臨終も思《おもう》やうならぬ事おほし。それにて誰々《たれたれ》も心得《う》べき也。又とき〴〵*別時の念仏を修して、心をも身をもはげまし、と〻の(整)へす〻むべき也。日々に六万遍七万遍を唱へば、さても足りぬべき事にてあれども、人の心*ざまは、いたく目なれ耳なれぬれば、*いら〳〵とす〻む心すくなく、*あけくれは*忩々《そうそう》として心閑《しずか》ならぬ様《よう》にてのみ、疎略になりゆく也。その心をす〻めんためには、とき〴〵別時の念仏を修すべき也。しかれば*善導和尚《かしよう》もねんごろにはげまし、*恵心の先徳もくはしくをし(教)へられたり。道場をもひきつくろひ、花香《けこう》をも備《そなえ》たてまつらん事、たゞちからのた(堪)へたらんにしたがふべし。又我身をもことにきよめて道場に入て、或《あるい》は*三時或は*六時なんどに念仏すべし。もし同行《どうぎょう》なんどあまたあらん時は、か(代)はる〴〵いりて*不断念仏にも修すべし。かやうの事は、おの〳〵(各)やうにしたがひては(計)からふべし。善導和尚は、『月の一日《ついたち》より八日にいたるまで、或は八日より十五日にいたるまで、或は十五日より廿《にじゆう》三日にいたるまで、或は廿三日より晦日《つごもり》にいたるまで』と仰られたり。面々指合《さしあわ》ざらん時をはからひて、七日の別時を常に修すべし。ゆめ〳〵*すゞろ事どもをいふものにすかされて、不善の心あるべからず。又*いかにも〳〵、臨終正念に安住して、目には阿みだほとけをおがみ、口には弥陀の名

別時の念仏　日時を限って行う念仏
心ざま　性質
いらいらと　苛立って
あけくれ　日常、毎日
忩忩　忙しい、あわただしい
善導和尚云々　観念法門に出ている
恵心の先徳云々　往生要集に出ている
三時・六時　三時は晨朝・日中・日没、六時はこれに初夜・中夜・後夜を加える
不断念仏　昼夜間断なく念仏を称えること
すずろ事　つまらない事
いかにも　何としても、ぜひとも

号をとなへ、心には*聖衆《しょうじゅ》の来迎を待たてまつるべし。としご《（年）》ろ*いみじく念仏の功を積たりとも、臨終に悪縁にもあひ、最後にあしき心もおこりて、念仏の*心行をも退しぬるものならば、順次の往生しはづ《（外）》して、*一生*二生なりとも、三生四生なりとも、生死のながれにしたがひて、出離の道にとゞこほ《（滞）》らん事は、まめやかに心うく《（憂）》口惜き事ぞかし。されば善導和尚の御すゝめには、『願弟子等、臨命終時、心不顛倒、心不錯乱、心不失念、身心無諸苦痛、身心快楽如入禅定、聖衆現前、乗仏本願上品往生阿弥陀仏国（*願はくは弟子等、命終の時に臨んで、*心顛倒《てんどう》せず、心錯乱《しゃくらん》せず、心失念せず、身心《しんじん》に諸《もろもろ》の苦痛なく、身心快楽《けらく》にして*禅定《ぜんじょう》に入るが如《ごと》く、聖衆現前したまひ、仏の本願に乗じて阿弥陀仏国に上品《じょうぼん》往生せしめたまへ）とねんごろに発願《ほつがん》せよ』との給へり。いよ〳〵臨終の正念をばいのりもし、ねかふべき事也。『臨終の正念をいのるは、弥陀の本願をたのまぬものぞ』なんど申《もうす》人は、善導にはいかほどまさりたる学生ぞと思べし。あなあさまし、おそろし〳〵。又念仏は常におこたらぬが一定往生する事にてある也。善導すゝめての給はく、『一発心已後、誓畢此生無有退転、唯以浄土為期（*一たび発心して已後《いご》、誓ひてこの生《しょう》を畢《おう》るまで退転有ること無く、ただ浄土を以《もち》て*期《ご》とす）』。又云《いわく》、『一心専念弥陀名号、行住坐臥、不問時節久近、念々不捨

聖衆　阿弥陀仏に付き従う菩薩など
いみじく　大層、立派に、優れて
心行　信心と行い
一生・二生　次の世の生涯、またその次の世の生涯、
願はくは云々　往生礼讃の発願文
顛倒　迷いのために真理に反する見方をすること
禅定　心静かに瞑想すること
一たび発心云々　観経疏の文
期とす　期待する、望みをかける

者、是名正定之業、順彼仏願故（*一心に専ら弥陀の名号を念じて、行住坐臥に時節の久近《くごん》を問はず、念々に捨てざる者、これを正定《しょうじょう》の業と名づく。かの仏の願に順ずるが故に）』〈文〉といへり。かやうにすゝめまし《(坐)》〳〵たる事は、あまた多けれども、こと〴〵く《(悉)》にかきのせがたし。憑《たのむ》べし仰《あおぐ》べし、ふかく信《しんず》べし、更に疑《うたがう》事なかれ。又まことしく念仏を行じて、*げに〳〵しき念仏者になりぬれば、よろづの人をみるに、みなわが心にはおとりて、浅猿《あさま》しくわろ《(悪)》ければ、我身のよきまゝに、我はゆゝしき念仏者にてあるものかな、誰々にも勝《すぐれ》たりと思《おもう》也。この心をばよく〳〵つゝしむべき事也。世もひろ《(広)》う人も多ければ、山のをく《(奥)》林のなかにこもりゐて、人にもしられぬ念仏者の、貴く目出き、さすがに多くあるを、わがきか《(聞)》ずしらぬにてこそあれ。さればわれほどの念仏者よもあらじとおもふ、僻《ひが》事也。この思は*大憍慢《だいきょうまん》にてあれば、即《すなわち》三心もかくる也。又それをたよりとして、*魔縁のきたりて往生を妨ぐる也。これ我身のいみじくて、罪業をも滅し極楽へもまいる事ならばこそあらめ、ひとへに阿みだ仏の願力にて、煩悩をものぞき罪業をもけして、かたじけなく手づからみづから《(自)》極楽へむかへとりて、帰らせましますす事也。我ちからにて往生する事ならばこそ、われかしこ《(賢)》しといふ慢心をばおこさめ。憍慢の心だにもおこりぬれば、心行かならず

一心に専ら云々　観経疏の文
げにげにし　まじめな
大憍慢　大きなおごり高ぶり
魔縁　魔王（悪魔）

あやまる故に、たちどころに阿弥陀ほとけの願にそむきぬるものにて、弥陀も諸仏も護念し給はず。さるまゝには、悪鬼のためにもなやまさるゝ也。返々もつゝしみて、憍慢の心をおこすべからず。*あなかしこ《(畏)》〳〵」と、ねんごろにをしへ《(教)》をき《(置)》給へり。ふかく上人教誡の詞を信じて、敢《あえ》て本願に*ほこるおもひなく、往生の*前途《せんど》を遂べきもの也。

[第三図ナシ]

あなかしこ　必ず慎むべきである
ほこる　得意げになる
前途　最終目的

法然上人行状絵図　第廿二

[或人に示し給安心起行委細の御消息の事]

或人《ある》〈不注名字《みようじをちゆうせず》〉、上人《しようにん》の勧化《かんげ》に帰してのち、安心起行《あんじんきぎよう》のやう《(様)》こまかにたづね申けるにつきて、しるしつかはされける状《じように》云《いわく》、「御返事こまかにうけたまはり候《そうらい》ぬ。かやうに申事《もうす》の*一分《いちぶん》御さとり《(解)》をそへ、往生の御心ざしもよくなり候ぬべからむには、おそれをもかへりみ候べき事にて候はず、いくたびにても申たくこそ候へ。まことにわが身のいやしく、わが心のつたなきをかへりみず、たれ〳〵《(誰)》も*みな人の弥陀のちかひをたのみて、決定《けつじよう》往生のみちにおもむ《(趣)》かんとこそおもふ事にて候へども、人の心さま〴〵にて、たゞひとすぢ《(一筋)》に、ゆめまぼろし《(夢幻)》の*うき《(憂)》世ばかりのたのしみ、さかへ《(栄)》をのみもとめて、すべてのちの世をしらぬ人も候。又のちをおそるべき事を思しりて、つとめおこなふ人につきても、かれこれに心をうつして、ひとすぢに*一行《いちぎよう》をたのまぬ人も候。又いづれの行にても、もとよりこゝろざしはじめ《(始)》*おもひそめ《(初)》つるをば、いかなることはりをきけども、もとの執心《しゆうしん》をあらためぬ人も候。又今日はいみじく信をおこして、一すぢに*おもひつき《(付)》ぬとみるほどに、のちに

一分　わずかでも、
みな人　すべての人々
うき世　この世の中
一行　ここでは念仏の行をいう
おもひそむ　深く思いを寄せる
おもひつく　心がひかれる

はうちすつる(捨)人も候。かくのみ候て、まことしく浄土の一門にいりて、念仏の一行をもはら(専)にする人もありがたく候《そうろう》事は、*わが身ひとつのなげき(嘆)とこそは人しれず思《おもい》候へども、*法によりて人によらぬ理《ことわり》をうしなはぬほどの人も、ありがたき世にて候にや。*おのづからす丶め(勧)こ丶ろみ(試)候にも、*われ(我)から*あなづら(侮)はしさに、申いづ(出)る事もすてむずるにやと、思しらる丶事のみにて候事の、心うく(憂)かなしく候て、*このゆへ(故)は、いまひときは(一際)とく浄土にむまれ(生)て、さとり(悟)をひらきてのちに、いそぎこの世界にかへりきたりて、神通《じんずう》方便をもて、結縁《けちえん》の人をも無縁のものをも、讃《ほむる》をも謗《そしる》をも、みなこと〲く(悉)念仏にす丶めいれて、浄土へむかへんとちかひ(誓)をおこしてのみこそ、当時の心をもなぐさむる事にて候に、このおほせ(仰)にぞ、わが心ざしもしるし(験)ある心地して、あまりにうれしく候へば、その儀にて候はゞ、おなじくはまめやかに、げに〱しく御沙汰《さた》候て、ゆくする(行末)もあやうからず、往生もたのもしきほどに、思食《おぼしめし》さだめさせ給《たまう》べく候。詮《せん》じては、人のはからひ(計)申べき事にて候はず。よく〱案じて御覧《ごらんじ》候へ。この事にすぎたる御大事、何事かは候べき。この世の*名《みよう》聞《もん》利養は、*なか〱申ならぶ(並)るにもいま〱しく候。やがて昨日今日まなこに*さいぎり(遮)、耳にみちたるはかなさにて候めれば、事あたらしく申たつるにも及《および》候はず。

わが身ひとつ　自分一人だけ
法によりて云々　教えを拠り所とし、教えを説く人を依ってはならない
おのづから　たまたま、偶然に
われから　自分が原因で
あなづらはし　(自身を)見下げたい気になる
このゆへは　寛永一三年刊本「このゆへに」、元禄一二年刊本「このうへは」と訂す。前者が良いか
名聞利養　名声・名誉と物質的豊かさ
なかなか　随分と、かなり
さいぎる　目の前に現れ立ちふさぐ

たゞ返々《かえすがえす》御心をしづめて、思食はからふべく候。さきには聖道《しょうどう》浄土の二門を心え(得)わかちて、浄土一門にいらせ(入)ましま(坐)すべきよしを申《もうし》候き。いまは浄土門につきて行《ぎょう》ずべきやうを申べし。浄土に往生せむとおもはむ人は、安心起行と申て、心《こころ》と行と相応すべきなり。その心といふは、観無量寿経にときて、『もし衆生《しゅじょう》*あて(有)、わが国にむまれ(生)んとおもはんものは、三種の心をおこしてすなはち往生す。なにをか三《みっ》とする。一《ひとつ》には至誠心《しじょうしん》、二《ふたつ》には深心《じんしん》、三には廻向発願心《えこうほつがんしん》なり。三心《さんじん》を具せるものは、かならずかの国に生《うまる》』といへり。善導和尚《ぜんどうかしょう》この三心を釈していはく、『*はじめに至誠心、至《し》といは*(言っぱ)真なり、誠《じょう》といは実なり。一切衆生の身口意業《*しんくいごう》に修《しゅ》するところの解行《*げぎょう》、かならず真実心のなかになすべきことをあかさむ(明)とおもふ。ほかには(外)賢善*精進《しょうじん》の相を現じ、うちに虚仮《こけ》をいだく事をえざれ(得)。内外明闇《ないげみょうあん》をゑらばず(簡)、かならず真実をもちゐよ。かるがゆへに(故)至誠心となづく』といへり。この釈の心は、至誠心といは真実心なり。その真実といは、身にふるまひ、口にいひ、心におもはむ事、みなまことの心を具すべきなり。すなはちうちはむなしく、ほかをかざる心なきをいふなり。このこゝろは、*うき世をそむきて、まことのみちにおもむくとおぼしき人々の中に、おほく用意すべき心ばへ*にて候なり。われも人も、いふ*(言)はかり(計)な

あて　「ありて」の促音便「あって」の古語表記

はじめに云々　観経疏の文

いは　「言ふは」の促音便化。「言っぱ」と訓む

身口意業　体と口と心の三つの働き

解行　教理の理解とその修行

賢善精進の相　賢明で善良な人の努め励む姿

うき世をそむく　出家遁世する

心ばえ　心づかい、心構え

いふはかりなし　何とも言いようがない

きゆめの世を執《しゆう》するこゝろのふかゝ《（深）》りしなごりにて、*ほど〳〵につけて、名聞利養わづかにふりすてたるばかりを、かたくいみじき事にして、*今世《このよ》ざまにも*心のたけのうるさ《（煩）》きにとりなして、さとり《（解）》あさき世間の人の、心をばしらず、たうと《（貴）》がりいみじがるを、これこそは本意《ほい》なれとこゝろざしたる心にて、みやこ《（都）》のほとりをかきはなれ《（離）》て、かすかなる住所《すみどころ》をたづぬるまでも、心のしづまらんためをつぎ《（次）》になして、本尊道場の荘厳《しょうごん》、まがき《（籬）》のうちにはな《（花）》のこだちなど《（木立等）》の、心ぼそくものあは《（物哀）》れならむ事がらを、人にみ《（見）》えき《（聞）》かれん事をのみ執するほどに、つゆの事も人のそしりにならん事あらじと、おもひいとなむ心よりほかに、おもひまじ《（交）》ふる事なし。かやうなるこゝろにのみなして、仏のちかひをたのみ往生をねがはんといふ事は、思ひいれず*沙汰もせぬ事の、*やがて至誠心かけて往生せぬこゝろばへにて候なり。又かく申候へば、ひとへに今世の人目をばいかにてもありなむ、人のそしりをかへりみぬがよきぞと申《もうす》儀にては候はず。人目をかへりみる事は候へども、それをのみおもひいれて、往生のさはり《（障）》になるかた《（方）》をばかへりみぬやうに*ひき《（引）》なされ候はん事の、返々おろかにくちをし《（惜）》く候へば、御《おん》身にあたりても、御心え《（得）》させまいらせせんがために申候なり。この心につきて四句の不同あるべし。一には外相《げそう》はたうとげに

ほどほど　それぞれの身分
今世ざま　当代風
心のたけ　心の及ぶかぎり
沙汰もせぬ　問題にしない
やがて　そのまま
ひきなす　（そのように）する。「ひき」は語調を強める接頭語

て、内心は貴からぬあり。二には外相も内心もともに貴からぬ人あり。三には外相はたうとげもなくて、内心はたうとき人あり。四《よつ》には内外ともに貴とき人あり。この四人がなかに、さきの二人はいまきらふところの至誠心かけたる人なり。これを虚仮の人となづくべし。のちの二人は至誠心具したる人なり。これを真実の行者《ぎょうじゃ》となづくべし。されば詮ずるところは、たゞ内心にまことの心をおこして、外相をばよく《(良)》もあしく《(悪)》も、とてもかくてもあるべきかとおぼえ候なり。おほかたこの世をいとは《(厭)》む事も、極楽をねがはん事も、人目ばかりをおもはで、まことの心をおこすべきにて候也。これを至誠心と申なり。二に深心といは、善導の釈にいはく、『*深心といは、すなはちこれふかく信ずる心なり。これに二種あり。一には決定してふかく、わが身は煩悩《ぼんのう》具足せる罪悪生死《しょうじ》の凡夫なり、善根《ぜんごん》薄少にして、*曠劫《こうごう》よりこのかたつねに流転して、出離の縁なしと信ずべし。二にはふかく、かの阿弥陀仏の四十八願をもて衆生を摂取し給《たまう》、すなはち名号《みょうごう》を称する事*下十声《しもじっしょう》にいたるまで、かの願に乗じてさだめて往生する事をう《(得)》と信じて、*乃至《ないし》一念もうたがふ事なきがゆへに、深心となづく。又深心といふは、決定して心をたて、、仏教にしたがひて修行して、ながく疑心をのぞくなり。一切の*別解《べつげ》別行、異学異見、*異執《いしゅう》のために、退失

深心といは云々　観経疏の文と往生礼讃の文が交じる

曠劫　長い無限の過去

下十声にいたるまで　わずか十遍であっても

乃至一念　わずか一遍であっても

別解別行　教えの理解と修行の方法を別にする。異学異見と同義

傾動《きょうどう》せられざれ』といへり。この釈の心は、はじめにはわが身のほどを信じ、のちには仏の願を信ずるなり。そのゆへは、もしはじめの信心をあげずして、のちの信心を釈し給はゞ、もろ〳〵の往生をねがはん人、たとひ本願の名号をばとなふとも、みづから《(自)》心に貪欲《とんよく》*瞋恚《しんに》煩悩をもおこし、身に十悪破戒等の罪悪をもつくりたる事あらば、みだりに自身をかろしめ《(軽)》て、身のほどをかへりみて、本願をうたがひ候はまし。いまこの本願に十声一声《いっしょう》までに往生すといふは、*おぼろけの人にはあらじなどぞおぼえ候はまし。しかるを善導和尚、未来の衆生のこのうたがひをおこさむ事をかゞみ《(鑑)》て、この二の信をあげて、我等《われら》がいまだ煩悩をも断ぜず、罪業《ざいごう》をもつくる凡夫なれども、ふかく弥陀の本願を信じて念仏すれば、一声にいたるまで、決定して往生するよしを釈し給へる、このこと《(殊)》に心にそみ《(染)》ていみじくおぼへ候なり。まことにかくだにも釈し給はざら*ましかば、往生は不定《ふじょう》にぞおぼえ候はましと、あやうくおぼえ候。さればこの儀を心えわかぬ人やらむ、わがこゝろのわろけ《(悪)》れば、往生はかな《(叶)》はじとこそは申あひて候めれ。そのうたがひの、やがて往生せぬ心にて候けるものを、たゞ心の善悪をもかへりみず、つみのかろき《(軽)》おもき《(重)》をもさた《(沙汰)》せず、心に往生せんとおもひて、口に南無阿弥陀仏とゝなへては、こゑ《(声)》につきて決

異執　異なった見解に固執する

瞋恚　怒り恨む

おぼろけ　普通、並一通り

ましかば…まし　もし…だったら、…だろう

定往生のおもひをなすべし。その決定心によりて、すなはち往生の業《ごう》はさだまるなり。かく心えねば往生は不定なり。往生は不定とおもへば、やがて不定なり。*一《いち》定《じょう》とおもへば一定する事にて候なり。されば詮は、ふかく信ずる心と申候は、南無阿弥陀仏と申《もうせ》ば、その仏のちかひにて、いかなる身をもきらはず、一定むかへ給ぞとふかくたのみて、いかなるとが《(科)》をもかへりみず、うたがふ心のすこしもなきを申候なり。又別解別行の人にやぶられざれと申は、さとりこと《(異)》に、行ことならむ人のい《(言)》はむ事につきて、念仏をもすて、往生をうたがふ事なかれと申候也《なり》。〈乃至〉*たとひ仏きたりて、光をはなち舌をいだ《(出)》して、『煩悩罪悪の凡夫、念仏して決定往生すといふ事はひが事《(僻)》ぞ、信ずべからず』といふとも、それによりて一念も疑《うたがう》心あるべからず。そのゆへは、一切の仏はみな同《おなじ》心に衆生をみちびき給なり。まづ阿弥陀如来願をおこしてのたまはく、『*われ仏にならんに、十方《じっぽう》の衆生わが国にむまれん《(生)》とねがひて、わが名号をとなふる事下十声にいたるまで、わが願力に乗じてもしむまれずといはゞ、正覚《しょうがく》をとらじ』とちかひ給ふ。その願成就《じょうじゅ》して、すでに仏になりたまへり。しかるを釈迦仏のこの世界にいでて、この仏の本願をとき給へり。又六方におの〳〵*恒河沙数《ごうがしゃしゅ》の仏まし〳〵て、一々に舌をの《(舒)》べて*三千大千世界におほ

一定　確実なこと、間違いないこと

乃至　念仏往生を論難する凡夫・縁覚・菩薩・仏（四重破人）のうち、前三者が省かれている

われ仏に云々　観念法門の文

恒河沙数　恒河の砂の数の意で、無限の数の譬え

ひ、無虚妄《むこもう》の*舌相を現じて、釈迦仏の弥陀の本願をほめて、一切衆生をすゝめて、かの仏の名号を唱《となう》れば、さだめて往生すと、ゝ（説）き給へるは、決定してうたがひなき事なり。一切衆生みなこの事を信ずべしと証誠《しょうじょう》し給へり。かくのごとく一切の仏、一仏ものこらず同心に、一切の凡夫念仏して決定往生すべきむねを、あるひ（或）は願をたて、あるひはその願をとき、あるひはその説を証しすゝめ給へり。このうへ（上）またいかなる仏のきたりて、往生すべからずとはいへるぞといふことはり（理）の候ぞかし。このゆへに、仏きたりての給ともおどろ（驚）くべからずと申なり。仏なを（猶）しかなり、いはむや菩薩をや、いはむや*縁覚《えんがく》をや、いはんや凡夫をやと心えつれば、ひとたびこの念仏往生の法門をきゝて、信をおこしてのちには、いかなる人とかく申とも、疑心あるべからずとこそはおぼえ候へ。これを深心と申候なり。三に廻向発願心といふは、善導の釈に云《いわく》、『*過去および今生の身口意業に修するところの*世出世の善根、および他の一切の凡夫の身口意業に修するところの世出世の善根を随喜して、この自他所修《しょしゅ》の善根をもて、ことごとくみな真実の深信《じんしん》の心の中に廻向して、かの国にむまれんと願ずるなり。また廻向発願といふは、かならず決定の真実心の中に廻向して、むまるゝ事をうる（得）おもひをなせ。この心ふかく信じて、なをし金剛のごとく

三千大千世界　全宇宙の意
舌相　広長舌相の略。仏の舌は広く長く、所説が虚言でないことを示す
縁覚　仏の教えによらず自ら悟った聖者、独覚ともいう
過去および今生云々　観経疏の文
世出世　世間出世間の略。世俗の世界と仏法の世界

にして、異学異見、別解別行の人のために、動乱破壊《はえ》せられざれ』といへり。この釈の心は、まづわが身につきて、さきの世をよ《（及）》び今生に、身にも口にもつくりたらむ功徳《くどく》を、みなこと〴〵く極楽に廻向して、往生をねがふ也。次にはわが身の事にても人の事にても、この世の果報をもいのり、またおなじのちの世の事なりとも、極楽ならぬ余の浄土にむ《（生）》まれんとも、もしは都率《*とそつ》にむまれんとも、もしは人中《*にんじゆう*》天上にむまれんともねがひ、かくのごとく、かれにもこれにもこ《（異）》となる事に廻向する事なくして、一向極楽に往生せむと廻向すべきなり。もしこの理《ことわり》を思さだめざらむさ《（先）》きに、この世の事をもいのり、あらぬ余のかたへも廻向したる功徳どもを、みなとりかへして、いまはこと〴〵く往生の業になさんと廻向すべきなり。また一切の善をみな極楽に廻向すべしと申せばとて、念仏一門に帰して一向に念仏を申さむ人の、ことさらに余の功徳をつくりあつめて、廻向せよと申には候はず。たゞすぎ《*（過）》ぬるかたにつくりをき《（置）》たらん功徳をも、もしまたこれよりのちなりとも、おのづからたよ《（便）》りにしたがひて、念仏のほかに余の善を修する事あらむをも、しかしながら往生の業に廻向すべしと申事にて候なり。この心金剛のごとくにして、別解別行の人にやぶられざれと申候は、さきに申つるやうに、異解《いげ》の人におしへられて、かれ

都率　都率天の略。弥勒の浄土
人中　人間界
天上　天上界の略。天人の世界
すぎぬるかた　過ぎ去った時

これに廻向する事なかれと申候也。金剛はやぶれぬものにて候なれば、たとへ《(譬)》にとりて、この心のやぶられざらん事も、金剛のごとくなれと申候。これを廻向発願心とは申候なり。三心のありさま、*おろ〱*申ひらき候《そうらい》ぬ。この三心を具してかならず往生するなり。『*もし一心もかけぬれば、往生する事をえ《(得)》ず』と善導釈し給たれば、往生をねがはん人は、もとも《(最)》この三心を具足すべきなり。〈乃至〉これを安心とはなづけて候なり。次に起行といふは、この申ひらき候*心ばへにて、一向に念仏を申させおはし《(御座)》ますべきに候。また*こと《(異)》行《ぎょう》にて候とも、極楽に*かたど《(片取)》りて候はん*行を、かれこれに心をかけずしてつとめ行ずべきにて候なり。おほよそ《(凡)》極楽にむまれ候べき行には、阿弥陀仏の本願にも、釈迦仏の説教にも、善導の解釈《げしやく》にも、諸師の*料簡《りようけん》にも、念仏をもて本体とする事にて候なり。そのほかの行は、とりわき《(取分)》たれ〱もすゝめ給《たまう》事候はず。さは候へども、いづれも〱聖教《しようぎよう》をならひ、何事にもおもひ*あて《(宛)》がひていのり申に、みなこと〴〵くそのなかだち《(仲立)》とならずといふ事の候はねば、念仏いかにも〱信じたくおもはざらん人は、また心のひか《(引)》むにしたがひて、いづれの行にてもつとめ《(勤)》むにしたがひて、極楽に廻向せよと申候なり。〈已《い》上取詮《じようせんをとる》〉

おろおろ　不十分ながら
申ひらき　説明申し上げる
もし一心も云々　往生礼讃偈の文
心ばへ　趣意、意味
こと行　念仏以外の諸行
かたどる　心が向く
行　この行は助業を指す
料簡　深い考え、思慮
あてがふ　振り当てる

［第一図］

またある人、往生の用心につきて、おぼつか《(覚束)》なきことを百四十五ケ《か》条までしるして、たづね申たりけるに、上人の御返事ありき。少々これをしるす。

［或人の種々不審を答給中の十九箇条を記す事］

一《ひとつ》、心を一にして、こゝろよくなを《*(直)》り候はずとも、何事をゝこな《(行)》ひ候はずとも、念仏ばかりにても浄土へはまいり候べきか。答《こたう》、心のみだるゝは、これ凡夫のなら《(習)》ひにて、ちから《(及)》をよばぬ事にて候。たゞ心をひとつにして、よく御念仏せさせたまはゞ、その罪を滅して往生せさせ給べきなり。その妄念よりもをも《(重)》き罪も、念仏だにもし候へばう《(失)》せ候なり。

なをる　鎮まる

一、日所作《*にっしょさ》は、かならずかず《(数)》をさだめ候はずとも、よ《*(読)》まれんにしたがひてよみ、念仏も申候べきか。答、かずをさだめ候はねば、懈怠《*けだい》になり候へば、数をさだめ候がよき事にて候。

日所作　日課としての勤め、行い
よむ　数をかぞえる
懈怠　なまけること

一、にら《*(韮)》、き《*(葱)》、ひる《*(蒜)》、鹿《*しし》をくひて、香《か》うせ候はずとも、常に念仏は申候べきやらん。答、念仏はなにゝもさはら《(障)》ぬ事にて候。

にら　ユリ科ネギ属の多年草
き　葱（ねぎ）の古語
ひる　にんにくの類、野蒜
鹿　鹿や猪などの食用肉

一、念仏をば、日所作にいくらばかりあて《(当)》ゝか申候べき。答、念仏のかずは一万遍をはじめにて、二万三万、五万六万、乃至十万まで申候なり。このなかに御こゝろにまかせて、おぼ《(思)》しめ《(召)》し候はん程を申させおはしますべし。

一、五色《ごしき》の糸は、仏にはひだり《(左)》にと仰《おおせ》候き。わが手には、いづれのかた《(方)》にていかゞひき候べき。答、左右《そう》の手にてひかせ給べし。

一、*時《とき》し候は功徳にて候やらん、かならずすべき事にて候やらん。答、ときは功徳うる事にて候也。*六斎の御時ぞさも候《そうらい》ぬべき。また御大事にて御《おん》病などもおこらせおはしましぬべく候はゞ、さなくとも、たゞ御念仏だにもよく／＼候はゞ、それにて生死をはなれ、浄土に往生せさせおはしまさんずる事は、これによるべく候。

一、かならず仏を見《み》、いとを*ひかへ候はずとも、われ申さずとも、人の申さん念仏をきゝても、死《しに》候はゞ浄土には往生し候べきやらん。答、かならずいとをひくといふ事候はず。仏にむかひまいらせねども、念仏だにもすれば往生し候なり。またきゝてもし候。それはよく／＼信心ふかくての事にて候。

一、ながく生死をはなれ、*三界《さんがい》にむ《(生)》まれじとおもひ候に、極楽の衆生となりても、その縁つきぬれば、この世にむまると申候は、まことにて候か。たとひ国王とも

時　「斎」の当て字。戒律に従って食事する
六斎　六斎日の略。月の八・一四・一五・二三・二九・三〇日に、在家信者が斎戒して慎む
ひかへ　引っ張って持つ
三界　迷いの世界、欲界・色界・無色界の三つに分ける

なり、天上にもむまれよ、たゞ三界をわか《（別）》れんとおもひ候に、いかにつとめおこなひてかかへ《（返）》り候はざるべき。答、これもろ〳〵のひが《（僻）》事にて候。極楽へひとたびむまれ候ぬれば、ながくこの世にかへる事候はず。みなほとけ《（仏）》になる事にて候也。たゞし人をみちびかんためには、ことさらにかへる事も候。されども生死にめぐる人にては候はず。三界をはなれ極楽に往生するには、念仏にすぎたる事は候はぬ也。よく〳〵御念仏の候べき也。

一、歌よむは罪にて候か。答、あながちに得《え》候はじ。但《ただし》罪もす、功徳にもなる。

一、酒のむはつみにて候か。答、まことにはのむべくもなけれども、この世のならひ。

一、*錫杖《しやくじよう》はかならず誦《じゆ》すべきか。答、さなくとも、そのいとまに念仏一遍も申べし。*尼法師こそありく《（歩）》とき、*虫のために誦《じゆし》候へ。

一、臨終に善知識《ぜんじしき》にあひ候はずとも、日ごろの念仏にて往生はし候べきか。答、善知識にあはずとも、臨終おもふ様《よう》ならずとも、念仏申さば往生すべし。

一、心に妄念の*いかにも思はれ候は、いかゞし候べき。答、たゞよく〳〵念仏を申させたまへ。

錫杖　錫杖を振って唱える偈文
尼法師　出家して比丘尼戒を受けている女性
虫のために誦　虫を避けるため、錫杖を振り偈文を唱える
いかにも　どうにも、何としても

一、ねてもさめても、口あら《(洗)》はで念仏申候《そうら》はんは、いかゞ候べき。答、くるしからず。

一、六斎に、にら、ひるいか《(如何)》に。答、めさ《(召)》ゞらんはよく候。

一、毎日の所作に、六万十万の*数遍《すへん》を念珠をくりて申候はんと、二万三万を念珠をたしかに一づゝ申候はむと、いづれかよく候べき。答、凡夫のならひ、二万三万をあつとも、如法にはかな《(叶)》ひがたからん。たゞ数遍のおほからんにはすぐ《(過)》べからず。名号を相続せんためなり。かならずしも数を要とするにはあらず、たゞ常に念仏せんがためなり。かずをさだめぬは懈怠の因縁なれば、*数反《すへん》をすゝむるにて候。

一、魚鳥《いおとり》くいて、*いかけ《(沃懸)》して経はよみ候べきか。答、いかけしてよむ本体*にて候。せでよむは、功徳と罪とゝも《(共)》に候。但いかけせでも、よまぬよりはよむはよく候。

一、所作かき《(欠)》て*しいれ《(為入)》、かねてかゝむずるをまづ《(先)》し候、いかに。答、しいるゝはくる《(苦)》しからず、かねては懈怠なり。

一、破戒の僧、愚痴の僧、供養せんも功徳にて候か。答、破戒の僧、愚痴の僧を、

数遍　念仏を唱える遍数

数反　反は「遍」に同じ。ここは「数多く念仏を唱える」の意

いかけ　（体を清めるために）水を注ぎかける

本体　本来、本当

しいれ　（欠けた分を）加え入れる

すゑ（末）の世には仏のごとくたとむ（尊）べきにて候也。この御使《つかい》に申候ぬ、きこしめし候へ。

〈この御詞《ことば》は、上人のまさしき御手《おん》*なり。阿弥陀経のうらにをし（押）たり〉

〔第二図〕

手　文字、筆跡

法然上人行状絵図　第廿三

或《ある》人、往生の用心につきて、条々の不審を尋《たずね》申たりけるに、上人《しょうにん》の御返事云《へんじにいわく》、

一《ひとつ》、毎日の御所作《しょさ》、六万遍めでたく候《そうろう》。うたがひの心だにも候はねば、十念一念も往生はし候へども、多く申《もうし》候へば上品《じょうぼん》にむ《（生）》まれ候。尺《（釈）》にも「上品花台見慈主、到者皆因念仏多（*上品の花台《けだい》に*慈主を見たてまつる。到る者は皆《みな》念仏の多きに因る）」と候へば。

一、*宿善によりて往生すべしと人の申候らん、ひが《（僻）》事にては候はず。かりそめのこの世の果報だにも、さきの世の罪功徳《くどく》によりて、よくもあし《（悪）》くもむまるゝ事にて候へば、まして往生程《ほど》の大事、かならず宿善によるべしと、聖教《しょうぎょう》にも候やらん。たゞし念仏往生は、宿善のなきにもより候はぬやらん。「*父母《ぶも》をころし、仏身よりち《（血）》を*あやしたるほどの罪人も、臨終に十念申て往生す」と、観経《かんぎょう》にもみえて候。しかるに宿善あつき善人は、おしへ候はねども、悪におそれ、仏道に心すゝむ事にて候へば、五逆などはいかにも〳〵つくるまじき事にて候也《なり》。それに五逆

［或人往生の用心を尋ける御答九箇条の事］

上品の花台云々　五会法事讃の文
慈主　阿弥陀仏のこと
宿善　過去世で行った善根
父母を殺し云々　観無量寿経の取意文
あやす　したたらせる

の罪人、念仏十念にて往生をとげ候《そうろう》時に、宿善のなきにもより候まじく候。されば*経に、「若人造多罪、得聞六字名、火車自然去、華台即来迎。極重悪人、無他方便、唯称念仏、得生極楽。若有重業障、無生浄土因、乗弥陀願力、必生安楽国（若《も》し人多くの罪を造るとも、六字の名を聞くことを得《え》ば、*火車自然《じねん》に去りて、華台《けだい》即《すなわ》ち来迎《らいこう》す。極重の悪人は他の方便なし、唯《ただ》仏を称念して極楽に生ずることを得《う》。若し重き*業障《ごつしょう》ありて、浄土に生ずる因なくとも、弥陀の願力に乗ぜば、必ず安楽国に生ず）」。この文《もん》の心は、もし五逆をつくれりとも、弥陀の六字の名をきかば、火の車自然にさりて、蓮台きたりてむかふべし。又きわめておもき罪人の、他の方便なからむも、弥陀をとなへたてまつらば、極楽にむまるべし。またもしおもきさはり（障）ありて、浄土にむまるべき因なくとも、弥陀の願力にのりなば、安楽国にむまるべしと候へば、たのもしく候。又善導《ぜんどう》の尺（釈）には、「*曠劫《こうごう》よりこのかた*六道に輪廻《りんね》して、出離の縁なからん常没《じようもつ》の衆生《しゆじよう》をむかへんがために、阿弥陀仏は仏になりたまへり」と候。その常没の衆生と申候は、*恒河《ごうが》のそこにしづみたるいき（生）物の、身おほきにながくして、その河に*はゞかりて、えはたら（働）かず、つねにしづみたるに、悪世《あくせ》の凡夫をばたとへられて候。又凡夫と申《もうす》二《ふたつ》の文字《もんじ》をば、狂酔のごとしと弘法《こうぼう》大師

経　観無量寿経の取意文。三宝感応要略録・往生要集・浄土論に類似の文が見える

火車　罪人を地獄に運ぶという火の車

業障　往生の妨げとなる罪業

曠劫よりこのかた云々　観経疏の取意文

六道　六つ（地獄・餓鬼・畜生・阿修羅・人間・天上）の迷いの世界

恒河　梵語と漢訳の合成で、ガンジス河のこと

はばかる　はびこる、一杯になる

尺《(釈)》したまへり。げにも凡夫の心はものぐるひ《(物狂)》、さけにゑ《(酔)》いたるがごとくして、善悪につけておもひさだめたる事なし。一時に煩悩《ぼんのう》も、たび《(百度)》まじはりて、善悪みだれやすければ、いづれの行《ぎょう》なりとも、わがちからにては行じがたし。しかるに生《しょう》死《じ》をはなれ、仏道にいる《(入)》には、菩提心《ぼだいしん》をおこし、煩悩をつくして、*三祇百劫《さんぎひゃくごう》難行苦行してこそ、仏にはなるべきにて候に、五濁《ごじょく》の凡夫、わがちからにては*願《がん》行《ぎょう》そなはる事かなひがたくて、六道*四生《ししょう》にめぐり候也。弥陀如来、このことをかなしみ思食《おぼしめ》して、法蔵菩薩《ほうぞう》と申しゝいにしへ、我等《われら》が行じがたき*僧祇《そうぎ》の菩行を、*兆載永劫《ちょうさいようごう》があひだ、功をつみ徳をかさねて、阿弥陀ほとけ《(仏)》になりたまへり。一仏にそなへ給《たま》へる四智三身《さんじん》十力無畏《むい》等の一切の内証の功徳、相好《そうごう》光明説法利生《りしょう》等の外用《げゆう》の功徳さまぐ〵なるを、三字の名字《みょうじ》のなかにおさめいれて、「この名号《みょうごう》を十声《じっしょう》一声までもとなへんものを、かならずむかへん。もしむかへずは、われ仏にならじ」とちかひ給へるに、かの仏いま現に世にましく〵て、仏になりたまへり。「*名号をとなへん衆生、往生うたがふべからず」と、善導もおほせ《(仰)》られて候也。この様《よう》をふかく信じて、念仏おこたらず申て、往生うたがはぬ人を、他力信じたるとは申《もうし》候也。世間の事にも他力は候ぞかし。足なえ腰*ゐ《(居)》たるものゝ、とを《(遠)》

三祇　三大阿僧祇劫の略、数えきれないほどの長い時間
願行　願いと行い
四生　生物の四つ（胎・卵・湿・化）の生まれ方
僧祇・兆載永劫　ともに極めて長い時間をいう
名号をとなへん云々　往生礼讃の取意文
腰ゐ　腰が立たない、腰ぬけ

き道をあゆまむとおもはんに、かな(叶)はねば船車《ふねくるま》にのりてやすくゆく事、これ我《わが》ちからにあらず、乗物のちからなれば他力也。あさましき悪世の凡夫の、諂曲《*てんごく》の心にてかまへつくりたるのりもの(乗物)にだにも、か丶る他力あり。まして五劫《ごこう》のあひだ思食《おぼしめし》さだめたる本願他力のふねいかだ(船筏)に乗なば、生死の海をわたらん事、うたがひ思食べからず。しかのみならず、やまひ(病)をいやす草木、くろがね(鉄)をとる磁《じ》石《しゃく》、不思議の用力《*ゆうりき》也。麝香《じゃこう》はかう(芳)ばしき用《ゆう》あり、さい(犀)の角《つの》は水をよせぬちからあり。これみな心なき草木、ちかひお(を)丶こさぬけだもの(獣)なれども、もとより不思議の用力は、かくのみこそ候へ。まして仏法不思議の用力ましま(坐)さゞらむや。されば念仏は、一声に八十億劫《おっこう》の罪を滅する用あり。弥陀は、悪業深重《あくごうじんじゅう》のものを来迎し給ちからましますと思食とりて、宿善のありなしも沙汰《さた》せず、罪のふかき(深)あさ(浅)きもかへりみず、たゞ名号となふるもの丶、往生するぞと信じ思食べく候。

「すべて破戒も持戒も、貧窮《びんぐう》も福人《ふくにん》も、上下の人をきらはず、たゞ我名号をだに念ぜば、石かわら(瓦)を変じて金《こがね》となさむがごとし、来迎せん」と御約束《やくそくし》候也。法《*ほっ》照《しょう》禅師《ぜんじ》の五会法事讃《ごえほうじさん》にも、「彼仏因中立弘誓、聞名念我惣来迎、不簡貧窮将富貴、不簡下智与高才、不簡多聞持浄戒、不簡破戒罪根深、但使廻心多念仏、能令

諂曲　他人にこびへつらう

用力　それ自体に備わる働きや力

法照　八世紀末唐代の浄土教の僧

瓦礫変成金（かの仏の因中*に弘誓《ぐぜい》を立つ。名を聞きて我を念ぜば惣《す》べて来迎せん。貧窮と富貴《ふき》とを簡《えら》ばず、下智と高才とを簡ばず、多聞《たもん》と浄戒を持《たも》つとを簡ばず、破戒と罪根の深きとを簡ばず、ただ心を廻《え》して多く念仏せしめば、能《よ》く瓦礫《がれき》をして変じて金《こん》と成さしめん）」。たゞ御《おん》ずゞ（数珠）をくらせおはしまして、御《おん》舌をだにもはたらかされず候はんは、懈怠《けだい》にて候べし。たゞし善導の*三縁《さんねん》の中の親縁《しんねん》を尺（釈）したまふに、「衆生*ほとけを礼《らい》すれば、仏これをみたまふ。衆生仏をとなふれば、仏これをきゝたまふ。衆生ほとけを念ずれば、仏も衆生を念じたまふ。かるがゆへ（故）に、阿弥陀仏の三業《さんごう》と行者《ぎょうじゃ》の三業と、かれこれひとつになりて、仏も衆生もおや（親）子のごとくなるゆへに、親縁となづく」と候めれば、御《おん》手にずゞをもたせたまひて候はゞ、仏これを御覧《ごらんじ》候べし。御《おん》心に念仏申すぞかしと思食《おぼしめし》候はゞ、仏も行者を念じ給べし。されば仏にみえまいらせ*、念ぜられまいらする御《おん》身にてわたらせたまひ候はんずる也。さは候へども、つねに御舌のはたらくべきにて候也。三業相応のためにて候べし。三業とは、身と口と意《こころ》とを申候也。しかも仏の本願の称名《しようみよう》なるがゆへに、こゑ（声）を本体とは思食べきにて候。さて我耳にきこゆる程《ほど》申候は、高声《こうしよう》の念仏のうちにて候也。

因中　菩薩として修行の時

三縁　阿弥陀仏が念仏の者を摂取する三つ（親縁・近縁・増上縁）の由縁

衆生ほとけを云々　観経疏の取意文

みえまいらす　お目に見ていただく

一、御*無言日出《めでたく》候。たゞし*無言ならで申《もうす》念仏は、功徳すくなしと思食なばあしく候。念仏をば金《こがね》にたとへたる事にて候。金は火にやくにもいろ《色》まさり、水にいるゝにも損ぜず候。かやうに念仏は、妄念のおこる時申候へどもけがれ《汚》ず、*ものを申《もうし》まずる《交》にもまぎれ《紛》候はず。そのよしを御心え《得》ながら、御念仏の程はこと《異》事まぜずして、いますこし念仏のかずを*そえ《添》むとおぼしめさんは、*さんて候。もし思食わすれて、ふともの《物》など仰《おおせ》候て、「あなあさまし、いまはこの念仏むなしくなりぬ」と思食す御《おん》事は、ゆめ〳〵候まじく候。いかやうにて申候とも、往生の業《ごう》にて候べく候。

一、*百万遍の事、仏の願にては候はねども、*小阿弥陀経に、「若一日《もしはいちにち》、若二日、乃《ない》至《し》七日念仏申《もうす》人、極楽に生ずる」とかゝれ《書》て候へば、七日念仏申べきにて候。その七日の程のかずは、百万遍にあたり候よし、*人師《にんし》尺《釈》して*候《そうろう》時に、百万遍は七日申べきにて候へども、たえ《堪》候はざらん人は、八日九日などにも申され候へかし。さればとて百万遍申ざらん人の、むまる《生》まじきにては候はず。一念十念にてもむまれ候なり。一念十念にてもむまれ候ほどの念仏とおもひ候うれしさに、百万遍の功徳をかさぬるにて候也。

無言　念仏の他はものを言わない
無言ならで　余言を交える
ものを申まずる　他の言葉を交えて申す
そえむ　付け加えよう、増やそう
さんて　「さにて」の撥音便。そうありたい
百万遍　百万遍念仏の略
小阿弥陀経　阿弥陀経のこと
人師　ここは道綽をいう
候時に　(解釈なされた)時代には。刊本は「候へば」と訂す

一、*七分《しちぶん》全得の事、仰《おおせ》のまゝに申《もうす》げに候。さてこそ*逆修《ぎやくしゅ》はすることにて候へ。さ候へば、後の世をとぶら《（弔）》ひぬべき人の候はむ人も、それをたのまずして、*われとはげ《（励）》みて念仏申て、いそぎ極楽へまいりて、*五通*三明《さんみょう》をさとりて、六道四生の衆生を利益《りやく》し、父母《ぶも》*師長の*生所《しょうしょ》をたづねて、心のまゝにむかへとらんと思べきにて候也。また当時日ごと《（毎）》の御念仏をも、*かつ〴〵廻向《えこう》しまいらせられ候べし。なき人のために念仏を廻向し候へば、阿弥陀ほとけ光をはなちて、地獄餓鬼畜生をてらし給候へば、この三悪道《さんなくどう》にしづみて苦をうくるもの、そのくるしみやすまりて、命おはり《（終）》てのち、解脱《げだつ》すべきにて候。大経云《だいきょうにいわく》、「若在三途勤苦之処、見此光明、皆得休息、無復苦悩、寿終之後、皆蒙解脱（若し三途《さんず》勤苦《ごんく》の処《ところ》に在《あ》りて、この光明を見たてまつらば、皆休息《くそく》を得て、また苦悩なし。寿終の後、皆解脱を蒙《こうむ》らん）」。

一、本願のうたがはしき事もなし、極楽のねがはしからぬにてはなけれども、往生一定《いちじょう》と*おもひやられて、とくまいり《（参）》たきこゝろの、あさゆふ《（朝夕）》はしみ〴〵ともおぼえずと仰《おおせ》候事、まことによからぬ御事にて候。「浄土の法門をきけども、きかざるがごとくなるは、このたび三悪道よりいで《（出）》ゝ、罪いまだつき《（尽）》ざるもの也」と*経にもとかれて候。又この世をいとふ御心のうすくわたらせ給にて候。そのゆへ《（故）》

七分全得　追善供養の功徳を死者が受け取るのは功徳の七分の一であるが、自身の逆修は七分の全部を受けることができる
逆修　生前にあらかじめ修する自身のための中陰などの仏事
われと　自分から
五通　五つ（神足・天眼・天耳・他心・宿命）の神通力
三明　三つ（宿命・天眼・漏尽）の智恵
師長　師匠と年長者
生所　死後に再び生をうける所
かつがつ　とりあえず
おもひやる　推し量る
経　平等覚経

は、西国《さいごく》へくだらむともおもはぬ人に、船をとらせて候はんに、ふねの水にうかぶ事なしとはうたがひ候はねども、当時さしているまじ《（要）》ければ、いたくうれしくも候まじきぞかし。さてかたき《（敵）》の城などにこめ《（籠）》られて候はんが、から《（辛）》くしてにげてまかり候はむみちに、おほきなる河海《かわうみ》などの候て、わたるべきやう《（様）》もなからむおり、おやのもとより船をまうけてむかへにたび《（賜）》たらむは、さし《（差）》あたり《（当）》ていかばかりかうれしく候べき。これがやうに貪瞋《とんじん》煩悩のかたきにしばられて、三界《さんがい》の*焚《はん》籠《ろう》にこめられたる我等を、弥陀悲母《ひも》の御《おん》こゝろざしふかくして、名号の利剣をもちて生死のきづな《（絆）》をきり、本願の要船を苦海の波にうかべて、かの岸につけたまふべしとおもひ候はむうれしさは、*歓喜《かんぎ》のたもとをしぼり、渇仰《かつごう》のおもひきも《（肝）》にそむ《（染）》べきにて候。身の毛も*いよだつ《（竪）》ほどに思べきにて候を、*のさに思食《おぼしめし》候はむは、ほい《（本意）》なく候へども、それもことはり《（理）》にて候。罪つくる事こそ、おしへ候はねども、心にもそみておぼえ候へ。そのゆへは、無始よりこのかた六趣*にめぐりし時も、かたち《（形）》はかはれども心はかはらずして、いろ〳〵さま〴〵につくり《（造）》なら《（慣）》ひて候へば、いまも*うゐ〳〵《（初）》しからず、やすくはつくられ候へ。念仏申て往生せばやとおもふ事は、このたびはじめてわづかに聞得《ききえ》たる事にて候へば、*きとは信ぜ

焚籠　かご。焚は「樊」の誤字
歓喜の　刊本はのの下に「涙」の語を補う
いよだつ　逆立つ
のさに　のんびりと、平気に
六趣　六道に同じ
うゐうゐし　気恥ずかしい
きと　急に、すぐに

られ候はぬ也。そのうへ（上）人の心は*頓機《とんき》*漸機《ぜんき》とて、ふたしな（二品）に候也。頓機はきゝてやがてさとるこゝろにて候。漸機はやう〳〵さとる心にて候也。ものまうで（詣）などをし候に、足はやき人は*一時《ひととき》にまいりつくところへ、あしおそきものは、日ぐらし*（暮）にもかなはぬ様《よう》には候へども、まいり心だにも候へば、つゐ（終）にはとげ候やうに、ねがふ御《おん》こゝろだにわたらせ給《たまい》候はゞ、とし（年）月をかさねても、御信心もふかくならせおはし（御座）ますべきにて候。

一、日ごろ念仏申せども、臨終に善知識《ぜんじしき》にあはずは往生しがたし、またやまひ大事にて心みだれば往生しがたしと申候らんは、さもいはれて候へども、善導の御《み》心にては、極楽へまいらむとこゝろざして、おほく（多）もすく（少）なくも念仏申さむ人の命つきん時は、阿弥陀仏聖衆《しょうじゅ》とゝもにきたり（来）てむか（迎）へ給べしと候へば、日ごろだにも御念仏候はゞ、御臨終に善知識候はずとも、仏はむかへさせたまふべきにて候。又善知識のちからにて往生すると申候事は、観経《かんぎょう》の*下三品《げさんぼん》の事にて候。下品下生《げぼんげしょう》の人などこそ、日ごろ念仏も申候はず、往生のこゝろも候はぬ逆罪*の人の、臨終にはじめて善知識にあひて、十念具足して往生するにて候へ。日ごろより他力の願力をたのみ、*思惟《しゆい》の名号をとなへて、極楽へまいらむとおもひ候はん

頓機　すぐに悟りえる機根
漸機　漸次に修行を積んで悟りえる機根
一時　しばらくの間、少しの間
日ぐらし　一日中、終日
下三品　下品上生・下品中生・下品下生の三種
逆罪　父母を殺すなどの五逆の罪
思惟　考えをめぐらすこと。阿弥陀仏は五劫の間思惟して念仏往生の本願を成就した

人は、善知識のちから候はずとも、仏は来迎したまふべきにて候。又かろき《（軽）》やまひをせむといのり候はむ事も、*こゝろかしこく《（賢）》は候へども、やまひもせでしぬる《（死）》人もうるはしく、おはる時には*断末摩のくるしみとて、八万の*塵労門《じんろうもん》より、無量のやまひ身をせめ候事、百千のほこ《（矛）》つるぎ《（剣）》にて、身をきりさくがごとし。さればまなこ《（眼）》なきがごとくして、みむ《（見）》とおもふものをもみず、舌のね《（根）》すくみて、いはん《（言）》と思こともいはれず候也。これは人間の*八苦《はっく》のうちの死苦にて候へば、本願信じて往生ねがひ候はむ行者も、この苦はのがれずして、悶絶《もんぜつ》し候とも、いきのたえむ時は、阿弥陀ほとけのちからにて、正念《しょうねん》になりて往生をし候べし。臨終は*か《（髪）》みすぢ《（筋）》きるが程の事にて候へば、*よそにて凡夫さだめがたく候。たゞ仏と行者とのこゝろにてしるべく候也。そのうへ*三種の愛心おこり候ぬれば、魔縁たよりをえて、正念をうしなひ候也。この愛心をば、善知識のちからばかりにてはのぞきがたく候。阿弥陀ほとけの御ちからにて、のぞかせたまふべく候。諸邪業繋無能碍者（*諸《もろもろ》の*邪業繋《じゃごうけ》、能《よ》く碍《さ》ふる者なし）、たのもしく思食《おぼしめす》べく候。又*後世者《ごせしゃ》とおぼしき人の申げに候は、まづ正念に住して念仏申さん時に、仏来迎したまふべしと申げに候へども、小阿弥陀経には、「与諸聖衆現在其前、是人終時心不顚倒、即

こころかしこし　用心深い
断末摩　死にぎわ、臨終
塵労門　煩悩のこと
八苦　生・老・病・死の四苦に、愛別離苦・怨憎会苦・求不得苦・五陰盛苦を加える
かみすぢきるが程　ほんの短い間、瞬間
よそにて　離れた所(から見て)
三種の愛心　臨終に起こす境界愛(妻子や財産等への愛着)・自体愛(わが肉体への愛着)・当生愛（来世に生まれる所への愛着)
諸の云々　観経疏の文
邪業繋　罪業による縛りつけ
後世者　後世を願う人

得往生阿弥陀仏極楽国土（諸の聖衆とともに、現にその前に在《まします》す。この人終る時、心顛《てん》倒《どう》せず、即《すなわ》ち阿弥陀仏の極楽国土に往生することを得《う》）」と候へば、人の命おはらんずる時、阿弥陀ほとけ聖衆とゝもに目のまへにきたり給《たまい》たらむを、まづみまいらせてのちに、心は顛倒せずして、極楽にむ（生）まるべしとこそ心えて候へ。さればかろき病をせばやと、いのらせ給はむいとま（暇）にて、いま一遍も、やまひなき時念仏を申て、臨終には阿弥陀ほとけの来迎にあづかりて、三種の愛心をのぞき、正念になされまいらせて、極楽にむまれむと思食べく候。さればとて、*いたづらに候《そうらい》ぬべからん、善知識にもむかはでおはらむ（終）と、思食べきにては候はず。先徳たちのおしへにも、「臨終の時に、あみだ仏を西のかべに安置しまいらせて、病者《びょうじゃ》そのまへに西むきにふして、善知識に念仏をすゝめられよ」とこそ候へ。それこそあらまほしき事にて候へ。たゞし人の死の縁は、かねておもふにもかなひ（叶）候はず。俄《にわか》におほち（大路）みちにておはる事も候。又大小便利のところにてしぬる人も候。*前業《ぜんごう》のがれがたくて、太刀《たち》かたなにて命をうしなひ、火にやけ水におぼれて、いのちをほろぼすたぐひ多《おおく》候へば、さやうにてしに候とも、日ごろ念仏申て、極楽へまいる心だにも候人ならば、いきのたえむ時に、弥陀、観音、勢至《せいし》きたりてむ

いたづらに　（何もしないで）むなしく

前業　前世における行為（特に悪業）

かへ給べしと、信じ思食べきにて候也。往生要集にも、「*時所諸縁《じしよしよえん》を論ぜず、臨終に往生をもとめねがふに、その*便宜《びんぎ》をえたる事、念仏にはしかず」と候へば、たのもしく候。

一、「所作おほくあて《（宛）》がひてか《（欠）》ゝむよりは、すくなく申さむ、一念もむ《（生）》まるなれば」と仰《おおせ》候《そうろう》事、まことにさも候《そうらい》なむ。たゞし*礼讃《らいさん》の中には、「十声一声定得往生、乃至一念無有疑心（十声一声も定めて往生することを得。乃至《ないし》一念も疑心あることなし）」と尺《（釈）》せられて候へども、*疏《しょ》の文には、「念々不捨者、是名正定之業（念々に捨てざる者、これを正定《しょうじょう》の業と名づく）」と候へば、十声一声にむまると信じて、念々にわするゝ事なくとなふべきにて候。又「弥陀名号相続念*（弥陀の名号相続して念ぜよ）」とも尺《（釈）》せられて候。さればあひついで念ずべきにて候。*一食《いちじき》のあひだに三度ばかりおもひい《（出）》でむは、よき相続にて候。常にだに思食《おぼしめし》いでさせ給候はゞ、十万六万申させ給候はずとも、相続にて候《そうらい》ぬべけれども、人の心は当時みる事きく事にうつるものにて候へば、なにとなく御まぎれ*のうちには、思食いでん事かたく《（難）》候ぬべく候。御所作おほくあてゝ、つねにずゞ《（数珠）》をもたせ給候はゞ、思食いで候ぬと覚《おぼえ》候。たとひことのさはり《（障）》ありて、か《（欠）》ゝせおはしまして候とも、あさま

時処諸縁　時刻と場所とさまざまな事情
便宜　好都合、好機
礼讃　往生礼讃偈の略
疏　観経疏のこと
弥陀の名号云々　法事讃の文
一食　一度の食事
まぎれ　他のことに気が散る

しや、かきつる事よと思食候はゞ、御心にかけ《懸》られ候はんずるぞかし。とてもかくても御わすれ候はずは、相続にて候べし。またかけて候はん御所作を、次の日*申入《もうしいれ》られ候はむ事、さも候なん。それもあす申いれられ候はんずればとて、御ゆだん《油断》候はむはあしく候。*せめての事にてこそ候へ。御心え《得》あるべく候。

一、*魚鳥《いおとり》に七ケ《か》日の*いみ《忌》の候なる事、さもや候らん。*え見《み》及ばず候。地体《じたい》はいき《生》としいけるものは、過去のちゝはゝ《父母》にて候なれば、くふべき事にては候はず。また臨終にはさけ《酒》、魚鳥、き《葱》、にら《韮》、ひる《蒜》などは、*いまれたる事にて候へば、病など*かぎりになりては、くふべきものにては候はねども、当時きとしぬ《死》ばかりは候はぬ病の、月日つもり、苦痛もしのひがたく候はんには、ゆるされ候なむと覚候。御《おん》身おだ《穏》しくて念仏申さんと思食て、御療治候べし。命をしむ《惜》は往生のさはりにて候。病ばかりをば、療治はゆるされ候なんとおぼえ候。

申入る　(欠けた分を)唱え加える
せめての　できる限りの、精いっぱいの
魚鳥　魚や鳥の死
いみ　死の穢れに触れて慎む
え見及ばず　(経典などに)見ることができない
いまれたる　嫌い避けられる
かぎり　最期、臨終

[第一図]

[観相称名を執せる鎮西の修行者に御教訓の事]

鎮西《ちんぜい》より上洛《じょうらく》せる修行者《しゅぎょうじゃ》、上人の庵室《あんじつ》に参じて、いまだ見参《げんざん》にいらざるさきに、御弟子に対して、「称名のとき、仏の相好に心をかく《懸》ることは、いかゞ候べき」

とたづね申ければ、「めでたくこそ侍《はべ》らめ」と申けるを、上人道場にてきゝ給ひけるが、あかり《（明）》障子《しょうじ》をあけ給て、「源空《げんくう》はしからず、たゞ、『若我成仏十方衆生、称我名号下至十声、若不生者不取正覚、彼仏今現在世成仏、当知本誓重願不虚、衆生称念必得往生（若し我成仏《じょうぶつ》せんに十方《じっぽう》の衆生、我が名号を称すること下《しも》十声に至るまで、若し生ぜずんば正覚《しょうがく》を取らじ。かの仏今《いま》現に世に在して成仏したまへり。当《まさ》に知るべし、本誓《ほんぜい》の重願虚《むな》しからざることを。衆生称念すれば必ず往生を得）』とおもふばかりなり。我等が分にていかに観ずとも、更に*如説の観にあらじ。たゞふかく本願をたのみて、口に名号をとなふるのみ。*仮令《けりょう》ならざる行なり」とぞ仰られける。

如説　経に説くように
仮令　かりそめのこと

［第二図］

法然上人行状画図　第廿四

上人《しょうにん》の給《たま》はく、「阿弥陀経は、たゞ念仏往生ばかりを説《とく》とは心得《う》べからず。文《もん》に*隠顕《おんけん》ありといへども、広略義《こうりやくの》をもて心得れば、四十八願をこと〴〵く説給《とき》へる経也《なり》。『舎利弗、如我今者、讃嘆阿弥陀仏、不可思議功徳（*舎利弗《しゃりほつ》、我今者《いま》、阿弥陀仏の不可思議功徳《くどく》を讃嘆《さんだん》するが如《ごと》く）』といへる阿弥陀ほとけ（仏）の功徳は、即《すなわち》四十八願也。念仏往生をとくは、その中の第十八の願をさす也。又この経に一日《いちにち》七日といへるを、只《ただ》一日七日に限《かぎる》と意得《こころう》るは僻事《ひがこと》也。善導和尚《ぜんどうかしょう》、観経《かんぎょう》の疏《しょ》に、上品上生《じょうぼんじょうしょう》の一日七日を*尺《しゃくし》給に、「従具此功徳已下、正明修行時節延促、上尽一形下至一日一時一念等、或従一念十念至一時一日一形、大意者、一発心已後、誓畢此生、無有退転、唯以浄土為期（*具此《ぐし》功徳より已下《いげ》は、正《まさ》しく修行の*時節の延促《えんぞく》を明かす。上《かみ》*一形《いちぎょう》を尽くし下《しも》一日一時一念等に至り、或《あるい》は一念十念より一時一日一形に至る。*大意《だいい》は、一たび発心《ほっしん》して已後《いご》、誓ひてこの生《しょう》を畢《おう》るまで、退転有ること無く、ただ浄土を以《も》て期《ご》とす）』と判《はんじ》給へり。この尺（釈）をもて准知するに、阿弥陀経の一日七日も、又如此《かくのごとく》意得べき也。この尺（釈）に三《みつ》の

［上人弥陀経の大意を演給事］

隠顕　裏に隠れたものと表にあらわれたもの
舎利弗　釈尊の十大弟子の一人
尺　「釈」の当て字
具此功徳より云々　観無量寿経の「具此功徳、一日乃至七日、即得往生」を釈する
時節の延促　時間の長い短い
一形　一生涯
大意　経文などの大体の意味

意あり、一《ひとつ》には多より小(少)にいたり、二《ふたつ》には少より多に至り、三には、大意は一発心已後退転なしといへるなり。初《はじめ》の二は要にあらず、後の一その要也。所詮《しょせん》は往生の心を発《おこ》してのち、命終《みょうじゅう》まで退せざる、これを大意とするなり。凡《およそ》この阿弥陀経は、我朝《わがちょう》に都鄙《とひ》処々に多く流布せり。法華《ほけ》経と最勝王経とは、諸宗の学徒兼学すべきよし、*桓武《かんむ》天皇の御《おん》時、*宣旨《せんじ》を下されて定置《さだめ》れしかば、*演説者とて法華《ほっけ》を解説《げせつ》する師は、多くなりたりけれども、暗誦《あんじゅ》する人なかりければ、法花(華)を暗誦すべきよし、かさねて宣旨を下されけるのち、*持経者多くいで(出)きたれり。法花(華)は加様《かよう》に宣下《せんげ》によりてこそ流布せられたれ。阿弥陀経は、其沙汰《そのさた》なけれども自然《じねん》に流布して、処々の道場にみな*例時とて、毎日にかならず*阿弥陀経をよみ、一切の諸僧阿弥陀経をよまずといふ事なし。これひとへに浄土教*有縁《うえん》のいたすところなり。事のおこりをたづぬれば、叡山《えいざん》の常行堂《じょうぎょうどう》より出《いで》たり。彼《かの》常行堂の*念仏は、慈覚《じかく》大師渡唐のとき将来し給へる勤行《ごんぎょう》なり」とぞ仰《おおせ》られける。

[第一図]

上人の給はく、「諸宗の祖師はみな極楽に生じ給へり。所謂《いわゆる》真言の祖師龍樹《りゅうじゅ》菩

桓武天皇　第五〇代天皇（在位七八一～八〇六）
宣旨　天皇の勅命を伝える文書
演説者　経典の教義を述べる人
持経者　常に法華経を受持し読誦する人
例時　定時(夕刻)に行う勤行
阿弥陀経　引声（ゆるやかな曲調の音声）で読む
有縁　教えを聞く機縁
念仏　引声で唱える

[諸宗の祖師は皆極楽に往生し給御物語の事]

薩、天台の祖師*南岳《なんがく》、智者《ちしゃ》、*章安《しょうあん》、*妙楽《みょうらく》、三論の祖師*僧叡《そうえい》、花厳《けごん》の祖師*智儼《ちごん》、法《ほっ》相《そう》宗には懐感禅師《えかんぜんじ》、我《わが》宗をすて丶浄土宗に入る。天親《てんじん》菩薩は法相宗の祖師也。往生論を作《つくり》て極楽をす丶む。*達摩《だるま》宗の祖師智覚《ちかく》禅師は、上品上生《じょうぼんじょうしょう》の往生人《にん》也。其外《ほか》非名僧のなかに、往生人これおほし。あぐるにいとまあらず」と。

［第二図］

或《ある》時、聖光房《しょうこうぼう》、*法力房《ほうりきぼう》、安楽房侍《あんらくぼうはべり》けるに、安楽房、上人に尋《たずね》申《もうして》云《いわく》、「我等《われら》ごときの輩《ともがら》、かたく*十重をもた《（持）》ず、常に妄念をおこし、又勇猛精進《ゆみょうしょうじん》ならずして、我身の善悪をもかへりみず、たゞ弥陀の本願を仰《あおぎ》て、*決定《けつじょう》往生の思をなし侍るは、往生し侍べしや」と。上人の給はく、「其条勿論《もちろん》也。所詮決定心を生ぜば、往生すべき人なり。煩悩《ぼんのう》罪悪等の、往生を障不障《さえさえざる》をば、凡夫の心にては覚知すべからずといへども、本願に相応する程の念仏申たらむには、それを障碍《しょうげ》して、往生をさまたぐる罪はあるべからず。往生は念仏の*信否《しんぴ》によるべし。更に罪悪の有無《うむ》にはよるべからざるなり。すでに凡夫の往生をゆるす、なむぞ妄念の有無をきらふべきや」と仰らる丶に、安楽房又申云、「*虚仮《こけ》の物は往生せずと申すは、何様《なによう》に心得《え》侍

南丘　智者の師、名は慧思（五一五～七七）
章安　智者の弟子、名は灌頂（五六一～六三二）
妙楽　中国天台宗の中興の祖、名は湛然（七一一～八二）
僧叡　四世紀の中国僧、鳩摩羅什の訳経に協力
智儼　中国華厳宗の第二祖（六〇二～六八）
達摩宗　禅宗の異名、摩は「磨」と同義

［聖光房安楽房安心の尋に依て上人御答の事］
法力房　熊谷直実（一一三八～一二〇八）の法名、蓮生ともいう
十重　十重禁戒の略。梵網経における一〇の重要な戒
決定往生　必ず往生する

信否　信じるか信じないか

虚仮の物　外面と内心に相違のある者

べきぞや」。上人の給はく、「虚仮といふは、ことさらに*結構する輩也。好まずして自然に虚仮ならむは、往生の障《さわり》にあらず。念仏の信心を発《おこし》たらむ人は、*必定《ひつじよう》して往生すべし。更に疑べからず。善導の尺《(釈)》を能々《よくよく》意得《こころう》べきなり。善導おはしま《(御座)》さゞらましかば、我等いかでかこのたび生死《しようじ》を離べきや」と仰られて、落涙し給あひだ、聖光房、法力房、安楽房みなともに涙をさへ《(抑)》て、信心をましけり。其時聖光房、「我は一切に往生を疑はず」と申されければ、上人又の給はく、「貴房達《たち》は少々の罪過ありとも、争《いかでか》往生を遂ざらむや。但《ただし》外《ほかの》人には意得《こころえ》ていひきかすべき也。*強盛《ごうじよう》心《しん》をおこさず、落涙するに及ばずとも、念仏だにも申さば往生すべき也。*見思《けんし》、*塵《じん》沙《じや》、*無明《むみよう》の煩悩が、よろづの障碍をばなす也。念仏の一行《いちぎよう》は、この煩悩にもさへ《(障)》られず、往生をとげ、*十地究竟《じゆうじくきよう》する也。他宗には*実教にも*権教《ごんきよう》にも、蜜《(密)》教にも顕《けん》教《ぎよう》にも、十地究竟する事は、*漸頓《ぜんとん》を論ぜず、極《きわめ》たる大事なり。しかるに、たゞ念仏の一行に依て往生をとげ、*十地願行《がんぎよう》自然に成就《じようじゆ》する事は、誠に甚深《じんじん》殊勝の事也」とぞ仰られける。

[第三図]

結構す　計画する、企む

必定　必ず、きっと

強盛心　至誠心の異名

見思　見惑と思惑。見惑は後天的な煩悩、思惑は先天的煩悩をいう

塵沙　塵沙惑のこと。教化の障りとなる煩悩

無明　真理に暗い無知。最も根源的な煩悩

十地究竟　菩薩の一〇の修行階段の最高位をきわめる

実教　仏の悟りの真実がそのまま説かれた根本の教え

権教　真実の教えに導くため仮に説かれた教え

漸頓　漸教（漸次に修行を積んで悟ることを説く教え）と頓教（すぐに悟りえることを説く教え）

十地願行　ここは菩薩の誓願と修行の意

*元久二年正月廿《にじゆう》一日、尋常なる尼女房たち、あまた上人の御坊へまいりて、「戒をも受たてまつり、念仏往生の様《よう》をも承らむ」と申ければ、上人まづ戒をさづけられ、其後浄土の法門をのべ給に、まづ聖道《しようどう》浄土の二門をわけ、聖道難行の様を仰らるゝに、殊に天台宗に対して尺《（釈）》し給ひ、*四種三昧《ざんまい》の難行なる事をのべ給て、「南岳大師入滅のきざみ《（刻）》、諸《もろもろ》の弟子につげての給はく、『汝等《なんじら》、*方等《ほうどう》*般舟《はんじゆ》四種三昧にを《（於）》いて、身命《しんみよう》をかへりみず修行すべくは、われ十年世にありて、汝等を*供給《くきゆう》すべし』との給に、苦行かなひがた《（難）》きによりて、弟子等《ら》返答に及ざりしかば、大師入滅し給き。師*すでに入滅せんとし給へるが、しばらくも存命せむとの給はむをば、いかなる妄語をもかま《（構）》へて、師の命を惜まむためには、修行してんとこそ申しつべけれども、*始終かなふべからざるあひだ《（間）》、返答せずしてやみ《（止）》にしかば、師すなはち入滅し給へり。何況《いかにいわんや》当時の我等をや。伝教《でんぎよう》大師、弟子達に四種三昧を一《ひと》づゝあ《（当）》てゝ、修行せさせらるゝ事侍りき。慈覚大師は、*常坐《じようざ》三昧にあたりて修行し給けるに、常坐難行なりとて、あらためて*常行三昧となると申せり。かくのごときの修行は、上古より修《しゆ》しがたき事顕然《けんぜん》也。何況当世《とうせ》の凡夫哉《をや》」とて、聖道門の難行なる事、浄土門の修しやすきやう《（様）》、こま〳〵と仰られて、「所詮末代の仏法修行、その

［四種三昧末代の人難行なる事］

元久二年　一二〇五年

四種三昧　摩訶止観に説く四種（常坐・常行・半行半坐・非行非坐）の三昧

方等　方等三昧の略、半行半坐三昧をいう

般舟　般舟三昧の略、常行三昧をいう

供給　供養し給仕する

すでに　もう少しで

始終　ついには、結局

常坐三昧　九〇日間座り続けて真理を観想する

常行三昧　九〇日間阿弥陀仏像をめぐり念仏する

証をうる事、只《ただ》念仏の一行なり。是則《これすなわち》弥陀の本願に順ずるが故《ゆえ》也」との給ければ、信心まことをいたし、*低頭《ていず》合掌してかへりにけり。

［第四図］

*法性寺《ほっしょうじ》の左京大夫《さきょうのだいぶ》*信実朝臣《のぶざねあそん》の伯母《おば》なりける女房の、尋《たずね》申けるにつきて、上人の御返事云《ごへんじにいわく》、「念仏の行者《ぎょうじゃ》の存《ぞんじ》候《そうろう》べき様《よう》は、後世《ごせ》をおそれ、往生をねがひて念仏すれば、をはる《（終）》時かならず来迎《らいこう》せさせ給よしを存じて、念仏申より外の事候はず。三《さん》心《じん》と申《もうし》候も、*ふさねて申時は、たゞ一《ひとつ》の願心にて候也《なり》。そのねがふ心のいつはら《（偽）》ずかざら《（飾）》ぬ方《かた》をば、至誠心《しじょうしん》と申候。この心のまことにて念仏すれば、臨終に来迎すといふ事を、一念もうたがはぬ方を深心《じんしん》とは申候。このうへ《（上）》わが身もかの*土《ど》へむまれ《（生）》んとおもひ、行業《ぎょうごう》をも往生のためとむくる《（向）》を、廻向心《えこうしん》とは申候也。このゆへ《（故）》にねがふ心いつはらずして、げに往生せんとおもひ*候へば、をのづから《（自）》三心は具足する事にて候也。抑《そもそも》中品下生《ちゅうぼんげしょう》に来迎の候はぬことはあるまじければ、とかれ《（説）》ぬにては候はず、九品《くほん》往生に各《おのおの》みなあるべき事の、略せられてなき事も候也。善導の御《み》心は、三心も*品々《ほんぼん》にわたりてあるべしとみえ《（見）》て候。品ごとにおほくの事候へども、三

低頭　頭をたれて礼をする

［左京大夫信実朝臣の伯母に答給御消息の事］

法性寺　藤原長良の子孫をいう

信実朝臣　鎌倉時代の歌人・画家

ふさねて　まとめて

かの土　かの仏の国土、極楽浄土

候へば　…しますと、必ず…

品々　九品の各品ごとに

心と来迎とは、かならずあるべきにて候也。往生をねがはん行者は、かならず三心をおこすべきにて候へば、上品上生に是《これ》をときて、余の品々をも是になぞら《（準）》へてしるべしとみえて候。又我等*戒品《かいほん》のふねいかだ《（船筏）》もやぶれたれば、*生死の大海を渡《わたる》べき縁も候はず。智恵の光もくもり《（曇）》て、生死のやみをてらし《（照）》がたければ、聖道の得道にもゝれ《（漏）》たる我等がために、ほどこし給《たまう》他力と申候は、第十九の来迎の願にて候へば、*文にみえず候とも、かならず来迎はあるべきにて候也。ゆめ〳〵御うたがひ候べからず。あなかしこ〳〵。　源空《げんくう》」

［第五図］

伊豆《いずの》国*走湯山《そうとうざん》に、妙真《みょうしん》といふ尼ありき。法華の*持者、真言の行人《ぎょうにん》なりき。事のたよりありて上洛《じょうらく》のとき、上人《しょうにん》の*教化《きょうけ》にあづかりて後、ながく余行《よぎょう》をすてゝ、ひとへに念仏を行ず。その功つもりて、つねに化仏《けぶつ》をみたてまつる。更に余人にかたらず、たゞ同行《どうぎょう》の尼一人にこれをしめす。あるとき〈不注年月《ねんげつをちゅうせず》〉、「明日《あす》の*申剋《さるのこく》に往生すべし」といふ。更にやまひなし。時剋《（刻）》たがはず、翌日申時《とき》に端坐《たんざ》合掌し、高《こう》声《しょう》念仏して往生をとぐ。*妓楽《ぎがく》天にきこへ、異香《いきょう》室にみちて、奇瑞《きずい》耳目をおどろか

戒品のふねいかだ　戒律をたもつことを船や筏にたとえる
生死の大海　生死輪廻の迷界を海にたとえる
文　観経の中品下生の文
［走湯山の尼妙真顕密の行を捨て念仏往生の事］
走湯山　静岡県熱海市にある伊豆山の別称
持者　持経者の略
教化　教え導くこと
申剋　午後四時頃
妓楽　音楽

しける。

［第六図］

法然上人行状画図　第廿五

勧化《かんげ》*上都にさかりにして、*道徳辺鄙《へんぴ》にをよ《（及）》びしかば、鎌倉の*二品禅尼《にほんのぜんに》〈*金剛戒〉、帰依もと《（最）》もふかくして、蓮上房尊覚《れんじょうぼうそんがく》をつかひとして、念仏往生の事たづね申されたりければ、かの御返事云《へんじにいわく》、

御文《おんふみ》くはしくうけたまはり候《そうらい》ぬ。さては念仏の功徳《くどく》をば、仏も説《とき》つくしがた《（難）》しとの給《たま》へり。又智恵第一の舎利弗《しゃりほつ》、多聞《たもん》第一の*阿難《あなん》も、念仏の功徳はしり《（知）》がたしとの給し広大の善根《ぜんごん》にて候へば、まして源空《げんくう》なむど申つくすべしともおぼへ候はず。弥陀のむかし《（昔）》ちかひ給し本願は、あまねく一切衆生《しゅじょう》のためなれば、有智《うち》無智、*有才無才《うざいむざい》、善人悪人、持戒破戒、たと《（尊）》きいや《（卑）》しき、おとこ《（男）》おんな《（女）》もへだてず、もしは仏の在世《ざいせ》の衆生、もしは仏の滅後の衆生、もしは尺《（釈）》迦の末法万年の、ゝち、三宝みなうせ《（失）》てのちの衆生までも、たゞ念仏ばかりこそ、*現当のいのりになり候めれ。このゆへ《（故）》に、きたりて往生の道をたづね候《そうろう》人には、有智無智を申さず、一すぢ《（筋）》に専修《せんじゅ》念仏をすゝめ候なり。ましてさやうに専修念仏申とゞめ《（止）》なんと

［鎌倉二位禅尼念仏用心御尋上人御返状の事］

上都　都、帝都

道徳　仏道で得られた徳、人を感化する力

二品禅尼　北条政子（一一五七～一二二五）のこと。二品は二位、禅尼は仏門に入った在家の女性をいう

金剛戒　政子の法名

阿難　釈尊の十大弟子の一人

有才無才　才能のある人ない人。刊本は「有罪無罪」と訂す

現当　現世と来世

つかまつる《(仕)》人は、仏法のまなこしゐ《(癡)》て、*解脱《げだつ》をうしなへり。*闡提《せんだい》の輩《ともがら》なり。いかに申《もうし》候とも、御変改候べからず。*強《あながち》に信ぜざらむ人を御すゝめ候べからず。仏もかなひ給はざる事なり。

一《ひとつ》、*異解《いげ》の人の、余の善根を修《しゅ》せむに御*助成《じょじょう》ありて、思食《おぼしめす》べきやうは、我はこれ一向専修にて、決定《けつじょう》往生すべき身なり、他人のとをき*《(遠)》道を、わがちかき《(近)》道に結《けち》縁《えん》せさせむとおぼしめさば、専修をさまたげ候はず。

一、この世のいのりに、念仏のほかに、仏にも神にも申し、経をよみかき、仏をつくらむは、専修をさふる《(障)》行《ぎょう》にては候べからず。

一、念仏を申候事は、やう〳〵《(様)》の義候へども、たゞ六字をとなふるなかに、一切の行はおさまり候なり。心には本願をたのみ、口には名号をとなへ、手には念珠をとるばかりなり。常に心をかくる《(懸)》が、きはめたる決定往生の業《ごう》にて候也《なり》。念仏の行は、もとより*行住坐臥《ぎょうじゅうざが》、*時処諸縁をきらはず、身口《しんく》の不浄をきらはぬ行にて、易行《いぎょう》往生と申候也。たゞし、心をきよくして申を、第一の行と申候なり。人をもさやうに御すゝめ候べし。ゆめ〳〵この御《おん》心は、いよ〳〵つよくならせ給《たまい》候べし。

解脱　煩悩や迷いの苦悩から解き放たれる
闡提　仏法をそしり、成仏する因をもたない者
強に　決して
異解の人　（念仏の教えとは）異なる見解をもつ人
助成　財宝等を出して援助する
とをき道・ちかき道　（往生に）疎遠な教え・親近な教え
行住坐臥　歩く・止まる・座る・寝る
時処諸縁　時と所と諸条件

一、念仏の行を信ぜざらん人にあひて、御《おん》物語候はざれ。いかにいはんや、*宗論候べからず。強に異解異学の人を見て、これあなづ（侮）りそしる事候べからず。いよ〳〵をもき（重）罪人になさむこと、*不便《ふびん》に候べし。極楽をねがひ念仏を申さむ人をば、*塵刹《じんせつ》のほか（外）なりとも、父母《ぶも》の慈悲におとらず思食べきなり。今生《こんじょう》の財宝とも（乏）しからむ人をば、ちからをくは（加）へさせ給べし。もしすこしも念仏に心をかけ候はん人をば、いよ〳〵御すゝめ候べし。これも弥陀如来の本願の、*みやづかひ（宮仕）と思食《おぼしめし》候べし。震旦《しんだん》日本の聖教《しょうぎょう》をとりあつめて、*このあひだ（間）ひらき見かんが（考）へ候に、念仏を信ぜぬ人は、*先生《せんしょう》におもき罪をつくりて、地獄にひさしくありて、又地獄へかへるべき人なり。返々《かえすがえす》専修念仏を現当のいのりとは申候べき也。一々の詞《ことば》、これ経論にて候也。*御うち（内）の人には、九品《くほん》の業を人にしたがひて、た（堪）えぬべきほどに御すゝめ候べし。あなかしこ〳〵。〈已上《いじょう》略抄〉

［第一図］

上野《こうずけの》国の*御家人《ごけにん》*大胡《おおご》の小四郎隆義《こしろうたかよし》、在京の時、吉水《よしみず》の*禅室に参じて、上人《しょうにん》の勧化にあづかり、ふかく念仏を信受しけるが、下国《げこく》の後なを（猶）不審なる事侍《はべ》りて、上

宗論　宗義の論争
不便　気の毒、かわいそう
塵刹のほかなりとも　無数の国土のかなたの人までも
みやづかひ　（神仏に）奉仕すること
このあひだ　このごろ、近ごろ
先生　前世、先の世
御うち　お屋敷内

［大胡義隆が子息太郎実秀安心を示し給上人御返状の事］
御家人　鎌倉時代の将軍の家臣

人給仕の弟子*渋屋《しぶや》の七郎入道道遍《どうへん》がもとへたづね申たりけるを、道遍、上人に申入《いれ》て、おほせ（仰）をつたへて、三心以下《さんじんいげ》の事、こまかに申つかはしけり。隆義が子息大胡の*大郎実秀《たろうさねひで》、かの消息《しょうそこ》を相伝し、父のあとをおいて、称名《しょうみょう》の行おこたりなかりけるが、念仏の安心《あんじん》不審なる事侍りて、*小屋原《こやはら》の蓮性《れんしょう》を使者として、上人にたづね申たりければ、真観房《しんかんぼう》を執筆《しゅひつ》として、かきつかはされける状云《じょうにいわく》、「御文こまかにうけたまはり候ぬ。はるかなるほどに、念仏の事きこしめさむ（聞召）がために、わざとつかひ（使）をあげさせ給て候《そうろう》御念仏のこゝろざしのほど、返々もあはれに候。さてはたづね（尋）おほせられて候念仏の事は、往生極楽のためには、いづれの行といふとも、念仏にすぎたる事は候はぬなり。そのゆへ（故）は、念仏はこれ弥陀の本願の行なるがゆへなり。本願といふは、阿弥陀仏のいまだ仏にならせ給はざりしむかし（昔）、法蔵《ほうぞう》菩薩と申《もうし》しいにしへ（古）、仏の国土をきよめ、衆生を成就《じょうじゅ》せむがために、世自在王《せじざいおう》如来と申《もうす》仏の御《おん》まへにして、四十八願をおこし給しその中に、一切衆生の往生のために、一《ひとつ》の願をおこし給へり。これを念仏往生の本願と申なり。則《すなわち》無量寿経の上巻にいはく、『設我得仏、十方衆生、至心信楽、欲生我国、乃至十念、若不生者、不取正覚（*設《も》し我《われ》仏を得たらんに、十方《じっぽう》の衆生、至心に信楽《しんぎょう》して、我が国に生ぜんと欲して、乃至《ないし》十念

大胡　群馬県前橋市大胡を本拠とする武士
禅室　庵室のこと
渋屋　渋谷とも書く
大郎　大は「太」と同義
小屋原　群馬県前橋市の地名
設し我仏を得たらんに云々　第十八願の文

せんに、若し生ぜずんば、正覚《しょうかく》を取らじ）』〈已上〉。善導和尚《ぜんどうかしょう》この願を尺《（釈）》しての給はく、『若我成仏十方衆生、称我名号下至十声、若不生者不取正覚、彼仏今現在世成仏、当知本誓重願不虚、衆生称念必得往生（若《*も》し我成仏《じょうぶつ》せんに十方の衆生、我が名号《みょうごう》を称すること下十声《しもじっしょう》に至るまで、若し生ぜずんば正覚を取らじ。かの仏今《いま》現に世に在《まし》まして成仏したまへり。当《まさ》に知るべし、本誓《ほんぜい》の重願虚《むな》しからざることを。衆生称念すれば必ず往生を得《う》）』〈已上〉。念仏といふは、仏の法身《*ほっしん》を憶念するにもあらず、仏の相好《*そうごう》を観念するにもあらず、たゞ心をいたして、もはら《（専）》阿弥陀仏の名号を称念する、これを念仏とは申なり。かるがゆへ《（故）》に称我名号といふ也。ねんぶつ《（念仏）》のほかの一切の行は、これ弥陀の本願にあらざるがゆへに、たとひ目出《めで》たき行なりといへども、念仏にはをよばざる《（及）》なり。おほかた《（大方）》その国にむまれん《（生）》とおもはむものは、その仏のちかひにしたがふ《（従）》べきなり。されば弥陀の浄土にむまれんとおもはむものは、弥陀の誓願にしたがふべきなり。本願の念仏と、本願にあらざる余行《よぎょう》と、さらにたくらぶ《*（比）》べからず。かるがゆへに往生極楽のためには、念仏の行にすぎたるは候はずと申なり。往生にあらざるみちには、余行又つかさどる《（掌）》かたあり。しかるに衆生の生死《しょうじ》をはなるゝみち、仏のをしへ《（教）》さまぐ〜に多《おおく》候へども、このごろ人の生死をはなれ、三界《さんがい》をいづる《（出）》道は、

若し我成仏せんに云々　往生礼讃偈の文
法身　真如の理体
相好　仏の身体的特徴
たくらぶ　比較する。「た」は接頭語

たゞ極楽に往生し候ばかりなり。このむね*聖教のおほき《大》なることはり《理》なり。次に極楽に往生するに、その行やうやう《様々》に多候へども、我等《ら》が往生せむ事、念仏にあらずはかな《叶》ひがたく候也。そのゆへは、念仏は仏の本願なるがゆへに、願力にすがりて往生する事はやす《易》し。されば詮《せん》ずるところ、極楽にあらずは生死をはなるべからず。念仏にあらずは極楽へむまるべからざるものなり。ふかくこのむねを信ぜさせ給て、一すぢ《筋》に極楽をねがひ、一すぢに念仏して、このたびかならず生死をはなれんとおぼ《思》しめ《召》すべきなり。又一々の願のをはり《終》に、『もししからずは正覚をとらじ』とちかひ給へり。しかるに阿弥陀仏、ほとけ《仏》になり給てよりこのかた、すでに十劫《じっこう》をへ給へり。まさにしるべし、誓願むなしからず。しかれば衆生の称念するもの、一人もむなしからず往生する事をう《得》。もししからずは、たれか仏になり給へる事を信すべき。*三宝滅尽のときなりといへども、一念すればなを《猶》往生す。五逆深重《じんじゅう》の人なりといへども、十念すれば往生す。いかにいはむや《況》、*三宝の世にむまれ《生》て、五逆をつくらざる我等、弥陀の名号をとなへんに、往生うたがふべからず。いまこの願にあ《会》へる事は、まことにこれ*おぼろけの縁にあらず、よくよくよろこび《喜》おぼしめすべし。たとひ又あふといへども、もし信ぜざれば、あはざるがごとし。いまふか

聖教　仏の教え

三宝滅尽　末法万年の後に仏教が滅びさる

三宝の世　仏教が存在する時世

おぼろけ　並大抵、ありきたり

くこの願を信ぜさせ給へり。往生うたがひ思食《おぼしめす》べからず。かならず〱ふた《(二)》心なく、よく〱御念仏候て、このたび生死をはなれ、極楽にむまれさせ給べし。又観無量寿経にいはく、『一々光明遍照十方世界、念仏衆生摂取不捨（一々の光明、遍《あまね》く十方の世界を照らして、念仏の衆生を摂取して捨てたまはず）』〈已上〉。これは、光明たゞ念仏の衆生をてらして、*よ《(余)》の一切の行をばてらさずといふなり。たゞ《(但)》しよの行をしても、極楽をねがはゞ、仏の光てらして摂取し給べし。いかゞたゞ念仏のものばかりをゑら《(選)》びてらし給へるや。善導和尚尺《(釈)》しての給はく、『弥陀身色如金山、相好光明照十方、唯有念仏蒙光摂、当知本願最為強（*弥陀の*身色《しんじき》は金山《こんせん》の如《ごと》し。相好の光明十方を照らす。唯《ただ》念仏のみ有りて*光摂《こうしょう》を蒙《こうむ》る。当に知るべし、本願最も強しとなす）』〈已上〉。念仏はこれ弥陀の本願の行なるがゆへに、*成仏の光明かへ《(却)》りて*本地《ほんじ》の誓願をてらし給《たまう》也。余行はこれ本願にあらざるがゆへに、弥陀の光明きら《(嫌)》ひててらしたま《(給)》はざるなり。いま極楽をもとめむ人は、本願の念仏を行じて、摂取の光にてらされんと思食べし。これにつけても念仏大切に候。よく〱申させ給べし。又釈迦如来この経の中《うち》に、*定散《じょうさん》のもろ〱の行をとき《(説)》をはり《(終)》てのちに、まさしく阿難に*付属し給ときには、かみ《(上)》にとくところの散善の*三福業《さんぷくごう》、定善《じょうぜん》の*十三観《がん》をば付属せずして、

よの一切の行　念仏以外の行を修する一切の人という意。刊本は行の下に「人」の語を補う

弥陀の身色は云々　往生礼讃偈の文

身色　身体

光摂　光明に摂取されること

成仏の光明　仏となった阿弥陀の光

本地の誓願　法蔵菩薩の時にたてた誓い

定散　定善（心を専注させて行う善根）と散善（散乱した心のままで行う善根）

たゞ念仏の一行《いちぎょう》を付属し給へり。経にいはく、『仏告阿難、汝好持是語、持是語者、即是持無量寿仏名（仏《ほとけ》阿難《あなん》に告げたまはく、汝《なんじょ》好くこの語を持《たも》て。この語を持てとは、即《すなわ》ちこれ無量寿仏の名《みな》を持てとなり）』〈已上〉。善導和尚この文を尺《（釈）》しての給はく、『従仏告阿難汝好持是語已下、正明付属弥陀名号流通於遐代、上来雖説定散両門之益、望仏本願、意在衆生一向専称弥陀仏名（仏告阿難汝好持是語《ぶつごうあなんにょこうじぜご》より已下《いげ》は、正《まさ》しく弥陀の名号を付属して、*遐代《かだい》に流通《るずう》したまふことを明かす。上来《じょうらい》定散両門の益《やく》を説きたまふと雖《いえど》も、仏の本願に望むれば、意《こころ》衆生をして一向に専ら弥陀仏の名《みな》を称せしむるに在《あ》り）』〈已上〉。この定散のもろ〳〵の行は、弥陀の本願にあらざるがゆへに、尺《（釈）》迦如来の往生の行を付属し給に、よの定善散善をば付属せずして、念仏はこれ弥陀の本願なるがゆへに、まさしくゑらびて《（選）》本願の行を付属し給へるなり。いま尺《（釈）》迦のをしへ《（教）》にしたがひて、往生をもとむるもの、付属の念仏を修して、尺《（釈）》迦の御心《み》にかなふべし。これにつけても、又よく〳〵御念仏候て、仏の付属にかなはせ給べし。又六方恒沙《ごうじゃ》の諸仏舌*をのべて《（舒）》、三千世界におほひて、もはら《（専）》たゞ弥陀の名号をとなへて往生すといふは、これ真実なりと証誠《しょうじょう》し給なり。これ又念仏は弥陀の本願なるがゆへに、六方恒沙の諸仏これを証誠し給。余の行は本願にあらざるがゆへに、六方恒沙の諸仏証誠し

付属　法を授けて伝持を託す

三福業　世福（世間の道徳を守ること）、戒福（戒律を守ること）、行福（菩提心を発して仏道を行うこと）

十三観　阿弥陀仏やその浄土の様相を一三に分けて観想する

遐代に流通　遠い後の世まで広め伝える

舌をのべて　仏が舌を出すことは虚妄でないことを示す

給はず。これにつけても、よく〳〵御念仏候て、弥陀の本願、釈迦の付属、六方の諸仏の護念をふかく*かうぶら《(蒙)》せ給べし。弥陀の本願、尺迦《(釈)》の付属、六方の諸仏の護念、一々にむなしからず。このゆへに念仏の行は、諸行にすぐれたるなり。又善導和尚は弥陀の化身なり。浄土の祖師おほしといへども、たゞひとへに善導による。往生の行おほしといへども、おほき《(大)》にわかちて二《ふたつ》とし給へり。一《ひとつ》には専修、いはゆる念仏也。二には雑修、いはゆる一切のもろ〳〵の行なり。上《かみ》にいふところの定散等これなり。往生礼讃云《おうじようらいさんにいわく》、『若能如上、念々相続、畢命為期者、十即十生、百即百生（若し能《よ》く上の如く、念々相続して、*畢命《ひつみよう》を期《ご》とする者は、十は即ち十生じ、百は即ち百生ず）』〈已上〉。専修と雑行《ぞうぎよう》との得失なり。得といふは、往生する事をう《(得)》。いはく、『念仏するものは、十はすなはち十人ながら往生し、百はすなはち百人ながら往生す』といふこれなり。失といふは、いはく、『往生の益をうしなへるなり。雑行のものは、百人が中にまれに*一二人往生する事をえて、そのほかは生ぜず。千人が中にまれに*三五人むまれ《(生)》て、その余はむまれず』。専修のものは、みな《(皆)》むまるゝ事をうるはなにのゆへ《(故)》ぞ。阿弥陀仏の本願に相応せるがゆへなり、尺迦《(釈)》如来のをしへ《(教)》に随順せるがゆへなり。雑業《ぞうごう》のものは、むまるゝ事すくなきはなにのゆへぞ。弥陀の

かうぶる　受ける、いただく

畢命を期とする　命終を限りとする（生涯続ける）

一二人・三五人　一人か二人、三人か五人

本願にたがへるゆへなり、尺《（釈）》迦のをしへにしたが《（随）》はざるゆへなり。念仏して浄土をもとむるものは、＊二尊の御《み》心にふかくかなへり。雑修をして浄土をもとむるものは、＊二仏の御心にそむけり。善導和尚二行《にぎょう》の得失を判ぜる事、これのみにあらず。観経《かんぎょう》の疏《しょ》と申ふみ《（文）》の中《うち》に、おほく得失をあげたり。しげき《（繁）》がゆへにいだ《（出）》さず。これをもてしるべし。おほよそ《（凡）》この念仏は、そしれるものは地獄にをち《（堕）》て、＊五劫苦《ごこうく》をうくる事きはまりなし。信ずるものは浄土にむまれて、永劫《ようごう》の楽《たのしみ》をうくる事きはまりなし。なを《（猶）》〳〵いよ〳〵信心をふかくして、ふた《（二）》心なく念仏せさせ給べし。くはしき事御ふみにつくしがたく候。この御つかひ申候べし。正月廿《にじゅう》八日　源空」〈已上〉。実秀この消息を恭敬頂戴《くぎょうちょうだい》して、一向に念仏す。＊寛元四年往生のとき、異《い》香《きょう》をかぎ、音楽をきくものおほかりき。実秀が妻室、又ふかくこの消息のをしへを信受して、称名の行をこたり《（怠）》なく、つゐに《（遂）》奇瑞《きずい》をあらはし、往生の素懐を遂《とげ》けるとなむ。

［第二図］

武蔵国《むさしの》＊那河郡《なかのこおり》の住人弥次郎《やじろう》入道〈不注実名《じつみょうをちゅうせず》〉は、上人の教誡《きょうかい》をかうぶり《（蒙）》て、一

二尊・二仏　釈迦と阿弥陀

五劫苦　五劫に及ぶ間の苦しみ

寛元四年　一二四六年

［武蔵国弥次郎入道夢の告により死期を知て念仏往生の事］

向専念の行人《ぎようにん》となりにけり。たま《（賜）》はるところの御消息を秘蔵して、出離の*指南にな《（備）》むそなへ侍ける。かならずしも数反《すへん》をさだめず、おもひ《（思）》いで《（出）》たるかとおぼしくてば、つねに西にむかひて高声《こうしよう》にぞとなへける。病悩のとき、八月廿九日〈不注年《としをちゆうせず》〉に、近隣なる僧蓮台房《れんだいぼう》、きたり*とぶら《（訪）》ひければ、「この*所労は日ごろねがふところなり。明後日来臨し給へ、申べき事侍り」と申けり。その日又まかれるに、「明後日*辰時《たつの》に、極楽にむま《（生）》るべし」と申あひだ《（間）》、「いかにして、さはしり《（知）》給へるぞ」とゝ《（問）》へば、「その事なり。夢に*墨染《すみぞめ》のころも着したる僧、青白《しようびやく》二茎の蓮花《れんげ》をもちてきたれりつるが、白《びやく》蓮華《（花）》をわれにさづけて、『これは汝が分なり。この青《しよう》蓮花は新《につ》田《た》の太郎が分なり』と仰《おおせ》られつるに、白蓮華のうへ《（上）》に又こゑ《（声）》ありて、『九月三日の辰時に往生すべし』といふとみてさめ《（覚）》ぬるなり」といふ。ことのやうたと《（尊）》くおぼへて、三日又ゆき《（行）》むかふに、病者《びようじや》のいはく、「往生すでにちかづけり。よくきたり給へり。*四十九日のあひだは、こゝに住して念仏したまふべし。御房はわが善知識《ぜんじしき》なり。年来秘蔵のもの附《（付）》属したてまつるべし」とて、上人より給ところの御消息、ならびに*和字にしるせる念仏安心の書等これをわたす。そのゝちあひともに晨朝《じんじよう》の礼讃を行ずるに、「光舒《こうじよ》救《ぐ》毗沙《びしや》（光舒《の》びて*毗沙《びしや》を救ひ）」の句にいたりて、礼讃をとゞ

那河　正しくは那珂
指南　手引き、しるべ
とぶらふ　見舞う
所労　病気
辰時　午前八時頃
墨染のころも　黒く染めた僧衣
四十九日のあひだ　中陰のこと
和字　漢字の対語、仮名
毗沙　往生礼讃偈は「毘舎」に作

めて、念仏三遍となへて、端坐《たんざ》合掌していきたえ《（息絶）》にけり。四十九日の夜、蓮台房ゆめにみるやう、かの禅門*が持仏堂かとおぼしき堂あり。まへ《（前）》に池などありて、ある*べかしくみゆるに、さし《（差）》いり《（入）》て拝すれば、金色《こんじき》の阿弥陀如来壇のうへに立《たち》給へり。堂の下には念仏するこゑ《（声）》ありけり。*承仕《じょうじ》などいふばかりなるものさし《（差）》いで《（出）》て、「このこゑは*閻浮提《えんぶだい》なり。たゞいまこの池のなかに蓮花生ずべし。これをみるべし」といふこゑに応じて、白蓮花出生《しゅっしょう》す。念仏のこゑにしたがひて、蓮華《（花）》忽《たちまち》にひらく。この花のうへに、亡者《もうじゃ》の禅門墨染の衣をきて坐《ざ》せり。時に微風この花をふくに、風にしたがひてなびきゝ《（来）》たる。禅門蓮花よりをり《（降）》てかたりていはく、「われ極楽の下《げ》品下生《ぼんげしょう》に生ぜり。たゞいま上品《じょうぼん》にすゝむなり」といふとみて、夢さめにけり。

［第三図］

る。毘舎離（インド古代の都市）の略
禅門　仏門に入った在家の男性。ここは弥次郎をさす
あるべかし　本物があるように
承仕　寺院内の雑用に当たる僧
閻浮提　須弥山の南にある大陸。人間世界、現世をもいう

法然上人行状絵図　第廿六

武蔵国《むさしの》の御家人《ごけにん》＊猪俣党《いのまたとう》に、甘糟《あまかす》の太郎忠綱《たろうただつな》といふもの侍《はべり》き。ふかく上人《しょうにん》に帰し、念仏の行《ぎょう》おこたりなかりけり。しかるに山門の＊堂衆《どうしゅ》等＊独歩のあまり、＊衆徒《しゅと》を＊忽《こつ》緒《しょ》し、＊日吉八王子《ひえはちおうじ》の＊社壇を城墎《じょうかく》として、悪行《あくぎょう》をたくみしかば、武士をさしつかはしてせめ《（攻）》られしとき、忠綱勅に応じて、＊建久三年十一月十五日、かの城墎にむかふに、まづ上人に参じて申《もう》すやう、「我等《ら》ごとくの罪人なりとも、本願をたのみて念仏せば、往生うたがひなきむね、日来《ひごろ》御をしへ《（教）》をうけたまはりて、ふかくそのむねを存ずといへども、それは病の床にふして、のどかに臨終せむ時の事なり。武士のならひ、進退こゝろにまかせざれば、山門の堂衆を追罰のために、勅命によりて、たゞいま八王子の城へむかひ侍り。忠綱武勇の家にむまれ《（生）》て、＊弓箭《きゅうせん》の道にたづさはる。＊すゝみては父祖が＊遺塵《いじん》をうしなはず、＊しりぞきては子孫の＊後栄《こうえい》をのこさむがために、敵をふせぎ身をすてば、悪心＊熾盛《しじょう》にして願念発起《ほっき》しがたし。もし今生《こんじょう》のかり《（仮）》なるいはれをおもひ、往生のはげ《（励）》むべきことはり《（理）》をわすれずは、かへ《（却）》りて敵の

［甘糟太郎忠綱上人に疑を決して戦場にて奇瑞往生の事］
猪俣党　埼玉県児玉郡美里町を本拠とする武士団
堂衆　雑用に仕える下級の僧
独歩　威を振るう、わがまま
衆徒　僧衆・僧徒の意。その中核は学侶（学業に従事する僧）
忽緒　軽んじる
日吉八王子　山王七社の一つ、滋賀県大津市八王子山に鎮座
社壇　社殿
建久三年　一一九二年。正しくは建仁三年（一二〇三）十月十五日
弓箭の道　弓矢を取って戦うこと
すすみては・しりぞきては　積極的には・控え目には
遺塵　遺された功績や名誉の跡
後栄　後日の栄華
熾盛　非常に盛んなこと

ためにとりこ《（虜）》にせられなむ。ながく臆病《おくびよう》の名をとゞめて、忽《たちまち》に譜代*の跡をうしなひつべし。いづれをすて、いづれをとるべしといふ事、愚意わきまへがたし。弓箭の家業をもすてず、往生の素意をもとぐる《（遂）》道侍らば、ねがはくは御一言《いちごん》をうけ給《たま》はらん」と申ければ、上人おほせ《（仰）》らるゝ様《よう》、「弥陀の本願は、機*の善悪をいはず、行*の多少を論ぜず、身の浄不浄をえらばず、時処諸縁をきらはざれば、死*の縁によるべからず。罪人は罪人ながら、名号《みようごう》をとなへて往生す。これ本願の不思議なり。弓箭の家にむまれたる人、たとひ軍陣*にたゝかひ、命をうしなふとも、念仏せば本願に乗じ来迎《らいこう》にあづからむ事、ゆめ〳〵疑《うたがう》べからず」と、こまかにさづけ給ければ、不審ひらけ侍りぬ。「さては忠綱が往生は、今日一定《いちじよう》なるべし」とよろこび申けり。上人の御袈裟《けさ》を給はりて、よろひ《（鎧）》のしたにかけ、それよりやがて八王子の城へむかひ、命をすてゝ、戦《たたかい》けるに、大刀《たち》をうち《（打）》をり《（折）》てければ、ふかき疵《きず》をかうぶり《（被）》にけり。いまはかう《（斯）》とみえけるに、大刀をすてゝ、合掌し、高声《こうしよう》念仏して、敵のために身をまかせけり。紫雲戦場にたれおほひて、異香《いきよう》をかぐ人おほかりけり。北嶺《ほくれい》*に紫雲たなびくよし人申ければ、上人きゝたまひて、「あはれ甘糟が往生しつるよ」とぞおほせられける。甘糟くに《（国）》ゝ、とゞめをく《（置）》妻室のゆめに、極楽の往生を遂《とげ》ぬるよ

譜代　代々継承して来た家系

機の善悪　善人か悪人か
行の多少　念仏が多いか少ないか
死の縁　死をもたらす因縁

軍陣　戦の陣立て

北嶺　比叡山の別称

しをしめし《示》ければ、夢の告《つげ》にをどろき《驚》て、国より飛脚をたてけるに、この事を告て京よりくだりけるつかひ《使》にゆき《行》あひ《逢》て、*ゐ中の夢の告、戦場の往生のやう、たがひにかたり《語》けり。まことに不思議の事にてぞありける。戦場に命をすてゝ、往生の前途《せんど》をとげ、父祖が名をもあげ、本願の深意《じんい》をもあらはせる事、しかしながらこれ上人勧化《かんげ》の故なりき。

[第一図]

*宇津宮《うつのみや》の弥三郎頼綱《やさぶろうよりつな》、*家子《いえのこ》*郎従*済々《せいぜい》として武蔵野《むさしの》をすぎけるに、*熊谷《くまがえ》の入道ゆきあひていふやう、「いみじく大勢《おおぜい》にておはする《御座》ものかな。但《ただし》いかにおほくとも、無常の*殺鬼《せっき》はふせぎがたくや侍らん。弥陀如来の本願にて、念仏するものをば、悪道にをとさ《落》ずむかへとり給へば、*一人当千《いちにんとうぜん》のつはもの《兵》にもなを《猶》まさりたるは、これ念仏なり。かまへて念仏し給へ」と申けるが、きもにそみ《染》ておぼえける。のち念仏往生に心をかけて、大番勤仕《おおばんきんし》のために上洛《じょうらく》したりけるついでに、*承元《じょうげん》二年十一月八日、上人の勝尾《かちお》の草菴《そうあん》にたづね参じて、念仏往生の法、御教訓をかうぶる《蒙》とき、「上来雖説定散両門之益、望仏本願、意在衆生一向専称弥陀仏名（上来定散両門《じょうらいじょうさん》の

ゐ中　田舎、故郷

[宇津宮弥三郎頼綱発心念仏奇瑞往生の事]

宇津宮頼綱　鎌倉前期の武士・歌人（?～一二五九）

家子　総領の一族

郎従　郎党に同じ。従者、家来

済々　数が多いこと

熊谷の入道　直実（蓮生）のこと

殺鬼　人を殺し物を滅ぼす悪鬼。死を免れない無常の譬え

一人当千　一騎当千に同じ

承元二年　一二〇八年

益《やく》を説きたまふと雖《いへど》も、仏の本願に望むれば、意《こころ》衆生《しゆじよう》をして一向に専ら弥陀仏の名《みな》を称せしむるに在《あ》り）」の文《もん》をふたゝび誦《じゆ》したまひて、「往生*せうせじは*わどの《（吾殿）》ゝ心ぞ。一向に念仏せば往生うたがひなし」との給ける御ことば、耳にとゞまりておぼえける。のち一向専修《せんじゆ》の行者《ぎようじや》になりにけり。上人御往生の後は、ふかく*善恵房《ぜんねぼう》をたのみ申けるが、結縁《けちえん》のために、*四帖《しじよう》の疏《しよ》の*文字《もんじ》よみ《（読）》ばかりをうけ、つゐ《（遂）》に出家して実信房蓮《じつしんぼうれん》生《しよう》と号し、西山に草庵《そうあん》をしめ、一向専念のほか他事なかりき。*仁治《にんじ》二年十一月廿《にじゆう》二日、天はれ《（晴）》風しづか《（静）》なる夜、蓮生ゆめみらく、深山幽谷の北に一《ひとつ》の庵室《あんじつ》あり。蓮生この中に侍り。小山めぐりかさなり、左右《そう》の峰たかくそびえたり。なを北の山をみるに、三尺ばかりの弥陀の立像《りゆうぞう》、虚空《こくう》に*影向《ようごう》したまふ。いづれのところよりき《（来》たり《）》ましますにかと、疑をなすところに、虚空にこゑ《（声）》ありて、「仏《ほとけ》来臨の方は善光《ぜんこう》寺《じ》なり」とこたふ。仏やうやくちかづきたまひ、光明*爀焃《かくかく》として、白玉のかざりまことに妙《たえ》なり。このとき蓮生高声に念仏し、右の手をもて仏の左の御《おん》手をにぎりたてまつるに、はじめて木像の来現としり、又年来安置の本尊なりとさとりぬ。夢さめてのちは、いよ〳〵信心をふかくし、念仏のいさみ《（勇）》をなし、*行住坐臥《ぎようじゆうざが》の四威儀、たゞ称名のほか侘《（他）》事をわする。*正元《しようげん》々年十一月上旬の比《ころ》より、いさゝか病悩の事

せうせじ　しようと、しまいと
わどの　あなた、そなた
善恵房　上人の弟子、名は証空（一一七七～一二四七）
四帖の疏　観経疏の異称
文字よみ　文字・文章の読み方
仁治二年　一二四一年
影向　神仏が姿を現すこと
爀焃　赤々と輝くさま
行住坐臥の四威儀　行・住・坐・臥などの日常の立ち居振る舞い
正元元年　一二五九年

侍けるが、同十二日端坐《たんざ》合掌念仏相続し、瑞相《ずいそう》あらはれて、往生の素懐をとげゝるとなむ。

［第二図］

上野国《こうずけの》の御家人薗田《そのだ》の太郎成家《なりいえ》は、*秀郷《ひでさと》の将軍九代の孫、薗田の次郎成基《じろうなりもと》が嫡男なり。武勇の道にたづさはりて、弓馬の芸をたしなみ、*射獦《せきかつ》を事として、罪悪をほしきまゝにす。爰《ここに》*正治《しょうじ》二年の秋、大番懃（勤）仕のために上洛の時、上人の念仏弘通《ぐずう》化導《けどう》さかりにして、貴賤《きせん》あゆみ（歩）をはこぶよし伝聞《つたえ》て、宿縁のもよをし（催）けるにや、かの菴室《あんじつ》へ参じたりけるに、上人、罪悪生死《しょうじ》の凡夫、弥陀の本願に乗じて極楽に往生するいはれ、世上の無常をいとひ、浄土の不退をねがふべきおもむき、ねむごろ（懇）に教化《きょうけ》し給に、信心胸にみち、渇仰《かつごう》肝に銘じければ、やがてそのとしの十月十一日、生年《しょうねん》廿八歳にて出家す。法名を智明《ちみょう》とぞつけ給へりける。常随給仕六ケ年《か》の、ち、*元久二年に本国に下向して、家子郎従廿余人を教導して、おなじく出家せさせて同《どう》行《ぎょう》として、*酒長《すなが》の御厨《みくりや》小倉《おぐら》の村に菴室をむすびて、一心に弥陀を念じ、*三業《さんごう》を西方にはこびけり。世の人たうとび（尊）て、小倉の上人とぞ申ける。菴室の西一町余をへだ

［薗田太郎成家出家念仏奇瑞往生の事］

秀郷　藤原秀郷。平安前期の鎮守府将軍、俗称俵藤太

射獦　弓で狩猟する

正治二年　一二〇〇年

元久二年　一二〇五年

酒長の御厨　群馬県桐生市にあった伊勢内宮領。須永とも書く

三業　身・口・意の働きや行為

て、、*一間《いっけん》四面の御堂《みどう》を建立《こんりゅう》して、御堂の*妻戸《つまど》に菴室の戸をあけ《(開)》あはせ《(合)》て、仏前の灯明を接取の光明とおもひて、常に光明遍照《へんじょう》の文をとなへ、*発露《ほつろ》*涕泣《ていきゅう》しけり。*具縛《ぐばく》の凡夫なりとも、本願をたのみて念仏せば、往生うたがひあるべからざるむね《(旨)》、上人しめし給けるを、ふかく心符《(府)》におさめて、行住坐臥に念仏をこた《(怠)》る事なし。おほよそ《(凡)》念仏の外《ほか》他事をまじへざりけり。念仏せざるものをば、はぢ《(恥)》しめいと《(厭)》ひければ、かの室にのぞむ道俗尊卑、念仏せぬはなかりけり。あるとし元日の*祝《しゅう》言《げん》に、*下僧《げそう》一人に心をあはせて、庭前にすゝみいで《(出)》、、たからかに「物申さむ」といはせて、「西方浄土より、『御参《まいり》をそ《(遅)》く侍り、いそぎ御参あるべし』と、阿弥陀仏の御使《おんつかい》なり」と申させて、歓喜《かんぎ》のあまり客殿へ請《しょう》じ入《いれ》て、丁寧にもてなし、種々の*引出物《ひきいでもの》をぞ給はせける。そのゝちはとしごと《(年毎)》の事にて、元日にはこのわざをなん結構しける。かの山里には鹿おほかりければ、作毛をまたく《(全)》せむために、かのところの人民《にんみん》等、田畠《はた》にかき《(垣)》を*しまは《(仕廻)》してふせぎけるを、あはれみなげ《(嘆)》きて、*上《じょう》田《でん》三町をつくりたてさせて、鹿田となづけて、鹿のくひものにあて《(当)》けるにも、*田歌といふ事には、念仏をなん唱させける。*宝治二年九月十五日、いさゝか*違例の気《け》あり、*舎弟淡路守俊基《あわじのかみとしもと》をまねきよせて、「我《わが》身は老病あひをかし《(冒)》て、すでに終焉《しゅうえん》にの

一間四面　母屋の四方に庇を付けた桁行三間・梁行三間の建物
妻戸　正面の両開きの戸
発露　犯した罪を告白する
啼泣　声を出して泣く
具縛　煩悩に縛られている
祝言　祝いの言葉、祝福の挨拶
下僧　下働きの僧
引出物　祝宴のとき客に贈る品物
しまはす　めぐらす
上田　上等の田
田歌　田植え歌
宝治二年　一二四八年
違例　病気
舎弟　実の弟

ぞめり。今生の対面今日ばかりなり。汝《なんじ》罪悪深重《じんじゅう》の人なり。かならず念仏して、おなじく安養《あんにょう》の浄刹《じょうせつ》に参会せしむべし。たとひ鹿鳥を食《じき》すとも、念仏をばかみ（嚙）まぜて申すべし。たとひ敵にむかひて弓をひくとも、念仏をすつる事なかれ」と、さまぐ〵に教訓しけり。俊基還*向の、ち、僧衆《そうしゅ》あひともに別時の念仏を修《しゅ》して、翌日〈十六日〉戌剋《*いぬのこく》に、端坐合掌して、光明遍照の文を誦し、高声念仏一時《*いっとき》ばかりとなへて、禅定《ぜんじょう》に入《いる》がごとくにていきたえ（息絶）にけり。生年七十五なり。于時《ときに》紫雲屋上にたなびき、音楽雲外《*うんがい》にきこえて、持仏堂菴室のあひだに光明宛（充）満し、室の内外《うちと》に異香薫ず。遠近の道俗男女《なんにょ》これを見聞《けんもん》す。平生《へいぜい》のむかしより、接取の光明に心をよせけるに、はた（果）してかの光明を感得しける、不思議にたうと（尊）くも侍かな。

［第三図］

西明寺《*さいみょうじ》の禅門若冠《*じゃっかん》の時は、つねに念仏の安心《あんじん》など、小倉の草菴へぞたづねられける。爰《ここに*》寛元のころ、使を進じて申をくり（送）けるは、「年来念仏の行者として、西方をねがふ心ねんごろなり。栗の木とは西の木とかけり。西方の行人《ぎょうにん》として、むつ（睦）ましくおぼえ侍れば、多年これを所持すといへども、老体いまにを（於）きては行歩《ぎょうぶ》にあ

還向　帰って行く
戌剋　午後八時頃
一時　二時間
雲外　雲の上、雲の向こう側

［西明寺殿念仏往生の事］
西明寺の禅門　執権北条時頼（一二二七～六三）。西は「最」の当て字
若冠　男子二十歳の称。弱冠とも書く
寛元　一二四三～四七年

たはず、その要なきに に《(似)》たり。君西土《さいど》に心をはこびまします、この杖《つえ》をさづけたてまつるにた《(堪)》へたり。これをもち《(用)》ゐて浄土にまいらしめ給べし」とて、栗の木の杖を、くり進じたりければ、返状のをく《(奥)》に、

おい《(老)》らくのゆくすゑ《(末)》かねておもふにはつく〴〵うれしにし《(西)》の木のつへ《(杖)》

とぞかきをくられける。禅門其《その》後はかの勧化を信じて、つねに西土の託生《たくしょう》を心にかけ、弥陀の引接《いんじょう》をぞたのまれける。されば弘長《*こうちょう》二年のころ、上人の孫弟《そんてい》敬西《*きょうさい》房《ぼう》〈法蓮房《ほうれんぼうの》弟子〉関東下向のとき、*上人の伝を進《しん》じたりけるに、数日《すじつ》披覧の後、上人の徳行《とくぎょう》をたうとみて、念仏の安心をたづねられければ、往生の故実《*こしつ》、勤行《ごんぎょう》の文などをか《(書)》きてたてまつりけり。禅門自筆の返状云《へんじょうにいわく》、「故実ならびに勤行の文給《たまわり》候《そうらい》ぬ。よく〳〵見覚《みおぼえ》候て、往生の心をすゝむべく候〈云々《うんぬん》〉」〈取詮《せんをとる》〉。つゐ《(遂)》に翌年〈弘長三〉十一月廿二日亥《*いの》剋、臨終正念《しょうねん》端坐合掌して往生をとげらる。同十二月十五日、諏方《すわ》の入道蓮仏《*れんぶつ》、敬西房に送遣《おくりつかわす》状云、「西明寺殿《どの》御往生の事、中々不及申《なかなかもうすにおよばず》、目出《めでた》き次第にて候。十一月廿二日亥時《とき》に、唐《*から》ころも《(衣)》めしてけさ《(袈裟)》かけて、西方にあみだほとけ《(阿弥陀仏)》をかけまいらせて、ゐす《(椅子)》にのぼらせ給て、御《おん》いき《(息)》すこしもみだれず、合掌して御往生候也《なり》。御いたはり《*(労)》とて候しかども、すこしも御苦痛候はず、然《しかる》べき御往

弘長二年　一二六二年
敬西房　初め隆寛の弟子。名は信瑞
上人の伝　黒谷上人伝（逸書）
故実　儀式・作法など手本となる事例
亥剋　午後十時頃
蓮仏　諏方盛重のこと
唐ころも　中国風の衣服
いたはり　病気

生の因縁にて候けりと覚《おぼえ》候。御臨終ちかくなり候て、かたじけなき仰《おおせ》を*かぶりて候《そうらい》き。『あみだほとけの御ちからにて、浄土へまいりたらば、*むかへうずるぞ』と仰の候しかば、日ごろ不足なくかうぶりて候し御恩には、百倍千倍してたのもしくありがた（有難）く覚候て、歎《なげき》のなかにもうれしく候。故入道どの、仰に、『蓮仏地獄におとさぬやうに教訓候へ』と仰候《おおせそうらい》けるよしうけ給候へば、念仏往生の次第、便宜《びんぎ》にかならずこまかに仰給《たまわる》べく候〈云々〉」〈取詮〉。抑《そもそも》かの禅門、武将の*賢哲、*柳栄（営）の指南として、若冠のそのかみ（上）より、最後のをはり（終）まで、上人勧化の*風《ふう》をうけ、西土往生の望《のぞみ》をとげられけるに、蓮仏を極楽に引導すべきよしまで、病中にちぎり給けむ、あはれにかしこ（畏）くぞ覚侍《はべ》る。

［第四図］

かぶる　「かうぶる」の転化
むかへうずる　必ず呼び寄せるつもりだ
賢哲　賢くて才知がある
柳営　将軍家
風　教え

法然上人行状絵図　第廿七

武蔵《むさしの》国の御家人《ごけにん》熊谷《くまがえ》の次郎直実《じろうなおざね》は、平家追討のとき、所々の合戦に忠をいたし、名をあげしかば、武勇の道ならびなかりき。しかるに宿善のうちにもよをし（催）けるにや、*幕下《ばくか》将軍をうらみ申《もうす》事ありて、心をゝこし（発）出家して蓮生《れんせい》と申けるが、聖覚《せいかく》法印の房にたづねゆきて、後生菩提《ごしょうぼだい》の事をたづね申けるに、「さやうの事は、法然上人《ほうねんしょうにん》にたづね申べし」と申されければ、上人の御菴室《あんじつ》に参じにけり。「罪の軽重《きょうじゅう》をいはず、たゞ念仏だにも申せば往生するなり。別の様《よう》なし」との給《たまう》をきゝて、*さめ〳〵と泣《なき》ければ、*けしからずと思《おもい》たまひて、ものもの給はず。しばらくありて、「なに事に泣給ぞ」と仰《おおせ》られければ、手足をもきり命をもすてゝぞ、*後生《ごしょう》はたすからむずるとぞ、うけ給はらむずらんと存ずるところに、「たゞ念仏だにも申せば往生はするぞ」と、やすく〳〵と仰をかぶり侍《はべ》れば、あまりにうれしくてなかれ（泣）侍るよしをぞ申ける。まことに*後世《ごせ》を恐《おそれ》たるものとみえければ、「無智の罪人の念仏申て往生する事、本願の正意《しょうい》なり」とて、念仏の安心《あんじん》こまかにさづけ給ければ、ふた（二）心なき専《せん》

［熊谷入道蓮生始て上人の御教化を承りてけしからず泣たりし事］

幕下将軍　源頼朝（一一四七〜九九）のこと

さめざめ　涙を流して泣くさま

けしからず　異様だ、感心できない

後生・後世　死後の世、来世

修《じゅ》の行者《ぎょうじゃ》にて、ひさしく上人につか（仕）へたてまつりけり。或《ある》時上人月輪殿《つきのわどの》へ参じ給けるに、この入道推参*して、御共（供）にまいりけるを、とゞめばやと思食《おぼしめ》されけれども、さるくせもの*（曲者）なれば、中々あしかりぬ*と思食て、仰らるゝむね（旨）なかりければ、月輪殿までまいりて、くつぬぎ*（沓脱）に候《こう》じて、縁《えん》に手うちかけ、よりかゝりて侍けるが、御談儀（義）のこゑ（声）のかすかにきこ（聞）ゑければ、この入道申けるは、「あはれ穢土*《えど》ほどに口おしき所あらじ。極楽にはかゝる差別*《しゃべつ》はあるまじきものを。談儀（義）の御こゑもきこえばこそ*」と、しかりごゑ*に高声《こうしょう》に申けるを、禅定殿下*《ぜんじょうてんが》きこしめして、「こはなにものぞ」と仰られければ、「熊谷の入道とて、武蔵国よりまかりのぼ（上）りたるくせもの、候《そうろう》が、推参に共（供）をして候と覚《おぼえ》候」と上人申《もうし》給ければ、やさしく「たゞ*め（召）せ」とて、御使《おんつかい》を出《いだ》されてめされけるに、一言《いちごん》の色題*《しきだい》にも及ばず、やがてめしにしたがひて、ちかくおほゆか（大床）に祗候《しこう》して聴聞《ちょうもん》仕《つかまつり》けり。往生極楽は当来*の果報なをとを（猶遠）し。忽《たちまち》に堂上*《とうしょう》をゆるされ、今生《こんじょう》の花報*《けほう》を感じぬる事、本願の念仏を行ぜずは、争《いかでか》この式*に及べきと、耳目をどろ（驚）きてぞみえける。

［第一図］

推参　押しかけて参上する
曲者　ひとくせある者
あしかりぬ　まずいことになる
くつぬぎ　履物をぬぐための台
穢土　浄土の対語。けがれた現世
差別　区別すること
きこえばこそ　聞こえてくれば耳に入るのに
しかりごゑ　叱っているような声
禅定殿下　出家した摂政・関白に対する敬称
ただ　とにかく
色題　挨拶。題は「代」の当て字
当来　来世
堂上　御殿に上がること
花報　来世で受ける果報の前に、この世でうける果報
式　事柄、事情

蓮生、念仏往生の信心決定《けつじょう》してのちは、ひとへに上品上生《じょうぼんじょうしょう》の往生をのぞみ、「われもし上品上生の往生を遂《とぐ》まじくは、下八品《げはちほん》にはむかへ《迎》られまいらせじ」といふかたき《堅》願をおこして、発願《ほつがん》の旨趣をのべ、偈《げ》をむすびて、みづからこれをかきつく。かの状云《じょうにいわく》、「*元久元年五月十三日、*鳥羽《とば》なる所にて、上品上生の来迎《らいこう》の阿弥陀ほとけ《仏》の御まへ《前》にて、蓮生願をおこして申さく、極楽にうまれたらんには、身の楽の程は下品下生《げぼんげしょう》なりとも限《かぎり》なし。然而《しかれども》天台の御尺《釈》に、『*下之八品不可来生（下の八品は来生《らいしょう》すべからず）』と仰られたり。おなじくは一切の有縁《うえん》の衆生《しゅじょう》、一人ものこさず来迎せん。無縁の衆生までも、おもひをかけてとぶら《弔》はむがために、蓮生上品上生にうまれん。さらぬ程ならば下八品にはうまるまじ。かく願をおこして後に又云《いわく》、『恵心《えしん》の僧都《そうず》すら下品の上生をねがひ給たり。何況《いかにいわんや》末代の衆生、上品上生する者は一人もあらじ』と、*ひじりの御房《おんぼう》の仰《おおせ》ごとあるをきゝながら、かゝる願をおこしはて《果》ゝいはく、『末代に上品上生する者あるまじきに、しかもよろづ不当なる蓮生、いかで上品上生にはうまるべきぞ。さなくは下八品にはむまれ《生》じとぐわんじ《願》たればとて、あみだ《阿弥陀》ほとけもし迎《むかえ》給はずは、第一に弥陀の本願やぶれ給*なんず。次に弥陀の慈悲かけ《欠》給なんず。次に弥陀の願成就《じょうじゅ》の文《もん》やぶれ給なんず。次に釈迦の

[蓮生上品上生の往生の大願をおこせし事]

元久元年　一二〇四年

鳥羽　京都市南区・伏見区

下の八品云々　実は湛然の維摩経疏記の文

ひじりの御房　上人を指す

なんず　…してしまうだろう

観無量寿経の、十悪の一念往生、五逆の十念往生、又阿弥陀経の、もしは一日もしは七日の念仏往生、又六方恒沙《ごうじゃ》の諸仏の証誠《しょうじょう》、又善導和尚《ぜんどうかしょう》の下至十声一声等定得往生（*下十声《しもじっしょう》一声等に至るまで、定めて往生することを得《う》）の尺《（釈）》、又なによりも観経《かんぎょう》の上品上生の三心《さんじん》具足の往生、それを善導の尺《（釈）》の、具足三心必得往生也、若少一心即不得生（*三心を具足すれば、必ず往生することを得るなり。若《も》し一心をも少《か》きぬれば、即《すなわ》ち生ずることを得ず）、又専修のものは千は千ながらの尺《（釈）》、ことごとくこれら仏の願といひ、仏の言《ことば》といひ、善導の尺《（釈）》といひ、もしれんせい《（蓮生）》を迎給《むかえ》はずは、みなやぶれておの〳〵妄語のつみ得たまひなんず。いかでか*大聖《だいしょう》の金言《きんげん》むなしかるべきや。又光明遍照十方世界（光明は遍《あまね》く十方《じっぽう》の世界を照らす）の文、又此界《しかい》一人念仏名（此界に一《いち》人《にん》ありて仏名を念ず）の文、この金言どもむなしからじ。いよ〳〵これらの文をも《（以）》て、疑なき也《なり》とおもふ。一切の有縁の輩《ともがら》、*即《すなわち》たちかへりてむかえん』とて、願をおこして、上品上生ならずは、むかへられまいらせじといふかたき願をおこしたるが、*よくひが事《（僻）》ならん*ぢやう《（定）》、五逆の者*ばかりはあらじ。しかればいかなりとも迎給はぬことあらじ。これを疑はぬ心は、三心具足したり、上品上生にむまる《（生）》べき決定心おこしたり、その*疑煩悩《ぎぼんのう》断じたり、そのさとり《*（悟）》をひらいたり。善導又《また》天台、

下十声一声等云々・三心を具足すれば云々　ともに往生礼讃偈の文

大聖の金言　釈尊の言葉

即たちかへる　すぐに引き返す

よく　十分に、甚だしく

ぢやう　とはいうものの

ばかり　ほど

疑煩悩　六煩悩の一つ、疑い惑う

『この事をみるものは、上品上生にむまる。又衆生の苦をぬく事を得《え》、又*無生忍《むしようにん》をさとる。又極楽に所願にしたがひてむまる』との給へり。

下八品の往生　われすて《（捨）》、しかもねがは《（願）》ず

かの国土にいたりをはて《（已）》　すなはちかへり来《くる》事あた《（能）》はざれば也

かさねてこ《（乞）》ふ我《わが》願において　或《あるい》は信じ或は信ぜざらんもの

ねがはくは信と謗《ほう》とを因として　みなまさ《（当）》に浄土にむまるべし

于時《ときに》元久元年五月十三日*午時《うまのとき》に、偈の文をむすびて、蓮生いま願をおこす。熊谷の入道としは六十七也。京の鳥羽にて、上品上生の*むかへの曼陀羅《まんだら》の御まへにてこれをかく」〈已上取詮《いじようせんをとる》〉。又和字の偈の文を隆寛《りゆうかん》律師漢字にかきなされける、

下八品往生　我捨而不願

到彼国土已　即不能還来

重乞於我願　或信或不信

願信謗為因　皆当生浄土

又蓮生自筆の夢の記《きに》云、「上品上生にむまるべしといふ夢たび〱見たり。そばの人もみて告たり。善導はゆめをみてさとりて、観経の疏《しよ》は作《つくり》給へり。恵心又《また》往生要

さとる　よくよく了解する

無生忍　無生無滅の理を悟る

午時　午後零時頃

むかへの曼陀羅　阿弥陀仏や菩薩が迎え摂るさまを描いた仏画

集、ゆめをみて記し給へり。又*珍海《ちんかい》決定往生の集、ゆめをみて記し給へり。法花《ほけ》経に*四安楽の行者の、夢の中《うち》の*八相《はつそう》を記し給へり。しかるにれんせい（蓮生）、五月十三日にこの願をおこして、同廿《にじゆう》二日の夜、阿みだ仏《ほとけ》に申さく、『蓮生がおこして候《そうろう》願成就すべくは、疑《うたがう》まじからん御*示現《じげん》（賜）たべ。又叶《かなう》まじくは、叶まじと示現たべ。どなたさまにも、うたがふまじからん示現たべ』と申てねたる、*そのすなはち夢にみるやう、金色《こんじき》の蓮《はちす》の花の、くき（茎）はながくてゑだ（枝）もなくて、*そろ〳〵としてたゞ一本たちたるに、そのめぐりに人十人ばかり*居《い》まはりてあるに、蓮生申《もうす》ことぞ、『*こと人《ひと》は一人もあれが上にはのぼり（登）えじ。蓮生一人は一定《いちじよう》のぼるべき也』といひはつれ（果）ば、いかにしてのぼりたりともおぼえ（覚）ずして、その蓮の花の上にのぼりて、端坐《たんざ》して居たりとみ（見）はつれば、夢さめ畢《おわん》ぬ。又願をおこす、『この願まことなるべくは、臨終にゆゝしからん、人々耳目おどろくばかりの瑞相《ずいそう》をまづ現じて、もろ〳〵の人に、弥陀の本願みうらやませ（見羨）給へ』とおこしたり。故《かるがゆえ》に上品上生の往生、いよ〳〵疑なき也。又同年六月廿三日の夢、おなじ心也」〈已上取詮〉。

蓮生自筆の発願の文、夢記《ゆめのき》等は、みな和字なりといへども、よみにくきにより て、少々漢字になす。

珍海　平安後期の三論宗の僧（一〇九一～一一五二）
四安楽　四安楽行の略。安楽を得るための四つの行
八相　八相成道の略。釈尊の生涯を八つの重要事項に整理したもの
示現　神仏が霊験を示し現すこと
その　刊本はのの下に「夜」の字を補う
そろそろ　するすると伸びる
居まわる　取り囲んですわる
こと人　他のひと、別の人

[第二図]

蓮生、「*行住坐臥《ぎょうじゅうざが》、不背西方《さいほうにそむかず》」の文をふかく信じけるにや、*あからさまにも西をうしろにせざりければ、京より関東へ下《くだり》ける時も、鞍《くら》をさかさまにをか《(置)》せて、馬にもさかさまにのりて、口をひかせけるとなん。されば蓮生、

浄土にもがう《(剛)》のものとや沙汰《さた》すらん西にむかひてうしろ《(後)》みせねば

とぞ詠じける。上人も信心堅固《けんご》なる念仏の行者のためし《(例)》には、常におもひいで《(出)》給て、「坂東《ばんどう》の阿みだほとけ」とぞ仰られける。しかれどもその性《しょう》たけくして、なを《(猶)》犯人《ぼんにん》をば、或《あるい》は*むまぶね《(馬槽)》を*かづけ、或は*ほだしをうち、或はしばり、或は*筒をかけなどして、いましめをき《(置)》けり。*よに心え《(得)》ぬわざにてぞありける。下国《げこく》の後、不審なる事どもを、状をもて《(以)》たづね申ければ、上人の御返事《へんじに》云、「よろこびてうけ給《たまわり》候《そうらい》ぬ。まことに其《その》後おぼつか《(覚束)》なく候つるに、うれしく仰られて候。*但念仏《たんねんぶつ》の文かきてまいらせ候。念仏の行は、かの仏の本願の行にて候。持戒、誦経《じゅきょう》、*誦呪《じゅじゅ》、*理観等の行は、かの仏の本願にあらぬをこな《(行)》ひにて候へば、極楽をねがはん人は、まづかならず本願の念仏の行をつとめてのうへ《(上)》に、もし*こと《(異)》をこなひをも念仏に*しく《(為加)》

[蓮生不背西方の文を信じて関東下向馬上にもうしろさまに乗たる事]

行住坐臥云々　窺基の西方要決の文
あからさまにも　少しも、まったく
むまぶね　馬の飼料容器、かいば桶
かづく　頭からかぶせる
ほだし　手足をしばる綱
筒をかけ　体を筒状の棒で固定する
よに　決して、断じて
但念仏　ただひたすら念仏を称えること
誦呪　呪文や陀羅尼を唱える
理観　普遍の真理を観想する
ことをこなひ　念仏以外の修行
しくはふ　さらに加える

はへ候はむと思《おもい》候はゞ、さもつかまつり《（仕）》候。又たゞ本願の念仏ばかりにても候べし。善導和尚は阿弥陀仏の化身にておはしまし《（御座）》候へば、それこそは一定にて候へと申《もうし》候に候。孝養《きようよう》の行も仏の本願にあらず。たえ《（堪）》んにしたがひて、つとめ《（勤）》させおはしますべく候。又あかゞね《*（銅）》の阿字の事も錫杖《しやくじよう》の事も、仏の本願にあらぬつとめにて候。とてもかくても候なん。又迎摂《*こうしよう》の曼荼羅は、大切におはしまし候。それもつぎ《（次）》の事に候。たゞ念仏を三万、もしは五万、もしは六万、一心に申させおはしまし候はむぞ、決定往生のをこなひにては候。こと《*（異）》善根《ぜんごん》は、念仏のいとま《（暇）》あらばの事に候。六万反《べん》をだに一心に申させ給はゞ、そのほかにはなに事をかはせさせおはしますべき。まめやかに一心に、三万五万念仏をつとめさせ給はゞ、少々戒行《かいぎよう》やぶれさせおはしまし候とも、往生はそれにより候まじき事に候。但《ただし》このなかに孝養の行は、仏の本願にては候はねども、八十九*にておはしまし候なり。あひかまへてこと《（今年）》しなんどはまち《*（待）》まいら《（参）》せさせおはしませかしと覚《おぼえ》候。たゞひとりたの《*（一人頼）》みまいらせておはしまし候なるに、かならず〳〵まちまいらせおはしますべく候也《なり》。五月二日

源空。武蔵国熊谷入道殿御返事」〈已上取詮〉。

あかがねの阿字　銅版に打ち出した梵語の阿字を観想する行法

迎摂の曼荼羅　「むかへの曼陀羅」に同じ。迎摂は来迎引摂の意

こと善根　念仏以外の善行

八十九　蓮生の母の年齢

まちまいらせさせ　（往生を）お待ちになっておられる

ひとりたのみまいらせ　そなた一人を頼りになされて

［第三図］

蓮生が往生うたがひあるまじきよし、或は仏の告《つげ》をかうぶ《（被）》り、或は不思議の奇瑞《きずい》どもの侍けるを、上人に申入《いれ》ける事かくれなかりければ、月輪の禅定殿下きこし《（聞）》め《（召）》されて、上人に尋《たずね》申されける御文《おんふみに》云、「熊江《（谷）》の入道往生をとげずといへども、不思議の奇瑞等ひとつにあらざるよし、天下にあまねくかたら《（語）》ひ*うたふ事、もし実《まこと》ならば、*最前に告《つげ》仰らるべきところに、今まで無音《ぶいんに》候、尤《もっとも》不審也。*弥陀利物《りもつ》、末法偏《へん》増《ぞう》の証《しょう》、たゞかくのごときの事にあるか。随喜感涙たとへをとるに物なし。この事を告給《たまわ》ざる条、もしこれ一向欣求《ごんぐ》にあらざるよし、御疑《おんうたがい》のあるか。ねがふ心ざしのあさ《（浅）》ゝふかさ《（深）》は、たゞ阿弥陀如来の知見にまかせたてまつるものなり。但《ただし》*宿障深《じん》重《じゅう》のゆへ《（故）》に、至誠心《しじょうしん》こそ*術《じゅつ》なく候へ。信仰欣求の条は、このごろ*仮名《けみょう》*新発《しんぽつ》等のなかには、あながちに恐思《おそれおもい》給べからざるものか、いかん〳〵。来《きたる》六七日のあひだ、かならず見参《げんざん》をとげむとおもふ。申合《もうしあわす》べき事等ある故也。*敬白《けいひゃく》。四月一日。法然御房」〈已上取詮〉。*礼紙《らいしに》云、かの入道のまいらする状、*正文《しょうもん》を給《たまわり》て、一見を加へんとおもふ。転写の本《もと》の文字《もんじ》たゞしからずして、よまれざるところあり。*比挍《ひきょう》すべ

［蓮生兼て決定往生の種々の奇瑞を感ずるに付て月輪殿より上人へ御尋の御状の事］

うたふ　盛んに言い立てる
最前に　一番先に
弥陀利物、末法偏増　窺基の西方要決の「末法万年、余教悉滅、弥陀一教、利物偏増」による
宿障　前世での罪業による障り
術なし　どうしようもない
仮名　名（外形）だけの僧
新発　新たに発意して仏門に入った者
敬白　謹んで申し上げる
礼紙　書状の本文料紙に添える白紙。ここに追伸が書かれた
正文　本物の文書
比挍す　比べ合わせる

きものなり。事の次第殆《ほとんど》たぐひすくなし。正《まさ》しく往生をとげたらんには、超過《*ちようかし》畢《おわん》ぬ。貴《とうとぶ》べし信《しんず》べし。凡《およそ》左右《*そう》にあたはざるもの也。宿善のいたり、申てあまりあり。その子息の会尺又以珍重《*えしやくまたもてちんちよう》、一々の事皆《みな》以不思議の境界《きようがい》なり。なを《（猶）》感涙禁じがたきか。承及《うけたまわりおよぶ》にしたがひて馳《*はせ》申ところ也。御返報の趣、その草《*そう》あらば一見の心ざしあり、いかん」〈已上取詮〉。上人、熊谷の入道につかはされける御返事云、「この条こそ、とかく申に及ばず目出《めでたく》候へ。往生せさせ給たらんにはすぐれて覚候。死《し》期《ご》しりて往生する人々は、入道殿にかぎらず多《おおく》候。かやうに耳目おどろかす事は、末代には*よも候はじ。むかしも道綽禅師《どうしやくぜんじ》ばかりこそおはしまし《（御座）》候へ。返《かえすがえす》々も申ばかりなく候。但《ただし》何事につけても、仏道には魔事と申事の、*ゆゝしき大事にて候也。よく〱御用心候べき也。加様《かよう》に不思議をしめすにつけても、たより《*（便）》を伺《うかがう》事も候《そうらい》ぬべき也。目出候にしたがひて、いたはしく《*（労）》覚させ給て、加様に申候也。よく〱御つゝしみ候て、仏にもいのり《（祈）》まいらせさせ給べく候。いつか御のぼり《*（上）》候べき。かまへて《（構）》〱のぼらせおはしませかし。京の人々おほやう《*（大様）》はみな《（皆）》信じて、念仏をもいま《（今）》すこしいさみ《（勇）》あひ《（合）》て候。これにつけても、いよ〱すゝ《（進）》ませ給べく候。あしざまに思食《おぼしめす》べからず。なを《（猶）》〱目出候。あなかしこ〱。四月三日　源空。熊

超過　（奇瑞が）すぐれまさる
左右　とやかく言う
会尺　事情の説明、言い訳。尺は「釈」の当て字
馳申　使者を遣わして申し上げる
草　草稿、下書き
よも　まさか、よもや
ゆゆし　不吉、忌まわしい
たより　うわさ、消息
いたはし　心の痛むさま
のぼる　上京する
おほやう　大体、大方

谷入道殿」〈已上取詮〉。

［第四図］

*建永元年八月に、蓮生は明年二月八日往生すべし、申ところもし不審あらん人は、きたりて見べきよし、武蔵国村岡《*むらおか》の市《いち》に札《ふだ》を立させけり。つたへきくともがら《（輩）》遠近をわかず、熊谷が宿所へ群集《くんじゅ》する事、いく《（幾）》千万といふ事をしらず。ゝで《（既）》に其日になりにければ、蓮生未明に沐浴《*もくよく》して、礼盤《*らいばん》にのぼりて、高声念仏体《*たい》をせむる事、たとへ《（譬）》をとるにものなし。諸人《しょにん*》目をすます《（澄）》ところに、しばらくありて念仏をとゞめ、目をひらきて、「今日の往生は延引せり。来《きたる》九月四日かならず本意《ほい》を遂《とぐ》べし。その日来臨あるべし」と申ければ、群集の輩《ともがら》あざけり《（嘲）》をなしてかへりぬ。妻子眷《けん》属《ぞく》、「面目なきわざなり」と歎《なげき》ければ、「弥陀如来の御《おん》告によりて、来九月をちぎるところなり。またく《（全）》わたくしのはから《（計）》ひにあらず」とぞ申ける。さる程に光陰ほどなくうつりて、春夏もすぎにけり。八月のすゑ《（末）》にいさゝかなやむ《*（悩）》事ありけるが、九月一日そらに音楽をきゝてのち、更に苦痛なく身心《しんじん》安楽なり。四日の後夜《*ごや》に沐浴して、やうやく臨終の用意をなす。諸人また群集する事、さかりなる市のごとし。す

［蓮生兼て死期を知て奇瑞不思議の大往生の事］

建永元年　一二〇六年

村岡の市　埼玉県熊谷市にあった市場

沐浴　体を洗い清める

礼盤　礼拝を行うための台座

体をせむ　体を苦しめる（ほど激しく）

目をすます　眼をみはる

なやむ　病む

後夜　午前四時

でに巳剋《*みのこく》にいたるに、上人弥陀来迎の三尊、化仏《けぶつ》菩薩の形像《*ぎょうぞう》を一舗《*いっぽ》に図絵《ずえ》せられて、秘蔵し給けるを、蓮生洛陽《*らくよう》より*武州へ下《くだり》けるとき給はりたりけるを懸《かけ》たてまつりて、端坐合掌し、高声念仏熾盛《しじょう》にして、念仏とゝ（共）もに息とどまるとき、口よりひかりをはなつ。ながさ五六寸ばかりなり。紫雲靉靆《*あいたい》として音楽髣髴《*ほうふつ》たり。異香《いきょう》芬《*ふん》郁《いく》し大地《だいじ》震動す。奇瑞連綿として五日の卯時《*うのとき》にいたる。翌日、子剋《*ねの》に入棺のとき、又《また》異香音楽等の瑞さきのごとし。卯時にいたりて紫雲にし（西）よりきたりて、家のう（上）へにとゞまる事一時《いっとき》あまりありて、西をさしてさりぬ。これらの瑞相等、遺言にまかせて、聖覚法印のもとへしるしをく（送）りけり。往生の霊異《*りょうい》すこぶる比類まれなる事になん侍ければ、まことに上品上生の往生、うたがひなしとぞ申あひける。

［第五図］

巳剋　午前十時頃
形像　姿
一舗　一幅。舗は軸物・畳み物の数詞
洛陽　京都
武州　武蔵国の中国式呼称
靉靆　雲のたなびくさま
髣髴　ほのかに（聞こえる）
芬郁　香りの盛んなさま
卯時　午前六時頃
子剋　午前零時頃
霊異　霊妙で不思議なこと

法然上人行状絵図　第廿八

武蔵国《むさしの》の御家人《ごけにん》津《つ》の戸《と》の三郎為守《さぶろうためもり》は、生年《しょうねん》十八歳にして*治承《じしょう》四年八月に、幕下《ばくか》将軍〈于時兵衛佐《ときにひょうえのすけ》〉*石橋《いしばし》の合戦のとき、武蔵國より馳《はせ》まいりてのち、安房国《あわの》へ越給《こえたまい》しにもおなじくあひしたがひ、処々の合戦に忠をいたし、名をあげずといふことなし。*建久六年二月、*東大寺供養のために、幕下上洛《じょうらく》の事ありき。為守生年三十三にて*供奉《ぐぶ》したりけるが、三月四日入洛《じゅらく》し、同廿一《にじゅう》日上人《しょうにん》の庵室《あんじつ》にまいりて、合戦度々のつみを懺悔《さんげ》し、念仏往生の道をうけたまはりてのちは、*但信称名《たんしんしょうみょう》の行者《ぎょうじゃ》となりにければ、本国にくだりてもをこたり（怠）なかりけるに、ある人、「熊谷《くまがえ》の入道、津戸の三郎は無智のものにて、余行《よぎょう》かなひがたければこそ、念仏ばかりをばす丶め（勧）給らめ。有智《うち》の人には、かならずしも念仏にはかぎるべからず」と申けるを、為守つたえき丶て、上人にたづね申けるついでに、条々の不審を申いれけり。上人の御返事云《へんじにいわく》、

一《ひとつ》、熊谷の入道、津戸の三郎は無智のものなればこそ、但念仏《たんねんぶつ》をばす丶めたれ、有

[津戸三郎為守上人に帰依して但信称名の行者となる事]

治承四年　一一八〇年

石橋　神奈川県小田原市にある山。源頼朝が挙兵して敗れる

建久六年　一一九五年

東大寺供養　東大寺再建の落慶供養

供奉　お供として付き従う

但信称名　ただひたすら阿弥陀仏の本願を信じて名号を称える

智の人には、かならずしも念仏にはかぎるべからずと申よし、きこえてさふらふ《（候）》らむ、極《きわめ》たるひが《（僻）》事に候《そうろう》。そのゆへ《（故）》は、念仏の行はもとより有智無智にかぎらず、弥陀のむかし《（昔）》ちかひ給し本願も、あまねく一切衆生《しゅじょう》のためなり。無智のためには念仏を願じ、有智のためには余のふかき行を願じ給ふことなし。*十方《じっぽう》衆生の句に、ひろく有智無智、有罪《うざい》無罪、善人悪人、持戒破戒、かしこき《（賢）》もいやしき《（賤）》も、〈乃至《ないし》〉みなこもれるなり。されば往生のみちをとひたづね候人には、有智無智を論ぜず、みな念仏の行ばかりを申《もうし》候也《なり》。しかるにそら《（虚）》事をかまへて、さやうに念仏を申とゞめむとするものは、さき《（先）》のよ《（世）》に*念仏三昧《ざんまい》、浄土の法門をきかず、のち《（後）》の世にまた三悪道《さんなくどう》へかへる《（返）》べきものゝ、*しかるべくてさやうの事をばたくみ申ことにて候なり。そのよし聖教《しょうぎょう》に見えて候。『見有修行起瞋毒、方便破壊競生怨、如此生盲闡提輩、毀滅頓教永沈淪、超過大地微塵劫、未可得離三途身（修行すること有るを見ては瞋毒《しんどく》を起こし、方便して破壊《はえ》し競《きお》ひて怨《あた》を生す。かくの如《ごと》きの生盲闡《しょうもうせん》提《だい》の輩《ともがら》、頓教《とんぎょう》を毀滅《きめつ》して永く沈淪《ちんりん》す。*大地微塵劫《だいじみじんごう》を超過すとも、未《いま》だ三途《さんず》の身《しん》を離るることを得《う》べからず）』と申たるなり。この文《もん》の心は、浄土をねがひ念仏を行ずるものを見ては、いかりをおこし、毒心をふくみてはかりこと《（謀）》をめぐらし、やう〳〵《（様々）》の方

十方衆生の句　第十八願の文を指す

念仏三昧　専心に念仏を称えて三昧の状態に入る

しかるべくて　そうした因縁によって

大地微塵劫　大地を微塵に砕いた数ほどの劫の時間

便をなして、念仏の行をやぶりて、あらそひてあた《（仇）》をなし、これをとゞめむとするなり。かくのごときのひとは、むま《（生）》れてよりこのかた仏法の眼しゐ《（癡）》て、仏の種をうしなへる闡提のともがらなり。みだ《（弥陀）》の名号《みようごう》をとなへて、ながき生死《しようじ》をたちまちにきりて、*常住の極楽に往生すといふ頓教の御のり《（法）》をそしりほろぼして、この罪によりて三悪道にしづみて、大地微塵劫をすぐとも、ながく三悪道の身をはなるべからずといへるなり。さればさやうにそら事をたくみて申候*覧《らん》人をば、かへり《（却）》てあはれむべきなり。さほどのもの丶申さむによりて、念仏にうたがひをなし、不信をおこさんものは、いふにたらぬ程の事にてこそは候はめ。おほかた弥陀に縁あさく、往生に時いたらぬものは、きけども信ぜず、をこなふ《（行）》をみてははら《（腹）》をたて、いかりをふくみて、さまたげむとすることにて候なり。その心をえ《（得）》て、いかに人申とも、御心ばかりは*ゆるが《（揺）》せ給べからず。*あながち《（強）》に信ぜざらむは、仏猶《なお》ちからをよび《（及）》給まじ。いかにいはむや凡夫のちから及《およ》候《び》まじき事なり。か丶る不信の衆生を利益《りやく》せむとをもは《（思）》むにつけても、とく極楽へまいりて、さと《（悟）》りをひらきて生死にかへりて、誹謗《ひほう》不信のものを*わた《（渡）》して、一切衆生あまねく利益せむとおもふべき事にて候也。

常住　常に変わらず存在する
覧　助動詞「らん」の当て字
ゆるぐ　揺れ動く
あながちに　決して
わたす　済度する

一、念仏を申させ給はむには、心をつねにかけて、口にわすれずとなふ《(唱)》るが、めでたきことにて候なり。たとひ身もきたな《(汚)》く口もきたなくとも、心をきよ《(清)》くして申させ給はむ事、返々神妙《かえすがえすしんみように》候。*ひま《(暇)》なくさやうに申させ給らむこそ、返々めでたく候へ。いかならむとき《(時)》なりとも、わすれずして申させ給はゞ、往生の業《ごう》にかならずなり候はむずる也。いかなる時にも、申されざらむをこそ、*ねん《(念)》じて申《もうさ》ばやとおもひ候べきに、*申されんをねむ《(念)》じて申させ給はぬことは、いかでか候べき。たゞいかなるをり《(折)》もきら《(嫌)》はず申させ給べし。

一、*あらぬ行、ことさとり《(異解)》の人にむかひて、いた《(甚)》くしゐ《(強)》ておほせ《(仰)》らるゝこと候まじ。異解《いげ》異学の人をみては、これを恭敬《くぎょう》して、かる《(軽)》しめあなづ《(侮)》る事なかれと申たることにて候也。阿弥陀仏に縁なく、極楽浄土に*ちぎ《(契)》りすくなからん人の、信もおこらず、*ねがはしくもなか覧《らん》には、ちからをよばず、たゞ心にまかせて、いかなるをこなひをもして、後生《ごしょう》たすかりて、三悪道をはなるゝことを、人の心にしたがひてすゝめ候べきなり。又*ちり《(塵)》ばかりも*かな《(叶)》ひぬべか覧《らん》人には、阿弥陀仏をすゝめ、極楽をねがはすべきにて候ぞ。いかに申すとも、このよ《(世)》の人の念仏にあらでは、極楽にむ《(生)》まれて生死をはなるゝ事は候まじきなり。もしはそし《(謗)》り、もし

ひまなく　絶え間なく

ねんじて　堪え忍んで、こらえて

申されんを　(念仏を)申すことができるのに

あらぬ行　念仏以外の行

ちぎり　前世からの因縁、宿縁

ねがはしくもなか覧　願おうともしない

ちりばかりもかなひぬべか覧　ほんの少しでも思い通りになりそうな

は信ぜざらむものをば、*こはからで*こしらふべきにて候なり〈已上取詮《いじようせんをとる》〉。この御返事を給てのちは、いよ〱念仏の外侘《ほか(他)》事なかりけるをみうらや《(見羨)》みて、専修《せんじゅ》念仏の行人《ぎようにん》、かの国中に三十余人までになりにければ、このよしを上人へ申いれけるに、上人御返事云、「専修念仏の人は、よに*ありがたく候に、その一国に三十余人まで候覧《らん》こそ、まめやかにあはれに候へ。*京辺などの、つねにきゝ《(聞)》なら《(慣)》ひ、かたはらをもみ《(見)》ならひ候《そうらい》ぬべき所にて候にだにも、おもひきりて専修念仏する人は、ありがたきことにて候。道綽禅師《どうしやくぜんじ》の*平州と申候所《ところ》こそ、一向念仏の地にては候しか。専修念仏三十余人は、よにありがたく覚《おぼえ》候。これひとへに御ちから、又熊谷の入道などのゆへ《(故)》にてこそ候なれ。それも時のいたりて、往生すべき人の多《おおく》候べきゆへにこそ候らめ。縁なきことは、わざと人のすゝめ候にだにも、かなはぬことにて候へば、まして子細もしらせ給はぬ人などの仰《おおせ》られむによ《(依)》るべき事にても候はぬに、もとより*機縁純熟して、時いたりたることにて候へばこそ、さほど専修の人なむど《(等)》は候《そうろう》らめと、をしはか《(推測)》られ候。念仏往生の誓願は、平等の慈悲に住して発《おこし》給たる事なれば、人をきらふことはさふら《(候)》はぬなり。仏の御《み》心は慈悲をもて体《たい》とすることにて候なり。されば観無量寿経には、『仏心といふは大慈悲これなり』ととか《(説)》

こはからで　無理押しせずに
こしらふ　説得する、誘う
ありがたし　めったにない、珍しい
京辺　京都の周辺、都のあたり
平州　并州（中国の山西省）の誤り
機縁純熟　機会が十分に熟する

れて候。善導和尚《ぜんどうかしよう》この文をうけて、『この平等の慈悲をもて《(以)》は、あまねく一切を摂す』と尺《(釈)》し給へり。一切の言《ごん》ひろくして、もるゝ人候べからず。されば念仏往生の願は、これ弥陀如来の本地《ほんじ》の誓願なり。余の種々の行は、本地のちかひにあらず。尺《(釈)》迦も世に出《いで》給事は、弥陀の本願をとかむと思食《おぼしめす》御心にて候へども、衆生の機縁*にしたがひ給ふ日は、余の種々の行をも説たまふは、これ随機*ののり《(法)》なり。仏のみづからの御心のそこ《(底)》には候はず。されば念仏は弥陀にも利生*《りしよう》の本願、釈迦にも出世の本懐《ほんがい》なり。余の種々の行には似ず*候也」〈已上取詮〉。この仰をうけたまはりしのちは、ます〳〵いさみをなし、念仏の外佗《(他)》事なかりき。

［第二図］

津の戸の三郎、上人の門弟浄勝房《じようしようぼう》、唯願房《ゆいがんぼう》等の僧衆《そうしゆ》少々申*くだ《(下)》して、念仏の先*《せん》達《だつ》として不断念仏をはじめおこなひけるを、為守聖道《しようどう》の諸宗を謗《ほう》じ、専修念仏を興ずるよし、元久二年*の秋のころ、征夷将軍〈右大臣実朝*《さねとも》公〉にあらぬさまに讒《ざん》し申ものありて、召尋《めしたずね》らるべきよしきこえければ、為守おどろきて、もしさる事あらば、いかゞ申上《あげ》候べき、難答*の詞《ことば》仮令*《けりよう》の様《よう》を、仮名真名*《かなまな》にくはしくしるし給べき

機縁　衆生の機根と仏の教えを受ける因縁
随機　衆生の機根に応ずる
利生　衆生を救済する
似ず　匹敵しない
［征夷将軍専修の旨を召尋らるべきよし為守上人へ申進じければ委く御返事の事］
申くだす　お願いして自分の所へ来ていただく
先達　指導者
元久二年　一二〇五年
実朝公　源実朝（一一九二～一二一九）

むね、飛脚をもて上人に申入《いれ》たりければ、上人御返事云、「念仏のこと、いまだくはしくなら《（習）》はせ給はぬことにて候へば、専修雑修《ざつしゅ》の間の事は、くはしき沙汰《さた》候はずとも、召とはれ候はゞ、『法門の委事《くわしき》はしり候はず。御京上の時うけたまはりわた《*（渡）》りて、聖《ひじり》のもとへまかり候て、《後世《ごせ》の事をばいかゞし候べき、在家のものなどの後生たすかり候ぬべきことは、なに事か候らん》と問候《といそうらい》しかば、ひじりの申候しやうは、《生死をはなるゝみちは、やう〳〵《（様々）》に多候へども、そのなかに極楽に往生する、これ仏の衆生をすゝめて生死をいださ《（出）》せ給ふ一《ひとつ》の道なり。しかるに極楽に往生する行、又やう〳〵に多候へども、そのなかに念仏は、これ弥陀の一切衆生のために、みづからちかひ給たりし本願の行なれば、往生の業にとりては、念仏にしくはなし。往生せむとおもはゞ、念仏をこそはせめ》と申候き。《何況《いかにいわんや》又在家のものゝ、法門をもしらず智恵もなか覧《らん》ものは、念仏の外には、なに事をして往生すべしといふことなし。わがをさなく《*（幼）》より法門をならひたるものにてあるだにも、念仏よりほかに、又なにごとをして往生すべしともおぼえねば、たゞ念仏ばかりをして、弥陀の本願をたのみて、往生せむとおもひてあるなり。まして在家の者などは、なに事かあらむ》と申候しかば、ふかくそのよしをたのみ候て、念仏をつかま

あらぬさま　無いことを有るように言い立てる
難答　難問に対する答え
仮令　おおよそ、大略
仮名真名　かな文字と漢字
わたる　及ぶ

をさなくより　上人は九歳で菩提寺の観覚に師事する

つり候なり。又、《この念仏を申ことは、たゞわが心より弥陀本願の行なりとさと（解）りて申事にもあらず。唐のよ（代）に善導和尚と申候し人の、往生の行業《ぎようごう》にを（於）いては、専修雑修と申二《もうすふたつ》の行をわかちて、すゝめ給へるなり。専修といふは念仏也。雑修といふは念仏の外の行なり。専修のものは、百人は百人ながら往生し、雑修のものは、千人が中にわづかに一二人ありといへるなり。唐土《もろこし》に又信中《しんちゅう》と申もの、このむねをしるして専修浄業文《じょうごうもん》といふ文をつくりて、唐土の諸人《しょにん》をすゝめたり。専修について*五種の専修正行《しょうぎょう》といふ事あり。この五種の正行について、又正助《しょうじょ》二行をわかてり。正業《しょうごう》といふは、五種の中の第四の念仏なり。助業といふは、そのほかの四《よつ》の行なり。いま決定《けつじょう》して浄土に往生せむと思はゞ、専雑《せんぞう》二修のなかには、専修のおしへによりて一向に念仏すべし。正助二業の中には、正業のすゝめによりて、ふた（二）心なく、たゞ第四の称名念仏をすべし》と申候しかば、くはしきむね（旨）、ふかき心をばしり候はず、さては念仏はめでたき事にこそあむなれと信じて、申候ばかりに候。件《くだん》の善導和尚と申《もうす》人は、*うぢ（氏）ある人にもさふら（候）はず。*阿弥陀仏の化身にてを（御座）はしまし候なれば、おしへすゝめさせ給はん事、よもひがこと（僻事）にては候はじと、ふかく信じまいらせて、念仏はつかまつり候なり。そのつくらせ給て候なる文

五種　読誦・観察・礼拝・称名・讃嘆供養の五つ

うぢある　家柄や家系が誇れる

阿弥陀の化身　選択集の末尾に「大唐相伝云、善導是阿弥陀化身也」という

ども多候なれども、文字《もんじ》もしり候はぬものにて候へば、たゞ心ばかりを聞《きき》候て、後生やたすかり候、往生やし候とて申候程《ほど》に、ちかきものどももみうらやみ《(見羨)》候て、少々申ものども候也』と、これらほどに申させ給べし。*なか〱くはしく《(詳)》申させ給はゞ、あやまちもありなんど《(等)》して、あしき事もこそ候へ。やう〱に難答をしるしてと候へども、時にのぞみては、いかなる詞どもか候はんずらむに、かき《(書)》てまいらせて候はむも、*あしくさふらひぬべく候。たゞ*よく〱*御はから《(計)》ひ候て、早晩よきやうにこそはからはせ給はめ。又念仏申べからずと仰られて候とも、往生に心ざしあらむ人は、それにより《(依)》候まじ。念仏いよ〱申せと仰られ候とも、道心なからむものは、それにより候まじ。*とかくにつけて、いたく思食《おぼしめす》事候まじ。いかならむにつけても、このたび往生しなむと、人をばしら《(知)》ず御《おん》身にかぎりては思食べし。*殿は道理ふかくしりて、ひが事はおはしまさぬことにて候と申あひ《(合)》て候へば、これらほどに聞食《きこしめ》さんに、『念仏ひが事にてありけり。いまはな申《もうし》そ』と仰らるゝことは*よも候はじ。*さらざらむ人は、いかに申ともおもふ《(思)》とも、無益《むやく》の事にてこそ候はむずれ」〈已上取詮〉。しかるに翌年四月廿五日に、信濃《しなの》*前司《ぜんじ》〈于時《ときに》山城民部《やましろみんぶの》*大夫《たいふ》〉*行光《ゆきみつ》が奉行《ぶぎょう》にてくださるゝ*御教書《みぎょうしょに》云、「津戸郷内建立念仏所、令居住一向専修輩之由、

なかなか　なまじっか
あしく　不都合だ
よくよく　念には念を入れて
御はからひ　幕府の取り計らい
とかく　あれやこれやの事
殿　将軍家（源実朝）
よも　まさか、いくら何でも
さらざらむ　そうでない
前司　前任の国司（守）
大夫　判官（丞）で五位に叙された者の称

所聞食也。彼宗之子細為有御尋、為宗之輩一両人、早可被召進之状、依仰執達如件（*津戸郷《つのとのごう》内に念仏所を建立《こんりゅう》して、一向専修の輩《ともがら》を居住せしむるの由、聞食さるる所なり。かの宗の子細御尋ね有らん為《ため》に、*宗《むね》たるの輩一両人、早く召し進めらるべきの状、仰せに依りて執《しっ》達《たつ》件の如《ごと》し）〈云々《うんぬん》〉」。仍《よりて》同月廿八日に、浄勝房、唯願房等の念仏者をあひ具して、法花堂《ほっけどう》のまへの、二棟《ふたむね》の御所と号する南向の*広廂《ひろびさし》に参候す。重々の御たづねにつきて、津戸三郎は、上人御返事の趣をそらに《（諳）》うかべて、用意したる事なれば、とゞこほりなく申いれけるに、浄勝房等の念仏者は、年来所学の道なれば、法蔵比丘《ほうぞうびく》*因位のむかしより、弥陀如来成仏《じょうぶつ》のいまにいたるまで、凡夫往生のみちくらからず《（暗）》述《のべ》申ければ、面々に*立申《たて》むね《（旨）》ことぐ〵く*聞食《きこしめし》ひらか《（開）》れけるによりて、専修の行においてはしさい《（子細）》あるべからず、もとのごとくつとめ行《おこなう》べきよし仰出《おおせいだ》されしのちは、いよ〳〵念仏の行をこたり《（怠）》なかりしかば、*建保《けんぽう》七年正月*右府《うふ》薨逝《こうせい》のとき、二品《にほんの》禅尼《ぜんに》の御はからひとして、かの御骨《こつ》をこのところにわたし《（渡）》たてまつられければ、ひとへにかの御菩提《ぼだい》をぞとぶらひ申ける。

[第二図]

行光　政所次官（執事）の二階堂行光
御教書　将軍家の下し文
津戸郷　東京都国立市
宗たる　主要なもの
広廂　大床、広縁
因位　修行の段階
立申　申し上げる。立は接頭語
聞食ひらく　聞いてご了解なされる
建保七年　一二一九年
右府　右大臣の唐名。源実朝を指す

為守ふかく上人の勧化《かんげ》を信じ、ひとへに極楽の往生をねがひて、ふた心なく念仏しけるが、おなじくは出家の本意《ほい》をとげばやと思けるに、関東*の免許なかりければ、在俗のかたちながら法名《ほうみよう》をつき戒をうけ、袈裟《けさ》をたもつべきよし、上人にのぞみ申入《いれ》ければ、その心ざしをあはれみて、*寛印《かんいん》*供奉《ぐぶ》のかゝれたる戒本*十重禁の次第、ならびに上人抄記の*三聚《さんじゆ》浄戒のむねなどをしるし《（記）》くだされ、又袈裟をつかはし、尊願《そんがん》といふ法名をくだされけり。この御返事を給はりてのちは、ひとへに出家のをもひ《（思）》をなして念仏す。又そのゝち上人所持の念珠を所望《しよもう》しける御返事には、「これ程に思食《おぼしめす》事は、この世ひとつのことにはあらず、さきのよ《（世）》のふかきちぎり《（契）》とあはれに候。かまへて極楽にこのたびまいり《（参）》*あはせ《（合）》給べし。つねにもちて候ずゞ《（数珠）》まいらせ候。御念仏おこたらずせさせおはします《（御座）》べしと〈云々〉」〈取詮〉。又ある時の御文《おんふみ》には、「このたびかまへて往生しなむと思食*きる《（切）》べく候。うけがたき人身《にんじん》すでにうけたり。あひがたき念仏往生の法門にあひたり。裟婆《しやば》をいとふ《（厭）》心あり、極楽をねがふ心をこり《（発）》たり。弥陀の本願ふかし、往生は御心にあるたび《（度）》*なり、ゆめ〳〵御念仏おこたらず、決定往生のよしを存ぜさせ給べし〈云々〉」。これらの御文どもをにしき《（錦）》の袋にいれて、身をはなたざりけり。しかるべき事にや、建保七年正月、右*《う》

[為守出家して尊願と号する事]
関東　鎌倉幕府
寛印　平安中期の天台宗の僧
供奉　内供奉の僧。宮中で仏事に奉仕する
戒本十重禁の次第　書名(逸書)。戒本は梵網経下巻のこと
三聚浄戒　菩薩戒の性格を止悪・修善・利他の三種に大別したもの
あはす　いっしょに…する
思食きる　ご決心なさる
たびなり　…の時に存する（決まる)。元禄一二年刊本は「たび」を「べき」に訂す
右丞相　右大臣の唐名

丞相《しょうじょう》〈実朝公〉薨逝のとき、免許をかぶり《（被）》て出家をとげ、上人よりしるしくだされける法名をつきて、尊願とぞ申ける。上人往生ののちは、日にしたがひて極楽のこひしく、年をおひて穢土《えど》のいとはしく覚《おぼえ》けるまゝには、此《この》御文をとりいだし《（出）》拝見しては、「とく《（疾）》むかへさせ給へ」と申けれども、むなしく歳月を送けるあひだ、上人の門弟浄勝房以下《いげ》の僧衆をもて、*仁治《にんじ》三年十月廿八日より、*三七《さんしち》日の如法念仏*を はじめ、十一月十八日結願《けちがん》の夜半に、道場にして高声《こうしょう》念仏し、みづから腹をきりて五臓六腑《ろっぷ》をとりいだし、*練大口《ねりおおくち》につゝみて、しのびて*うしろ《（後）》の河にすてさせにけり。夜陰の事なれば人さらにこれをしらず。そのゝち僧衆にむかひて、「かやうに出家籠居《ろうきょ》して、大臣殿《おおいどの》の御ぼだい《（菩提）》をとぶらひ申につけても、主君の御なごり*もこひ《（恋）》しくましますうへ《（上）》、上人も極楽にかならずまいりあへと仰の侍《はべり》しに、いまゝで往生せずして、穢土のすまゐ《（住居）》*かた〲無益也。釈尊も八十の御入滅、上人も八十の御往生、尊願又《また》満八十なり。第十八は念仏往生の願なり、今日又十八日なり。如法念仏の結願にあたりて、今日往生したらむは、殊勝の事なるべし」など申ければ、かゝる用意とはおもひもよらず、只《ただ》*あらましの詞と心得て、「まことにめでたくこそ候はめ」と返答しけるに、その夜もあけ十九日にもなりぬ。敢《あえ》て苦痛なし。只今臨終

仁治三年　一二四二年
三七日　二十一日間
如法念仏　別時念仏。規則に従い日を限って行う
練大口　煉り絹で作った裾口の大きな袴
しのびて　こっそりと
なごり　面影
かたがた　どっちみち
あらまし　心積もり、願望

すべき心《ここ》ち《(地)》もなかりければ、子息の民部大夫守朝《もりとも》をよびて、きりたるはら《(腹)》をひきあけて、「まろきも《(丸肝)》といふもの、のこりて《(残)》、臨終ののぶる《(延)》とおぼゆるなり。よりてみ《(見)》よ」と申ける時ぞ、はじめて人しりにける。*心《むな》さきの程にまろ《(丸)》きもの《(物)》、あるよしを申ければ、手をいれてひき《(引)》きりてなげ《(投)》すて、「これがのこれる故に、臨終はのぶるなるべし」とぞ申ける。人々おどろきあはて《(慌)》ければ、娑婆のいとはしく、極楽のねがはしき心ざし、日にしたがひていやまさり《(弥増)》なれば、いま一日もとくまいりたくて、かくはから《(計)》ひぬるよしを*かきくどき《(口説)》申ければ、まことに願往生の心ざしの熾盛《しじよう》なるありさま、みる人みな涙をながさぬはなし。すこしきのいたみ《(痛)》もなくて念仏しけるが、七日までのびければ、うがい《(嗽)》の水のかよふゆへ《(故)》になるべしとて、うがいをとゞめて*塗香《ずこう》を用けるが、気力も更におとろへず、程なく疵《きず》も癒《いえ》にける、のちには時々*行水《ぎようずい》を用けるとかや。正月一日にもなりにければ、死せずしては、往生すべきみちなきゆへに、尊願は正月一日の祝《いわい》には、臨終の儀式を*ならし《(慣)》て、としひさしくなれり、日来《ひごろ》のあらましたがは《(違)》ずして、今日往生すべき故に延引しけるとよろこ《(喜)》びて、しきりに念仏しけれども、その日もすぎ次の日も又くれぬ。只今臨終すべき心ちもなかりければ、上人の御文を又とりいだして、「往生ののちは思出《おもいいず》べきな

心さき　胸もと、みぞおち

かきくどく　繰り返し説得する

塗香　香を体に塗って清める

行水　清らかな水で身を清める

ならす　習慣にさせる

り。かならず極楽にまいりあへ」と、自筆の御文にのせられながら、いそぎまいらむと心をつくし侍に、をそ《（遅）》くむかへさせ給ことの、心う《（憂）》く侍よし、連日になげき申けるが、正月十三日の夜のゆめに、来《きたる》十五日*午剋《うまのこく》に迎《むかう》べきよし、上人きたりてつ《（告）》げ給とみる。さめて《（覚）》これをかたり、歓喜《かんぎ》のなみだをながしけり。件《くだん》の日になりにしかば、上人より給《たまわり》たる袈裟をかけ、念珠をもちて、西にむかひ端坐《たんざ》合掌して、高声念仏数《す》百反《ぺん》をとなへ、午の正中《しょうちゅう》に念仏とともに息たえぬ。紫雲空にそびき《（聳）》、異《い》香《きょう》室にみつ。*茶毘《だび》の庭にいたるまで、そのにほひなを《（猶）》きえざりけり。腹をきりてのち、*水漿《すいしょう》をたちて五十七日、気力つねのごとくしていたむ所なく、つゐ《（遂）》に往生をとげにける、不思議の事なり。抑《そもそも》いまのする《（載）》ところの自害往生、水漿をたちてのち五十余日をふること、殆《ほとんど》信をとりがたしといへども、かの子孫、上人の御消《しょう》息《そこ》ならびに念珠袈裟等を相伝して、披露する事、世もてかくれ《（隠）》なし。たゞこれ尊願が不思議の奇特《きどく》をのするばかりなり。余人さらにこのみ《（好）》行ぜよとにはあらず。凡《およそ》*上代上機の事はしばらく《（暫）》これをさし《（差）》をく《（措）》。末代当世《とうせ》の行者は機根よはきゆへに、たとひ思たつものありとも、その期《ご》にのぞみて、もし後悔の一念もおこりぬべし。しからばなにの*詮《せん》かあらむ。上人も、「いけらば念仏の功つもり、しなば往生*うたが

午剋　午後零時頃

茶毘　梵語の音写、遺体を火葬すること

水漿　水と汁、広く飲料をいう

上代上機　昔の機根の優れた人

詮　効果、やりがい

はず。とてもかくても、この身には思ひわづらふ事ぞなきと心得て、ねんごろに念仏して畢命《ひつみよう》を期とせよ」とこそ、*禅勝房《ぜんしようぼう》にはさづけられけれ。鎮西《ちんぜい》の聖光房《しようこうぼう》も、自害往生、焼身往生、入水《じゆすい》往生、断食《だんじき》往生等の事、末代には*斟酌《しんしやく》すべしといましめをかれ(置)けるとかや。ゆめ〳〵このみ行ずべからず。ふかく上人の勧化を信じて、念々相続畢命為期（念々相続して畢命を期とする）*の行をつとむべきものなり。

［第三図］

往生うたがはず　第二一第一段「浄土へまいりなん」

禅勝房　遠江国蓮華寺の僧、上人の弟子（一一七四～一二五八）

斟酌　差し控える、はばかる

念々相続して云々　往生礼讃偈の文

法然上人行状画図　第廿九

比叡山西塔《ひえいざんさいとう》の南谷に、鐘下房《かねもとぼう》の少輔《しょう》とて聡敏《そうびん》の住侶《じゅうりょ》ありけり。第（弟）子の児《ちご》に*をく（後）れて眼前の無常におどろき、*交衆《きょうしゅ》もの（物憂）うくおぼえければ、三十六のとし遁世《とんせい》して上人《しょうにん》の弟子となり、成覚房幸西《じょうかくぼうこうさい》と号しけるが、浄土の法門をもとならへ（習）る天台宗にひきいれて、*迹門《しゃくもん》の弥陀、*本門の弥陀といふことをたて（立）ゝ、「*十劫正覚《じっこうしょうがく》といへるは迹門の弥陀なり。本門の弥陀は*無始本覚《ほんがく》の如来なるがゆへ（故）に、我等《われら》所具の*仏性とまた（全）く差異《しゃい》なし。この*謂《いわれ》をきく一念にことたりぬ。多念の遍数《へんじゅ》ははなはだ無益《むやく》なり」といひて、*一念義といふ事を自立しけるを、上人、この義善導和尚《ぜんどうかしょう》の御《み》心にそむけり、はなはだしかるべからざるよし、制しおほ（仰）せられけるを、承引せずして、な（猶）をこの義を興じければ、わが第（弟）子にあらずとて*擯出《ひんしゅつ》せられにけり。

[第一図]

兵部卿《ひょうぶきょう》三位《さんみ》*基親《もとちか》卿、ふかく上人勧進《かんじん》のむねを信じて、毎日五万遍の*数遍《すへん》をこ（怠）

［成覚房幸西邪見の一念義を立て門徒を擯罰せられし事］

をくれ　先立たれる

交衆　学徒との交わり

迹門の弥陀・本門の弥陀　垂迹（十劫正覚）の弥陀と、本地（無始本覚）の弥陀

十劫正覚　弥陀は十劫の昔に本願を成就して仏となった

無始本覚　久遠の昔に成道し本性を具えた真の仏

仏性　仏としての本性

謂　理由、わけ

一念義　一念でも往生できるという教え

擯出　追放する

［平基親卿成覚房の義を記して上人に邪正を決せらるる事］

たりなかりけるを、成覚房一念義をたてゝ、彼卿《かの》の数遍を難じければ、重々問答して、成覚房の義ならびに所存をしるして、上人に尋申《たずね》されける状云《じようにいわく》、「念仏の数遍ならびに本願を信ずるやう、基親が愚案かくのごとく候《そうろう》。*難者《なんじゃ》いはれ《（謂）》なく覚《おぼえ》候。難者にやぶらるべからざるがゆへ《（故）》なり。此《この》*折紙《おりかみ》に御存知のむね御自筆をもてかき給《たま》はるべく候。別解《べつげ》別行《べつぎょう》のひとにて候はゞ、みゝ《（耳）》にもいるべからず候に、御弟子等の説に候へば、不審をなし候也《なり》。又念仏者は*女犯《にょぼん》はゞか《（憚）》るべからずと申あひだ、在家は勿論《もちろん》也、出家はこはく《（強）》本願を信ずとて、出家のひとの女にちかづき候条《じょう》、いはれなくさふら《（候）》ふか。善導はめ《（目）》をあげて女人《にょにん》をみるべからずとこそ候めれ。此事あ*らく仰《おおせ》をかぶる《（被）》べく候。基親は只《ただ》ひらに本願を信じて、念仏を申《もうし》候也。料簡《りょうけん》も才学も候はざるゆへなり〈云々《うんぬん》〉」〈取詮《せんをとる》〉。彼注進の状云、

基親取信々本願之様（基親信を取りて本願を信ずるの様《よう》）

双巻経上云、設我得仏、十方衆生、至心信楽、欲生我国、乃至十念、若不生者、不取正覚文。同下云、聞其名字、信心歓喜、乃至一念、至心廻向、願生彼国、即得往生、住不退転文。往生礼讃云、今信知弥陀本弘誓願及称名号、下至十声一声等、定得往生、乃至一念、無有疑心文。観経疏云、一者決定深信、自身現是罪悪生死凡

基親卿　平基親、鎌倉前期の貴族。選択集刊本の序文作者

数遍　念仏を唱える遍数。ここでは「数多く念仏を唱える」の意

難者　非難する人。成覚房を指す

折紙　料紙を横に半折して用いた書状。その余白に返事等を書き込む

女犯　僧が女性と性的関係をもつこと

あらあら　大体、ざっと

夫、曠劫已来、常没常流転、無有出離之縁、二者決定深信、彼阿弥陀仏四十八願、摂受衆生、無疑無慮、乗彼願力、定得往生文（*双巻経《そうかんぎょう》の上《じょう》に云く、「設《も》し我《われ》仏を得たらんに、十方《じっぽう》の衆生《しゅじょう》、至心に信楽《しんぎょう》して、我が国に生ぜんと欲して、乃至《ないし》十念せんに、若《も》し生ぜずんば、正覚を取らじ」〈文《もん》〉。同下《げ》に云く、「その名字《みょうじ》を聞きて、信心歓喜《かんぎ》して、乃至一念、至心に廻向《えこう》して、かの国に生ぜんと願ずれば、即《すなわ》ち往生を得て、不退転に住す」〈文〉。往生礼讃《らいさん》に云く、「今弥陀の本弘誓《ぐぜい》願及び名号《みょうごう》を称すること、下十声《しもじっしょう》一声等に至るまで、定めて往生することを得《う》と信知して、乃至一念も疑心有ること無し」〈文〉。観経疏《かんぎょうのしょ》に云く、「一《ひとつ》には決定《けつじょう》して深く信ず、自身は現にこれ罪悪生死《しょうじ》の凡夫、曠劫《こうごう》より已来《このかた》、常に没《もっ》し常に流転して、出離の縁有ること無しと。二《ふたつ》には決定して深く信ず、かの阿弥陀仏は四十八願をもて、衆生を摂受《しょうじゅ》したまひ、疑ひ無く*慮《うらおもい》無く、かの願力に乗じて、定めて往生を得と」〈文〉。此等《これら》の文を案じ候て、基親、罪悪生死の凡夫なりといへども、一向に本願を信じて名号をとなへ候。毎日に五万遍なり。決定ほとけの本願に乗じて、上品《じょうぼん》に往生すべきよし、ふかく存知し候也。このほかべち（別）の料簡なく候。しかるにあるひと、「本願を信ずる人は一念なり。しかれば五万反《べん》無益なり、これ本願を信ぜざるなり」と申。基親答《こたえて》云、「念仏一声のほか、百遍乃至《ないし》万遍は、本願を信ぜずといふ文候や」と。難者云、「自

双巻経　無量寿経（二巻）のこと

慮　心中であれこれと思いめぐらすこと

力にて往生はかなひがたし。たゞ信をなしてのちは、念仏のかず無益なり」と申。基親又申《もうして》云、「自力往生とは、佗(他)の雑行《ぞうぎょう》等をもて願ずと申さばこそは、自力とは申候《そうら》はめ。したがひて善導の疏云《しょに》、『上尽百年、下至一日七日、一心専念弥陀名号、定得往生、必無疑（上《かみ》*百年を尽くし、下一日七日に至るまで、一心に専ら弥陀の名号を念ずれば、定めて往生を得ること、必ず疑ひ無し）』と候めるは、百年念仏すべしとこそは候へ。又上人の御房《おんぼう》、七万遍をとなへしめまします。基親御第(弟)子の*一分《いちぶん》たり。よてか(仍)ずおほくとな(唱)へむと存《ぞんじ》候なり。ほとけの恩を報ずるなり。礼讃云《らいさんに》、『不相続念報彼仏恩故、心生軽慢、雖作業行、常与名利相応故、人我自覆、不親近同行善知識故、楽近雑縁、自障々佗(他)往生正行故（相続*してかの仏恩《ぶっとん》を念報せざるが故に。心に軽慢《きょうまん》を生じて、業行《ごうぎょう》をなすと雖《いえど》も、常に名利《みょうり》と相応するが故に。人我《にんが》自ら覆《おお》ひて、同行善知識《どうぎょうぜんじしき》に親近《しんごん》せざるが故に。楽《ねが》ひて雑縁《ぞうえん》に近づきて、往生の正行《しょうぎょう》を自障障他するが故なり）〈云々〉』。仏恩を報ずとも、念仏の数遍おほく申べしとみえたり」と申〈云々〉。

百年　人の生涯の年数

一分　同等の分際、同然の身

相続して云々　以下は雑行の者が往生すること極めて稀なことの理由の説明

［第二図］

［基親卿に答給ふ御返状の事］

上人御返事云《へんじに》、「仰《おおせの》旨《むね》謹《つつしみて》奉《うけたまわり》候《そうらい》畢《おわんぬ》。御信をとらしめ給やう、折紙具《つぶさ》に拝見候に、*一分も愚意の所存にたがはず候。ふかく随喜したてまつり候なり。近来《ちかごろ》一念の外の数遍無益なりと申《もうす》義出来《しゅったいし》候。勿論*不足言《ふそくごん》の事に候。*文尺《もんしゃく》をはなれて義を申人、すでに証《しょう》を得候歟《えそうろうか》如何《いかん》、尤不審《もともふしんに》候。またふかく本願を信ずるもの、破戒もかへりみるべからざるよしのこと、これ又とはせ（問）給にも不可及《およぶべからざる》事歟。*附仏法の外道《げどう》、ほかにもとむ（求）べからず。凡《およそ》は近来*念仏の天魔きおひ（競）きたりて、かくのごときの狂言いでき（出）たり候歟。なを（猶）〳〵左右《そう》にあたはず候〈云々〉」〈取詮〉。

［第三図］

成覚房の第子（弟）等《ら》、越後国《えちごの》にして一念義をたてけるを、上人の弟子光明房《こうみょうぼう》といふひじり（聖）、多念の行者《ぎょうじゃ》なりけるが、心えぬ（得）ことにおもひて、かの所述の法門をしるして、上人にうたへ（訴）申いれければ、御返事云、「一念往生の義、京中にも粗《ほぼ》流布するところ也。凡言語《ごんご》道断のこと也。まことにほと〳〵御問《もん》に不可及歟。所詮《しょせん》双巻経の下に、『*乃至一念、信心歓喜』といひ、又善導和尚は、『*上尽一形、下至十声一声等、定得往生、乃至一念、無有疑心（上*一形《いちぎょう》を尽くし、下十声一声等に至るまで、定めて往生することを得。乃至一念も疑心有ること無し）』といへる此等の文を、あしく*了見

一分　少し、わずか

不足言　言うに値しない

文尺　経文や釈文。尺は「釈」の当て字

附仏法の外道　仏教のように見せながら邪義を説く者

念仏の天魔　念仏を妨げる天の悪魔

［越後国光明房に遣す一念義を誡しめ給御返状の事］

乃至一念　前引の「信心歓喜、乃至一念」が正しい

上尽一形　往生礼讃偈の「但使信心求念、上尽一形、下十声一声等、以仏願力易得往生」と前引の文を合成か

するともがら《（輩）》、大邪見に住*して申候ところなり。乃至といひ下至《げし》といへる、みな上《じょう》尽《じん》一形をかねたることばなり。しかるをちかごろ愚痴無智のともがらおほく、ひとへに十念一念なりと執《しっ》して、上尽一形を癈《（廃）》する条、*無慙無愧《むざんむぎ》の事也。まことに十念一念までも、ほとけの大悲本願なを《（猶）》かならず引摂《いんじょう》し給ふ無上の功徳《くどく》なりと信じて、一期《いちご》不退に行ずべき也。文証《もんしょう》多しといへども、これをいだす《（出）》におよばず、いふにたらざる事也。こゝにかの邪見の人、この難をかうぶり《（被）》て答ていはく、『わがいふところも、信を一念にとりて念ずべきなり。しかりとて又念ずべからずとはいはず』といふ。これまた詞《ことば》は尋常なるに似たりといへども、心は邪見をはなれず。しかるゆへ《（故）》は、『決定の信心をもて一念してのちは、又念ぜず』といふとも、『十悪五逆なを障《さわり》をなさず、いはむや余の小罪をやと信ずべきなり』といふ。此おもひに住せむものは、たとひおほく念ずといふとも、阿弥陀仏の御《み》心にかなはむや。いづれの経論*人師《にんし》の説ぞや。これひとへに懈怠《けだい》、無道心、不当、不善のたぐひ《（類）》の、ほしきまゝに悪をつくらむとおもひて申いだせる事也。おほよそ《（凡）》かくのごときの人は、附仏法の外道なり。*師子《しし》のなかの虫なり。又うたがふらくは、天魔*波旬《はじゅん》のために*精気《せいき》をうば《（奪）》ゝるゝともがらの、もろ〳〵の往生のひとをさまたげ《（妨）》むとする歟。尤《もとも》あやし

一形　人の形の続く間。一生涯
了見　考えて解釈する
住す　とどまる、ある状態を保つこと
無慙無愧　恥じない。慙も愧も「恥じる」の意
人師　（仏菩薩でない）人の、法を説く師、学者
師子のなかの虫　獅子身中の虫。師と獅は音通
波旬　仏道を妨げる魔王の名

むべし。ふかくおそるべきものなり。毎事筆端につくしがたし。謹言」〈已上《いじよう》取詮〉。

[第四図]

光明房の状につきて、上人、一念義停止《ちようじ》の*起請文《きしようもん》をさだめらる。かの状云《じように》、「当《とう》世《せ》念仏門におもむく行人等のなかに、おほく無智*誑惑《おうわく》のともがらあり。いまだ一宗の*癈立《はいりゆう》をしらず、一法の*名目《みようもく》におよばず、心に道心なく、身に利養をもとむ。これによりて、恣《ほしいまま》に妄語をかまへて諸人《しよにん》を迷乱す。ひとへにこれを渡世の計《はかりごと》として、またく《（全）》*来生《らいしよう》の罪をかへりみず、かだま《（奸）》しく一念の偽法をひろめて、無行のとが《（咎）》を謝し、あまさへ《（剰）》*無念の新義をたてゝ、なを一称の小行をうしなふ。微善《みぜん》なりといへども、*善根《ぜんごん》にを《（於）》いてあと《（跡）》をけづり、重罪なりといへども、罪障にをいていよ〳〵勢《いきおい》をます。*刹那《せつな》*五欲の楽《らく》をうけむがために、永劫《ようごう》*三途《さんず》の業《ごう》をおそれず、人を教示していはく、『弥陀の願をたのむものは、五逆を憚《はばかる》ことなし、こゝろにまかせ《（任）》てこれをつくれ。袈裟《けさ》を着《ちやくす》べからず、よろしく*直垂《ひたたれ》をきるべし。*婬肉《いんにく》を断《だんず》べからず、恣に鹿鳥を食《じきす》べし〈云々〉』。弘法《こうぼう》大師、*異生羝羊心《いしようていようしん》を尺《（釈）》して言《いわく》、『たゞ婬食《いんじき》をおもふこと、かの*羝羊のごとし〈云々〉』。このともがらたゞ*弊欲にふけること、ひと

精気　たましい、精神

[一念義停止の起請文を定給事]

起請文　記載内容に偽りがないことを神仏に誓約した文書

誑惑　あざむき惑わす

癈立　廃捨と存立。癈は「廃」と同義

名目　事物の呼び名

来生　来世、後生

無念　一念さえも唱えない

善根にをいて云々　功徳の痕跡を減らし

刹那　極めて短い時間。永劫の対語

五欲　色・声・香・味・触の五境に対する欲望

三途の業　三途（悪道）に堕ちる行い

直垂　布製の俗人の常服

婬肉　みだらな男女関係と肉食

異生羝羊心　十住心の第一、本能

へにかの類歟《たぐいか》。十住心《じゅうじゅうしん》のなかの三悪道《さんなくどう》の心なり。たれかこれをあはれ（哀）まざらんや。たゞ余教を妨《さまたぐる》のみにあらず、かへ（却）りて念仏の行をうしなふ。懈怠無慚の業をすゝめて、*捨戒*還俗《げんぞく》の義をしめす。この本朝には外道なし。これすでに天魔のかまへなり。仏法を破滅し、世人《せにん》を惑乱す。妄語をかまへていはく、『*然《ねん》上人の七万遍の念仏は、たゞこれ外の方便なり。内に実義あり、人いまだこれをしらず。所謂《いわゆる》こゝろに弥陀の願をしれば、身かならず極楽に往生す。浄土の業こゝに満足しぬ。このう（上）へになんぞ一遍なりといふとも、かさねて名号を唱《となう》べきや。かの上人の禅房にを（於）いて、門人等二十人ありて秘義を談ずるところに、浅智の類は性鈍《しょうどん》にしていまださとらず、利根のともがらわづ（僅）かに五人この深法《じんぽう》を得たり。われその一人なり。かの上人の己心《こしん》中の奥義なり。容易《たやすく》これをさづけず、器《うつわもの》をえらびて伝授せしむべし〈云々〉』。風聞の説もし実ならば、皆以虚言《みなもてきよごん》なり。迷者《めいしゃ》をあはれまむがために、今誓言《せいごん》をたつ。貧道《ひんどう》もしこれを秘して、いつはりてこのむねをのべ、不実のことをしるさば、十方の三宝まさに知見をたれ、毎日七万遍の念仏むなしくその利益《りやく》をうしなはむ。*円頓《えんどん》行者の、はじめより実相を縁*ずる、*六度万行《まんぎょう》を修《しゅ》して*無生忍《むしょうにん》にいたる、いづれの法か行なくして証をうるや。乞願《こいねがわく》は、この疑網に堕せむたぐ

に支配されている愚か者の心
羝羊　オスの羊
弊欲　悪い欲望
捨戒　受けた戒を自ら捨てること
還俗　出家者がもとの俗人にもどること
然上人　法然上人のこと
円頓行者　円頓（天台）の教えを修行する人
縁ずる　認識の対象として捉える

ひ、邪見の*稠林《ちゆうりん》をきりて、正直の*心地《しんじ》をみがき、将来の*鉄城をのがれて、*終焉《しゆうえん》の*金台《こんだい》にのぼるべし。*胡国程《ここくほど》とを（遠）し、思《おもい》を*雁札《がんさつ》に通ず。北陸境《ほくろくさかい》はるかなり、心を*像教にひらくべし。山川《さんせん》雲かさなりて、面《おもて》を千万里の月にへだつれども、化導《けどう》縁あつくして、膝《ひざ》を一仏土の風にちかづけむ。子細端《はし》多し、*毛挙にあた（能）はず而已《のみ》。*承元《じようげん》三年六月十九日　沙門源空《しやもんげんくう》〈云々〉」〈取詮〉。

［第五図］

六度万行　六波羅蜜の行
無生忍　無生無滅を悟ること
稠林　木の茂った林
心地　人の心。すべてが心によって生じるので大地に譬える
鉄城　地獄にある鉄の城
終焉　死にぎわ、臨終
金台　極楽の金蓮の台
胡国　辺境の国。ここでは越後を指す
雁札　手紙、書状
像教　経巻のこと
毛挙　細かな事を書き上げる
承元三年　一二〇九年

法然上人行状絵図　第三十

上人《しょうにん》の師範功徳院《くどくいん》の肥後阿闍梨皇円《ひごのあじゃりこうえん》は、叡山《えいざん》*杉生法橋皇覚《すぎうのほっきょうこうかく》の弟子にて、顕密の碩才《せきさい》なりき。しかるにつら〳〵思惟《しゆい》すらく、「自身の機分*をはかるに、このたびたやすく生死《しょうじ》を出《いず》べからず。もしたび〳〵生《しょう》をあらためば、*隔生即忘《かくしょうそくもう》してさだめて仏法をわするべし。今たま〳〵人身《にんじん》をうくといへども、恨《うらむ》らくは二仏*の中間《ちゅうげん》にして、なを《(猶)》生死に輪廻《りんね》せんことを。*しかじ《(如)》長命の報を得て慈尊*の出世にあはむには。命ながきもの蛇《くちなわ》にすぎたるはなし。我かならず大蛇《おろち》の身をうくべし。但《ただし》大海は*金翅鳥《こんじちょう》の恐《おそれ》あり、池にすまん」とおもひて、遠江国《とおとうみの》*笠原庄《かさはらの》*さくらの池といふ池を、かの所の*領家《りょうけ》に申うけて*放文《はなちぶみ》をとり、命終《みょうじゅう》のとき水をこひ、掌《たなごころ》の中に入ておはりにけり。其《その》後雨ふらず風ふかざるに、彼《かの》池にはか《(俄)》に水まさり、大なみたちて、池中のちりもくづ《(塵藻屑)》悉《ことごとく》はらひあぐ。諸人《しょにん》耳目をおどろかすよし、かの所より領家にしるし《(注)》申たりければ、その日時をかんがへらるゝに、彼闍梨《じゃり》命終の日時にてぞ有ける。*当時にいたるまで、しづかなる夜は池に*振鈴《しんれい》の音きこゆなどぞ申つたへ

［肥後阿闍梨皇円発願して大蛇の身を受られし事］

杉生　滋賀県大津市
機分　機根の分際、程度
隔生即忘　生を隔てると前世のことはすべて忘れる
二仏の中間　釈尊の滅後、弥勒菩薩が現れるまでの間
しかじ　…に及ぶものはない
慈尊　弥勒菩薩のこと
金翅鳥　仏典に見える架空の大鳥
笠原庄　静岡県の御前崎市から袋井市にかけての地域
さくらの池　桜が池、静岡県御前崎市
領家　荘園領主
放文　譲与や売却の証書
当時　今現在、只今

侍《はべ》る。末代にはかゝるためし《（例）》、ありがたくやはべるらん。上人の給《たまい》けるは、「智恵ありて生死の出《いで》がたきことをしり、道心ありて慈尊にあはむ事をねがふといへども、*よしなき畜趣の生を感ぜること、しかしながら浄土の法門をしらざるゆへ《（故）》なり。源空《げんくう》その*かみ此法《この》をたづね《（尋）》え《（得）》たらま*しかば、信不信をかへりみずさづけ《（授）》申なまし。極楽に往生のゝちは、十方《じっぽう》の国土心に任《まかせ》て*経行《きょうぎょう》し、一切の諸仏おもひにしたがひて供養す。何ぞ必しもひさしく穢土《えど》に処することをねがはんや。彼闍梨はるかに*後《ご》仏の出世を期して、いたづらにいけ《（池）》にすみ給はんこと、いたは《（痛）》しきわざなり」とぞ仰《おおせ》られける。

[第一図]

*妙覚寺《みようかくじ》に浄心房《じょうしんぼう》とてさかし《（賢）》きひじり《（聖）》ありき。道心ふかきよしにて、寺門を出《いで》ず念仏を行《ぎょう》ずるありさま、常の人にこえたり。帰依する人*雲霞《うんか》のごとし。五十ばかりにて他界しけるに、臨終散々なりけり。人々これをあやしみて、「妙覚寺の上人だにも往生せず、いはむや余人をや」と申あひ《（合）》けるを、上人聞《きき》給て、「*いさしらず、*虚仮《こけ》の行者《ぎょうじゃ》にてやありつらむ」と仰られけり。其後四十九日の仏事に、上人を請《しょう》

振鈴　密教の修法で金剛鈴を鳴らすこと

よしなき畜趣　つまらない畜生道

かみ　当時

ましかば…まし　もし…だったら、…だろう

経行　(一定の場所を)行き来すること

後仏　前仏(釈尊)の対語、弥勒菩薩をいう

[妙覚寺浄心房虚仮の行者なりし事]

妙覚寺　比叡山横川にあった寺

雲霞のごとし　数え切れないほど集まるさま

いさ　さあ、どうだか（知らない）

虚仮　内心と外面が一致しない

じたてまつりて*唱導とす。日来《ひごろ》の*所化《しょけ》どもあつまりて、種々の捧物《ほうもつ》をさゝげけるなかに、常随の弟子衣箱《ころもばこ》を取出《とりいで》て、「これは先師年来の所持《しょじの》物なり。ことさら」とて御布施にたてまつれり。件《くだん》の箱には、布の衣袴《はかま》の尋常なると、布の*七帖《じょう》の袈裟《けさ》ならびに*十二門の戒儀をふかくをさめ（納）たりけり。上人仰られけるは、「日来源空が申つることば（言葉）たがはざりけり。このひじりゆゝしき虚仮の人なりけり。この所持物をみるに、徳たけて人にたうと（尊）がられて、戒師にならむとおもふ心にておこなひ（行）けるなり」との給ければ、人みな不審をひらきけり。

［第二図］

*治承《じしょう》四年十二月廿八日《にじゅうはちにち》、本三位《ほんさんみの》中将*重衡卿《しげひらきょう》、父*平相国《へいしょうこく》の命によりて南都をせめしとき、東大寺に火かゝり（罹）しかば、大伽藍《だいがらん》忽《たちまち》に灰燼《かいじん》と成《なり》にき。其後*元暦《げんりやく》元年二月七日、*一谷《いちのたに》の合戦に、彼中将いけ（生）ど（捕）られて、都へのぼりて大路を*わた（渡）され、さま〲のことありき。後生《ごしょう》菩提《ぼだい》の事を申あは（合）せむために、其請《しょう》ありければ、上人おはして対面し給て、戒などさづけ申されて、念仏のことくは（詳）しく教導ありけり。「このたび生ながらとられたりけるは、いま一度、上人の見参《げんざん》に入《いる》べきゆへ（故）にて侍

唱導　法会の導師
所化　修学中の僧
七帖の袈裟　七幅を縫い合わせた袈裟。帖は「条」の当て字
十二門の戒儀　湛然の授菩薩戒儀の別名
［本三位重衡卿生捕れて上洛の時上人の御教訓を蒙る事］
治承四年　一一八〇年
重衡　平重衡（一一五七～八五）
平相国　平清盛（一一一八～八一）
元暦元年　一一八四年
一谷　神戸市須磨区
わたす　歩かせる、引き回す

りける」とて、かぎりなくよろこび申されけり。受戒の布施とおぼしくて、*双紙筥《そうしばこ》をとり出て、上人のまへ《（前）》にさし《（差）》をき《（置）》て申されけるは、御要たるべき物には侍らねども、御《おん》目ちかき所にをかせ給て、かつは重衡が余波《なごり》とも御覧じ、且《かつ》は思食出候《おぼしめしいでそうら》はんたびには、とりわき御廻向《えこう》あるべきよしを申さる丶。上人そのこ丶ろざしを感じて、うけとりて出《いで》給にけり。

［第三図］

東大寺造営のために*大勧進《だいかんじん》のひじりの沙汰《さた》侍けるに、上人其撰《せん》にあたり給にければ、右大弁《うだいべん》*行隆朝臣《ゆきたかあそん》を御《おん》使にて、大勧進職《しき》たるべきよし法皇〈後白川《ごしらかわ》〉の*御気色《みけしき》ありけるに、上人申されけるは、山門の交衆《きょうしゅ》をのがれて、林泉の*幽棲《ゆうせい》をしめ侍ことは、しづかに仏道を修《しゅ》し、ひとへに念仏を行ぜんがためなり、もし勧進の職に居《きょ》せば、劇務万端にして素意もはら《（専）》そむくべきよしを、かたく辞《じ》申されけり。行隆朝臣、その心ざしの堅固《けんご》なるをみて、ことのよしを奏しければ、もし門徒の中に器量の仁あらば挙申《きよし》べきよし、かさねて仰《おおせ》下されけるによりて、醍醐《だいご》の俊乗房重源《しゅんじょうぼうちょうげん》を挙申さる。つゐ《（遂）》に大勧進の職に補《ふ》せられにけり。

双紙筥　書物（綴じ本）や料紙を入れる箱

［東大寺造営の為に上人を大勧進職に補せらるべき院宣并上人御辞退の事］

大勧進　寺社の建立や修理の勧募に当たる職務の人

行隆　藤原行隆（一一三〇〜八七）

御気色　ご意向、ご内意

幽棲　静かな住まい

俊乗房伊勢《いせ》大神宮にまいりて、「この願もし成就《じょうじゅ》すべくは、その瑞相《ずいそう》をしめし給へ」と祈請《きしょう》しけるに、三七日《さんしちにち》のあかつき《（暁）》うちまどろめる《*（微睡）》に、*唐装束《からしょうぞく》したる貴女、*方寸の玉をさづけ給ふとおもひてさめて《（覚）》みれば、彼玉《かのたま》うつゝ《（現）》に袖《そで》のうへ《（上）》にあり。重源これをえて《（得）》、おほきによろこび珍秘す。其後天下響《ひびき》のごとくに応じて、財宝こゝろにまかせければ、ほどなく金銅《こんどう》の本尊、もとのごとくみがき《*（磨）》あらは《（顕）》したてまつりにけり。重衡卿の上人に進ずるところの鏡を、結縁《けちえん》のためとて送つかは《（遣）》しければ、仏を鋳《い》たてまつる炉のなかに入《いる》るに、飛出《とびいで》てつゐにわき《*（沸）》あは《（合）》ざりけり。不思議の事とぞ申あひける。大仏殿の正面の柱にうちつけて侍は、彼《か》の鏡にてなむ侍なる。

［第四図］

*寿永元暦《げんりやく》のころ、源平のみだれによりて、命を都鄙《とひ》にうしなふもの其数をしらず。こゝに俊乗房*無縁の慈悲をたれて、かの後世《ごせ》のくるしみを救はんために、興福《こうぶく》寺《じ》東大寺より始《はじめ》て道俗貴賤《きせん》をすゝめて、七日の大念仏を修しけるに、そのころまでは、人いまだ念仏のいみじき事をしらずして、すゝ《（勧）》めにかな《（叶）》ふものすくなかりければ、俊乗房このことを歎《なげき》て、人の信をすゝめむがために、*建久二年のころ、上人を

［上人俊乗房を大勧進職に選び奏せられし事］
まどろめる　刊本この下に「夢」を補う
唐装束　唐綾・唐絹・唐織物で作った装束
方寸　一寸四方
みがきあらはす　美しく装い造り上げる
わきあふ　溶け合う

［上人大仏殿にて浄土三部経御講談の事］
寿永元暦　一一八二〜八五年
無縁の慈悲　一切の衆生に差別なく平等に与える仏の慈悲
建久二年　一一九一年

請じたてまつりて、大仏殿のいまだ*半作《はんざく》なりける軒のしたにて、入唐《にっとう》の時わたしたてまつれる*観経《かんぎょう》の曼陀羅《まんだら》ならびに浄土五祖の*影《えい》を供養し、又浄土の三部経を講ぜさせたてまつりけるに、南都三論法相《ほっそう》の碩学《せきがく》おほくあつまりけるなかに、*大衆《だいしゅ》二百余人をの〳〵《（各）》はだ《（膚）》に*腹巻を着して、高座の*きはになみ《（並）》ゐ《（居）》て、自宗の義を問かけて、*訛謬《びびゅう》あらば恥辱をあたへむと支度《したく》したりけるが、上人まづ三論法相の深義《じんぎ》をのべ、次に浄土一宗の*秘賾《ひじゃく》をこまやかに尺《（釈）》し給て、末代の凡夫の出離の要法は、口称《くしょう》念仏にしくはなし、もし念仏をそしらんともがら《（輩）》は、*無間《むけん》地獄におちて*八万大劫苦を受《うく》べきよし、*観仏経の説にまかせて説《とき》給ければ、二百余人の大衆よりはじめて、随喜渇仰《かつごう》きはまりなし。東大寺の*一和尚観明房《いちわじょうかんみょうぼう》の*已講理真《いこうりしん》、ことに涙にむせびて、「*八旬のよはひ《（齢）》までたもてる事は、ひとへに此《この》事をきかむためなり」とぞよろこび申ける。さてそのついでに、*天台円頓《えんどん》の十戒《じっかい》を解説《げせつ》し給に、「吾《わが》山は大乗戒、この寺は小乗戒」とのべ給ければ、大衆存外の気色ともなりけれども、当寺の古老の中に、*兼日《けんじつ》に霊夢をしめすことありけるを、さきだちて披露しけるによりて、斟酌《しんしゃく》しけるにや、衆徒《しゅと》おの〳〵口をとぢて、別のことなかりけり。

半作　造作半ば、作りかけ
観経の曼陀羅　観経の所説を図示した仏菩薩の集合像
影　肖像画
大衆　諸大寺の僧衆
腹巻　略式の鎧
きは　すぐ脇、そば
訛謬　あやまり。訛は「紕」の誤り
秘賾　奥深い道理
無間地獄　八熱地獄の第八番目、間断なく責苦を受ける
八万大劫　極めて長い時間
観仏経　観仏三昧海経の略
一和尚　法会などで席次の最も高い僧
已講　学僧の位階の一つ、御斎会など三会の講師を終えた者
八旬　八十歳
天台円頓　天台宗に伝える大乗戒
兼日　かねての日、以前の日

［第五図］

上人*やまとうた《大和歌》を事とし給はざりけれども、我《わが》国の風俗にしたがひて、法門によせては、とき〴〵おもひをものべ《述》られけるにや、あるひは門弟のなかにしるしをけ《置》るを申つたへ、あるひはて《手》づからかき《書》つけ給へるを没後《もつご》に披露しける。

春

*さへ《障》られぬひかり《光》もあるを*をし《押》なべ《靡》てへだて《隔》*がほ《顔》なるあさがすみ《朝霞》かな

夏

われはたゞほとけ《仏》にいつか*あふひぐさ《葵草》こゝろ《心》のつま《端》にかけぬ日ぞなき

秋

あみだ仏《ぶ》に*そむる《染》心のいろにいで《出》ばあき《秋》のこずゑ《梢》のたぐひ《類》ならまし

冬

ゆき《雪》のうちに*仏《ほとけ》のみな《御名》をとなふれ《唱》ばつもれ《積》るつみ《罪》ぞやがてきえ《消》ぬる

逢仏法捨身命（仏法に逢ひて身命《しんみよう》を捨つ）といへることを

*かりそめの色のゆかり《縁》のこひ《恋》にだにあふ《逢》には身をもをしみ《惜》やはする

［上人御詠歌の事］
やまとうた　和歌、唐歌の対語
さへられぬひかり　無碍光、阿弥陀仏の十二光の一つ
をしなべて　一様に
がほ　…のような様子に見せる
あふひ　「会う日」と「葵」の掛け詞
そむる心　三心の中の深心を指す
仏のみな　仏名会で唱える仏の名
かりそめの色　一時的な情愛

勝尾寺《かちおでら》にて

*しば《（柴）》のと《（戸）》にあけ《（明）》くれ《（暮）》か丶るしらくも《（白雲）》をいつ*むらさき《（紫）》の色にみなさむ〈此《この》歌入*玉葉集《ぎょくようしゅうにいれり》〉

極楽往生の行業《ぎょうごう》には、余の行をさしをきて、たゞ本願の念仏をつとむべしといふことを

あみだ仏といふよりほかは*つ《（津）》のくに《（国）》の*なには《（難波）》のことも*あしかり《（葦刈）》ぬべし

極楽へ*つとめてはや《（早）》く*いで《（出）》たゝ《（立）》ば*身のおはり《（終）》にはまいり《（参）》つき《（着）》なん

阿みだ仏と心はにし《（西）》に*うつせみ《（空蟬）》のもぬけはて《（果）》たるこゑ《（声）》ぞすゞ《（涼）》しき

光明遍照十方世界、念仏衆生摂取不捨（光明は遍《あまね》く十方の世界を照らして、念仏の衆生《しゅじょう》を摂取して捨てたまはず）のこゝろを

*月かげ《（影）》のいたらぬさと《（里）》はなけれどもながむる《（眺）》人の心に*すむ《（澄）》〈此歌入*続千載集《しょくせんざいしゅうにいれり》〉

三心《さんじん》の中の至誠心《しじょうしん》のこゝろを

往生はよ《（世）》にやす《（易）》けれどみな《（皆）》ひとのまこと《（誠）》の心なくてこそせね

睡眠《すいめん》の時、十念を唱《とな》べしといふ事を

阿みだ仏と十こゑ《（声）》となへ《（唱）》てまどろまむ*ながき《（長）》ねぶり《（眠）》になりもこそすれ

上人てづからかきつけ給へりける

しばのと　隠棲の住居
むらさきの色　紫雲の色、阿弥陀仏来迎の瑞相をいう
玉葉集　勅撰和歌集（京極為兼撰）
つのくに　難波にかかる枕詞
なにはのこと　「難波」と「なにか（あれやこれや）の事」（余の行）の掛け詞
あしかり　「葦刈り」と「悪し」の掛け詞
つとめて　勤修と早朝の義をかねる
いでたつ　発心と出立の義をかねる
身のおはり　命が終わる時
うつせみ　「蟬」と「移る」の掛け詞
月かげ　月の光。仏の光明に譬える
すむ　「澄む」と「住む」の掛け詞
続千載集　勅撰和歌集（二条為世撰）
ながきねぶり　生死の迷いから長く覚めないこと

ちとせ《千歳》ふる*こまつ《小松》のもとをすみか《住処》にて無量寿仏のむかへ《迎》をぞまつ《待》

おぼつか《覚束》なたれ《誰》かいひけむこまつとは雲をさゝ《支》ふるたかまつ《高松》の枝

いけ《池》のみづ《水》人のこゝろににた《似》りけりにごり《濁》すむことさだめ《定》なければ

むまれ《生》てはまづおもひ《思》出《いで》ん*ふるさと《故郷》にちぎり《契》しとも《友》のふかき《深》まことを〈此歌入*新《しんせんざ》千載集《いしゆうにいれり》〉

阿弥陀仏と申ばかりをつとめにて*浄土の荘厳《しようごん》み《見》るぞうれしき

*元久二年十二月八日　源空

[第六図ナシ]

こまつ　「小松」と上人の住房の「小松殿」の掛け詞

ふるさと　ここでは穢土をいう

新千載集　勅撰和歌集（二条為定撰）

浄土の荘厳みる　上人は三昧発得によって浄土の様相を見られた

元久二年　一二〇五年

法然上人行状絵図　第卅一

上人《しょうにん》の勧化《かんげ》、一朝*にみち四海*にをよぶ《（及）》。しかるに門弟のなかに、専修《せんじゅ》に名*をかり本願に事*をよせて、放逸のわざをなすものおほかりけり。これによりて南都北嶺*の衆徒《しゅと》、念仏の興行をとがめ、上人の化導《けどう》を障碍《しょうげ》せむとす。土御門院《つちみかどのいん》の御宇《ぎょう》、門徒のあやまりを師範におほせ*《（負）》て、蜂起するよしきこえしかども、なにとなくてやみ《（止）》にしほどに、元久元年*の冬のころ、山門大講堂の庭に三塔*会合して、専修念仏を停止《ちょうじ》すべきよし、座主大僧正《ざすだいそうじょう》〈真性《しんしょう》*〉に訴《うったえ》申けり。

[第一図]

上人この事を聞給《ききたまい》て、すゝみては衆徒の欝陶*《うっとう》をやすめ、しりぞきては弟子の僻見*《びゃくけん》をいましめむために、上人の門徒をあつめて、七箇条の事をしるして起請《きしょう》をなし、宿老たるともがら《（輩）》*八十余人をゑらび《（選）》て連署せしめ、ながく後証にそなへ、すなはち座主僧正に進ぜらる。件《くだんの》起請文云《もんにいわく》、

[南都北嶺の衆徒専修停止の訴の事]
一朝　朝廷全体
四海　天下、日本全土
名をかり・事をよせ　口実にする、かこつける
南都北嶺　興福寺と延暦寺
おほせ　（罪などを）負わせる
元久元年　一二〇四年
三塔　比叡山の東塔・西塔・横川の総称
真性　以仁王の子（一一六七～一二三〇）

[上人門弟連署の七箇条の起請文を座主に進ぜらるる事]
欝陶　心が塞がり晴れないさま
僻見　ひがんだ考え、偏見
八十余人　二尊院の原本には門弟百九十人が署名している

あまねく予《よ》が門人念仏の上人等につぐ《（告）》。

一《ひとつ》、いまだ一句の文義《もんぎ》をうかゞはずして、真言止観を破し、余の仏菩薩を謗《ほう》ずることを停止すべき事。

一、無智の身をもちて有智《うち》の人に対し、*別解《べつげ》別行《べつぎょう》の輩《ともがら》にあひて、このみて諍論《じょうろん》をいたす事を停止すべき事。

一、別解別行の人に対して、愚痴偏執《へんしゅう》の心をもちて*本業《ほんごう》を棄置せよと称して、あながちにこれをきらひ《（嫌）》わらふ《（嗤）》事を停止すべき事。

一、念仏門にをきて《（於）》は戒行《かいぎょう》なしと号して、もはら《（専）》*婬酒食肉《いんしゅじきにく》をすゝめ、たま〳〵律儀をまもるをば雑行人《ぞうぎょうにん》となづけて、弥陀の本願を憑《たのむ》ものは、造悪をおそる《（恐）》ゝことなかれといふ事を停止すべきこと。

一、いまだ是非をわきまへざる痴人《ちにん》、聖教《しょうぎょう》をはなれ師説をそむきて、ほしきまゝに私の義をのべ、みだりに諍論をくはたて《（企）》、智者にわらはれ《（咲）》、愚人《ぐにん》を迷乱する事を停止すべき事。

一、愚鈍の身をもちて、ことに*唱導をこのみ、正法《しょうぼう》をしらず種々の邪法をときて、無智の道俗を教化《きょうけ》する事を停止すべき事。

別解別行　教えの理解と修行の方法を別にする

本業　各宗の僧に修めるべく定めた学業

婬酒　酒にふける。婬は「淫」に同じ

唱導　説教する

一、みづから仏教にあらざる邪法をときて、いつはり（偽）て師範の説と号することを停止すべき事。

元久元年〈甲子《きのえね》〉十一月七日　沙門源空《しゃもんげんくう》〈*在判〉

信空《しんくう》　*感聖《かんせい》　*尊西《そんさい》　証空《しょうくう》
源智《げんち》　行西《ぎょうさい》　聖蓮《しょうれん》　*見仏《けんぶつ》
*道亘《どうぜん》　*導西《どうさい》　*寂西《じゃくさい》　宗慶《そうけい》
西縁《さいえん》　*親蓮《しんれん》　幸西《こうさい》　住蓮《じゅうれん》
*西意《さいい》　仏心《ぶっしん》　*源蓮《げんれん》　源雲《げんうん》
欣西《ごんさい》　生阿《しょうあ》　安照《あんしょう》　如進《にょしん》
導空《どうくう》　昌西《しょうさい》　道也《どうや》　*遵西《じゅんさい》
義蓮《ぎれん》　*安蓮《あんれん》　導源《どうげん》　証阿《しょうあ》
念西《ねんさい》　行首《ぎょうしゅ》　尊浄《そんじょう》　帰西《きさい》
*行空《ぎょうくう》　道感《どうかん》　西観《さいかん》　尊成《そんじょう》
禅忍《ぜんにん》　学西《がくさい》　玄耀《げんよう》　澄西《ちょうさい》
大阿《だいあ》　西住《さいじゅう》　実光《じっこう》　覚妙《かくみょう》

在判　花押が書かれていたことを示す
感聖　定生房と号す
尊西　相縁房と号す
見仏　大和前司親盛入道のこと
道亘　玄教房と号す
導西　敬光房と号す
寂西　真阿弥陀仏と号す
親蓮　性善房と号す
西意　善寂房また善綽房と号す
源蓮　信願房と号す
遵西　安楽房と号す
安蓮　如願房と号す
行空　法本房と号す

西入《さいにゅう》　円智《えんち》　*導衆《どうしゅ》　尊仏《そんぶつ》
*蓮恵《れんえ》　源海《げんかい》　安西《あんざい》　教芳《きょうほう》
詣西《けいさい》　*祥円《しょうえん》　弁西《べんさい》　空仁《くうにん》
示蓮《じれん》　念生《ねんしょう》　尊蓮《そんれん》　尊忍《そんにん》
*業西《ごうさい》　仰善《ごうぜん》　忍西《にんさい》　住阿《じゅうあ》
鏡西《きょうさい》　仙空《せんくう》　惟西《ゆいさい》　好西《こうさい》
*祥寂《しょうじゃく》　*戒心《かいしん》　顕願《けんがん》　仏真《ぶっしん》
西尊《さいそん》　良信《りょうしん》　*綽空《しゃっくう》　善蓮《ぜんれん》
*蓮生《れんせい》　阿日《あにち》　静西《じょうさい》　度阿《どあ》
成願《じょうがん》　*覚信《かくしん》　自阿《じあ》　願西《がんさい》

連署の*交名《きょうみょう》かくのごとし。執筆《しゅひつ》右大弁《うだいべん》行隆《ゆきたか》息《のそく》法蓮房《ほうれんぼう》信空《しんくう》也《なり》。又座主に進ぜらる、起請文云、「近日の風聞にいはく、『源空偏《ひとえ》に念仏の教《おしえ》をすゝめて、余の教法《きょうぼう》をそしる。諸宗これによりて*凌夷《りょうい》し、諸行《しょぎょう》これによりて滅亡す〈云々《うんぬん》〉』。この旨を伝聞《つたえきく》に心神《しんじん》驚怖す。つゐ（遂）に*縡《こと》山門にきこえ、議衆徒に及《および》て、炳《へい》誡《かい》を加べきよし*貫首《かんじゅ》へ申《もうし》送られ畢《おわんぬ》。此《この》条、一《ひとつ》には*衆勘《しゅかん》をおそれ、一には衆恩《しゅおん》をよ

導衆　心性房と号す
蓮恵　証法房と号す
祥円　「神円」の誤り
業西　「参西」の誤り
祥寂　「禅寂」の誤り
戒心　右京権大夫藤原隆信のこと
綽空　親鸞のこと
蓮生　熊谷直実のこと
覚信　尊性房と号す
交名　名前を連記したもの
凌夷　衰えすたれる。凌は「陵」の当て字
縡　事に同じ
貫首　天台座主の異称
衆勘　多くの人が罪を問う

ろこぶ。おそるゝところは、貧道の身をもちて、忽《たちまち》に*山洛《さんらく》のいきどをり（憤）にをよ（及）ぶ。喜《よろこぶ》ところは、謗法《ほうぼう》の名をけして、ながく*華夷《かい》の謗《そしり》をとゞめん。もし衆徒の*糺断《きゅうだん》にあらずは、争《いかでか》貧道の愁歎《しゅうたん》をやすめむや。凡《およそ》弥陀の本願云《ほんがんに》、『唯除五逆、誹謗正法（*唯《ただ》五逆と誹謗《ひほう》正法とを除く）』と。念仏をすゝめむ輩、むしろ正法をそしらんや。僻《びゃく》説《せつ》をもちて弘通《ぐずう》し、*虚誕をもちて披露せば、尤《もとも》糺断あるべし、尤炳誡《へいかい》あるべし。のぞむところなり、ねがふところなり。此等《これら》の子細、先年沙汰《さた》の時、起請を進了《しんじおわんぬ》。其《その》後いまだ変ぜず、かさねて陳ずるにあたはずといへども、厳誡《げんかい》すでに重畳《ちょうじょう》の間、誓状又《また》再三にをよぶ。上件《かみくだん》の子細、一事一言《いちごん》、虚言《きょごん》をもちて*会釈《えしゃく》をまうけ（設）ば、毎日七万遍の念仏むなしく其利をうしなひ、三途《さんず》に堕在して、*現当二世《にせ》の*依身《えしん》、つねに重苦にしずみて、ながく*楚毒《そどく》を受了《うけおわらん》。伏乞《ふしてこう》、当寺の諸尊、満山の*護法、証明《しょうみょう》知見したまへ。源空敬白《けいひゃく》〈取詮《せんをとる》〉。

元久元年十一月七日　源空」

［第二図］

月輪殿《つきのわどの》この事を歎《なげき》給て、座主大僧正に進ぜらるゝ御消息云《しょうそこに》、「念仏弘通の間の

山洛　比叡山と京都（の人々）
華夷　都と田舎（の人々）
糺断　罪をただして処断する
唯五逆と云々　第十八願の末尾の文
虚誕　うそ、いつわり
会釈をまうく　矛盾を解こうと説明する
現当二世　現世と来世
依身　身体
楚毒　苦痛
護法　仏法守護の善神

［月輪殿座主に進ぜらるる御消息の事］

事、源空上人の起請消息等、山門に披露の後、動静如何《いかん》。尤《もとも》*不審。如風聞者《ふうぶんのごとくは》、『余行《よぎよう》をとゞむべきよし勧進《かんじん》の条不可然《しかるべからず》〈云々〉』。此条にをき《(於)》ては、善導の意《こころ》此旨をのぶるに似たり。然《しかりしこうして》而旨趣甚深《じんじん》也。行者《ぎようじや》おもふべし。抑《そもそも》諸宗成立《*じようりゆう》の法、をの〱《(各)》自解《じげ》を専《もはら》にして、余教をなんともせず。弘行《*ぐぎよう》の常の習《ならい》、先徳の故実《*こしつ》也。これを異域にとぶらへば、月氏《*げつし》にはすなはち護法《*ごほう》、清弁《*しようべん》、空有《*くうう》の諍論、震旦《しんだん》には又慈《じ》恩《おん》、妙楽《みようらく》、権実《*ごんじつ》の立破《*りつぱ》、是《これ》を我《わが》国に尋《たずぬ》れば、弘仁《*こうにん》の聖代に戒律大小のあらそひありき。天暦《*てんりやく》の御宇《ぎよう》に諸法浅深《せんじん》の談あり。八宗きお《(競)》ひて定準《じようじゆん》とし、三国伝《つたえ》て軌範とす。しかれどもあらかじめ末世の邪乱をかゞ《(鑑)》みて、諸宗の対論をとゞめられてよりこのかた、宗論ながく跡をけづり、仏法これがために安全なり。就中《なかんずく》浄土の一宗にをきては、古来の行者偏に無染無着《*むぜんむじやく》の浄心を凝《こらし》て、専修専念の一行《いちぎよう》に住す。他宗に対《たいし》て執論《*しゆうろん》をこのまず、余教に比《ひし》て是非を判ぜず、独《ひとり》出離をねがひ、かならず往生をとぐる直道《じきどう》也。但弘教嘆法《ただしぐきようたんぼう》のならひ、聊又《いささかまた》其心なきにあらざるか。所謂源《いわゆるげん》信僧都《しんそうず》、往生要集の中に三重の問答をいだ《(出)》して、十念の勝業《しようごう》をほむ。念仏の至要なる事この釈に結成《けつじよう》せり。禅林《ぜんりん》の永観《*ようかん》、徳恵心《えしん》をよ《(及)》ばずといへども、行浄業《じようごう》をつ《(継)》げり。撰《えらぶ》ところの拾因《*じゆういん》其心また一なり。普賢《ふげん》観音の悲願をかむが《(考)》へ、勝如《*しようによ》教《*きよう》

不審　様子や事情が知りたい
成立の法　成り立たせる作法
弘行　自宗の教えを広める
故実　先例
月氏　中央アジアの民族
護法　六世紀中葉の南インドの僧、主著は成唯識論
清弁　六世紀の南インドの僧、主著は掌珍論
空有　空宗（三論）と有宗（法相）
権実　権教（法相）と実教（天台）
立破　立証と論破
弘仁の聖代　嵯峨天皇（在位八〇九～八二三年）の治世。弘仁十年（八一九）大乗戒壇設立運動をいう
天暦の御宇　村上天皇（在位九四六～九六七年）の治世。応和三年（九六三）の宗論をいう
無染無着　煩悩のけがれなく、執着しない状態
執論　偏執的な論争
永観　三論宗の学僧（一〇三三～一一一一）、禅林寺に住む
拾因　往生拾因の略称

信《しん》が先蹤《せんしよう》をひきて、念仏の余行にすぐれたることを証す。彼《かの》時諸宗の輩、恵学《えがく》林をなし禅定《ぜんじよう》水をたゝ《（湛）》ふ。しかりといへども恵心をもとがめず、永観をも罰せず、諸教も滅することなく、念仏もさまたげなかりき。是則《すなわち》世すなほ《（素直）》に人なをかり《（直）》しゆへ《（故）》也。しかるに今、代《よ》*澆季《ぎようき》にをよび、時*闘諍《とうじよう》に属して、*能破所破ともに偏執よりおこり、正論《しようろん》非論みな喧嘩《けんか》にをよぶ。*三毒うちに催し、*四魔ほか《（外）》にあらはるゝがいた《（致）》すところなり。爰《ここに》*小僧《しようそう》、幼年の昔より*衰暮の今にいたるまで、自行《じぎよう》おろそかなりといへども本願を憑み、罪業《ざいごう》おもしといへども往生をねがふ。うまず《（倦）》おこたらずして四十余廻《かい》の星霜をゝく《（送）》り、弥《いよいよ》もとめ、いよ〳〵すゝみて、数《す》百万遍の仏号をとなふ。*頃年《けいねん》よりこのかた、病せまり命あやうし。*帰泉ちかきにあり。浄土の教迹《きようじやく》、此時にあたりて滅亡しなんとす。これを見これを聞て、いかでかたへ《（堪）》いかでかしの《（忍）》ばん。*三尺の秋の霜肝《きも》をさき、*一寸の赤焔《しやくえん》むね《（胸）》をこがす。天にあふ《（仰）》ぎて嗚咽《おえつ》し、地をたゝきて愁悶《しゆうもん》す。何況《いかにいわんや》上人、小僧にをきて出家の戒師たり、念仏の先達《せんだつ》たり。罪なくして濫刑をまねき、つとめ《（勤）》ありて重科に処せば、法のため身《しん》命《みよう》を惜《おしむ》べからず。小僧かはりて罪をうくべし。もて《（以）》師範のとが《（咎）》をつぐの《（償）》はんとおもふ。もて浄土の教をまもらんと思ふ*まくのみ。*死罪々々、敬白〈取詮〉。

勝如　勝尾寺の僧（七八一～八六七）
教信　平安前期の念仏者
澆季　末世
闘諍　仏滅後の時代区分で、闘諍堅固（争いに明け暮れる）の時代
能破所破　論破すること、論破されること
三毒　三つ（貪・瞋・痴）の煩悩
四魔　四つ（五蘊・煩悩・死・天）の魔
小僧　僧の謙称
衰暮　年とって衰える
頃年　この年ごろ、ここ数年
帰泉　黄泉に赴くこと
三尺の秋の霜　刀剣の譬え
一寸の赤焔　心の中の怒り
まく　「ならく」の誤りか
死罪死罪　厚く詫びる意を表す語

十一月十三日　専修念仏沙門*円証《えんしょう》

前《さきの》大僧正御房」

上人誓文《せいもん》にをよび、禅閤《ぜんこう》*会通《えつう》をまうけたまひければ、衆徒の訴訟とゞまりにけり。

[第三図]

其後興福寺《こうぶくじ》の鬱陶猶《なお》やまず、同二年九月に蜂起をなし、*白疏《はくそ》をさゝぐ。彼《かの》状のごとくは、上人ならびに弟子権大納言《ごんだいなごん》公継卿《きんつぐきょう》を重科に処せらるべきよし訴申《うったえもうす》。これにつきて、同十二月廿《にじゅう》九日宣旨《せんじ》を下されて云《いわく》、「頃年源空上人、都鄙《とひ》にあまねく念仏をすゝむ。道俗おほく教化におもむく。而《しかるに》今彼門弟の中に、邪執《じゃしゅう》の輩、名を専修にかる(借)をもちて、咎《とが》を破戒にかへりみず。是偏《ひとえに》門弟の浅智よりおこりて、かへりて源空が本懐《ほんがい》にそむく。偏執を禁遏《きんあつ》の制に守《まもる》といふとも、刑罰を*誘諭の輩にく(加)はふることなかれと〈云々〉」〈取詮〉。君臣の帰依あさからざりしかば、たゞ門徒の邪説を制して、とがを上人にかけられざりけり。

[第四図]

円証　九条兼実の法名

会通　会釈(矛盾の解決)と同義

[興福寺の衆徒白疏を捧る事]

白疏　事情を陳述した文書

誘諭　導きさとす

法然上人行状画図　第卅二

専修《せんじゅ》念仏の事、南都北嶺の鬱陶《うっとう》につきて、上人《しょうにん》のべ申さるゝむね、その謂《いわれ》ある歟《か》のよし*謳歌《おうか》し、衆徒《しゅと》のいきどをり(憤)も次第にゆるくなりしかば、上人、惣《そう》じては生《しょう》死《じ》をいとひ仏道に入《いる》べきいはれ、別しては無智の道俗男女《なんにょ》の念仏するによりて、諸宗のさまたげ(妨)となるべからざるむね、聖覚《せいかく》法印に筆をとらしめ、旨趣をのべられける*状云《じょうにいわく》、

それ流浪《るろう》三界《さんがい》のうち、いづれのさかひ(境)におもむきてか釈尊の出世にあはざりし。*輪廻四生《りんねししょう》のあひだに、いづれの生《しょう》をうけてか如来の説法をきかざりし。*花厳《けごん》開講のむしろ(筵)にもまじはらず、*般若《はんにゃ》演説の座にもつらならず、*鷲峰《じゅぶ》説法のには(庭)にものぞまず、*鶴林涅槃《ねはん》のみぎりにもいたらず。われ*舎衛《しゃえ》の三億の家にやゝどり(宿)けむ、しらず地獄八熱のそこにやすみ(住)けむ。はづべし〳〵、かなしむべし〳〵。まさにいま多生《たしょう》曠劫《こうごう》をへても、むまれ(生)がたき人界《にんがい》にむまれて、無量劫《むりょうこう》をおくり(送)ても、あひ(遇)がたき仏教にあへり。釈尊の在世《ざいせ》にあはざる事はかなしみなりといへども、教法《きょうぼう》流布の世

［聖覚を執筆にて上人所懐を述給へる御消息の事］

謳歌　声を揃えて褒め称える。謳は「謳」の当て字

状　元久法語また登山状とよぶ

輪廻四生　四種（胎・卵・湿・化）の生をめぐる

花厳　華厳経のこと

般若　大般若経のこと

鷲峰説法　霊鷲山で法華経を説かれたこと

鶴林涅槃　鶴林は沙羅樹林をいう。釋尊がここで入滅（涅槃）

舎衛の三億　舎衛はインドの国名。その国九億の家のうち、三億は仏を見聞しなかった

にあふ事を得たるは、これよろこび也《なり》。たとへば目しゐ《（癈）》たるかめ《（亀）》のうき《（浮）》木のあな《（穴）》にあへるがごとし。わが朝《ちょう》に仏法の流布せし事も、欽明《きんめい》天皇あめ《（天）》のした《（下）》をしろ《（知）》しめし《（召）》て十三年、*みづのえさる《（壬申）》のとし冬十月一日、はじめて仏法わたり給ひし。それよりさきには如来の教法も流布せざりしかば、*菩提《ぼだい》の覚路いまだきかず。こゝにわれらいかなる宿縁にこたへ、いかなる善業《ぜんごう》によりてか、仏法流布の時にむまれて、生死解脱《げだつ》のみちをきく事をゑ《（得）》たる。しか《（然）》るをいまあひがたくしてあふ事を得たり。いたづらにあか《（明）》しくら《（暮）》してや《（止）》みなんこそかなしけれ。あるいは*金谷《きんこく》の花をもてあそびて、*遅々たる*春をむなしくくらし、あるいは*南楼に月を*あざけりて、*縵々たる秋の夜をいたづらにあかす。あるいは千里の雲にはせて、山の*かせぎ《（鹿）》をとりてとし《（年）》をゝくり、あるいは万里のなみ《（波）》にうか《（浮）》みて、うみ《（海）》の*いろくづ《（鱗）》をとりて日をかさね、あるいは厳寒にこほり《（氷）》をしのぎて世路をわたり、あるいは炎天にあせ《（汗）》をのごひて利養をもとめ、あるいは妻子眷属《けんぞく》に纏《まと》はれて*恩愛のきづなきりがたし。あるいは*執敵怨《しゅうてきおん》類《るい》にあひて*瞋恚《しんい》のほむら《（炎）》やむ事なし。惣《そう》じてかくのごとくして、昼夜朝暮、行住《ぎょうじゅう》坐臥《ざが》、時としてやむ事なし。たゞほしきまゝにあくまで三途《さんず》八難の業《ごう》をかさぬ。しかればある*文《もん》には、「一人一日中八億四千念、念念中所作皆是三途業（一人《いちにん》一日の中《うち》

あめのしたしろしめす　天下をお治めになる
みずのえさる　五五二年

菩提の覚路　悟りを開く道

金谷　晋の石崇が別荘金谷園で観花の宴を催した
遅々　日が長いさま
春　刊本この下に「の日」を補う
南楼　晋の庾亮が南楼に登り観月の宴を催した
あざける　「もてあそぶ」に同じ
縵々　夜が長いさま。縵は「漫」の当て字
かせぎ　鹿の異名
いろくづ　魚の異名
恩愛　夫婦親子など肉親間の情愛
執敵怨類　仇や敵。執は「讐」の当て字
瞋恚　激しい怒り
ある文　浄度菩薩経など

に八億四千の念あり、念念の中の所作《しょさ》皆《みな》これ三途の業なり)」といへり。かくのごとくして、昨日もいたづらにくれぬ、今日も又むなしくあけぬ。いまいくたびかくらし、いくたびかあかさんとする。それあした(朝)にひらくる栄花*《えいが》は、ゆふべ(夕)の風にちりやすく、ゆふべにむすぶ命露*は、あしたの日にきえやすし。これをしら(知)ずしてつねにさか(栄)えん事をおもひ、これをさとら(解)ずしてあらん事*をおもふ。しかるあいだ(間)*無常の風ひとたびふけば、有為*《うい》のつゆ(露)ながくきえぬれば、これを曠野《こうや》にすて、これをとを(遠)き山にをくる。かばね(屍)はつゐ(遂)に*こけ(苔)のしたにうづもれ、たましゐ(魂)はひとりたび(旅)のそらにまよふ。妻子眷属は家にあれどもともな(伴)はず、七珍万宝はくら(蔵)にみてれども益もなし。たゞ身にしたがふものは後悔の涙也。ついに閻魔《えんま》の庁にいたりぬれば、つみ(罪)の浅深《せんじん》をさだめ業の軽重《きょうじゅう》をかんがへらる。法王罪人にとひていはく、「なんぢ(汝)仏法流布の世にむまれて、なんぞ修行せずしていたづらに帰りきたるや」。その時にはわれらいかゞこたえ(答)んとする。すみやかに出要*をもとめて、むなしく帰る事*なかれ。

そも〳〵一代*諸教のうち、*顕宗《けんしゅう》密宗、大乗小乗、権教《ごんきょう》実教、*論家《ろんげ》、部八宗*にわかれ、*義万差《まんじゃ》につらなりて、あるいは万法皆空の宗《むね》をとき、あるいは諸法実相の心

栄花　咲き誇る花
命露　命のはかなさを露に譬える
あらん　元禄十三年刊本この上に「久しく」を補う
無常の風　死の訪れを風に譬える
有為のつゆ　はかないこの身の命
こけのした　地下、墓の下
出要　出離のための肝要な道
帰る事　元禄十三年刊本この上に「三途に」を補う
一代諸教　釈尊が一生の間説かれた教え
顕宗密宗　顕教と密教
論家　論書に基づき宗義を立てる

をあかし、あるいは*五性《ごしよう》各別の義をたて、あるいは悉有仏性《しつうぶつしよう》の理を談じ、宗々に*究竟《くきよう》至極の義をあらそひ、各々に甚深正義《じんじんしようぎ》の宗を論ず。みなこれ経論の実語也、如来の金言《きんげん》也。あるいは機をとゝの《（調）》へてこれをとき、あるいは時をかゞ《（鑑）》みてこれををしへ《（教）》給《たま》へり。いづれかあさく《（浅）》いづれかふかき《（深）》、ともに是非をわきま《（弁）》へがたし。かれも教《きよう》これも教、たがひに偏執《へんしゆう》をいだ《（抱）》く事なかれ。説のごとく修行せば、みなこと〴〵く生死を過度すべし。法のごとく修行せば、ともにおなじく菩提を証得すべし。修《しゆ》せずしていたづらに是非を論ず、たとへば目しゐたる人のいろ《（色）》の浅深を論じ、みゝ《（耳）》しゐたる人のこゑ《（声）》の好悪《こうお》をいはんがごとし。たゞすべからく修行すべし、いづれも生死解脱のみち也。しかるにいま、かれを学する人はこれをそねみ、これを誦《じゆ》する人はかれをそしる。愚鈍のものこれがためにまどひ《（惑）》やすく、浅才の身これがためにわきまへがたし。たま〴〵一法におもむきて功をつま《（積）》むとすれば、すなはち諸宗のあらそひ《（争）》たがひ《（互）》にきたる。ひろく諸教にわたりて義を談ぜんとおもへば、一期《いちご》のいのち《（命）》くれやすし。かの*蓬萊《ほうらい》方丈瀛州《えいしゆう》といふなる三《みつ》の山にこそ、不死のくすり《（薬）》はありときけ。かれを服して*まれ、いのちをのべて*漸々に習はゞやと思へども、たづぬ《（尋）》べきかた《（方）》もおぼえず。もろこし《（唐土）》に*秦皇《しんこう》*漢武ときこへし御門《みかど》、これをきゝ

人。刊本この下に「釈家」を補う
部　（宗旨の）部類立て、区分
万差　（教義の）無数の差異
五性各別　衆生の先天的に変わらない本性を五つに分ける
究竟至極　最もすぐれている
蓬萊方丈瀛州　いずれも神仙が住むという東方の海中にある山
まれ　…であっても、…してでも
漸々に　次第に、徐々に
秦皇　秦の始皇帝（在位前二四六

てたづねにつかは《（遣）》したりしかども、童男《どうなん》*丱女《かんじょ》ふねのうちにしてとし月をゝくりき。*彭祖《ほうそ》が七百歳の法、むかしがたり《（昔語）》にていまの時につたゐ《（伝）》がたし。曇鸞《どんらん》法師と申《もうし》し人こそ、仏法のそこ《（底）》をきわめたりし人の、いのちはあしたを期《ご》しがたしとて、仏法をならは《（習）》むがために、長生の仙の法をばつたへ給ひけれ。時に*菩提流支《ぼだいるし》と申《もうす》*三蔵ましましき。曇鸞かの三蔵の御まへにまうで《（詣）》ゝ申給やうは、「仏法の中に長生不死の法、この土《くに》の*仙経にすぎたるありや」とゝひ《（問）》給ければ、三蔵地につわき《（唾）》をはきての給はく、「*この方にはいづくんぞところ《（所）》に長生の法あらん。たとひ長年を得てしばらくしなず《（死）》とも、つゐに*三有《さんう》に輪廻す」との給て、すなはち観無量寿経をさづけて、「*大仙の法也、これによりて修行すれば、さらに生死を解脱すべし」との給き。曇鸞これをつたへて、仙法をたちまちに火にやきてこれをすつ。観无《（無）》量寿経によりて、浄土の行《ぎょう》をしるし給き。そのゝち曇鸞、道綽《どうしゃく》、善導《ぜんどう》、懐感《えかん》、少康《しょうこう》等にいたるまで、このながれをつたへ給えり。そのみちをおもひて、いのちをのべて大仙の法をとらんとおもふに、又道綽禅師《ぜんじ》の安楽集にも、聖道《しょうどう》浄土の二門をたて給ふはこの心なり。その聖道門といふは、穢土《えど》にして煩悩《ぼんのう》を断じて菩提にいたる也。浄土門といふは、浄土にむまれて、かしこにして煩悩を断じて菩提にいたる也。いまこの

～二一〇）
漢武　前漢の武帝（在位前一四〇～八九）
丱女　童女
彭祖　堯の時代の人で七百歳まで生きた
菩提流支　北インドの僧、北魏の洛陽に来て訳経する
三蔵　訳経の僧に対する敬称
仙経　不老長寿を説く道教の経典
この方　穢土をいう
三有　欲界・色界・無色界の三界をいう
大仙　偉大な仙人の意で、仏の異名

浄土宗についてこれをいへば、又観経《かんぎょう》にあかすところの業因《ごういん》一《ひとつ》にあらず。*三福《さんぷく》、九品《くほん》、十三定善《じょうぜん》、その行しな〴〵《(品)》にわかれて、その業まち〳〵《(区)》につらなれり。まづ定善十三観といふは、日想、水想、地想《じそう》、宝樹、宝池、宝楼、花座《けざ》、*像想、*真身《しんじん》、観音、勢至《せいし》、*普観、*雑観《ぞうかん》これ也。つぎに散善九品といふは、一には孝養父母、奉事師長、慈心不殺、修十善業（父母《ぶも》に孝養《きょうよう》し、師長に奉事《ぶじ》し、慈心にして殺さず、*十善業を修す）、二《ふたつ》には受持三帰、具足衆戒、不犯威儀（*三帰を受持し、衆戒《しゅかい》を具足して、威儀を犯《ぼん》ぜず）、三《みつ》には発菩提心、深信因果、読誦大乗、勧進行者（菩提心を発《おこ》し、深く因果を信じ、*大乗を読誦《どくじゅ》し、行者《ぎょうじゃ》を勧進《かんじん》す）也。九品はかの三福の業を開《かい》して、その業因にあつ《(当)》。つぶさには観経にみえたり。惣じてこれをいへば、定散《じょうさん》二善の中にもれたる往生の行はあるべからず。これによりて、あるいはいづれにもあれ、たゞ有《う》縁《えん》の行におもむきて功をかさねて、心にひかん法によりて行をはげまば、みなこと〴〵く往生をとぐべし。さらにうたがひをなす事なかれ。いましばらく自法につきてこれをいはゞ、まさにいま定善の観門は、かず〳〵《(数)》につらなりて十三あり。散善の業因は、まち〳〵にわかれて九品あり。その定善の門にいらんとすれば、すなはち*意馬あれて*六塵《ろくじん》の境《きょう》にはす《(馳)》。かの散善の門にのぞまむとすれば、又*心猿あそむで《(遊)》

三福　世福・戒福・行福の三つ
像想　蓮華台に坐する仏菩薩を観ずる
真身　真仏の色身を観ずる
普観　自分が浄土に往生したように観ずる
雑観　浄土の仏のいろいろな様相を観ずる
十善業　十善に同じ
三帰　三帰戒（仏法僧に帰依する）
大乗　大乗経典のこと
意馬　奔馬。煩悩のために制御できない譬え

十悪のえだ《(枝)》にうつる。かれをしづめんとすれども得ず、これをとゞめんとすれどもあたはず。いま下三品《げさんぼん》の業因をみれば、十悪五逆の衆生《しゆじやう》、臨終に善知識《ぜんじしき》にあひて、一声十声《いつしやうじつしやう》阿弥陀仏の名号《みやうごう》をとなへて往生すとゝか《(説)》れたり。これなんぞわれらが分にあらざらんや。かの釈*の雄俊《おうしゆん》といひし人は、七度還俗《げんぞく》の悪人也。いのちをは《(終)》りてのち、獄*卛《(卒)》閻魔の庁庭にゐて《(率)》ゆきて、「南閻浮提《*なんえんぶだい》第一の悪人、七度還俗の雄俊ゐてまいりてはんべり《(侍)》」と申ければ、雄俊申ていはく、「われ在生《ざいしやう》の時観無量寿経をまさ《(正)》みしかば、『五逆の罪人、阿弥陀ほとけの名号をとなへて、極楽に往生す』とまさしくとかれたり。われ七度還俗すといへども、いまだ五逆をばつくらず、善根《ぜんごん》すくなしといへども、念仏十声にすぎたり。雄俊もし地獄におちば、三世《さんぜ》の諸仏妄語のつみにおち給べし」と、高声《かうしやう》にさけびしかば、法王は理《ことわり》におれて、たま《(玉)》のかぶり《(冠)》をかたぶけてこれをおがみ《(拝)》、弥陀はちかひ《(誓)》によりて金蓮《こんれん》にのせてむかへ給き。いはんや七度還俗におよば《(及)》ざらんをや、いはんや一形《いちぎやう》念仏せんをや。「男女*貴賤《きせん》、行《ぎやう》住坐臥《じゆうざが》をえらばず、時処諸縁を論ぜず、これを修するにかたから《(難)》ず。乃至《ないし》臨終に往生を願求《がんぐ》するにそのたより《(便)》をえたり」と、楞厳《*りやうごん》の先徳のかき《(書)》をき《(置)》給へる、まことなるかなや。又善導和尚《かしやう》、この観経を釈しての給はく、「娑婆《*しやば》の化主《けしゆ》、その*請《しやう》に

六塵の境　認識の対象。心性を汚すから「塵」という
心猿　落ち着かず騒がしいことを猿に譬える
釈　僧（釈尊の弟子）としての姓を表わす語
獄卛　地獄で亡者の罪を責めたてる鬼。卛は「卒」の当て字
南閻浮提　閻浮提に同じ。人間世界
男女貴賤云々　往生要集の文
楞厳の先徳　比叡山横川の恵心院の源信を指す
娑婆の化主　釈尊のこと
その請　韋提希夫人の要請

よるがゆへ《故》に、ひろく浄土の要門をひらき、*安楽の能人、別意の*弘願《ぐがん》をあらはす。その要門といは《言っぱ》*、すなはちこの観経の定散二門これ也。定はすなはちおもひ《慮》をやめ《息》て、もて《以》心をこらし、散はすなはち悪を癈《廃》して善を修す。この二行《にぎょう》をめぐらして往生をもとめねがふ也。弘願といは大経にとくがごとし。一切善悪の凡夫のむまるゝことをうるもの、みな阿弥陀仏の大願業力《ごうりき》に乗じて、増上縁とせずといふことなし。又ほとけの密意弘深《ぐじん》にして、教文《きょうもん》さとり《暁》がたし。*三賢十聖《さんげんじっしょう》もはかり《測》てうかゞ《闚》ふところにあらず。いはんやわれ*信外《しんげ》の軽毛《きょうもう》也、さらに旨趣をしらんや。あふい《仰》でおもんみれ《惟》ば、釈迦はこの方にして発遣し、弥陀はかのくにより来迎《らいこう》し給ふ。こゝにやり《遣》、かしこによばふ《喚》、あにさら《去》ざるべけんや」といへり。しかれば定善散善弘願の三門をたて給へり。その弘願といは、大経云《だいきょうにいわく》、「設我得仏、十方衆生、至心信楽、欲生我国、乃至十念、若不生者、不取正覚、唯除五逆、誹謗正法（*設し《も》我仏《われほとけ》を得たらんに、十方《じっぽう》の衆生、至心に信楽《しんぎょう》して、我が国に生ぜんと欲して、乃至十念せんに若《も》し生ぜずんば、正覚《しょうがく》を取らじ。唯《ただ》五逆と誹謗正法《ひほうしょうぼう》とを除く）」といへり。善導釈しての給はく、「若我成仏十方衆生、称我名号下至十声、若不生者不取正覚、彼仏今現在世成仏、当知本誓重願不虚、衆生称念必得往生（*若し我成仏《じょうぶつ》せんに十方の衆生、我が名

安楽の能人　阿弥陀仏のこと
弘願　仏菩薩の広大な誓願
いは　「言ふは」の促音便化、「言っぱ」と読む
三賢十聖　修行段階の中位（十住・十行・十回向）と上位（十地）にある菩薩
信外の軽毛　下位（十信）の菩薩にも至らない凡夫
設し我仏を得たらんに云々　第十八願の文
若し我成仏せんに云々　往生礼讃偈の文

号を称すること下《しも》十声に至るまで、若し生ぜずんば正覚を取らじ。かの仏今現《げん》に世に在《ましま》して成仏したまへり。当《まさ》に知るべし、本誓《ほんぜい》の重願虚《むな》しからざることを。衆生称念すれば必ず往生を得《う》」〈云々《うんぬん》〉。観経の定散両門をときをはりて、「仏告阿難、汝好持是語、々々者、即是持无（無）量寿仏名（仏阿難《あなん》に告げたまはく、汝好《なんじよ》くこの語を持《たも》て。この語を持てとは、即ちこれ無量寿仏の名《みな》を持てとなり）」〈云々〉。これすなはちさき（先）の弘願の心也。又おなじき経の真身観には、「弥陀身色如金山、相好光明照十方、唯有念仏蒙光摂、当知本願最為強（*弥陀の身色《しんじき》は金山《こんせん》の如《ごと》し。相好《そうごう》の光明十方を照らす。唯念仏のみ有りて、光摂《こうしよう》を蒙《こうむ》る。当に知るべし、本願最も強しとなす）」〈云々〉。又これさきの弘願のゆへなり。阿弥陀経にいはく、「不可以少善根福徳因縁得生彼国、若善男子善女人、聞説阿弥陀仏、執持名号、若一日若二日乃至七日、一心不乱、其人命終時、心不顚倒、即得往生（少善根福徳の因縁を以《も》て、かの国に生ずることを得べからず。若し善男子《ぜんなんし》善女人《ぜんによにん》ありて、阿弥陀仏を説くを聞きて、名号を執持《しゆうじ》すること、若しは一日《いちにち》、若しは二日《ににち》、乃至七日《しちにち》、一心不乱なれば、その人命終の時に、心顚倒せず、即ち往生することを得）」〈云々〉。つぎの文に、「六方にをのをの（各）恒河沙《ごうがしや》の仏まし〳〵て、広長舌相《こうじようのぜつそう》を出《いだ》して、あまねく三千大千世界におほひて、誠実《じようじつ》の事也、信ぜよ」と証誠《しようじよう》し給へり。これ又さきの弘願のゆへ也。

弥陀の身色は金山の如し云々　往生礼讃偈の文

又般舟三昧経《はんじゅざんまいきょう》にいはく、「*跋陀和《ばっだわ》菩薩、阿弥陀にとひていはく、『いかなる法を行じてか、かの《(彼)》くに《(国)》、むまる《(生)》べき』と。阿弥陀ほとけの給はく、『わがくに、来生《らいしょう》せんとおもはんものは、つねに我名《わが》を念じてやすむ事なかれ。かくのごとくしてわがくに、来生する事をう《(得)》』との給へり」。これ又弘願のむねをほとけみづから《(自)》の給へり。又*五台山《ごだいさん》の*大聖竹林寺《だいしょうちくりんじ》の記にいはく、「法照《ほっしょう》禅師、*清涼山《しょうりょうざん》にのぼりて大聖竹林寺にいたる。こゝに二人の童子あり、一人をば善財といひ、一人をば難陀《なんだ》といふ。この二人の童子、法照禅師をみちびきて寺のうちにいれて、*漸々に講堂にいたりてみれば、普賢《ふげん》菩薩、无《(無)》数《しゅ》の眷属に囲繞《いによう》せられて坐《ざ》し給へり。*文殊師利《もんじゅしり》は一万の菩薩に圍繞せられて坐し給へり。法照礼《らい》してとひ《(問)》たてまつりていはく、『末法の凡夫はいづれの法をか修すべき』。文殊師利こたへての給はく、『なんぢ《(汝)》*すでに念仏せよ。いままさしくこれ時《とき》也』と。法照又とひて申さく、『まさにいづれをか念ずべき』と。文殊又の給はく、『この世界をすぎて、西方に阿弥陀仏まします、かのほとけまさに願ふかく《(深)》まします。なんぢまさに念ずべし』と」。大聖文殊、法照禅師にまのあたりの給ひし事也。すべてひろくこれをいへば、諸教にあまねく修せしめたる法門也。つぶさにあぐる《(挙)》にいとま《(暇)》あらず。しかるを、「このごろ念仏のよ《(世)》にひ

跋陀和菩薩　賢護菩薩と訳する
五台山　中国山西省にある霊山
大聖竹林寺の記　法照の著作（逸書）
清涼山　五台山の別称
漸々に　段々に、順番に
文殊師利　略して文殊
すでに　間違いなく、確かに

ろ《広)》まりたるによりて、仏法うせ《(失)》なんとす」と、諸宗の学者難破をいたすによりて、人おほく念仏の行を廃すときこゆ。いまだ心えず《(得)》はんべり《(侍)》。佛法はこれ万年也。うしなはんとおもふとも、仏法擁護《おうご》の諸天善神《ぜんじん》まぼり《(護)》給ゆへ《(故)》に、人のちからにてはか《(》なう《叶)》べからず。かの*守屋《もりや》の*大臣《おおおみ》が仏法を破滅せんとせしかども、*法命《ほうみょう》いまだつきずして、いまにつたはるがごとし。いはんや无《(無)》智の道俗、在家の男女のちからにて、念仏を行ずるによりて、法相《ほっそう》三論も隠没《おんもつ》し、天台花厳も廃する事、*なじかはあるべき。念仏を行ぜずしてゐ《(居)》たらば、このともがら《(輩)》は一宗をも興隆すべき*かは。たゞいたづらに念仏の業を廃したるばかりにて、またく《(全)》それ諸宗の*をぎろ《(賾)》をもさぐるべからず。しかればこれおほきなる損にあらずや。諸宗のふかきながれをくむ南都北京《ほくきょう》の学者、*両部の大法をつたへたる本寺本山の*禅徒、百千万の念仏世にひろまりたりとも、本宗をあらたむべきにあらず。又仏法うせなんとすとて念仏を廃せば、念仏はこれ仏法にあらずや。たとへば虎狼《とらおおかみ》の害をにげて、*師子《しし》にむかひては《(》しら《走)》むがごとし。余行《よぎょう》を謗《ほう》じ念佛を謗ぜん、おなじくこれ逆罪也。とらおほかみ《(虎狼)》に害せられん、師子に害せられむ、ともにかならず死すべし。これをも謗ずべからず、かれをもそねむ《(嫉)》べからず、ともにみな仏法也。たがひに偏執することなかれ。

守屋　大和朝廷の豪族物部守屋（?～五八七）
大臣　正しくは大連
法命　仏法の流れ
なじかは　どうして…か
かは　反語（…だろうか、いや…でない）
をぎろ　奥深い道理
両部の大法　密教の金剛界と胎蔵界
禅徒　僧侶
師子　獅子、師と獅は音通

像法決疑経《ぞうぼうけつぎきょう》にいはく、「三学の行人《ぎょうにん》たがひに毀謗《きぼう》して、地獄にいる《(入)》ことと*と《(疾)》きや《(矢)》のごとし」といへり。又*大論にいはく、「自法を*愛染《あいぜん》するゆへに他人の法を*毀呰《きし》すれば、持戒の行人も地獄の苦をまぬかれず」といへり。又善導和尚のの給はく、

世尊説法時将了　慇懃付属弥陀名
五濁増時多疑謗　道俗相簡不用聞
見有修行起瞋毒　方便破壊競生怨
如此生盲闡提輩　毀滅頓教永沈淪
超過大地微塵劫　未可得離三途身

（*世尊説法時将《ときまさ》に了《おわ》りて、慇懃《おんごん》に弥陀の名を付属す。*五濁増《ごじょくぞう》の時は疑謗《ぎぼう》するもの多し。道俗相簡《あいきら》ひて聞くことを用ゐず。修行すること有るを見ては瞋毒《しんどく》を起こし、方便して破壊《はえ》し競《きお》ひて怨《あた》を生《な》す。かくの如《ごと》きの生盲闡提《しょうもうせんだい》の輩《ともがら》、頓教《とんぎょう》を毀滅《きめつ》して永く沈淪《ちんりん》す。大地微塵劫《だいじみじんごう》を超過すとも、未《いま》だ三途の身《しん》を離るることを得《う》べからず）

といへり。念仏を修せんものは余行をそしるべからず。そしらばすなはち弥陀の悲願にそむくべきゆへ也。余行を修せん者も念仏をそしるべからず。又諸仏の本誓にたがふがゆへなり。しかるをいま、真言止観の*窓のまへ《(前)》には、念仏の行をそしる。

ときや　素早く飛ぶ矢
大論　大智度論の略称
愛染　愛着する
毀呰　そしる、悪口をいう
世尊説法云々　法事讃の文
五濁増　五濁（末世に起こる五つの汚濁）が増大すること
窓・床　それぞれの行を修する場所の比喩的対比

一向専念の*床のうゑ（上）には、諸余の行をそしる。ともに*我々《われわれ》偏執の心をもて義理をたて、たがひにをの〳〵（各々）是非のおもひに住して*会釈《えしやく》をなす。あにこれ正義にかなはむや。みなともに仏意《ぶつち》にそむけり。つぎに又難者《なんじや》のいはく、「*今来《こんらい》の念仏者わたくしの義をたてゝ、悪業《あくごう》をおそるゝは弥陀の本願を信ぜざる也。数遍《すへん》をかさぬるは一念の往生をうたがふ也。行業《ぎようごう》をいへば一念十念にたりぬべし。かるがゆへに数遍をつむべからず。悪業をいへば*四重五逆なをむまる（猶生）ゝゆへに、諸悪をはゞかるべからず」といへり。この義またくしかるべからず。釈尊の説法にもみえず、善導の釈にもあらず。もしかくのごとく存ぜんものは、惣じては諸仏の御《み》心にたがふべし、別しては弥陀の本願にかなふべからず。その五逆十悪の衆生の、一念十念によりてかのくにゝ往生すといふは、これ観経のあきらかなる文也。たゞし五逆をつくりて十念をとなへよ、十悪をおかして一念を申せとすゝむるにはあらず。それ*十重をたもちて十念をとなへよ、*四十八軽《きよう》をまぼり（守）て四十八願をたのむは、心にふかくこひねがふところ也。およそいづれの行をもはら（専）にすとも、心に戒行をたもちて、*浮嚢《ふのう》をまぼるがごとくにし、身の威儀に*油鉢《ゆはつ》をかたぶけ（傾）ずは、行として成就《じようじゆ》せずといふ事なし、願として円満せずといふ事なし。しかるをわれらあるいは四重をおかし、

我々　めいめい、おのおの
会釈　矛盾がないように解釈する
今来　現在、ただ今
四重　出家者が犯す最も重い四つ（殺・盗・婬・妄）の罪
十重　梵網経における十の重要な戒
四十八軽　梵網経における比較的軽い四十八の戒
浮嚢　浮き袋。持戒の譬え
油鉢　油を入れた鉢。心を正しく保つことの困難さの譬え

あるいは十悪を行ず。かれもおかしこれも行ず、一人《いちにん》としてまことの戒行を具した
る者はなし。*諸悪莫作《まくさ》、諸善奉行《ぶぎょう》は三世の諸仏の通戒也。善を修するものは善*趣の
報をえ、悪を行ずる者は悪道の果を感ずといふ。この因果の道理をきけども、きか
ざるがごとし。はじめていふにあたはず。しかれども分にしたがひて悪業をとゞめ
よ、縁にふれて念仏を行じ、往生を期すべし。悪人をすてられずは、善人なむ《（何）》ぞき
らはむ。「*つみをおそるゝは本願をうたがふ」と、この宗にまたく存ぜざるところ
也。つぎに一念十念によりて、かのくにゝ往生すといふは、釈尊の金言也、観経の
あきらかなる文也。善導和尚の釈にいはく、「下至十声等、定得往生、乃至一念無
有疑心、故名深心（*下十声等に至るまで、定めて往生することを得。乃至一念も疑心有るこ
と無し。故《かるがゆえ》に深心《じんしん》と名づく）」といへり。又いはく、「行住坐臥、不問時節久近、念々
不捨者、是名正定之業、順彼仏願故（*行住坐臥《ぎょうじゅうざが》に時節の久近《くごん》を問はず、念々に捨てざる
者、これを正定《しょうじょう》の業と名づく。かの仏の願に順ずるが故に）」といへり。しかれば信を一
念にむまるとゝ《（取）》りて、行をば*一形《いちぎょう》はげむべしとすゝむる也。弥陀の本願を信じて
念仏の功をつもり、*運心《うんじん》とし《（年）》ひさしくは、なむぞ願力を信ぜずといふべきや。すべ
て*博地《はくじ》の凡夫、弥陀の浄土にむまれん事、他力にあらずはみな《（皆）》道たえ《（絶）》たるべき事

諸悪莫作、諸善奉行　増一阿含経に見える七仏通戒偈

善趣　天・人・阿修羅の三つ。地獄などの悪趣(道)の対語

つみをおそるる云々　難者がいう念仏者の私義

下十声等に至るまで云々　往生礼讃偈の文

行住坐臥に云々　観経疏の文

一形　刊本この下に「に」を補う

運心　心を寄せて思いをめぐらす

博地の凡夫　無智凡庸な人。博は「薄」の当て字

也。およそ十方世界の諸仏*善逝《ぜんぜい》、穢土の衆生を引導せんがために、穢土にして正覚をとな《（唱）》へ、*浄土にして正覚をな《（成）》りて、しかも穢土の衆生を引導せんといふ願をたて給へり。その穢土にして正覚をとなふれば、*随類応同の相をしめすがゆへに、いの《（命）》ちなが《（長）》ゝらずして、とく涅槃《ねはん》に*いりぬれば、*報仏報土にして*地上《じじょう》の大菩薩の所居《しょご》也。*未断惑の凡夫は、たゞちにむまるゝ事あたはず。しかるをいま浄土を荘厳《しょうごん》し仏道を修行するは、*凡位はもと造悪不善のともがら也、*輪転《りんでん》きはまりなからんを引導し、破戒浅智のやから《（族）》の出離の期なからんをあはれ《（哀）》まんがため也。もしその三賢を証し十地をきわめたる久行《くぎょう》の*聖人《しょうにん》、*深位《じんい》の菩薩の*六度万行《まんぎょう》を具足し、諸波羅密《（蜜）》を修行してむ《（生）》まるゝ、といはば、これ大悲の本意《ほい》にあらず。この*修《（酬）》因感果のことはり《（理）》を、大慈大悲の御心のうちに思惟《しゆい》して、*年序を*そらにつもりて星霜五劫《こう》にをよ《（及）》べり。しかるに善巧《ぜんぎょう》方便をめぐらして思惟し給へり。しかも、「われ別願をもて浄土に居《こ》して、博《（薄）》地*底下《ていげ》の衆生を引導すべし。その衆生の業力によりてむまるゝ、といはゞかた《（難）》かるべし。われすべからくは衆生のために、永劫《ようごう》の修行をゝくり《（送）》、僧祇《そうぎ》の苦行をめぐらして、万行万善の*果徳円満し、*自覚覚他の覚行*窮満《ぐうまん》して、その成就せんところの万徳无《（無）》漏の一切の功徳《くどく》をもて、わが名号として衆生にとなへしめん。衆

善逝　仏の十号の一つ
浄土にして　刊本この前に「浄土の衆生を化せんがためには、浄土にして正覚をなり給ふに、阿弥陀仏は」を補う
随類応同　仏が衆生を教え導くため、相手の能力や資質に応じて姿を現すこと
いりぬれば　刊本「いりぬ」と訂し、以下に「また浄土にして正覚すれば」を補う
報仏報土　修行成就の報いとして得られた仏身とその浄土
地上の大菩薩　修行段階の上位(十地)以上にある菩薩
未断惑　まだ煩悩を断ち切っていない
凡位　凡夫の位にいる者
輪転　生死を繰り返すこと。輪廻
聖人　凡夫に対する称で、四諦を証得した人
深位の菩薩　修行を積んで高い位に達した菩薩
六度万行　六波羅蜜の中にあらゆる修行が包み込まれていること
修因感果　因行にむくいて果報を感ずる。修は「酬」の当て字

生もしこれにを《（於）》いて信をいたして称念せば、わが願にこたへてむまる丶事をう《（得）》べし。名号をとなへばむまるべき別願をおこして、その願成就せば仏になるべきがゆへ也。この願もし満足せずは、永劫をふ《（経）》ともわれ正覚をとらじ。たゞし未来悪世の衆生憍慢懈怠《きようまんけだい》にして、これにをいて信をおこす事かたかるべし。一仏二仏のとき給はんに、おそらくはうたがふ心をなさん事を。ねがはくはわれ十方の諸仏にこと〴〵くこの願を称揚せられたてまつらん」とちかひて、第十七の願に、「設我得仏、十方无《（無）》量諸仏、不悉咨嗟、称我名者、不取正覚（設し我仏を得たらんに、*十方の無量の諸仏、悉《ことごと》く*咨嗟《しさ》して、我が名を称せずんば、正覚を取らじ）」とたて給ひて、つぎに第十八願の「乃至十念、若不生者、不取正覚（乃至十念せんに、若し生ぜずんば、正覚を取らじ）」とたて給へり。そのむね无《（無）》量の諸仏に称揚せられたてまつらんとたて給へり。願成就するゆへに、六方にをのを《（各）》の恒河沙のほとけまし《（坐）》〳〵て、広長舌相《こうじようのぜつそう》を出《いだ》してあまねく三千大千世界におほひて、みなおなじくこの事をまことなりと証誠し給へり。善導これを釈しての給はく、「*もしこの証によりてむまる丶事を得ずは、六方の諸仏ののべ《（舒）》給へるした《（舌）》、口よりいで《（出）》をはり《（已）》てのち、つゐ《（終）》に口にかえり《（還）》いら《（入）》ずして、自然《じねん》にやぶれ《（壊）》みだれ《（爛）》ん」との給へり。これを信ぜざらん者は、すなはち十方

年序　経過した年代、年数
そらにつもり　推量するに積み重なって
低下　極めて卑しい
果徳　果報として得られた功徳
自覚覚他　自ら悟り、他を悟らしめる
窮満　極まり満ちる
十方　刊本この下に「世界」を補う
咨嗟　讃嘆する
もしこの証云々　観念法門の文

恒沙《ごうじゃ》の諸仏の御《おん》したをやぶる也。よく〳〵信ずべし。一仏二仏の御したをやぶらん*だにもあり、いかにいはんや十方恒沙の諸仏をや。「大地微塵劫を超過すとも、いまだ三途の身をはなるべからず」との給へり。弥陀の四十八願といは(言っぱ)、*无(無)三悪趣《むさんなくしゅ》、*不更悪趣《ふきようあくしゅ》、乃至*念仏往生等の願これ也。すべて四十八願のなかに、いづれの願か一《ひとつ》として成就し給はぬ願あるべき。願ごとに不取正覚（正覚を取らじ）とちかひて、いま(今)すでに正覚をなり給へる故《ゆえ》也。然《しかる》を无(無)三悪趣の願を信ぜずして、かの国に悪道ありといふ者はなし。不更悪趣の願を信ぜずして、かのくにの衆生いのちをはりてのち又悪道にかへるといふ者はなし。*悉皆金色《しっかいこんじき》の願を信ぜずして、かのくにの衆生は、金色なるもあり、白色《びゃくしき》なるもありといふ者はなし。*无(無)有好醜《むうこうしゅう》の願を信ぜずして、かのくにの衆生は、かたちよき(好)もあり、わろき(悪)もありといふ者はなし。乃至*天《てん》眼《げん》、*天耳《てんに》、*光明、*寿命をよび(及)*得三法忍《とくさんぼうにん》の願にいたるまで、これにをいてうたがひをなす者はいまだはんべ(侍)らず。たゞ第十八の願にをいて念仏往生の願ひとつを信ぜざる也。この願をうたがはゞ、余の願をも信ずべからず。余の願を信ぜば、この一願をうたがふべけんや。法蔵比丘《ほうぞうびく》いまだほとけになり給はずといはゞ、これ*謗法《ほうぼう》になりなむかし。もし又なり給へりといはゞ、いかゞこの願をうたがふべきや。四十八

だにもあり　…さんも（重い罪）である
无三悪趣　第一願。无は「無」の略字
不更悪趣　第二願
念仏往生　第十八願
悉皆金色　第三願
无有好醜　第四願
天眼　第六願（天眼智通）
天耳　第七願（天耳智通）
光明　第十二願（光明無量）
寿命　第十三願（寿命無量）
得三法忍　第四十八願
謗法　仏法をそしること

願の弥陀善逝は、正覚を十劫《じっこう》にとなへ給へり。六方恒沙の諸仏如来は、舌相を三千世界にのべ給へり。たれかこれを信ぜざるべきや。善導この信を釈しての給はく、「*化《け》仏《ぶつ》報仏、若一若多《もしはいちもしはた》、乃至十方に遍して、ひかりをかゞや《（輝）》かしした《（舌）》をは《（吐）》きて、あまねく十方におほ《（覆）》ひて、この事虚妄《こもう》なりとの給はむにも、畢竟《ひっきょう》じて*一念*疑殆《ぎたい》の心をおこさじ」との給へり。しかるをいま行者たち、異学異見のためにたやすくこれをやぶらる。いかにいはんや報仏化仏のの給はんをや。そも〱この行をすてば、いづれのをこ《（行）》なひにかおも《（赴）》むき給べき。智恵なければ聖教《しょうぎょう》をひらくにまなこ《（眼）》くらし。財宝なければ布施を行ずるにちからなし。むかし*波羅奈国《はらないこく》に太子ありき。大施《だいせ》太子と申き。貧人《びんにん》をあはれみて、くら《（蔵）》をひらきてもろ〱のたから《（宝）》を出《いだ》してあたへ給に、たからはつ《（尽）》くれども、まづしき者はつくべからず。こゝに太子うみのなかに*如意宝珠ありときく。海にゆきてもとめて、まづしきみ《（身）》にたからをあたへむとちかひて、*竜宮にゆき給に、竜王おどろきあやしみて、「*おぼろけの人にはあらず」といひて、みづからむか《*（向）》ひてたからのゆか《（床）》にすえたてまつり、「はるかにきたり給へる心ざし、何事をもとめ給ぞ」ととへば、太子の給はく、「閻浮提の人まづしくてくるしむ事おほし。王のもとゞ《*（髻）》りのなかの宝珠をこはんがためにきたる也」との給

化仏　衆生を救うために姿を変えて現れた仏。応身の仏。以下は観経疏の文
一念　一瞬でも
疑殆　疑い危ぶむ
波羅奈国　ガンジス川流域の国。鹿野苑があった
如意宝珠　一切の願いが意のごとくかなう玉
竜宮　海中にある竜王の宮殿
おぼろけ　普通、並一通り
むかふ　出向く
もとどり　髪を頭の頂に束ねた所。宝珠は竜王が冠の中に置いていた

へば、王のいはく、「しからば七日こゝにとゞまりて、わが供養をうけ給へ。そのゝちたからをたてまつらむ」といふ。太子七日をへてたま《珠》をえ給ぬ。竜神そこよりをくりたてまつる。すなはち本国のきしにいたりぬ。こゝにもろ〳〵の竜神なげきていはく、「このたまは海中のたから也。*なをとり返してぞよ《良》かるべき」とさだむ。海神人《ひと》になりて、太子の御まへ《前》にきたりていはく、「君、世にまれなるたまをえ給へり。とくわれにみせ給へ」といふ。太子これをみせ給に、うば《奪》ひとりてうみへいりぬ。太子なげきてちかひていはく、「なむぢ《汝》もしたまを返さずんば、うみをくみ《汲》ほさむ」といふ。海神いで《出》ゝわらひていはく、「なんぢはもと《最》もをろか《愚》なる人かな。そらの日をばおとしもしてん、はやきせ《瀬》をばとゞ《止》めもしてん、うみのみづ《水》をばつくすべからず」といふ。太子の給はく、「恩愛のたへ《堪》がたきをも、なをとゞめむとおもふ。生死のつくしがたきをも、なをつくさむと思《おもう》。いはんやうみの水おほしといふともかぎり《限》あり。もしこの世にくみつくさずは、世々《ぜぜ》をへてもかならずくみつくさん」とちかひて、貝のから《殻》をとりてうみの水をくむ。ちかひの心まことなるがゆへに、もろ〳〵の天人こと〴〵くきたりて、あま《天》のはごろも《羽衣》のそでにつゝみて、*鉄囲山《てつちせん》のほか《外》にくみをく《置》。太子一度二度かい《貝》のからをもてくみ給に、海水十分

なを　再び

鉄囲山　須弥山を囲む海山の最も外側にある鉄の山

が八分はうせ《失》ぬ。竜王さわぎあはて、、「わがすみか《住処》むなしくなりなんとす」とわびて、たまを返したてまつる。太子これをとりてみやこ《都》に帰て、もろ〳〵のたからをふら《降》して、閻浮提のうち《内》にたからをふらさゞるところなし。くるしきをしのぎ《凌》て退《たい》せざりしかば、これを精進《しょうじん》波羅密《蜜》といふ。むかしの太子は万里のなみをしのぎて、竜王の如意宝珠を得《え》給へり。いまのわれらは*二河《にが》の水火《すいか》をわけて、弥陀本願の宝珠を得たり。かれは竜神のくゐ《悔》しがためにうばわれ、これは異学異見のためにうばゝる。かれはかいのからをもて大海をくみしかば、*六欲四禅の諸天きたりておな《同》じくくみき。これは信の手をもて疑謗《ぎほう》の難をくまば、六方恒沙の諸仏きたりてくみ《与》し給べし。かれは大海の水やうやく《漸》つきしかば、竜宮のいらか《甍》あらはれて、如意宝珠を返しとりき。これは疑難のなみ《波》こと〴〵くつきなば、謗家《ほうけ》のいらかあらはれて、本願の宝珠を返しとるべし。かれは返しとりて、閻浮提にして貧窮《びんぐう》のたみをあはれみ、これは返しとりて、極楽にむまれて博《薄》地のともがらをみちびくべし。ねがはくはもろ〳〵の行者、弥陀本願の宝珠をいまだうばひとられざらん者は、ふかく信心のそこにおさめよ。もし*すなは《即》ちとられたらんものは、すみやかに深信《じんしん》の手をもて疑謗のなみをくめ。たからをすて、手をむなしくして帰《かえる》事なかれ。*いかなる弥

二河の水火　観経疏に出てくる二河白道の譬え

六欲四禅　欲界と色界にある各種の天

すなはち　たちまち

いかなる—か…　どうして—は…であろうか

陀か十念の悲願をおこして十方の衆生を摂取し給ふ。いかなるわれらか*六字の名号をとなへて*三輩の往生をとげざらん。永劫の修行はこれたれがためぞ、功を未来の衆生にゆづり給ふ。*超世《ちょうせ》の悲願は又なむ（何）の*料ぞ、心ざしを末法のわれらにをくり給ふ。われらもし往生とぐべからずは、ほとけあに（豈）正覚をなり給べしや。われら又往生をとげ*ましや。われらが往生はほとけの正覚により、ほとけの正覚はわれらが往生による。若不生者《にゃくふしょうじゃ》のちかひこれをもてしり（知）、不取正覚のことば*かぎりあるをや〈云々〉。

［第一図］

六字　「南無阿弥陀仏」の六字
三輩　往生する人を行業によって上中下の三段階に分ける
超世の悲願　阿弥陀仏の本願をいう
料　ため、ゆえ、目的
ましや　…だろうか
かぎりある　十劫以前を期限とする

法然上人行状画図　第卅三

かくて南都北嶺の訴詔(訟)次弟にとゞまり、専修《せんじゅ》念仏の興行無為《ぶい》にすぐるところに、翌年*建永元年十二月九日、後鳥羽院熊野山《ごとばのいんくまのさん》の臨幸ありき。そのころ上人《しょうにん》の門徒住《じゅう》蓮《れん》、安楽《あんらく》等のともがら(輩)、東山鹿谷《*ししのたに》にして別時念仏をはじめ、六時礼讃《らいさん》をつとむ。さだまれるふし(節)拍子《ひょうし》なく、をの〳〵(各)哀歎悲喜の音曲をなすさま、めづらしくたうと(尊)かりければ、聴衆《ちょうじゅ》おほくあつまりて、発心《ほっしん》する人もあまたきこえしなかに、御所*の御留守《おん*るす》の女房*出家の事ありける程に、還幸のゝち、あしざま(悪)に讒《ざん》し申《もうす》人やありけん、おほきに逆鱗《*げきりん》ありて、翌年建永二年二月九日、住蓮、安楽を庭上《*ていしょう》にめされて、罪科せらるゝとき、安楽、「見有修行起瞋毒、方便破壊競生怨、如此生盲闡提輩、毀滅頓教永沈淪、超過大地微塵劫、未可得離三途身(修*行すること有るを見ては瞋毒《しんどく》を起こし、方便して破壊《はえ》し競《きお》ひて怨《あた》を生《な》す。かくの如《ごと》きの生盲闡提《しょうもうせんだい》の輩《ともがら》、頓教《とんぎょう》を毀滅《きめつ》して永く沈淪《ちんりん》す。大地微塵劫《だいじみじんごう》を超過すとも、未《いま》だ三途《さんず》の身《しん》を離るることを得《う》べからず)」の文《もん》を誦《じゅ》しけるに、逆鱗いよ〳〵さかりにして、官人《*かんにん》秀能《*ひでよし》におほせ(仰)て、六条川原にして

［住蓮安楽鹿谷にして別時念仏六時礼讃修行の事］

建永元年　一二〇六年

鹿谷　京都市左京区。今は「ししがたに」

御所　天皇や上皇の御座所

留守　主人が外出の時、残り留まって後事を預かるもの

女房　天皇や上皇に仕える女官

逆鱗　君主の怒りをいう

庭上　(御所の)庭先

修行すること云々　法事讃の文

官人　獄執行官人

秀能　藤原秀能、御鳥羽院の北面武士

安楽を死罪におこなはる、時、奉行《ぶぎょう》の官人にいとまをこひ、ひとり日没《にちもつ》の礼讃を行《ぎょう》ずるに、紫雲そらにみちければ、諸人《しょにん》あやしみをなすところに、安楽申けるは、「念仏数《す》百遍の、ち、十念を唱へんをまちてきるべし。合掌みだれずして右にふさ（臥）ば、本意《ほい》をとげぬと知べし」といひて、高声《こうしょう》念仏数百反《ぺん》の、ち、十念みちける時きられけるに、いひ（言）つるにたがはず、合掌みだれずして右にふしにけり。見聞《けんもん》の諸人随喜の涙をながし、念仏に帰する人おほかりけり。

［第一図］

罪悪生死《しょうじ》のたぐひ、愚痴暗鈍のともがら、しかしながら上人の化導《けどう》によりて、ひとへに弥陀の本願をたのむところに、天魔やきをひ（競）けん、安楽死刑にをよび（及）てのちも逆鱗なを（猶）やまずして、かさねて弟子のとが（咎）を師匠におよぼされ、*度縁をめし俗《ぞく》名《みょう》をくだされて、*遠流《おんる》の科《とが》にさだめらる。*藤井元彦《ふじいのもとひこ》。かの宣下《せんげ》の状云《じょうにいわく》、

*太政官符《だいじょうかんふす》　*土左国司《とさのこくし》

流人《るにん》藤井の元彦

*使左衛門《しさえもん》の*府生《ふしょう》清原《きよはら》の武次《たけつぐ》　*従《じゅう》二人

［建永二年二月上人遠流の宣旨下る事］

度縁　僧尼が得度した時、官より交付される証書。僧を流罪に処す場合、度縁を召し上げ還俗させる

遠流　流刑の中で最も遠国（例えば隠岐・土佐）へ配す

藤井元彦　上人に下された俗名（一説に源元彦）

太政官符　太政官からの通達書。宛先が書いて場合の読み方は「符す」

門部《*かどべ》二人　　従各一人

右《みぎ》流人元彦を領送のために、くだん《（件）》らの人をさして《（差）》発遣くだむのごとし。国よろしく承知して例によりてこれをおこなへ。路次《*ろし》の国またよろしく食柒《*しち》具、馬参疋《びき》をたまふべし。符到奉行《ふいたらばぶぎようせよ》。

建永二年二月廿《にじゆう》八日　右大史中原朝臣《なかはらのあそん》〈判〉

左少弁藤原《ふじわらの》朝臣

追捕《ついぶ》の検非違使《けびいし》は宗《*そうの》府生久経《ひさつね》、領送使は左衛門の府生武次なり。上人の勧化《かんげ》をあふ《（仰）》ぐ貴賤《きせん》、往生の素懐をのぞむ道俗、なげきかなしむ事たとへをとるにものなし。

[第二図]

[門弟等なげき申によりて上人御教訓の事]

門弟等なげきあへるなかに、法蓮房《ほんれんぼう》申されけるは、「住蓮、安楽はすでに罪科せられぬ。上人の流罪はたゞ一向専修興行の故《ゆえと》〈云々《うんぬん》〉。しかるに老邁《ろうまい》の御《おん》身、遼遠《りようえん》の海波におもむきましまさば、御《おん》命安全ならじ。我等恩顔を拝し厳旨をうけ給《たまわる》ことあるべからず。又《また》師匠流刑の罪にふしたまはば、のこりとゞまる門弟面目あらむや。かつは勅命なり。一向専修の興行をとゞむべきよしを奏したまひて、内々御化

土左　土佐に同じ
使　領送使（配所へ護送する責任者）のこと
府生　六衛府の下級職員で、雑役に従事する
従　従者
門部　衛門府の下級武官で、宮中諸門の警備や罪人の護送に当たる
路次　途中、道中
食柒具　食糧七人分。柒は「七」の大字
宗　惟宗氏の略称

導あるべくや侍《はべ》らん」と申されけるに、一座の門弟おほくこの義に同《どう》じけるに、上人の給《たま》はく、「流刑さらに*うらみとすべからず。そのゆへ《（故）》は齢《よわい》すでに八旬*にせまりぬ。たとひ師弟おなじみやこに住すとも、娑婆《しゃば》の離別ちかきにあるべし。たとひ山海をへだつとも、浄土の再会なむ《（何）》ぞうたがはん。又いとふといへども、存するは人の身なり。おしむといへども、死するは人のいのちなり。なんぞかならずしもところ《（所）》によらんや。しかのみならず念仏の興行、洛陽《らくよう》にしてとし《（年）》ひさし。辺鄙《へんぴ》におもむきて田夫野人*をすゝめむ事、年来の本意なり。しかれども時いたらずして、素意いまだはたさず。いま事の縁によりて年来の本意をとげん事、すこぶる朝恩*ともいふべし。この法の弘通《ぐずう》は、人はとゞめむとすとも、法さらにとゞまるべからず。諸仏済度《さいど》のちかひふかく、冥衆《みようしゅ》*護持の約ねんごろなり。しかればなんぞ世間の機嫌《きげん》*をはゞかりて、経尺《（釈）》の素意をかくすべきや。たゞしいたむ《（痛）》ところは、源空《げんくう》が興ずる浄土の法門は、濁世《じよくせ》末代の衆生《しゆじよう》の決定《けつじよう》出離の要道なるがゆへに、常随守護の神祇冥道《じんぎみようどう》*さだめて無道の障難をとがめ給はむか。命あらむともがら、因果のむなしからざる事をおもひ《（思）》あは《（合）》すべし。因縁つきずは、なんぞ又今生《こんじよう》の再会なからむや」とぞおほせられける。また一人の弟子に対して、一向専念の義をのべ給に、御弟子西阿《さいあ》

さらに　全然、決して
八旬　八十歳
田夫野人　田舎に住む人
朝恩　朝廷からうける恩恵
冥衆　人の目にみえない諸天善神
機嫌　人がそしり嫌うこと
神祇冥道　天地の神や冥界の神

弥陀仏《みだぶつ》推参して、「かくのごとくの御《おん》義、ゆめ〳〵あるべからず候《そうろう》。をの〳〵（各）御返事を申《もうし》給べからず」と申ければ、上人の給はく、「汝《なんじ》経尺（釈）の文をみずや」と。西阿申さく、「経尺（釈）の文はしかりといへども、世間の機嫌を存ずるばかりなり」と。上人又の給はく、「われたとひ死刑にをこな（行）はるとも、この事いはずはあるべからず」と。至誠《しじょう》のいろもとも（最）切なり。見たてまつる人、みな涙をぞおとしける。

［第三図］

官人*小松谷《こまつだに》の御房にむかひて、いそぎ配所へうつり給べきよしを責《せめ》申ければ、ついにみやこをいで（出）たまふ。月輪殿《つきのわどの》御余波《なごり》をゝし（惜）みて、*法性寺《ほつしようじ》の小御堂《こみどう》に一夜とゞめたてまつられけり。禅定殿下《ぜんじようてんが》は*忠仁公《ちゆうじんこう》十一代の後胤《こういん》、累代*摂録《せつろく》の臣として、*朝家《ちようか》の*憲政、詩歌の*才幹、君これをゆるし、世これをあふ（仰）ぎたてまつる。*栄花重職《えいがちようじよく》の*豪家《ごうか》にあそび給といへども、ひとへに順次《じゆんし》往生の御のぞ（望）みふかゝりけり。御出家の後は、数《す》年上人を*崛《くつ》して出離の要道をたづね、浄土の法門を談じたまふ。上人の頭《ず》光《こう》をまのあたり拝見し給しのちは、一向に*生身《しようじん》の仏のおもひをなし給き。しかるをはか（計）らざるに*勅勘をかぶ（被）りたまふよしをきこ（聞）しめ（召）すより、御なげき*なをざり（等閑）なら

［月輪殿御なごりを惜給ふ事］
小松谷の御房　九条兼実の小松殿にあった上人の房舎
法性寺　京都市東山区にあった寺。藤原忠平の創建。小御堂は西御堂ともいう
忠仁公　藤原良房（八〇四～七二）
摂録　摂政関白の異称。録は「籙」と同義
朝家　朝廷のこと
憲政　立派な政治を行う
才幹　才能がすぐれている
栄花重職　世に時めき栄える重い

ず。去年《さんぬる》建永元年三月七日、*後《のち》の京極殿《きようごくどの》にはか《（俄）》にかくれさせ給き。御としわづかに三十八になり給ける。これにつきて、いよ〳〵今生の事をおぼ《（思）》しめ《（召）》しすて《（捨）》て丶、ひとすぢ《（一筋）》に後生菩提《ごしようぼだい》の御《おん》いとなみなり。上人につねに御対面ありて、生死無常のことはり《（理）》をもきこしめされ、往生浄土の御つとめ功をかさねつ丶、聊《いささか》御《み》心をもなぐさみ給けるに、上人左遷の罪にあたり給ぬる事、いかなる宿業《しゆくごう》にてか丶ることをみき《（見聞）》くらんとて、勅勘をかぶりたまへる上人は御歎《なげき》いとなかりけるに、禅閤《ぜんこう》の御《おん》悲《かなしみ》あさからざりけり。みたてまつる人も心のをき《（置）》どころなき程なり。「この事を申とゞめざる事、いきて世にあるかひなけれども、御勘気のはじめなり、*左右《そう》なく申さんもその恐《おそれ》ふかし。*連々に御気色《みけしき》をうかゞひて、*勅免を申をこなふべし」とぞおほせられける。

［第四図］

職務
豪家　権勢のある家
崛す　招請する。崛は「屈」の誤用
生身の仏　仮にこの世に現れた化身の仏
勅勘　勅命による勘当（譴責）
なをざり　通りいっぺん
後の京極殿　九条兼実の二男、良経（一一六九〜一二〇六）
左右なく　簡単に、無造作に
連々に　引き続き、絶え間なく
勅免　勅命による赦免

法然上人行状絵図　第卅四

　三月十六日に花洛《からく》をいで《出》、夷境《いきょう》におもむき給《たまう》に、信濃《しなのの》国の御家人《ごけにん》角張《かくはり》の成阿弥陀《じょうあみだ》仏《ぶつ》、*力者《りきしゃ》の棟梁《とうりょう》として最後の御ともなりとて御輿《みこし》をかく。おなじさまにしたがひたてまつる僧六十余人なり。をよそ《凡》上人《しょうにん》の一期《いちご》の威儀は、馬車輿《うまくるま》などにのり給はず、*金剛草履《ぞうり》にて歩行し給き。しかれども老邁《ろうまい》のうへ《上》、長途たやすからざるにより て、乗輿《じょうよ》ありけるにこそ。御なごりを、しみ《惜》、前後左右にはしり《走》したがふ人、幾千万といふ事をしらず。貴賤《きせん》のかなしむこゑ《声》ちまたにみち、道俗のしたふなみだ《涙》地をうるをす。かれらをいさめ給けることばには、「*駅路はこれ*大聖《だいしょう》のゆく所なり。漢《かん》家《か》には一行阿闍梨《いちぎょうあじゃり》、日域《じちいき》には役優婆塞《えんのうばそく》。*謫居《たつきょ》は又*権化《ごんげ》のすむ所なり。震旦《しんだん》には*白《はく》楽天《らくてん》、吾朝《わがちょう》には*菅丞相《かんしょうじょう》なり。*在纏出纏《ざいてんしゅってん》みな*火宅なり。*真諦俗諦《しんたいぞくたい》しかしながら水駅なり」とぞおほせ《仰》られける。さて禅定殿下《ぜんじょうてんが》、「土左国《とさの》まではあまりにはるか《遥》なる程なり。わが*知行《ちぎょう》の国なれば」とて、讃岐国《さぬきの》へぞうつしたてまつられける。御なごりやるかたなくおぼしめさ《思召》れけるにや、禅閤《ぜんこう》御消息《しょうそこ》を送られけるに、

［三月十六日上人花洛を出て夷境に趣き給事］
力者　力者法師のこと。僧形で寺院や貴人に仕え、力仕事に従事した
金剛草履　藁や藺で作った大型の丈夫な草履
駅路　街道、旅路
大聖　仏菩薩の尊称。ここでは流罪に処せられた高僧をいう
謫居　流罪地
権化　仏菩薩の化身。ここでは流罪になった文人をいう
白楽天　唐の詩人、名は居易（七七二～八四六）
菅丞相　菅原道真（八四五～九〇三）
在纏出纏　纏は煩悩の異名、迷いと悟りをいう。この句は次の真諦俗諦の句と併せて「迷える者も悟れる者も、出家も俗人も、この世は旅の宿りに過ぎない」という意
火宅　火に燃える家（安住できない）
真諦俗諦　仏教の真理と世間の道理

ふ《（振）》りすて丶ゆ《（行）》くはわか《（別）》れの*はしなれど*ふみわた《（渡）》すべきことをしぞおも《（思）》ふ
と侍《はべり》ければ、上人御返事、
　*露の身はこ丶かしこにてき《（消）》えぬともこ丶ろはおなじ花のうてな《（台）》ぞ

［第一図］

*鳥羽《とば》のみなみの*門《と》より川船にのりてくだ《（下）》りたまふ。

［第二図］

摂津国《せっつの》*経《きょう》の島につき給にけり。かのしまは平相国《へいしょうこく》*安元の宝暦に、一千部の法華《ほけ》経《きょう》を石の面《おもて》に書写して、*漫々たる波の底にしづむ。*鬱々《うつうつ》たる魚鱗《ぎょりん》をすくはむが*ために。村里の男女《なんにょ》老少そのかず《（数多）》おほくあつまりて、上人に結縁《けちえん》したてまつりけり。

［第三図］

*播摩国《はりまの》*高砂《たかさご》の浦につき給に、人おほく結縁しけるなかに、*七旬あまりの老翁《ろうおう》、六十あまりの老女《ろうにょ》、夫婦なりけるが申けるは、「わが身はこの浦の*あま人《（海）びと》なり。おさ

水駅　船の停泊する所、火宅との対比的表現
知行の国　国務執行の権限を与えられた国
はし　「橋」と「端」（始め）の掛け詞
ふみ　「踏み」と「文」の掛け詞
露の身　露のようにはかない身命
［鳥羽より川船にてくだり給ふ事］
鳥羽　京都市伏見区
門　水門（港）
［摂津国経の島につき給ふ事］
経の島　大輪田泊（今の神戸港）に築かれた防波堤。経が島ともいう
安元の宝暦　一一七五～七七年
漫々たる　水流の広いさま
鬱々たる　群がり集まるさま
ために　元禄一三年刊本「ためなり」と訂す
［播磨国高砂の浦につき給ふ事］
播摩　播磨に同じ
高砂の浦　兵庫県加古川市

なくよりすなどり《（漁）》を業《わざ》とし、あしたゆふべ《（朝夕）》に、いろくづ*の命をたちて、世をわたるはかりことゝす。ものゝ命をころすものは、地獄におちてくるしみ《（苦）》たえがたく侍《はべる》なるに、いかゞしてこれをまぬがれ侍るべき。たすけさせ給へ」とて、手をあはせてなき《（泣）》けり。上人あはれみて、汝《なんじ》がごとくなるものも、南無阿弥陀仏ととなふれ《（唱）》ば、仏の悲願に乗じて浄土に往生すべきむね、ねんごろにおしへ給ければ、二人ともに涙にむせびつゝよろこびけり。上人の仰《おおせ》をうけたまはりてのちは、ひるは浦にいでゝ、手にすなどりする事やまざりけれども、口には名号《みょうごう》をとなへ、よるは家にかへりて、二人ともにこゑ《（声）》をあげて終夜《よもすがら》念仏する事、あたりの人もおどろくばかりなりけり。つゐ《（遂）》に臨終正念《しょうねん》にして、往生をとげにけるよし《（由）》つたへきゝ給て、「機*類万品《まんぽん》なれども、念仏すれば往生する現証*なり」とぞおほせられける。

七旬　七十歳
あま人　海で漁業に従事する人
いろくづ　魚
機類万品　衆生の機根には千差万別あること
現証　現実に示された証拠

[第四図]

同国室*《むろ》の泊《とまり》につき給に、小船《おぶね》一艘《そう》ちかづききたる《（来）》、これ遊女がふねなりけり。遊女申さく、「上人の御《おん》船のよしうけたまはりて推参し侍なり。世をわたる道まち〳〵なり、いかなるつみ《（罪）》ありてか、かゝる身となり侍らむ。この罪業《ざいごう》おもき身、い

[同国室の泊につき給ふ事]
室の泊　兵庫県たつの市

かにしてかのち《（後）》の世たすかり候《そうろう》べき」と申ければ、上人あはれみての給はく、「げにもさやうにて世をわたり給らん、罪障まことにかろ《（軽）》からざれば、*酬報またはかり《（計）》がたし。もし*かゝらずして、世をわたり給ぬべきはかりことあらば、すみやかにそのわざ《（業）》をすて給べし。もし余のはかりこともなく、又身命《しんみよう》をかへりみざるほどの道心いまだおこりたまはずは、たゞそのまゝにて、もはら《（専）》念仏すべし。弥陀如来はさやうなる罪人のためにこそ、弘誓《ぐぜい》をもたて《（立）》たまへる事にて侍れ。たゞふかく本願をたのみて、あへて卑下する事なかれ」。本願をたのみて念仏せば、往生うたがひあるまじきよし、ねんごろにをしへ《（教）》給ければ、遊女随喜の涙をながしけり。のちに上人の給けるは、「この遊女信心堅固《けんご》なり。さだめて往生をとぐべし」と。帰洛《きらく》のとき、こゝにてたづね給ければ、「上人の御教訓をうけたまはりてのちは、このあたりちかき山里にすみて、一すぢ《（筋）》に念仏し侍しが、いくほどなくて臨終正念にして往生をとげ侍き」と人申ければ、「*しつらん／＼」とぞおほせられける。

［第五図］

酬報　罪業の報い

かゝらずして　このようなことをせずに

しつらん　（往生）したであろう

法然上人行状画図　第卅五

三月廿《にじゅう》六日、讃岐国《さぬきの》*塩飽《しあく》の地頭《じとう》駿河権守《するがのごんのかみ》高階保遠《たかしなのやすとお》入道西忍《さいにん》が館《たち》につき給《たまい》にけり。西忍去《さんぬる》夜のゆめに、*満月輪《まんがちりん》のひかり*赫奕《かくやく》たる、たもと《（袂）》にやどるとみ《（見）》てあやしみおもひけるに、上人入御《しょうにんじゅぎょ》ありければ、この事なりけりと思ひあはせけり。*薬湯《やくとう》をまうけ《（設）》*美膳をとゝのへ、さま〴〵にもてなしたてまつる。上人念仏往生の道こまかにさづけ給けり。なかにも*不軽大士《ふきょうだいじ》の、*杖木瓦石《じょうもくがしゃく》をしのびて*四衆《ししゅ》の縁をむすび給しがごとく、「いかなるはかり事をめぐらしても、人をすゝめて念仏せしめたまへ。あへて人のためには侍《はべら》ぬぞ」と、かへ《（返）》す〴〵*附属し給ければ、ふかくおほせ《（仰）》のむねをまもるべきよしをぞ申ける。そのゝちは*自行化他《じぎょうけた》、念仏のほか他事なかりけり。

［第一図］

讃岐国*子松庄《こまつのしょう》におちつき給にけり。当庄の内*生福寺《しょうふくじ》といふ寺に住して、無常の

［讃岐国塩飽の地頭が館に着給事］
塩飽　香川県丸亀市
満月輪　満月に同じ
赫奕たる　光り輝くさま
薬湯　疲れを癒すために薬剤を入れた湯
美膳　味のよい料理
不軽大士　常不軽菩薩
杖木瓦石　杖で打ち瓦石を投げて迫害する
四衆　四種（比丘・比丘尼・優婆塞・優婆夷）の仏弟子
附属　教えを伝授する
自行化他　自ら修行し、他人を教え導く

［讃岐国子松庄生福寺に住し給ふ事］

ことはり《(理)》をとき、念仏の行をすゝめ給ければ、当国近国の男女《なんによ》貴賤《きせん》、化導《けどう》にしたがふもの市のごとし。惑《*あるい》は邪見放逸の事業《*じごう》をあらため、或《あるい》は自力難行《なんぎょう》の執情《*しゅうじょう》をすてゝ、念仏に帰し往生をとぐるものおほ《(多)》かりけり。辺土の利益《りやく》をおもへば、朝恩なりとよろこび給けるも、まことにことはりにぞおぼえ侍る。かの寺の本尊、もとは阿弥陀の一尊にておはし《(御座)》ましけるを、在国のあひだ脇士《*きょうじ》をつくりくは《(加)》へられけるうち、勢至《せいし》をば上人みづからつくり給て、「法然本地身、大勢至菩薩、為度衆生故、顕置此道場、我毎日影向、擁護帰依衆、必引導極楽、若我此願念、不令成就者、永不取正覚（法然本地《ほうねんほんじ》の身《しん》は、大勢至菩薩なり。衆生《しゅじょう》を度せんが為《ため》の故に、この道場に顕はし置く。我《われ》毎日影向《ようごう》して、帰依の衆を擁護《おうご》し、必ず極楽に引導せん。若《も》し我この願念を成就《じょうじゅ》せしめずんば、永く正覚《しょうがく》を取らじ）」とぞかきをか《(置)》れける。勢至の化身として、みづからその体《たい》をあらはしなのり《(名乗)》申されける、まことにいみじくたうと《(尊)》き事にてぞ侍ける。

［第二図］

上人左遷ののち、月輪《つきのわ》の禅閤《ぜんこう》、朝暮の御なげきあさからず、日来《ひごろ》の御不食《*ふしょく》いよ〳〵おも《(重)》らせ給て、*大漸の期《ご》ちかづかせ給ふ。藤中納言《とうのちゅうなごん》光親卿《*みつちかきょう》をめして仰《おおせ》をか《(置)》

子松庄　香川県仲多度郡琴平町・まんのう町。「小松」とも書く
生福寺　弘法大師の建立と伝える。寛文八年（一六六八）高松に移し、法然寺と改称
惑　「或」の誤字
事業　行為、働き
執情　固く執着する思い
脇士　主尊の左右に仕える菩薩

［月輪殿御往生幷光親卿に御遺言の事］
不食　食物を食べないこと
大漸　重篤になる

れけるは、「法然上人年来帰依のいたり、さだめて存知あるらん。今度《こたび》の勅勘を申《もうし》ゆるさずして、謫所《たくしょ》へうつられぬる事、いきて世にある甲斐《かい》なきに似たり。しかれども厳旨ゆるからず、左右《そう》なく申さむ事おそれおぼゆるゆへ（故）に、後日を期してすぐるところに、すでに終焉《しゅうえん》にのぞめり。今生《こんじょう》のうらみこの事にあり。我他界におもむくといふとも、連々に御気色《みけしき》をうかゞひて、恩免を申をこなは（行）るべし」と、かきくどき（口説）仰られければ、光親卿、仰のむね更に*如在《じょさい》を存《ぞんず》べからざるよし申て、涙をながされけり。同四月五日、御臨終正念《しょうねん》にして、念仏数《す》十遍、禅定《ぜんじょう》にいるがごとくして往生をとげさせ給ぬ。御とし*五十八なり。上人左遷のゝち、いく程なくてこの御《おん》事きこへけり。御《おん》あはれをしは（推）かるべし。後《のち》の京極殿《きょうごくどの》はさきだ（先立）ゝせ給ぬ。その御子*東山の禅閤、*家督にて御あとをうけつがせ給き。月輪殿御帰依の*余慶をうけ、おなじく上人の勧化《かんげ》を御信仰ありけり。ことに六方恒沙《ごうじゃ》の諸仏の証誠《しょうじょう》をたうとみて、阿弥陀経十万巻*摺写《しょうしゃ》の大願をおこし、*かた木（形）を*異朝にひらかせられて、摺写の弘通《ぐずう》をひろくせらる。かの経おほく吾朝《わがちょう》に流布せり。発願《ほつがん》の志趣、経の奥にのせらる。かの状云《じょうにいわく》、「十万の写功によりて*万徳《まんどく》の尊容を礼《らい》し、弥陀の説法をきゝて*普賢《ふげん》の願海にいり、*随類の形を化現《けげん》して*旧土《くど》の徒《ともがら》を慈愍《じみん》し、あまねく*長夜《じょうや》のね

光親卿　藤原光親（一一七六～一二二一）後鳥羽院の寵臣
如在　手落ち、手ぬかり
五十八　五十九が正しい
東山の禅閤　九条道家（一一九三～一二五二）
家督　一族の長。摂関家は氏の長者という
余慶　先祖の善行が子孫に及ぼす慶事
摺写　版木で印刷する
かた木　文字や絵を彫った板、版木
異朝　外国。ここでは中国を指す
万徳の尊容　弥陀の尊いお姿
普賢の願海にいる　普賢菩薩のような広い誓願を立てる
随類の形を化現　衆生の機根に応じた姿を現す
旧土　娑婆世界の故郷
長夜　生死流転の迷いの譬え

ぶり《(眠)》をおどろかして、ひとしく*覚悟の暁にいたらしめむ。*衆生無始の身、*宴坐《えんざ》たゞ*眼《まなこ》にあり。*塵点劫数《じんてんごうしゅ》の業《ごう》、こゝろをしづむるに*念をいで《(出)》ず。哀哉《かなしきかな》この筆舌、はじめてこの言語《ごんご》をかたらむ事。ねがはくは*紫金《しこん》の毫光《ごうこう》、*白骨の微劫《びこう》をてらし給へとなり。于時《ときに》*文暦《ぶんりやく》第二歳乙未《きのとひつじ》*仲春第二日　従一位藤原朝臣道家《ふじわらのあそんみちいえ》敬白《けいひやく》」〈云々《うんぬん》〉。発願のむね*自他をかね、異朝にをよぼ《(及)》して、その願をはたされける御こゝろざし、まことにたうとくも侍かな。

［第三図］

［津戸三郎為守に御返状の事］

上人流刑のよし遠近にきこえしかば、津戸三郎為守《つのとのさぶろうためもり》ふかくこれをなげきて、遼《りよう》遠《えん》のさかひ《(境)》なりといへども、武蔵《むさしの》国より讃岐国へ書状を進ずるとき、上人の御返事《へんじに》云、「七月十四日の御消息《しょうそこ》、八月廿一日に見候《みそうらい》ぬ。はるかのさかひに、かやうに仰られて候御こゝろざし、申つくすべからず候。まことにしかるべき事にてかやうに候。とかく申ばかりなく候。但《ただし》今生の事は、これにつけても、われも人もおもひ《(思)》し《(知)》るべき事に候。いとひてもいとはむと思食《おぼしめす》べく候。けふあす《(今日明日)》ともしり候はぬ身に、かゝるめ《(目)》を見候。*心うき《(憂)》事にて候へども、さればこそ穢土《えど》のならひ《(習)》にては候へ。

覚悟　真実の理を悟ること
無始の身　遠い過去から罪業を背負う身
宴坐　静かに座して観ずる
眼にあり　眼前に浮かぶ
塵点劫数　長大な時間
念　極めて短い時間、刹那
紫金の毫光　弥陀の白毫から放つ光
白骨の微劫　死後の僅かな功績。劫は「功」の誤字
文暦第二歳　一二三五年
仲春　二月
自他　自利と利他

心うし　つらい、情けない

たゞとく〳〵《(疾)》往生をせばやとこそ思《おもい》候へ。たれもこれを遺恨の事などはゆめにも思食べからず候。しかるべき身の*宿報と申《もうし》、又穢悪《えあく》充満の*さかひ、これにはじめ《(始)》ぬ事にて候へば、なに事につけても、たゞいそぎ〳〵往生をしてむと思べきことに候」〈云々〉。御《おん》ふみのおもむき、よ《(世)》にあはれにぞおぼえ侍る。

[第四図]

直聖房《じきしようぼう》といふ僧ありき。上人の弟子となりて一向専念の行を修《しゅ》す。あるとき熊《くま》野山《のさん》へまいりたりけるに、上人の配流《はいる》せられ給よしをきゝて、いそぎ下向せむとしけるに、にはか《(俄)》に重病をうけて下向かなはざりければ、ねんごろに*権現《ごんげん》にいのり申けるに、かの僧のゆめに、「臨終すでにちかづけり、下向しかるべからず」としめし給ければ、「法然上人の御事あまりに*おぼつか《(覚束)》なく候へば、はやく下向してうけたまはりたく候」と申ければ、「かの上人は勢至菩薩の化現なり、不審すべからず」と、かさねてしめしおほせ《(仰)》らるとみて夢さめぬ。其《その》後いくほどをへずして、臨終正念にして往生をとげにけり。

宿報　前世で行った善悪の行為の報い

さかひ　境界、境遇

[熊野権現上人の御本地を直聖房に告給事]

権現　熊野三社の祭神、熊野権現のこと

おぼつかなし　気がかり、心配だ

［第五図］

上人在国のあひだ、国中霊験《れいげん》の地巡礼し給ふなかに、*善通寺《ぜんつうじ》といふてら《（寺）》は、弘法《こうぼう》大師父のためにたて《（建）》られたるてらなりけり。この寺の*記文《きもん》に、「ひとたびもまうで《（詣）》なん人は、かならず*一仏浄土のとも《（友）》たるべし」とあり。「このたびのおもひ《（思）》いで《（出）》この事なり」とぞよろこび仰られける。

［第六図］

［上人国中の霊地を御巡礼の事］
善通寺　香川県善通寺市にある真言宗の寺
記文　由緒や沿革等を記した文
一仏浄土　阿弥陀仏の極楽浄土

月輪殿《つきのわどの》のおほせ《（仰）》をかる《（置）》ゝ趣をもて、光親卿《みつちかきょう》たび〳〵申入《もうしいれ》らるといへども、叡慮《えいりょ》なを《（猶）》心よからず。しかるに上皇御夢想の御《おん》事ありけるうへ《（上）》、*中山の相国《しょうこく》〈頼実公《よりざね》〉*厳親の善知識《ぜんじしき》たりし因縁をわすれず、上人《しょうにん》流刑の事をなげきたまひて、念仏興行の事、さだめて仏意《ぶっち》にそむかざらむか、門弟のあやまりをもちて、とが《（咎）》を師範にを《（及）》よぼされ、罪科せらるゝ事、*冥鑑《みょうかん》はかりがたきよし、しきりにいさめ申給《たまい》ければ、をりし《（折）》も*最勝四天王院《さいしょうしてんのういん》供養に大赦をゝこなは《（行）》れけるに、その御沙汰《さた》ありて、*同年〈十月廿《にじゅう》五日改元、承元《じょうげん》々年也《なり》〉十二月八日勅免の宣旨《せんじ》をくだされけり。かの状云《じょうにいわく》、

太政官符《だいじょうかんふす》　土左国司《とさのこくし》

流人藤井元彦《るにんふじいのもとひこ》

右正三位《みぎしょうさんみ》行権中納言《ぎょうごんちゅうなごん》兼右衛門督《うえもんのかみ》*藤原朝臣隆衡《ふじわらのあそんたかひら》宣《せんす》、奉　勅《ちょくをうけたまわるに》、件《くだん》の人は二月廿八日事につみして、かの国に配流《はいるす》。しかるをおもふ《（思）》ところあるによりて、ことにめしかへさしむ。但《ただし》よろしく*畿《き》のほか《（外）》に居住して、洛中《らくちゅう》に往還する事なかるべし者《ていれば》、

[建永二年十二月遠流勅免の宣旨下る事]

中山の相国　太政大臣藤原頼実

厳親　父親、大炊御門左大臣の藤原経宗をいう

冥鑑　冥界から神仏がご覧になること

最勝四天王院　白河殿新御堂ともいう。承元元年十一月二十九日に供養

同年　建永二年（一二〇七）

藤原隆衡　（一一七二〜一二五四）

畿のほか　元禄一三年刊本「畿の内」と読む。畿は令制の五畿内ではなく、山城一国を指すか

国よろしく承知して、宣によりてこれをおこなへ。符到奉行《ふいたらばぶぎようせよ》。
承元々年十二月八日　左大史小槻宿禰《おづきのすくね》
権右中弁藤原朝臣

勅免のよし都鄙《とひ》にきこへしかば、京都の門弟は再会をよろこび、辺鄙《へんぴ》の土民*は余波《なごり》ををし《(惜)》む。よろこびとなげきと、あひなかば《(相半)》にぞ侍《はべ》りける。

[第一図]

上人勅免にあづかり給て、国*をいで《(出)》ゝのぼり給ふに、摂津国《せつつの》梆部《こうべ》*といふ所に、しばし逗留《とうりゆう》したまふ。老少男女《なんによ》をすゝめて、念仏門にいれ給《たまう》事かずをしらざりけり。

[第二図]

恩免ありといへども、なを洛中の往還をゆるされざりしかば、摂津国勝尾寺《かちおでら》にしばらくすみたまふ。このてらは善仲善算《ぜんちゆうぜんさん》*の古跡、勝如《しようによ》*上人往生の地なり。上人西*の谷に草菴《そうあん》をむすびてすみ給けり。をりふし《(折節)》恒例の引声《いんぜい》*の念仏ありけるに、僧衆《そうしゆ》の法服破壊《はえ》してみぐる《(見苦)》しかりければ、弟子法蓮房《ほうれんぼう》をもて京都の檀那《だんな》*におほせられて、

土民　その土地の住民

[摂津国梆部にてしばし御勧化の事]
国　讃岐国
梆部　今の神戸市

[同国勝尾寺に暫く止り給事]
善仲善算　奈良時代の双子の僧、現身往生したと伝える
勝如　平安前期の勝尾寺僧、念仏往生を遂げたという
西の谷　二階堂と称する所
引声の念仏　緩やかな旋律で唱え

*装束《しょうぞく》十五具調じて施入せらる。寺僧よろこびて臨時に七日の念仏を勤行《ごんぎょう》しけり。かの菴室《あんじつ》いまにあり。その室にいれば、おのづから異香《いきょう》をかぐことなども侍とて、あゆみをはこぶ人おほくぞ侍るなる。

[第三図]

当寺に一切経ましまさゞるよし《(由)》をきゝ給て、上人所持の一切経論一蔵《*いちぞう》を施入し給ければ、住侶《じゅうりょ》随喜悦予《*えつよ》して、老若《ろうにゃく》七十余人、はなをちらし香をたき、幡《はた》をさゝげ蓋《かき》をさしてむか《(迎)》へたてまつる。この経論開題供養*のために、聖覚《せいかく》法印を招請《まねきしょう》ぜられければ、貴命をうけ再会をよろこびて、唱導をつとめられけり。かの表白《*ひょうびゃくに》云、「夫《それ》八万の法蔵*は八万の衆類《*しゅるい》をみちびき、一実*真如《しんにょ》は一向専称をあらはす。かの大《だい》聖《しょう》世尊の自説して南無仏と唱へたまひし、その名をあらはさゞれども、意《こころ》は弥陀の名号《みょうごう》なり。又上宮太子《*じょうぐう》の誕生して南無仏と唱《となえ》たまひし、その体《たい》をきざさ《(兆)》ゞれども、こゝろざしは極楽の教主なり。しかるに慈覚《じかく》大師の念仏伝灯*は、経文《きょうもん》をひ《(引)》きて、宝池の波に和すれども、劣機*の行《ぎょう》にあたはず。諸師所立《しょりゅう》の念仏三昧《ざんまい》は、仏境*を縁じて心地《しんじ》の塵《ちり》をはらへども、下根*のつとめにあたはず。恵心僧都《えしんそうず》の要集*には、

る念仏
檀那　梵語の音写、布施をする人、施主
装束十五具　(僧の)服装十五人分

[上人所持の一切経を勝尾寺に施入し給ふ事]
一蔵　ひと揃え、全五〇四八巻
悦予　喜び楽しむ
開題供養　(経論を)経蔵などに納める儀式
表白　法会の趣旨を仏や会衆に述べること
法蔵　釈尊の説いた教え
衆類　多くの生き物
一実真如　唯一絶対の真実の理法
上宮太子　聖徳太子のこと
念仏伝灯　引声念仏や例時の引声阿弥陀経
劣機・下根　機根の劣った者
仏境を縁ず　仏の境地を認識の対象として捉える
要集　往生要集の略

*三道をつくりて一心のものはまよひぬべし。永観《ようかん》律師の*十因《じゆういん》には、十門をひらきて、*一篇《ぺん》にはつ《（着）》かず。*空也《くうや》上人の高声《こうしよう》念仏は、*聞名《もんみよう》の益《やく》をあまねくすれども、名号の徳をあらはさず。良忍《りようにん》上人の融通《ゆずう》念仏は、神祇冥道《じんぎみようどう》をすゝむれども、凡夫のゝ《（望）》ぞみは*うとし《（疎）》。爰我《ここにわが》大師*法主《ほつす》上人、行年《ぎようねん》四十三より念仏門にいりてあまねくすゝめ、易行道《いぎようどう》をしめしてひろくおしへたまふに、天子のいつくしき《（厳）》玉の冠《こうぶり》を西にかたぶけ、月卿《げつけい》のかしこき*金《こがね》の笏《しやく》を東にたゞしくす。皇后のこび《（媚）》たる*韋提夫人《いだいぶにん》のあとをゝ《（追）》ひ、*傾城《けいせい》の*ことんなき*五百士《（侍）》女のよそをひ《（装）》をまなぶ。しかるあひだ、とめるはおごり《（奢）》てもてあそび、まづしきはなげき《（嘆）》てとも《（友）》とす。農夫がすきをふむ、念仏をもて田うたとし、織女がいとをひく、念仏をもてたてぬき《（経緯）》とす。鈴をならす駅路には、念仏をとなへて鳥をとり、ふなばた《（舷）》をたゝく海上には、念仏をとなへて魚《いお》をつる。雪月花《せつげつか》をみる人は、*西楼《せいろう》に目をかけ、琴詩酒《きんししゆ》をもてあそぶともがら《（輩）》は、西*の枝の梨子《なし》をゝる《（折）》。これみな弥陀をあがめざるをば*瑕瑾《かきん》とし、珠数《じゆず》をくらざるをば恥辱とす。こゝをもて*花族《かしよく》英才なりといへども、念仏せざるをばおとしめ《（貶）》、*乞匃《こつがい》非人なりといへども、念仏するをばもてなす。故《かるがゆえ》に八功徳水《くどくすい》の波のうへには、念仏のはちす《（蓮）》池にみち、三尊来迎《らいこう》の掌《たなごころ》のうちには、*紫台をさし《（差）》をく《（置）》ひまなし。しかれば

三道　諸行と観念と称名の三種の修行をいう
十因　往生拾因の略称。十は「拾」と同義
一篇につく　一つの篇目（一因）に決める
空也　平安中期の民間浄土教の僧（九〇三～七二）
聞名の益　阿弥陀仏の名号を聞いて得る利益
うとし　関係が薄い、縁遠い
法主　法会の主催者
金の笏を東にただしくす　笏をきちんと東面させる（西向きに立つ）。金は美称
韋提　韋提希の略。古代インドのマダカ国王の妃。釈尊は同妃のために観経を説いた
傾城　美女。ここでは女官をいう
ことんなき　「殊なき」の音便。ことのほか、格別に
五百士女　韋提希に五百人の侍女がいた。士は「侍」の誤り
西楼に目をかけ・西の枝の梨子ををる　ともに西方極楽を慕い、思いをかける意
瑕瑾　恥、恥辱

我等《われら》が念仏せざるは、かの池の荒廢《(廃)》なり。我等が欣求《ごんぐ》せざるは、その国の衰弊なり。国のにぎはひ仏のたのしみ、念仏をもてもと《(本)》ゝし、人のねがひわが《(我)》のぞみ、念仏をもてさき《(先)》とす。仍《よりて》*当座の愚味《ぐまい》、*公請《くじょう》につかへてかへる夜は、念仏をとなへて枕とし、私宅をいでゝわしる《(走)》日は、極楽を念じて車をはす《(馳)》。これ上人の教誡《きょうかい》なり。過去の宿善にあらずや」とて、鼻をかみ声をむせび、舌をまきてとゞこほるあひだ、法主なみだをながし、聴衆《ちょうじゅ》そでをしぼらずといふことなし。

［第四図］

勝尾寺の隠居もすでに四箇年になりぬ。花洛《からく》の往還なをゆるされざりしに、*建暦《けんりゃく》元年夏のころ、上皇*八幡宮に御幸ありしとき、一人の*倡妓《しょうぎ》*讃《さんして》云、「*星災に親疎なし、只《ただ》善人にくみす。王者の徳失によりて、国土の治乱あり。われ南海の辺邑《へんゆう》に訪《とぶらう》べき事ありて、日々に往反《おうばん》す。苦哉々々《くるしきかな》。近代君くらく臣まがりて、政《まつりごと》にごり人うれふ。*王城の鎮守、*百王の宗廟《そうびょう》、連々に評定《ひょうじょう》の事あり。天下逆乱《げきらん》し、*率土《そつと》荒廢《(廃)》せん。さだめて後悔あらむ歟《か》」と。還御《かんぎょ》の後、近臣等奏申《そうして》さく、「倡妓が詫《(託)》宣たゞ事にあらざらんか。おほよそ《(凡)》夭《よう》は徳にかたず、仁よく邪を却《しりぞ》く。国土をおさむ

花族　摂家に次ぐ家柄の貴族
乞匃非人　物乞いや卑賤視された人
紫台　紫金の蓮台
当座の愚昧　この座の拙僧
公請　僧が朝廷から法会等に招請されること

［上人帰洛の宣旨下る事］
建暦元年　一二一一年
八幡宮　京都府八幡市にある岩清水八幡宮
倡妓　巫女
讃　口走る
星災　天の災い
王城の鎮守　都を守る神々
百王の宗廟　帝王の祖先神
率土　国土のはてまで

るはかりこと（謀）、徳政にはしかず。*天蘗《ようげつ》をしりぞくる術、仏法に帰するにあり。専修《せんじゅ》念仏*停癈《ちょうはい》、法然房《ほうねんぼう》配流、尤《もとも》*宥御計《ゆうぎょのはからい》あるべきをや」と。勅答あきらかならざるに、同年七月のころ、上皇御夢想の御《おん》事まし〳〵き。蓮花王院《れんげおういん》に御参ありけるに、衲衣《のうえ》を着せる高僧ちかづき参じて奏云、「法然房は故法皇ならびに高倉《たかくら》の先帝《せんだい》の円戒の御師範也。徳*賢聖《けんじょう》にひとしく、益《やく》当今にあまねし。君《きみ》大聖の権化《ごんげ》をもて還俗《げんぞく》配流の罪に処す。咎《とが》五逆におなじ、苦報おそれざらむや」と。この事おどろきおぼ（思）しめ（召）されて、藤《とうの》中納言光親《みっちか》卿にひそかに御夢想の次第を仰《おおせ》下さる。彼《かの》卿おりをえて、はやくこの上人の花洛の往還をゆるさるべきむね、頻《しきり》に奏申《そうし》ければ、同十一月十七日、彼卿の奉行《ぶぎょう》として、花洛に還帰あるべきよし、*烏頭変毛《うとうへんもう》の宣下《せんげ》をかう（被）ぶり給ぬ。則《すなわち》同廿日《はつか》、上人帰洛《きらく》し給ければ、一山徳をしたひ、満寺なごりをおしみて、*万仞《ばんじん》の霞《かすみ》よりいでゝ、*九重《きゅうちょう》の雲にぞをくり（送）たてまつりける。

其《その》後いくばくの歳月をへず、わづかに十箇年の間に、*承久《じょうきゅう》の逆乱おこりて天下のみだれにをよ（及）びし、倡妓が託宣いま思《おもい》あはせられ侍り。又上人の左遷の時、門弟等歎《なげき》かなしみければ、「源空《げんくう》が興ずる浄土の法門は、濁世《じょくせ》末代の出要なり。釈尊に*特留此経《どくるしきょう》のちかひふかく、諸仏に摂受《しょうじゅ》護念のちから（力）おほきにましませば、この法

天蘗　災い
停癈　停止。癈は「廃」と同義
宥御　罪をお許しになる
賢聖　賢人と聖人
烏頭変毛　配所から帰ること
万仞　非常に深い
九重　王城、宮都
承久　承久三年（一二二一）
特留此経　無量寿経で釈尊が弥勒に、三宝滅尽の後も「ひとりこの

の弘通《ぐずう》は、人はとゞめむとすとも、法さらにとゞまるべからず。但《ただし》いたむところは、念仏守護の神祇冥道、さだめて無道の障難をとがめ給はんか。のちにかならずおもひ《（思）》あはすべし」との給ける事、かの託宣にたがはず、まことに不思議にぞ覚《おぼえ》侍る。

経を留めて、止住すること百歳ならん」と語られた

［第五図］

慈鎮和尚《じちんかしよう》の御沙汰として、大谷の禅房に居住せしめたまふ。むかし尺《（釈）》尊*上天の雲よりくだり給しかば、人天《にんてん》*大会《だいえ》まづ拝見《はいけんし》たてまつらむ事をあらそひき。いま上人南海の波をさかのぼり給へば、道俗男女さきに供養をのべん事をいとなむ。群参のともがら、その夜のうちに一千余人ときこえき。幽閑の地をしめ給といへども、日々参詣《さんけい》の人連綿としてたへざりけり。

「建暦元年霜月廿日上人大谷の禅房に帰住の事」
上天　天上界
大会　多くの者が集会する

［第六図］

法然上人行状絵図　第卅七

*建暦《けんりゃく》二年正月二日より、上人《しょうにん》日来《ひごろ》*不食の所労*増気し給《たま》へり。すべてこの三四年よりこのかたは耳目矇昧《もうまい》にして、色をみ声をき、給《たまう》事、ともに分明《ふんみょう》ならず。しかるをいま大漸の期《ご》ちかづきて、*二根明利《みょうり》なる事むかしにたがはず。みる人随喜し不思議のおもひをなす。二日以後は更に*余言《よごん》をまじへず、ひとへに往生の事を談じ、高声《こうしょう》の念仏たへずして、睡眠《すいめん》の時にも舌口と*こしなへにうごく。同三日、ある弟子、「今度《こたび》御往生は決定歟《けつじょうか》」とたづね申《もうす》に、「われもと極楽にありし身なれば、さだめてかへりゆくべし」とのたまふ。又法蓮房《ほうれんぼう》申さく、「古来の先徳みなその遺跡《ゆいせき》あり。しかるにいま*精舎《しょうじゃ》一宇も建立《こんりゅう》なし。御入滅の後いづくをもてか御遺跡とすべきや」と。上人答《こたえ》給はく、「あとを*一廟《いちびょう》にしむ（占）れば、遺法《ゆいほう》あまねからず。予が遺跡は諸州に遍満すべし。ゆへいか（如何）むとなれば、念仏の興行は愚老一期《いちご》の勧化《かんげ》なり。されば念仏を修《しゅ》せんところは、貴賤《きせん》を論ぜず、海人漁人《かいじんぎょじん》が*とまや（苫屋）までも、みなこれ予が遺跡なるべし」とぞおほせ（仰）られける。

［建暦二年正月二日より上人御所労の事］

建暦二年　一二一二年
不食の所労　物が食べられない病気
増気　病勢が進む
二根　視覚と聴覚
余言　他の言葉
とこしなへ　常に変わることなく
精舎　寺院の異名
一廟　廟は霊を祭る建物。ここでは一箇所の堂塔の意
苫屋　苫葺きの粗末な小屋

[第一図]

十一日の辰時《*たつのとき》に、上人をき《(起)》居《い》給て高声念仏し給。きく人みな涙をながす。弟子等《ら》につげてのたまはく、「高声に念仏すべし。弥陀仏のきたり給へるなり。このみ《(御》な《名)》をとなふれば、一人としても往生せずといふ事なし」とて、念仏の功徳《くどく》をほめ給事、あたかもむかしのごとし。「観音勢至《せいし》菩薩、聖衆《*しようじゆ》現じてまします。おがみたてまつるや」との給へば、弟子等「おがみたてまつらず」と申。これをきゝ給て、「いよ〳〵念仏すべし」とすゝめ給。

[第二図]

同日の巳時《*みの》に、弟子等三尺の弥陀の像をむかへたてまつりて、病床のみぎ《(右)》にたて《(立)》たてまつりて、「この仏おがみましますや」と申に、上人ゆびにてそら《(空)》をさして、「このほとけのほか《(外)》にまた仏まします。おがむやいなや」とおほせられて、すなはちかたりての給はく、「おほよそ《(凡)》この十余年よりこのかた、念仏功つもりて、極楽の荘厳《しようごん》をよび《(及)》仏菩薩の真身《*しんじん》をおがみたてまつる事つねの事なり。しかれどもとし《(年)》

[十一日に仏菩薩の来現をおがみ給ふ事]

辰時　午前八時頃

聖衆　その他もろもろの菩薩

[同日年来三昧発得し給ふ御物語の事]

巳時　午前十時頃

真身　真のお姿

ごろ《（頃）》は秘していはず。いま最後にのぞめり。かるがゆへ《（故）》にしめすところなり」と。また弟子等仏の御手《み》に五色《*ごしき》のいとをつけて、「とりましませ」とすゝめ申せば、上人の給はく、「かやうの事はこれつね《（常）》の人の儀式なり。わが身にをきて《（於）》は、いまだかならず《（必）》しもしから《（然）》ず」とて、ついにとり給はず。

［第三図］

廿日《はつか》の巳時に、坊のうへ《（上）》に紫雲そびく*。なかに円形《えんぎょう》の雲あり。その色五色にして、図絵《ずえ》の仏の円光*のごとし。路次往反《ろしおうばん》の人、処々にしてこれをみる。弟子等申さく、「このうへに紫雲あり、御往生のちかづき給へるか」と。上人の給はく、「あは*れなるかなや。わが往生は一切衆生《しゅじょう》のためなり。念仏の信をとらしめむがために、瑞相《ずいそう》現ずるなり」と。又おなじき日の未《*ひつじ》の時にいたりて、空を見あげて、目しばらくもまじろ《*（瞬）》きたまはざる事、五六反《ぺん》ばかりなり。看病の人々あやしみて、「仏の来《き》給へるか」とたづね申せば、「然《しか》なり」とこたえ給。又廿四日《にじゅう》の午《*うまの》時に、紫雲おほきにたなびく。西山の水《*みず》の尾《お》の峰にすみやく《（炭焼）》ともがら《（輩）》十余人、これをみて来《きたり》てつげ《（告）》申。広隆寺《*こうりゅうじ》より下向《*げこう》しける禅尼《ぜんに》も、途中にしてこれをみて、たづねきたりてこのよ

五色　青・黄・赤・白・黒
［廿日に紫雲坊の上にたなびく事］
そびく　たなびく、空に広がる
円光　仏菩薩の頭や体から出る円形の光
あはれなる　ありがたい、尊いことだ
未の時　午後二時頃
まじろく　まばたきをする
午時　午前十二時頃
水の尾の峰　京都市右京区、愛宕山西麓
広隆寺　京都市右京区にある真言宗の寺

しを申す。見聞《けんもん》の諸人《しょにん》随喜せずといふ事なし。

［第四図］

廿三日よりは、上人の御念仏あるひは*半時《はんとき》、あるひは*一時《いっとき》、高声念仏不退なり。廿四日の*酉剋《とりのこく》より廿五日の巳時にいたるまでは、高声*体《たい》をせめて*無間《むけん》なり。弟子五六人かはる〴〵*助音《じょいん》するに、助音は*窮崛《（屈）》すといへども、老邁《ろうまい》病悩の身をこたり《（怠）》給はず。未曾有《みぞう》の事なり。群集《くんじゅ》の道俗感涙をもよを《（催）》さずといふ事なし。廿五日の午剋よりは、念仏の御こゑ《（声）》やうやくかすかにして、高声はとき〴〵まじはる。まさしく臨終にのぞみ給とき、慈覚《じかく》大師の九条の袈裟《けさ》をかけ、*頭北面西《ずほくめんさい》にして、「光明遍照十方世界、念仏衆生摂取不捨（光明は遍《あまね》く十方の世界を照らして、念仏の衆生を摂取して捨てたまはず）」の文をとなへて、ねぶ《（眠）》るがごとくして息たへたまひぬ。音声《おんじょう》とゞまりてのち、な《（猶）》を唇舌《しんぜつ》をうごかし給事、十余反《へん》ばかりなり。*面色《めんしょく》ことにあざやかに、*形容ゑ《（笑）》めるに似たり。建暦二年正月廿五日*午の正中《しょうちゅう》なり。春秋八十にみち給。釈尊の入滅におなじ。*寿算のひとしきのみにあらず、支干《しかん》又ともに壬申《みずのえさる》なり。豈奇《あにき》特《どく》にあらずや。*恵灯《えとう》すでにきへ、*仏日また没《もつ》しぬ。貴賤の哀腸《（傷）》する事、*考妣《こうひ》を*喪す

下向　参拝して帰ること

［廿五日午の正中上人御往生の事］

半時・一時　今の一時間・二時間

酉剋　午後六時頃

体をせむ　体を苦しめるように

無間　絶え間がない

助音　念仏や読経に唱和する

窮屈　疲れる、疲労する

頭北面西　釈尊入滅の姿。頭を北にし、顔を西に向けて伏す

面色　顔色

形容　容貌

午の正中　正午

寿算　年齢の数

恵灯　知恵の灯火

仏日　仏の光

考妣　亡き父母

るがごとし。

［第五図］

武蔵国《むさしの》の御家人《ごけにん》桑原左衛門《くわばらさえもん》入道〈不知実名《じつみょうをしらず》〉と申けるもの、上人の化導《けどう》をつたへきゝて、吉水《よしみず》の御房へたづねまいりて、念仏往生の道を、し《(教)》へられたてまつりてのちは、但信称名《たんしんしょうみょう》の行者《ぎょうじゃ》となりにければ、帰国のおもひをやめ、*祇園《ぎおん》の西の大門の*北のつらに居をしめて、つねに上人の禅室に参じて不審を決し、念仏をこたりなかりけるが、無始よりこのかた*常没《じょうもつ》流転して、出離その期をしらぬ身の、忽《たちまち》に他力に乗じて往生をとげ、ながく生死《しょうじ》のきづなをきらむ事、ひとへにこれ上人御教誡《きょうかい》のゆへなりとて、報恩のために*真影をうつしとゞめたてまつりけり。そのこゝろざしを感じて、上人みづからこれを開眼《かいげん》したまふ。上人御往生の後は、ひとへに*生《しょう》身《じん》のおもひをなして、朝夕に帰依渇仰《かつごう》す。かの入道ついに種々の奇瑞《きずい》をあらはし、往生の素懐をとげにけり。年来同宿の尼本国へかへりくだるとき、件《くだん》の真影を*知恩《ちおん》院《いん》へ送たてまつる。当時御影堂《みえいどう》におはします(御座)木像これなり。

喪す　死者を哀悼する礼で、一定の期間憂い慎むこと

［桑原左衛門入道念仏往生の事］

祇園　祇園社（京都市東山区にある八坂神社）

北のつら　北側。「つら」は通りに面した側をいう

常没流転　常に迷いの世界に沈み、生死を繰り返す

真影　まことの姿、肖像

生身　生き身の姿を写した像

知恩院　京都市東山区にある浄土宗の総本山

［第六図］

法然上人行状絵図　第卅八

参議*兼隆卿《かねたかきよう》、七八年のさきにゆめ（夢）みらく、人ありておほきなる双紙*を披見す。これをみれば諸人《しよにん》往生をしるせり。もし法然上人《ほうねんしようにん》の往生をしるすところやあるとみ（見）もてゆくに、はるかのおくに、「上人臨終の時は、『光明遍照十方世界、念仏衆生摂取不捨（光明は遍《あまね》く十方の世界を照らして、念仏の衆生《しゆじよう》を摂取して捨てたまはず）』の文《もん》を誦《じゆ》して往生し給《たまう》べし」としるせり。ゆめさめてのち人にかたらず。いまの往生の相に符合のあひだ、信仰のよし申《もうし》をくる（送）。又上人往生の前後に、諸人の瑞夢《ずいむ》これおほし。四条京極《きようごく》の*薄師《はくし》真清《まさきよ》は、正月十九日の夜ゆめに、東山の法然上人の禅房のうへ（上）に紫雲そびけり、人ありて「これは往生の雲なり」といふとみる。次の日巳《みの》時《とき》に、紫雲かの坊のうへにおほへり。処々にこれをみる。ゆめと符合す。弟子念阿《ねんあ》弥陀仏《みだぶつ》は、同廿三日《にじゆう》の夜、上人往生の紫雲ならびにしろき（白）ひかり虚空《こくう》にみち、異《い》香《きよう》をかぐとみる。三条小川《こかわ》の*倍従《べいじゆう》信賢《のぶたか》が後家の養女、ならびに仁和寺《にんわじ》の比丘尼《びくに》西《さい》妙《みよう》は、廿四日の夜、明日午《うまの》時に往生し給べしとみて、おどろきゝ（来）たりて終焉《しゆうえん》にあ

［御往生の前後に諸人種々の瑞夢を感ずる事］

兼隆卿　藤原兼隆（一一七九～一二三九）。隆は「高」と書く

双紙　書物（綴じ本）

薄師　箔打ち職人

倍従　楽人。倍は「陪」が正しい

ふ。*花薗《はなぞの》の*准后《じゆごう》の侍女参河局《みかわのつぼね》は、廿四日の夜のゆめに、上人の住房をみれば、四方に錦《にしき》の*帳《とばり》をたれたり。色々あざやかにして、けぶり《（煙）》またみちみてり。よく〳〵これをみれば、けぶりにはあらず、すなはち紫雲なり。上人すでに往生し給へるかとおぼえてさめぬ。*花山院《かさんのいん》の右大臣家の*青侍《あおさぶらい》*江内《ごうない》、ならびに*八幡《やわた》の住人右馬允時《うめのじようとき》広《ひろ》が子息金剛丸《こんごうまる》は、同夜に上人往生の*儀をみて、廿五日の早旦《そうたん》に人々にかたる。天《てん》王寺《のうじ》の松殿《まつどのの》法印〈静尊《じようそん》〉は、廿五日午剋《うまのこく》に、*脇息《きようそく》によりかゝりて休息し給へるゆめに、上人往生の時、車の輪のごとくなる*八輻輪《はつぷくりん》の、八方のさきごとに*雑色《ぞうしき》の幡《はた》をかけて、東より西へゆくに、金色《こんじき》のひかり四方をてらし、天地にみち〳〵て、*日光映蔽《えいへい》せらると見たまふ。*一切経の谷の袈裟王丸《けさおうまる》は、廿五日の夜、童子玉の幡をさして、千万の僧衆《そうしゆ》香炉をとり、上人を囲遶《いによう》して西にゆき給とみる。門弟隆寛《りゆうかん》律師は、初七日《しよなぬか》にあたりて、一昼夜の念仏をつとむるに、一人の僧きたりて、「上人ははや《（早）》*往生伝にいり給へり」とつぐ《（告）》とみる。すべて諸人の夢想おほしといへども、しげきによりてつぶさ《（具）》にしるさず。

［第一図］

花薗　京都市右京区。薗は「園」と書く

准后　准三后の略。太皇太后・皇太后・皇后に準ずる待遇を受ける人

帳　室内に張り垂れて隔てとするもの

花山院の右大臣　藤原忠経（一一七三〜一二二九）

青侍　貴族に仕える六位の侍

江内　大江氏で内舎人になった者の称

八幡　京都府八幡市

儀　事の運び、次第

脇息　座の脇に置いて肘をかけ、体を休ませる道具

八輻輪　車の周囲に八本の輻（矢の形）を放射状に付けた車輪

雑色　種々の色

日光映蔽せらる　太陽の光も覆い隠されるほどに輝く

一切経の谷　京都市山科区。粟田口の東方にあった別所

往生伝　往生人の事績を編集した書物

上人の住坊のひむがし（東）の岸のうへに、西はれ*（晴）たる勝地*あり。ある人これを相伝して、自身の墓所《むしよ》とさだめをき（置）けるを、上人入洛《じゆらく》の、ち去年《さんぬる》十二月、かの領主上人に寄進す。券契*等おなじく寄進状にあひそへ（添）てたてまつりければ、「源空《げんくう》にゆづりたぶ（賜）は、これ三宝に廻向《えこう》せらるゝなり。仏うけ給へ」とて、火中になげ入られぬ。しかるに*いま上人往生のとき、この地に廟堂《びようどう》をたて、石の唐樻*《からひつ》をかまへてをさめ（納）をきたてまつる。この地の事をかねて夢にみけるともがら（輩）おほかりけれども、なにとおもひ（思）いる（入）ゝ事なくてすぎにけるが、いま上人の墓所となるとき、不思議のおもひをなして、面々にゆめをしる（記）しをくれり。かの地の北の庵室《あんじつ》に寄宿せる禅尼《ぜんに》、先年の夢に、天童この地を行道《ぎようどう》すとみる。又かの房主、去年十一月十五日の夜のゆめに、この地に青蓮花《しようれんげ》ひらけて、金色の光かゞやくとみる。又隣家の清信女*《しようしんによ》同月の夢に、この地に色々の蓮華（花）ひらけて、おの〳〵光をはなち、妙香を薫ずとみる。清水寺《きよみずでら》の住僧同月九日の夜の夢に、夜叉神*《やしやじん》等群集《くんじゆ》して、この地をひき*石をたゝむ（畳）とみる。別当*入道惟方*《これかた》卿の娘〈或《ある》説には孫云々《まごとうんぬん》〉粟田口《あわたぐち》の禅尼、上人往生の後、二月十三日の夜の夢に、上人の墳墓にまいりたれば、八幡*《はちまん》の宝殿なり、御《み》戸をあけたるに御正体*《しようだい》まします。傍《かたわら》なる人その御正体をさして、「これこそ法然上人よ」といふ

［有人大谷の御廟所を寄進并諸人瑞夢の事］
はれたる　広々と見通せる、展望が開ける
勝地　景色のよい土地
券契　土地の所有権を示す書類
しかるに　ところで、さて
唐樻　中国風の脚のある櫃。樻は「櫃」の当て字
清信女　女性の在家信者
夜叉神　夜叉は梵語の音写、容姿が醜く猛悪な鬼神
ひく　平らにならす
別当　検非違使別当のこと
惟方　藤原惟方、法名寂信、粟田口の別当という
八幡　石清水八幡宮
正体　神の真体、聖体

をきゝて、信心おこり、身の毛いよだち、あせ《（汗）》ながるとみる。又一人の女人《によにん》、同三月十四日の夜の夢に、上人の廟堂にまいりたれば、庭に色々の蓮華あり。一人の僧ありて、いまだひらけざる蓮花一茎《いっけい》をあたへて、「この地に詣《けい》せむものには、この蓮花一茎をあたふべし。これ往生人の*かずにいる《（入）》べきしるしなり。この事あまねく人にしめすべし」とのたまふ。掌《たなごころ》をあはせてこれをうく《（受）》とおもひてゆめ《（夢）》さめぬ。この夢におどろきて、かの墳墓にたづねまいれるに、地景といひ廟堂といひ、事の儀すこしも夢にたがはざりければ、信心あさからずしてこのよしを披露《ひろう》するに、まことをいたしあゆみ《（歩）》をはこぶもの、*忌月《きげつ》をむかへて貴賤《きせん》いち《（市）》をなし、*亡日《ぼうじつ》をまちて*上下*そで《（袖）》をつらねけり。当時知恩院《ちおんいん》といへるこれなり。

［第二図］

四条堀河《ほりかわ》に材木を売買して世をわたるものありけり。その名を堀河の太郎《たろう》入道といふ。ふかく上人に帰し念仏を信じて、上人往生のときは、廟堂の柱をぞたてまつりける。しかるに上人の*中陰に、ある日の午剋ばかりに老翁《ろうおう》一人、上人の墳墓にたづねきたりていはく、我はこれ西山の*樵夫《しょうふ》なり。すぎぬる*寅時《とらの》のゆめに、一人の僧

かず　仲間

忌月　命日のある月、祥月
亡日　命日、忌日
上下　身分の上下を問わず
そでをつらぬ　相伴って参詣する

［堀河太郎入道廟堂の柱を寄進霊験往生の事］

中陰　人の死後、四十九日間
樵夫　きこり、そま
寅時　午前四時頃

きたりてつげての給はく、「法然上人の墓所堂《むしよのどう》の柱*奉加《ほうが》せる入道、たゞいま極楽に生ず。ゆきて結縁《けちえん》すべし」と。これによりてたづね参ずるよしを申。をきな（翁）のつげによりて、僧衆等《ら》ゆきてたづぬるに、「かの太郎入道は所労によりて、この程東石《ひがしいわ》蔵《くら》〈*禅林寺《ぜんりんじ》の東〉なる所に移住せり」と申あひだ、をの〳〵（各）かの所へゆきてたづぬるに、「さる事侍《はべ》り。事の縁ありてこれに侍つるが、『上人つねにかたはら（傍）にまし〳〵て、臨終のちかづくよしをしめし、念仏をすゝめ給なり』とてよろこび侍つるが、すぎぬるあかつき（暁）すでに往生をとげ侍ぬる」と申す。たづねいたる僧衆ならびに老翁、ゆめの告《つげ》のたがはざる事を感じ、上人に*繋属《けぞく》結縁のむなしからざる事をよろこびて、をの〳〵なみだをぞおとしける。

[第三図]

奉加　寺院造営などに財物を寄進し、これを助成すること

禅林寺　京都市左京区にある浄土宗西山派の寺。通称「永観堂」

繋属　繋がれ従属する。ここでは「帰依する」の意

法然上人行状画図　第卅九

上人《しょうにん》臨終のとき遺言のむねあり、「*孝養《きょうよう》のために精舎建立《しょうじゃこんりゅう》のいとなみをなすことなかれ。心ざしあらば、をの〳〵《（各）》群集《くんじゅ》せず念仏して恩を報ずべし。もし群集あれば闘諍《とうじょう》の因縁なり」との給《たま》へり。しかれども法蓮房《ほうれんぼう》、世間の風儀に順じて、念仏のほかの七日《なぬか》々々の仏事を修《しゅ》すべきよし申されければ、諸人《しょにん》これにしたがふ。

初七日《しょなぬか》　導師信蓮房《しんれんぼう》

檀那《だんな》大宮《おおみやの》入道内大臣〈実宗公《さねむね》〉、かの*諷誦《ふじゅ》の文云《もんにいわく》、

夫《それおもんみれば》以先師在生《ざいしょう》のむかし、弟子*朝《ちょう》をのがれしゆふべ《*（夕）》、一心の*精誠《せいぜい》をこらして、*十重《じゅうじゅう》の禁戒をうく。かるがゆへ《（故）》に済度《さいど》を彼岸にたのみ、敬《つつしみ》て諷誦をこの*砌《みぎり》に修す。小善根《しょうぜんごん》をきらふ事なかれ、かならず大因縁たらむ。仍《よりて》*蓮台の妙果をかざらむがために、はやく*霜鐘《そうしょう》の逸韻《いついん》をたゝく。〈*真名《まな》をもちて仮名にうつす。以下《いげ》これおなじ。〉

［第一図］

［御没後七七日仏事の事］

孝養　追善の供養

諷誦の文　諷誦は読経のことで、その趣旨や供養の布施などを述べた文

朝をのがれ　朝廷の政務から退く

ゆふべ　時。朝に対する修辞

精誠　まごころ、誠心

十重の禁戒　菩薩戒のこと

砌　場所

蓮台の妙果　極楽の蓮台に生じるという果報

霜鐘の逸韻をたたく　霜の降りる早朝から鐘を響かせる

真名　漢字

二七日《ふた》　導師求仏房《ぐぶつぼう》

檀那別当入道《にゅうどうの》孫〈*某　申《なにがしともうす》〉

[第二図]

三《み》七日　導師住真房《じゅうしんぼう》

檀那正信房湛空《しょうしんぼうたんくう》

*誦経物《じゅきょうもつ》、唐朝*王羲之《おうぎしの》　*摺本《すりほん》、一紙面《いっしのおもて》十二行、八十余字書之《これをかく》、

*にし《（西）》へよしゆく《（行）》べき道のしるべせよ*むかし《（昔）》もとり《（鳥）》のあと《（跡）》はありけり

[第三図]

四《よ》七日　導師法蓮房

檀那*良清《りょうせい》、かの諷誦の文云、

先師末法万年のはじめにあたりて、弥陀一教のすぐれたることをひろむ。智恵剣《つるぎ》を*ひき《（引）》さぐ《（下）》、*莫耶《ばくや》のほこさき《（鋒）》とき《（利）》にあらず。戒行珠《たま》をみがく、*摩尼《まに》のひかり明《めい》をなら《（習）》ふ。抑《そもそも》*尊霊*逝川《せいせん》にさきだちて*四七日《しひち》、遠人来迎《らいこう》の雲をのぞむ。新墳についで両三

[二七日導師求仏房檀那別当入道の孫の事]
某申　名前は不詳という意

[三七日導師住真房檀那正信房湛空の事]
誦経物　読経の布施物
王羲之　四世紀の能書家、王右軍という
摺本　石摺の紙または本。これに湛空の和歌が添えてあった
にしへよし云々　〈書聖王羲之の書跡よ〉、さあ、西方浄土への道案内をせよ
むかしもとりの云々　昔にも往生人の先例があるように

[四七日導師法蓮房檀那良清の事]
良清　上人入室の弟子七人の一人
ひきさぐ　手にさげて持つ
莫耶　名剣の名
摩尼　如意宝珠のこと
尊霊　霊魂。亡き上人を指す
逝川　流れゆく川。他界の意
四七日　四日ないし七日、数日

度、*遺弟《ゆいてい》*酷烈の気をかぐ。*誠諦《じようたい》の言《ごん》をおもひて、菩提《ぼだい》の願をこふといへども、*掲《けち》焉《えん》の旨意　敬《うやまいて》もて*伏膺《ふくよう》す。

[第四図]

五《いつ》七日　導師権《ごん》律師隆寛《りゆうかん》

檀那勢観房源智《せいかんぼうげんち》、かの諷誦の文云、

*彩雲軒《のき》をおほふ、ちかく見とをく（遠）見て来集す。異香《いきよう》室にみつ、我*きゝ人きゝて*嗟嘆《さたん》す。

[第五図]

六《む》七日　導師法印聖覚《せいかく》

檀那慈鎮和尚《じちんかしよう》、かの諷誦の文云、

*仏子、上人存日《そんじつ》のあひだ、しば〳〵法文《ほうもん》を談じ、常に唱導にもちふ（用）。結縁《けちえん》のおもひあさからず、済度の願ふかきがごとし。これによりて今*六七の忌辰《きしん》にあたりて、いさゝか*三敬《さんきよう》の諷誦を修す。法衣《ほうえ》をさゝげて往生の家にをくる（送）、解脱《げだつ》の衣《ころも》これなり。

遺弟　師の没後に残った弟子
酷烈の気　大変強い香気
誠諦の言　（釈尊の）真実の言葉
掲焉の旨意　（上人の）明らかなお示し
伏膺　心に留めて忘れない

[五七日導師権律師隆寛檀那勢観房源智の事]

彩雲　美しく彩られた雲
きく　嗅ぐ
嗟嘆　感嘆

[六七日導師法印聖覚檀那慈鎮和尚の事]

仏子　仏の弟子。慈鎮自身をいう
六七の忌辰　六七日の忌日
三敬　諷誦文の中に「敬」字を三回入れること。ここでは単に「敬（つつしみ）て」の意法食《ほうじき》をまうけて（設）*化城《けじよう》の門にほどこす、*禅悦の食《じき》これなり。然則《しかればすなわち》*聖霊《しようりよう》は、かの平生《へいぜい》の願にこたえて、かならず上品《じようぼん》の蓮台に生じ、仏子は真実の思《おもい》によりて、はやく最初の引摂《いんじよう》をえむ（得）。

［第六図］

七々日《なななぬか》　導師三井僧正公胤《みいのそうじようこういん》

檀那法蓮房信空《しんくう》、かの諷誦の文云、

先師廿《にじゆう》五歳のむかし、弟子十二歳の時、かたじけなくも*師資の契約をむすび、ひさしく五十の年序をつめり。一旦生死《しようじ》をへだつ、*九廻《きゆうかい》の腸《はらわた》たえなんとす。北嶺黒《ほくれいくろ》谷《だに》の草庵《そうあん》に宿せしより、東都*白河《しらかわ》の禅房にうつりしにいたるまで、其《その》間撫育《ぶいく》の恩といひ、*提撕《ていぜい》の志といひ、報謝の思《おもい》*昊天《こうてん》きはまりなし。こゝをもて*弥陀迎摂《こうしよう》一軀《く》の形像《ぎようぞう》をあらはし、胎蔵金剛両部の*種子《しゆじ》を安《やすん》ず。又妙法花経《みようほけきよう》八軸を摺写《しようしや》し、金光《こんこう》明経《みようきよう》一部を書写して、もちて開眼《かいげん》し、もちて開題す。一心の懇志三宝知見し給へ。

三井の僧正ねんごろに導師をのぞみ申されけるあひだ、おもひのほかなる心地《ここち》し

往生の家　極楽浄土
化城　極楽浄土
禅悦　法悦という食物
聖霊　亡き上人の御霊

［七七日導師三井僧正公胤檀那法蓮房信空の事］

師資　師匠と弟子
九廻の腸　回りくねった長い腸
白河　京都市左京区
提撕　師が弟子を教え導くこと
昊天　広大な天
弥陀迎摂一軀の形像　阿弥陀仏一体の来迎図
種子を安ず　（阿弥陀の）梵字を書き入れる

けるほどに、導師として種々の捧物《ささげもの》を随身*せられたりけり。子細おぼつか《（覚束）》なかりけるに、説法のとき仏経の讃嘆《さんだん》をは《（終）》りてのち、つぶさに*浄土決疑抄をやく因縁をのべていはく、「今日の唱導にすゝみ参ずる事は、ひとへに上人誹謗《ひぼう》の重罪を懺悔《さんげ》せむためなり。上人面談のついでに、条々の僻事《ひがこと》をなを《（直）》され、又我《わが》宗の大事三箇条、上人のをしへ《（教）》をもちてこれを決す。門弟と称するにたれり。上人一言《いちごん》の智弁をきゝて、*下愚《かぐ》三巻の*謬書《びゆうしよ》をやくといへども、先非をかなしむ涙をさへ《（抑）》がたく、後悔をいたすおもひきえ《（消）》がたし。これによりて*随分の*噠嚫《だつしん》をさゝげて廟堂《びようどう》に詣《けい》し、慇懃《いんぎん》の懺悔をこらして宝前にひざまづく。弟子まことをいたす、*亡魂こゝろざしをおさめ給へ」とて落涙せられければ、聴衆《ちようじゆ》感嘆のこゑ《（声）》ひゞきをなし、諸人随喜のなみだ袖《そで》をしぼりけり。

[第七図]

随身　携えて来る
浄土決疑抄　公胤が著した選択集の非難書
下愚　自分の謙称
謬書　間違い誤った書物
随分　身分相応
噠嚫　布施物
亡魂　亡き上人の霊魂

法然上人行状絵図　第四十

上人《しょうにん》かたりての給《たま》はく、「われ一向専念の義をたつるに、人おほく謗《ほう》じていはく、『たとひ諸行を修《しゅ》すといふとも、また《（全）》く念仏往生のさはりとなるべからず。何《なんぞ》あながちに一向専念の義をたつるや。これ偏執《へんしゅう》の義なり』と。かくのごとくの難をいたすは、この宗のいはれをしらざるゆへ《（故）》なり。経*には一向専念無量寿仏（一向に専ら無量寿仏を念ず）といひ、*尺《（釈）》には一向専念《（称）》弥陀仏名（一向に専ら弥陀仏の名《みな》を称*す）と判ぜり。経尺《（釈）》をはなれてわたくし《（私）》にこの義をたてば、誠にせむる《（責）》ところのがれがたし。此《この》難をいたさんとおもはゞ、先《まず》尺《（釈）》尊を謗じ、次に善導を謗ずべし。そのとが《（咎）》またくわが身のうへ《（上）》にあらず」とぞおほせ《（仰）》られける。一向専修《せんじゅ》の義を破する人おほかりしなかに、*薗城寺《おんじょうじ》の長吏大弐僧正《だいにのそうじょう》公胤《こういん》、いまだ大僧都《だいそうず》なりし時、上人を誹謗《ひほう》して、「公胤が見たらん文《もん》を法然房《ほうねんぼう》のみぬはありとも、法然房の見たる覧*《らん》事の公胤がみぬはよもあらじ」と自嘆して、浄土決疑抄三巻を記して、選択集《せんちゃくしゅう》を破す。則《すなわち》学仏房《がくぶつぼう》を使者として上人の室にをくら《（送）》るゝとき、上人かの使《つかい》にむかひてこ

［公胤決疑鈔を作て選択を破し并前非を悔て念仏往生の事］

経　無量寿経

釈　観経疏

称す　原文の「念」は「称」が正しい

薗城寺　三井寺（園城寺）のこと

覧　助動詞「らん」の当て字

れをひらき見《み》給に、上巻のはじめに、「法花《ほっけ》に*即往安楽の文あり、観経《かんぎょう》に*読誦《どくじゅ》大乗の句あり。読誦、極楽に往生するになにのさまたげかあらん。しかるに読誦大乗の業《ごう》を癈《(廃)》して、たゞ念仏ばかりを付属すといふ。これおほき《(大)》なるあやまりなり」といへり。この文をみたまひておはり《(終)》を見ず、さし《(差)》をき《(置)》てのたまはく、「この僧都これほどの人とおもはざりつ。*無下《むげ》の事なりけり。一宗をたつとき、かれは*癈立《はいりゅう》のむねを存ずらんとおもはるべし。しかるに法花をもて観経往生の行《ぎょう》にいれらるゝ事、宗義の癈《(廃)》立を*わする《(忘)》ゝに似たり。もしよき*学生《がくしょう》ならば、『観経はこれ*爾前《にぜん》の教《きょう》なり、*かのなかに法花を摂すべからず』とぞ難ぜらるべき。今の浄土宗の心は、観経前後の諸大乗経をとりて、みなこと〴〵く往生の行のなかに摂す。なんぞ法華《(花)》ひとりもれ《(漏)》んや。あまねく摂する心は、念仏に対して*これを癈《(廃)》せんためなり」との給ければ、使帰《かえり》てこのよしをかたるに、僧都口をとぢて言説《ごんぜつ》なかりけり。あるとき*宜秋《ぎしゅう》門《もん》の女院《にょういん》、*中宮《ちゅうぐう》にて*一品《いっぽん》の宮を御孃《(懐)》妊の時、上人は御戒の師にめされ、公胤は御導師に参じたまひて、参会し給《たまう》事侍《はべり》き。御受戒はて《(果)》ゝ、上人退出せんとし給に、*預《すけ》きたりて、「しばし候《そうら》はせ給へ。『見参《げんざん》に入《いり》侍らん』と大弐の僧都御房申せと候」と申あひだ、暫《しばらく》*祗候《しこう》し給に、御経《みきょう》供養はてゝ、僧都きたりて、「上人には念仏の事をぞ

即往安楽　法華経薬王品に見える。安楽は極楽の異名
読誦大乗　観経に二回見える
無下　最低
癈立　仮の教えを廃して、真実の教えを立てること。癈は「廃」と同義
わする　意識的に忘れる
学生　学匠のこと
爾前の教　釈尊が法華経を説かれる以前の教え
かのなかに　（観経に説く）往生行の中に
これを癈す　読誦大乗を（往生行から）排除する
宜秋門の女院　藤原兼実の娘、任子（一一七三〜一二三八）
中宮　後鳥羽上皇の后
一品の宮　昇子内親王（春華門院・一一九五〜一二一一）
預　年預（中宮職の次官）のこと
祗候　伺い待つ

尋《たずね》申べけれども、まづ大要なるにつきて申《もうし》侍なり。東大寺の戒の四分律*にて侍る事は、如何《いか》なるいはれにて侍ぞ」と申さるゝあひだ、東大寺の戒の四分律にてあるべき道理を具《つぶさ》に尺（釈）したまひたりしかば、僧都かへ（帰）りて勘《かんがえ》て見給けるに、上人申さるゝむね（旨）すこしもたがはざりければ、次の日又参会の時、「昨日仰《おおせ》られ侍し事ども、誠にさ候《そうらい》けり」とて、僧都以外《もてのほか》*に上人を帰敬《ききよう》したまひ、浄土の法門を談じ、かねて余事にわたる。玄惲《げんうん》*を「ぐゑんくゐ」と僧都の申されければ、「その宗の人の申侍しは、『ぐゑんうむ』とこそ申侍しか。暉とかきてこそ『くゐ』とはよみ侍れ、惲とかきては『うむ』とこそよみ侍れ」と上人直《なおし》申されき。惣《そう》じてかくのごときのあやまりども七ケ《か》条まで直されたりしかば、僧都退出のゝち弟子にかたられけるは、「今日法然房に対面して、七ケ条の僻事《ひがこと》を直されたり。常に見参せばさいがく*（才学）はつき侍なん。たつるところの浄土の法門、聖意《しょうい》*に違すべからず。あふ（仰）ぎて信《しんず》べし。かの上人の義をそしる、これおほきなるとが（咎）なり」とて、則《すなわち》製作の決疑抄三巻をやかれにけり。「誠《まことに》博覧のいたり、ゆゝしかりけり*」とぞほめ申されける。かの僧正は顕密の達者にて、智行兼備*せり。称美の詞《ことば》、信をとるにたれるものなり。上人の中陰の唱導をのぞみつとめて、かさねて前非を懺悔《さんげ》せられき。ひとへに

四分律　中国訳の代表的な小乗の律典

以外に　思いがけなく

玄惲　中国の律宗の僧。「ゲンウン」と読むべきを、公胤は「ゲンキ」と発音した

さいがく　学識

聖意　釈尊の本意

ゆゆし　素晴らしい、立派だ

智行兼備　智慧と修行を兼ね備える

上人の勧化《かんげ》に帰し、念仏の行おこたりなくして、*建保《けんぽう》四年*潤《うるう》六月廿日《はつか》、春秋七十二、禅林寺《ぜんりんじ》のほとりにして往生をとげられしに、洛中《らくちゅう》洛外紫雲を見、瑞相《ずいそう》をきゝて、群集結縁《くんじゆけちえん》の道俗かずをしらず。*寺門の碩徳《せきとく》、顕密の*宗匠《そうしょう》なりき。しかれども善をきゝて*うつり《（移）》やすく、非をあらため信を生じて、つゐ《（遂）》に往生の素懐をとげられにき。末学偏執のおもひ、*むしろ古賢のあと《（跡）》にはぢ《（恥）》ざらんや。

[第一図]

*梅尾《とがのお》の*明恵《みょうえ》上人〈高弁《こうべん》〉、摧邪輪《ざいじゃりん》三巻を記して選択集を破す。上人の門徒こぞりて難をくはへしによりて、かさねて*荘厳記《しょうごんき》といへる一巻の書をつくりて、その難を*救《ぐ》すといへども、*義理不相応のあひだ、此《この》書をつくられてのち、いよ〳〵*名誉をおとされけり。入道民部卿《みんぶきょう》*長房《ながふさ》卿は、もとより明恵上人に帰したる人なりければ、かの邪輪を信じて、高野明遍《こうやのみょうへん》僧都にみせ《（見）》たてまつらんとし給ける時、僧都「なに文ぞ」と尋申されけるに、「選択集を破したる文なり」と申されければ、「我は念仏者なり。念仏を破したらん文をば手にもとるべからず、目にもみるべからず」とて返し給にけり。かの*禅門も、のちには選択のいみじき事を*聞《きき》ひらきて、かへりて選

建保四年　一二一六年
潤　「閏」の当て字
寺門　円珍の門流（園城寺を本山とする天台宗の門派）
宗匠　学芸・技芸などに優れた師匠
うつる　心が（善の方に）移る
むしろ　どうして…しようか

[梅尾明恵上人摧邪輪を作て選択を破せられし事]
梅尾　京都市左京区
明恵　華厳宗の学僧（一一七三～一二三二）。高弁ともいう
荘厳記　具名は摧邪輪荘厳記
救す　守る、防ぐ
義理不相応　理にかなっていない
名誉　評判
長房卿　藤原長房（一一六八～一二四三）
禅門　入道した者。ここは長房を指す
聞ひらく　聞き了解する

択に帰して、「いづれの文か邪輪なるらん」と申されけるとなむ。其《その》後仁和寺《にんわじ》の昇《しよう》蓮房《れんぼう》、かの邪輪をもちて明遍僧都にみせたてまつるに、僧都申されけるは、「凡《およそ》*立《りつ》破《ぱ》のみちは、まづ所*破の義をよく〳〵心得てこそ破するならひなるに、選択集の趣を*つや〳〵心え《(得)》ずして破せられたるゆへに、その破さらにあたらざる也《なり》。その中に、異学異見をもて群賊にたとふるを破せられたるも、これ善導の*観経の疏《しよ》の文なり。またく法然房のとがにあらず。おほかた生死《しようじ》をはなれんと思ふ程の人の、これまで*罵詈《ばり》誹謗せられたる事も心得がたし」との給へり。かの僧都は*論議決択《けつちやく》のみち、日本第一のほまれありき。ある時、*貞慶已講《じようけいいこう》〈解脱《げだつ》上人是《これ》也〉、澄憲《ちようけん》法印、明遍僧都会合して、「われら*一族三人、いざ宗論し侍らん」と申されけるに、澄憲法印筆をとりて、「三論に明遍あり、敵のつるぎ《(剣)》をとりて敵を害す。法相に貞慶あり、*寸をとへば寸をこたふ。宗論さらにかなふべからず」とぞか〻《(書)》れたりける。すべて一期《いちご》の間論義につま《(詰)》らずとぞ申つたへ侍る。その*評判*無下には侍らじかし。さればかの明恵上人、*菅宰相為長卿《かんさいしようためなが》のもとへおはしたりけるに、摧邪輪の事を申いだ《(出)》したりければ、「さる事侍しかども、ひが事なりけりとおもひ《(思)》なりて、いまは後悔し侍なり」と申されけるとなむ。

立破　立証と論破
所破　論破する相手
つやつや　少しも、まったく
観経の疏の文　散善義の二河白道の譬え
罵詈　ののしる
論議決択　論議の場において疑いを決し、理を明らかにすること
貞慶　法相宗の学僧（一一五五～一二一三）
一族　明遍は澄憲の弟、貞慶の叔父になる
寸をとへば寸をこたふ　細かな事を尋ねても、必ず詳しく答える
評判　批評して是非を判定すること
無下には侍らじ　容赦ないのではない
菅宰相為長卿　菅原為長（一一五八～一二四六）

[第二図]

禅林寺の大納言《だいなごんの》僧都*静遍《じょうへん》は、池の大納言*頼盛《よりもり》卿の息、弘法《こうぼう》大師の門人なり。はじめは醍醐《だいご》の座主《ざす》勝憲《しょうけん》僧正を師として*小野《おの》の流《ながれ》をうけ、のちには仁和寺の上乗院《じょうじょういん》の法印仁隆《にんりゅう》にあひて*広沢《ひろさわ》の流をつたへて、*事相教相抜群のほまれありき。浄土門にいれる*濫觴《らんしょう》をみづからかたり申されけるは、世こぞりて選択集に帰し、念仏門にいるものおほくきこえし程に、嫉妬《しっと》の心をおこして、選択集を破し念仏往生の道をふさがむと思ひて、破文《はもん》かくべき料紙までと、のへて、選択集を*ひきみるところに、日ごろの所案おほきに相違す。末代悪世の凡夫の出離生死のみちは、ひとへに称名《しょうみょう》の行にありけりと見さだめにしかば、かへりてこの書を*賞翫《しょうかん》して、自行の指南にそなふるよしをぞ申されける。日来《ひごろ》嫉妬の心を生じ給ける事をくひかなしみて、大谷の墳墓にまうで《（詣）》ゝ、なく〳〵*悔謝《けしゃ》していはく、「今日よりは上人を師とし念仏を行とすべし。聖霊《しょうりょう》照覧をたれて先非をゆるし給へ」とぞ*くどき《（口説）》申されける。其後*綱班《こうはん》を辞し、みづから心円房《しんえんぼう》と号して一向念仏せられき。あまさへ*続選択《ぞくせんちゃく》をつくりて、上人の義道を助成《じょじょう》し、一偈《いちげ》をむすびていはく、「一期所案極、永捨世道

[後禅林寺静遍僧都選択集を破せんとして却て念仏門に入れし事]

静遍　真言宗の学僧（一一六六～一二二四）

頼盛卿　平頼盛。清盛の異母弟（一一三一～八六）

小野の流　東寺密教の聖宝を祖とする流派

広沢の流　東寺密教の益信を祖とする流派

事相教相　密教における修法と教学の両面

濫觴　ものごとの起源、始まり

ひきみる　取り寄せて読む

賞翫　敬い重んじる

悔謝　罪を悔い謝る

くどく　心から訴える

綱班　僧綱の列次。ここでは大僧都をいう

続選択　具名は続選択文義要鈔

理、唯称阿弥陀、語嘿常持念（一期の所案極まりて、永く世の道理を捨つ。唯《ただ》阿弥陀を称《とな》へて、*語嘿《ごもく》して常に持念す）」と。又法照禅師《ほっしょうぜんじ》の五会法事讃《ごえほうじさん》の、「彼仏因中立弘誓、聞名念我惣来迎（かの仏の因中に弘誓《ぐぜい》を立つ。名を聞きて我を念ぜば惣《す》べて来迎《らいこう》せん）」といへる七言八句の文を誦《じゅ》して、「浄土宗の肝心この文なり」とぞつねは申されける。つゐに*貞応《じょうおう》三年四月廿日、本意《ほい》のごとく往生をとげられにけり。月氏《げっし》には天親《てんじん》菩薩、はじめ小乗を信じて、五百部の論をつくりて大乗を破せしかども、後に改悔《かいけ》の心をおこし大乗に帰せしかば、大乗五百部の論をつくりて、かへりてこれをほめき。晨旦《しんだん》には宋《そう》の*張丞相《ちょうしょうじょう》、いまだ*秀才たりし時、ふかく仏法をそねみて、破法論をつくらむと*沈吟せしとき、*何氏《こうし》方便をめぐらして、「邪見の説どもをよく〳〵見て破すべきなり」とて、維摩経《ゆいまきょう》三巻をあたへしかば、この経を披閲してふかく改悔の心をおこし、護法論をつくりて、かへりて仏教をたすけき。震旦*日域《じちいき》ことなれども、*捨邪帰正《きしょう》のあと、むかしもかくこそ侍けれ。

［第三図］

語嘿　語は声に出す、嘿は意に念ずること
貞応三年　一二二四年
張丞相　張商英、宋の宰相
秀才　官吏登用候補者
沈吟　深く思案する
何氏　妻の氏の名。何は「向」の誤り
日域　日本の異称
捨邪帰正　邪義を捨てて正義につくこと

法然上人行状画図　第四十一

*毘沙門堂《びしやもんどう》の法印明禅《みようぜん》は、参議*成頼卿《なりよりきよう》の息、顕宗は*檀那《だんな》の嫡流智海《ちかい》法印の面受、密宗は*法曼院《ほうまんいん》の正統仙雲《しようとうせんうん》法印にうく。顕密の棟梁《とうりよう》、山門の英傑なり。しかれども道心うちにもよをし（催）、隠遁《いんとん》のおもひふかゝりき。*初発心《しよほつしん》の因縁をかたり申されけるは、「*最勝講の聴衆《ちようじゆ》に参《まいり》たりしとき、*緇素《しそ》貴賤《きせん》けふ（今日）*をはれとのみ思《おもい》あへ（合）り。*夢幻泡影*片時《へんし》のさかへを、わすれざるもの（者）ひとりもあらず。俗家には*大将の*庭上《ていしよう》のことがら、*大理の門外のふるまひ、僧中には*証義者は*上童《うえわらわ》を具して別座をまうけ（設）、摂《せつ》録《ろく》の息は*随身をしたがへて*直廬《ちよくろ》に参ぜらる。かれこれの栄耀《えいよう》をみて、見聞《けんもん》のともがら（輩）はしり（走）まはれるありさま、つくづくとおもへば、無常たちまちにいたりなば*余算いつまでとか期《ごす》べき。世上の忩忙《そうぼう》をみるにつきては、胸の中の観念すみ（澄）まさる（増）まゝに、隠遁のおもひこの時*治定《じじよう》せり」とぞ申されける。上人《しようにん》の念仏興行大《おおい》にそねみそしりて、つゐ（遂）に在世《ざいせ》の勧化《かんげ》をきかず。籠居《ろうきよ》の心ざし思さだめて後も、出離の道いまだ一決せず、とかく思惟《しゆい》せられけるに、もちたる数珠《じゆず》われもおもひ*（思）わく（分）かたなく

［毘沙門堂明禅法印選択集に帰して専修念仏の事］
毘沙門堂　京都市上京区にあった天台宗の寺（寛文五年に山科に移転）
成頼卿　藤原成頼
檀那　天台宗の覚運を祖とする学派
法曼院　天台密教の長宴を祖とする流派
初発心　初めて悟りを求める心を起こすこと
最勝講　宮中で最勝王経を講じる法会
緇素　僧侶と俗人
はれ　晴れがましい事
夢幻泡影　はかなくすぐ消えるものの譬え
片時　少しの間、しばらく
大将　近衛府の大将
庭上のことがら　御所の庭上で行う行事のありさま

て、自然《じねん》の手ずさみ《（遊）》にくられ《（繰）》けるとき、「有縁《うえん》の法、易行《いぎょう》の道、称名《しょうみょう》にあるべきにこそ」と、その座にておもひそめられて、つゐに籠居せられにけり。其後《その》上人の弟子法蓮房《ほうれんぼう》に謁して、念仏の法門を談ず。上人所造の選択集《せんちゃくしゅう》を送られけるを披見のゝち、浄土の宗義を得《え》、称名の功能《*くのう》をしる。信仰のあまり改悔《かいけ》の心をおこし、選択集一本を写《うつし》とゞめて、*双紙の袖《そで》に、「源空《げんくう》上人の選択集は、末代念仏行者《ぎょうじゃ》の目足なり」と書《かき》付られ、あまさへ又《また*》述懐の抄をしるして、上人の義をほめ申されけり。彼抄云《かのしょうにいわく》、「近来《ちかごろ》法然《ほうねん》上人浄土宗を興し、専念の行をすゝめしかども、大にそねみ、大にそしりて、学するに及ばずして、むなしくすぎぬ。しかるに不慮のほかに、かの上人の門弟に向顔する事ありき。彼人のいはく、『きかざるには信も謗《ほう》もともにあやまりあり。先師所造の書あり、これを見て、もしは信じもしは謗ずべし』とて選択集をおくれり。これをみるに、一遍はなにともおもひわくかたなく見をはり《（終）》ぬ。二遍には偏執《へんしゅう》のとが《（咎）》やまねくらんとおもひて見をはりぬ。第三遍よりは深旨《じんし》ありと見なして、四五遍これをみるに、信をまして疑《うたがい》なし。〈乃至《ないし》〉我朝《わがちょう》に浄土をすゝめ、念仏をひろむる人おほしといへども、この上人は信謗《しんぼう》ともにつねのひとにこゑ《（超）》たり。そのゆへ《（故）》をたづぬるに、一向専念のすゝめよりをこれ《（起）》り。つねの

大理　検非違使別当の唐名
証義者　論議の当否の判定役
上童　貴人のそばに仕える子供
随身　近衛府の舎人
直廬　摂関や大臣らが宿直・休憩する所
余算　余命
治定　定まる、決まる
おもひわく　分別する、意識する
功能　功徳、利益
双紙の袖　冊子の表紙の端
述懐の抄　述懐抄ともいう（逸書）

人の心にたがへば、そしるにいはれ《（謂）》あり。つねの人の義*にこへ《（超）》たれば、信ずるにいはれあり。この義を立《りっ》せずは、あながちにそしるべからず、あながちに信ずべからず。むかしもいまも、この義をたつる人なければ、失たるべくは人にすぐれたる失たるべし、徳たるべくはひとにすぐれたる徳たるべし。ゆめ〳〵普通の義に准ずべからず。たゞしこのすゝめにしたがひて往生する人、すでに四遠*にあまねければ、徳とするにたれり」〈已上《いじょう》略抄〉とぞかゝれたる。

［第一図］

かの法印は天台の宗匠《そうしょう》なりしかども、選択集を披覧の後は、ひとへに在世の誹《ひ》謗《ほう》をくひ、ふかく上人の勧化を信じて、こゝろを*金池《こんち》のなみによせ、いまはたゞ畢《ひっ》命《みょう》を期《ご》とせんばかりなりとて、専修《せんじゅ》専念の行をこたり《（怠）》なく、念仏往生のいとなみ他事なかりしかば、そのきこへ都鄙《とひ》にあまねく、往生をこひねがふ輩《ともがら》たづねいたらずといふ事なかりき。*承久三年《じょうきゅう》のころ、但馬宮《たじまのみや》より念仏往生の事御たづねありしには、要文《ようもん》をあつめてこまかに注申《しるし》されき。又*散心《さんじん》念仏の事、後鳥羽院《ごとばのいん》遠所の御所より、*西林院《さいりんいん》の僧正《そうじょう》〈承円《しょうえん》〉につけ《（付）》て仰下《おおせ》されける*嘉禄《かろく》二年正月十五日の御書《ごしょに》云、

義　教義、おしえ

四遠　四方の遠い国々

［後鳥羽院遠所の御所幷但馬の宮より散心念仏往生御尋法印所存注進の事］

金池　極楽の八功徳池

承久三年　一二二一年

散心念仏　平常の散乱した心のまま唱える念仏

西林院　大原の勝林院の隣にあった寺

「六廻《かい》の春を迎《むかう》といへども、いまだ一身の愁《うれえ》をなぐさめず。前世《ぜんぜ》の悪業《あくごう》ちから及《およぶ》ところにあらず。*しかるをむなしく日月をゝ《（送）》くりて、出離の行を決せず。*止観弘決《ぐけつ》等を披見《ひけんし》候《そうろう》にも、*三諦《さんたい》円融の義をしらずは、無始の悪業のぞきがたく候歟《か》。*自性空《じしようくう》の理を心にかけずは、散心念仏ばかりもいかゞと覚《おぼえ》候。三部経の中に*双観経などは、*仏智不思議智を信ぜざるものは、往生得がたきむね分明《ふんみよう》に候。*実相の理を心に思《おもい》候べき様如何《よういかん》。たとへば一々の*塵労門《じんろうもん》を翻《ほんじ》つれば、即《すなわち》それ八万四千の諸*三昧《さんまい》門なり。無明《むみよう》転じて明となる。氷とけて水となるがごとくなり。*虚妄分別《こもうふんべつ》するとき煩悩《ぼんのう》も力をば得《うる》事なれば、*自性むなしからんには、なにゝつきてか煩悩もあるべきと、まことに*一念を発《おこ》して、衆生《しゆじよう》と有縁の仏なれば、阿弥陀をとりわきて念仏せんは、*かた〴〵六方諸仏の証誠《しようじよう》もむなしからず、*三諦相即の義も具足してよく候なんと覚候。*都率《とそつ》の僧都《そうず》覚超《かくちよう》の真如観《しんによかん》と申《もうす》事にも、*真如を思《おもう》様とて候も、別に煩《わずらう》べしとはみえ候はぬは、あまりいふかひなき浅智のあまり、かくのごとく存《ぞんじ》候歟。隆　聖房《りゆうしようぼう》などが申候《そうらい》しは、すこしも我等《われら》が分におもひよるべき事とは申さず候き。其間《あいだ》の子細、不審無　極《きわまりなく》候。実《げ》にも令　申《もうさしめ》候*分際《ぶんざい》は*尾籠《びろう》の事にて、出離もかくては不可叶《かなうべからず》候はんには、只《ただ》散心念仏の行にて候べく候。*いづれの様もきらふべからず

嘉禄二年　一二二六年
しかるを　そういう状態で
止観弘決　摩訶止観や注釈書の摩訶止観輔行伝弘決
三諦円融　空・仮・中の三諦が究極において融け合って一体になる
自性空　すべての現象には実体がないこと
双観経　無量寿経の異名
仏智不思議智　阿弥陀仏の智恵の働きは思いはかることができないこと
実相　森羅万象の真実の姿
塵労門　煩悩の異名
三昧門　静寂の境地
虚妄分別　物事の対象の真の姿を誤って認識する
自性むなし　対象の本性が空（くう）である
一念　観察し理解する心
かたがた　結局のところ
三諦相即　三諦円融に同じ。「阿弥陀」の三字が空・仮・中の三諦に当たることをいう
都率　都率谷のこと。比叡山横川の六谷の一つ
真如を思様　真如の理観

候。一定《いちじょう》出離しぬべく候はむ様、相構《あいかまえ》て可注給《しるしたまうべく》候。且如明禅《かつみょうぜんごとき》にも被仰合《おおせあわせられ》て、委細可被仰《おおせらるべく》候。今生《こんじょう》の事、いまはこの外不可有他《たじあるべからず》事候。来世さへに空しく成《なり》候ぬと、*心浮《こころうく》覚候也《なり》。近日の上人などは、中々*以外《もてのほか》の新義ども多《おおく》候て、難信受《しんじゆしがたき》事にて候。聖覚《せいかく》などをも被召寄《めしよせられ》候て、*両方を委細に尋《たずね》さぐられ候て、最上の至要を可注給候。*御辺には散心念仏の義*むね《(宗)》と申ものは不候《そうらわず》やと覚候間、せめて両方をも為令聞給《きこしたまわしめんために》、聖覚をめさるべしとは申候也。なに事も一方ばかりはあしき事にて候也。返々能々《かえすがえすよくよく》思惟して可示給《しめしたまうべく》候。今生の大望《たいもう》これに候也」〈已上取詮《せんをとる》〉。これにつきて西林院の僧正、明禅法印につかはす状《じょうに》云、「遠所の御書これを進覧、この事愚闇《ぐあん》の身たやすく御返事を申がたく候。たゞし但信《たんしん》称名を*遮《しゃ》するにあらずといへども、*理観念仏は*無上菩提如在右手《ぼだいにょざいうしゅ》とこそは候へ。*観解《かんげ》に堪《たえ》しめ御《ましまさ》ば、目出《めでたく》こそは候はめ。所詮《しょせん》御所存の様を注給て進《しんず》べく候。且は御書に見《みえ》候歟、卑賤《ひせん》の類たりといふとも、なを《(猶)》*曩劫《のうこう》の宿善を知がたし。いはむや*九五の尊たり、さだめて三界《さんがい》の故郷を出《いで》やすく御《おはしまし》候歟。一文《いちもん》一句の知識、最前*級《(善)きゅういん》引の媒介に候歟。まことに大切の事候。かならず御存知の趣、*色代《しきだい》覆蔵なく注給て進べく候也」〈已上取詮〉。明禅法印の返状《へんじょうに》云、「散心念仏*理観を相兼《あいかね》られ候事、*口称三昧《くしょうざんまい》観解を瑩《みが》かれば、いよ

分際　程度
尾籠　思慮が浅い
いづれの様　理観と散心念仏のどちらも
心浮　憂鬱
以外　突飛な
両方　理観と散心念仏
御辺　あなた、貴僧
むねと　第一に、主として
遮す　否定する
理観念仏　仏の教えの真理を観察する念仏
無上菩提如在右手　この上ない悟りを得ることが自在にできる
観解　(仏の教えの真理を)観念し理解すること
曩劫　非常に長い時間、はるかの昔から
九五の尊　天子の位
級引　引き上げる、教え導く。「汲」の誤り
色代　お世辞をいう、遠慮する

〳〵出離の媒《なかだち》たるべく候。但《ただし》*止観等は聖道門《しょうどうもん》出離の*一筋を示《しめし》候。浄土門の散心念仏を遮するにあらず候。易行道かならず理観を具《ぐす》べきにあらず候。恵心《えしん》の尺(釈)その意に候歟。且は伝記の文一紙かきいだして進上《しんじょうし》候。この条、浄土宗の道綽善導《どうしゃくぜんどう》等の人師《にんし》の心*左右《そう》なき事にて候う(上)へ、*経教論家《きょうぎょうろんげ》ならびに*天台妙楽《てんだいみょうらく》等の尺(釈)までも違すべからず候。*地体《じたい》*菩提心につきて、*縁理四弘《えんりのしぐ》は勿論《もちろん》の事、菩提心をかならず*具不《ぐしぐせ》具《ざる》は、人師の尺(釈)等不定《ふじょうに》候。〈恵心《えしんの》*二尺(釈)〉いはむやその上の行、かならず理観を具べきにあらず候歟。但念仏《たんねんぶつ》の外余行《よぎょう》無益《むやく》のよし、近来の聖人《しょうにん》等多《おおく》申《もうし》候歟。この条は(甚)なはだ*甘心なく候。*泥洹《ないおん》の真の法宝《ほうぼう》、衆生種々の門より入《いる》と〈云々《うんぬん》〉。行者の根性《こんじょう》区《まちまち》にわかれ候。己心《こしん》の高広を観じて*無窮《むぐう》の聖応《しょうおう》をたゝく機縁、又なかるべきにあらず候。たとひ末代たりといふとも、なむぞ*射的の益なく候はんや。但《ただし》且は本願に順じ、且は易行たり、散心念仏往生の業に足《たる》よし、出仕のむかしより籠居のいまにいたるまで、その意変ぜず候。御使《おんつかい》を*立《たて》ながら、所存の趣を申入《いれ》候。御取捨*あて申さるべきよし、*洩申《もれもうさ》しめ給《たまう》べく候」〈已上取詮〉。法印注進の恵心*伝記の文云《もんに》、「往年に人ありて、ひそかに問云《といて》、『和上《わじょう》智行世に等倫なし。所修《しょしゅ》の行法《ぎょうぼう》なにをもちてか宗《むね》とするや』。答《こたう》、『念仏を宗とす』。又問《とう》、『諸行の中には理をもちて勝《すぐれ》たり

理観　理観念仏のこと
口称三昧　念仏を称えて三昧の状態に入る
止観　精神を統一して真理を観察すること
一筋　一筋縄の略。普通の方法
左右なし　とかく議論にならない
経教論家　経家・教家・論家をいう
天台妙楽　天台大師(智顗)や妙楽大師(湛然)
地体　そもそも、本来
菩提心　悟りを得ようとする心
縁理四弘　真理を縁として起こす四弘誓願
具不具　備えるべきか否か
二尺　往生要集に二つの解釈がある
甘心　納得する
泥洹　涅槃に同じ
無窮の聖応　極まりない仏の感応
射的の益　的を射る練習のように努力して成就することの譬え
立つ　立ち止まらせる、待たせる
あて　「ありて」の略
洩れ申しめ給　(上皇に)奏上する
伝記の文　首楞厳院二十五三昧結縁過去帳に見える挿話

とす。念仏の時*法身《ほっしん》を観ずやいなや』。答、『只《ただ》仏号をとなふ』。又問、『なんぞ理を観ぜざる』。答、『往生の業には称名足ぬべし。本意《ほい》この念にあり。故《かるがゆえ》に理を観ぜず。但これを観ぜんとおもはむにかたしとせず。われ理を観ずるとき、心あきらかに通達《つうだつ》して障碍《しょうげ》ある事なし』」〈云々〉。僧正又重《かさねたる》状《じょうに》云、「一紙の趣ふかく肝に銘《めいじ》候。*一代の聖教《しょうぎょう》をのせらるといふとも、これにすぐべからず候歟。愚意の所存*秋《しゅう》毫《ごう》も違せず候間、信仰無極《きわまりなく》候。抑《そもそも》彼《かれ》へ進上の書札、細少を*為先《さきとし》候。文字《もんじ》も今すこしちゐ《（小）》さきやう《（様）》に御書写ありて給べく候。御自筆上覧のために宜《よろしかる》べき間申候也〈云々〉」〈取詮〉。*無観の散心念仏、弥陀の本願にかなひ、往生の業因《ごういん》たるむね、恵心の伝記、法印の存知あきらかなり。

［第二図］

法印*風痾《ふうあ》にをか《（冒）》され、病悩日月をゝく《（送）》るといへども、称名の行さらにをこた《（怠）》る事なし。病席にふして後、ある時にはか《（俄）》に涕泣《ていきゅう》せらるゝ事のありけるを、弟子おどろきてこれを尋《たずね》申ければ、「明禅聖覚と*手つが《（番）》ひて人にい《（言）》はるなる、無益《むやく》の*対揚かなとしごろ《（年頃）》おもひしが、たゞいま《（今）》ふとおもひい《（出）》でられたるなり。*故郷の妄執《もうしゅう》を

法身　真如の理体

一代の聖教　釈尊一代の教え

秋豪も　少しも

為先　第一とする

無観の　観想を伴わない

［法印奇瑞往生の事］

風痾　風邪

手つがひ　二人並べて

対揚　釣り合い、対抗

故郷の妄執　この世における執着

わすれざるは、*浄刹《じょうせつ》の欣求《ごんぐ》のひまあるにこそ」と申されける。念々不捨の信力《しんりき》もこのことばにあらはれ、*順彼《じゅんぴ》仏願の正業《しょうごう》もたゞ一言にしられたり。紫雲たなびきて往生人の相ありとて、人おほく群集《くんじゅ》するよし、看病の人々申ければ、「*何条《なんじょう》明禅が臨終に紫雲の*沙汰《さた》までに及ばむぞ。たゞ正念《しょうねん》みだれずして称名をもちて息たえたらんにすぐ《(過)》べからず」とて、正信房《しょうしんぼう》を知識として、頭北面西《ずほくめんさい》にて、「極重悪人、無他方便、唯構《(称)》弥陀、得生極楽（*極重の悪人は、他の方便なし。唯《ただ》弥陀を称すれば、極楽に生ずることを得ん）」の文をとなへ、念仏相続し、如入禅定《ぜんじょうにいるがごとく》にして、*仁治《にんじ》三年五月二日*午剋《うまのこく》に往生をとげられけるとなん。凡《およそ》如来の出世には、大権《だいごん》の菩薩*外道《げどう》となり、*仏化《ぶつけ》をあざむきて、かへりて威光をましき。上人濁世《じょくせ》の良導たるによりて、誹謗*留難《るなん》しば〳〵きおひ《（競）》おこり《（起）》しかども、*時機相応の運しからしめて、その宗つゐ《（遂）》に隠没《おんもつ》せず、相伝いよ〳〵さかむなり。むかし《（昔）》をもちていま《（今）》をおもふに、かへりて信心をますにたれるものなり。

［第三図］

浄刹の欣求　極楽を願い求める
順彼仏願の正業　阿弥陀仏の願に順じた正定業
何条　どうして
沙汰　評判、うわさ
極重の悪人は云々　往生要集の文
仁治三年　一二四二年
午剋　午前十二時頃
外道　悪魔
仏化　釈尊の導き
留難　妨げて邪魔をする
時機相応　（念仏の教えが末法という）時代と人々の機根にふさわしい

法然上人行状絵図　第四十二

上人《しょうにん》の没後《もつご》、*順徳院《じゅんとくいん》の御宇《ぎょう》*建保《けんぽう》、*後堀河《ごほりかわの》院の御宇*貞応《じょうおう》、*嘉禄《かろく》、*四条《しじょうの》院の御宇*天福《てんぷく》、*延応《えんのう》、たび〳〵一向専修停止《せんじゅちょうじ》の勅をくださるゝ事ありしかども、厳制すたれやすく、興行とゞまりがたくして、遺弟《ゆいてい》の化導都鄙《けどうとひ》にあまねく、念仏のこゑ《（声）》洋々として耳にみてり。これあに*止住百歳の仏語むなしからずして、やうやく*利物偏増《りもつへんぞう》の益《やく》をあらはすにあらずや。爰《ここに》上野国《こうずけの》より登山《とうざん》し侍《はべり》ける並榎《なみえ》の竪者定照《りっしゃじょうしょう》、ふかく上人念仏の弘通《ぐずう》をそねみ申て、弾選択《だんせんちゃく》といふ破文《はもん》をつくりて隆寛《りゅうかん》律師の菴《いおり》におくるに、律師又《また》顕選択といふ書をしるしてこれをこたふ。その詞《ことば》には、「汝《なんじ》が*僻破《へきは》のあたらざる事、たとへば*暗天の飛礫《ひれき》のごとし」とぞ*あざむかれて侍る。定照いよ〳〵いきどを《（憤）》りて、ことを山門にふれ衆徒《しゅと》の蜂起《ほうき》をすゝめ、貫首《かんじゅ》〈浄土寺僧正円基《じょうどじのそうじょうえんき》〉にうた《（訴）》へ奏聞《そうもん》をへて、隆寛、幸西等《こうさいら》を流形《（刑）》せしめ、あまさ《（剰）》へ上人の大谷の墳墓を破却して、死骸《しがい》を鴨河《かもがわ》にながすべきよし結構す。

［山僧並榎の竪者定照衆徒の蜂起を勧て隆寛等を流す事］

順徳院　第八四代天皇（在位一二一〇～二一）
建保　一二一三～一九年
後堀河院　第八六代天皇（在位一二二一～三二）
貞応　一二二二～二四年
嘉禄　一二二五～二七年
四条院　第八七代天皇（在位一二三二～四二）
天福　一二三三～三四年
延応　一二三九～四〇年
止住百歳の仏語　無量寿経の文。仏法が滅亡した後も百年はこの経をとどめようという釈尊の言葉
利物偏増　西方要決の文。末法万年の時に他の経がすべて滅んでも、阿弥陀仏の教えだけは人々を利することがひとえに増す
僻破　間違った非難
暗天の飛礫　暗夜に小石を飛ばす
あざむく　小馬鹿にする

［第一図］

つゐ《（遂）》に勅許ありしかば、*嘉禄三年六月廿二日《にじゆう》、山門より*所司*専当をさしつかはして、廟堂《びょうどう》を破却せむとす。こゝに*六波羅の修理亮《しゆりのすけ》*平時氏《たいらのときうじ》、禁制《きんぜい》のために使者をさしつかはす。頓宮《とんぐう》の内藤《ないとう》五郎兵衛尉《ひょうえのじょう》盛政《もりまさ》法師西仏《さいぶつ》、子息一人を相《あい》具してまかりむかふ。たとひ勅許ありといふとも、武家にあひふれ《（触）》らるべし。左右《そう》なく*狼籍《ろうぜき》をいたす事はなはだ《（甚）》*自由也《なり》。すべからく苛法《かほう》の悪行《あくぎょう》をとゞめて、穏便《おんびん》の沙汰《さた》をいたすべし。もし*制法にかゝはらずは、*法にまかすべきよし、禁遏《きんあつ》のことばをつくすといへども、な《（猶）》を承引せず、廟墳《びょうふん》をやぶり房舎をこぼちければ、「*医王山王《さんのう》もきこしめせ、念仏守護の*赤山大明神《せきざんだいみょうじん》にかはりたてまつりて、魔縁うちはらひ侍らむ。いつはりて*四明《しめい》三千の使《つかい》と号し、みだりに*四魔三障のむらがりきたるか。もとゞり《（髻）》は主君のためにそのかみ*きり《（切）》にき。命は師範のためにたゞいま捨《すつ》べし。*あにはかりき《（図）》や、戦場をもて往生の門出《かどで》とし、悪徒をもて*逆縁の知識とすべしとは。*善悪不二《ふに》のことはり、*邪正一如《じゃしょういちにょ》のおきては、山門の使ならばさだめてきゝ《（聞）》しる《（知）》らん。自他もろともに九品《くほん》蓮台の同行《どうぎょう》となり、怨親《おんしん》おなじく*七重樹下《じゅげ》の新賓《しんぴん》たらん」といひて

［嘉禄三年六月山門の衆徒大谷の廟堂を破却せんとする事］
嘉禄三年　一二二七年
所司　寺務をつかさどる僧
専当　雑事に従事する僧
六波羅　六波羅探題のこと
平時氏　北条時氏（一二〇三～三〇）
狼籍　乱暴。籍は「藉」の誤り
自由　気まま、わがまま
制法にかかはる　制止に従う
法にまかす　法に照らし成敗する
医王　根本中堂の本尊薬師如来
赤山大明神　京都市左京区の赤山禅院に祀る神
四明三千　比叡山三千の僧徒。四明は比叡山の別称
四魔三障　衆生を悩ます四つの魔と悟りを妨げる三つの障り
かみ　昔
あにはかりきや　思いもよらなかった事だ
逆縁の知識　暴徒たちを仏縁の導き人にすること

武威をふるひければ、使者退散して、その日はくれにけり。

[第二図]

その夜、法蓮房覚阿弥陀仏《ほうれんぼうかくあみだぶつ》等、*妙香院《みょうこういん》の僧正〈良快《りょうかい》、月輪殿《つきのわどの》御息〉の*禅室に参じて、この事しばらくしづ《（静）》まれりといふとも、山門のいきどをりなを*むな《（虚）》しからじ、はやく改葬すべきよしを申入《い》る丶に、「この儀もと《（最）》もよろしかるべし」と仰《おおせ》られければ、やがて*こよひ人しづまりてのち、ひそかに御棺の石の*横《ひつ》の蓋《ふた》をひらくに、面像い《（生）》けるがごとくして、異香《いきょう》*芬馥《ふんぷく》せり。貴《とうと》しなどもいへば*さらなり。おの〱随喜の涙をそながしける。

[第三図]

西郊《せいこう》にわた《（渡）》したてまつるに、路次《ろし》の障難を丶そ《（恐）》れて、宇津宮《うつのみや》の弥三郎《やさぶろう》入道蓮生《れんしょう》、*塩屋《しおのや》の入道信生《しんしょう》、千葉の六郎大夫《たいふ》入道*法阿《ほうあ》、渋谷《しぶや》の七郎入道道遍《どうへん》、頓宮の兵衛入道西仏等、出家の身なりといへども、法衣《ほうえ》のうへに兵杖《ひょうじょう》を帯して、御ともに参じければ、家子《いえのこ》*郎等《ろうどう》などあひしたがひける程に、軍兵《ぐんぴょう》済々《せいぜい》として前後にかこめり。

善悪不二・邪正一如　善と悪、邪と正は本質において一体である
七重樹下の新賓　七重に囲まれた浄土の宝樹の下の新客

[御廟改葬の事]
妙香院　比叡山の横川飯室谷にあった寺
禅室　青蓮院にあった住房
むなしからじ　納まらない
こよひ　その夜のうち
横　「櫃」の当て字
芬馥　香の盛んなさま
さらなり　今更ながら当然だ

[西郊にわたし奉る路次の警固の事]
塩屋の入道信生　塩谷とも書く。実名は朝業、蓮生の弟
法阿　実名は胤頼
郎等　従者、家来

遺弟以下《いげ》御ともに参ずる人一千余人、おの〳〵涙をながし、かなしみをぞふくみける。

［第四図］

*嵯峨《さが》にわたしをき《（置）》たてまつりて、在所を隠密《おんみつ》すべきよし、おの〳〵仏前にちかひて退散しにけり。こゝに*山徒本意《ほい》をとげざる事をいきどをりて、なを遺骨のゆくゑ《（行方）》をたづぬるよしきこえしかば、同廿八日の夜、*しのびて広隆寺《こうりゆうじ》の来迎房円空《らいこうぼうえんくう》がもとにうつしをきたてまつりて、その歳《とし》もくれにけり。

［第五図］

翌年〈*安貞《あんてい》二年也〉正月廿五日の*暁更《ぎようこう》に、西山の粟生野《あおの》の幸阿弥陀仏《こうあみだぶつ》のもとにわたしたてまつりて荼毘《だび》をなすに、紫雲そらにみち、異香もともはなはだし。諸人渇仰《しよにんかつごう》のおもひいよ〳〵切なり。荼毘所の西にあたりて、*もと《（元）》はひとつ*するゑ《（末）》は三《みつ》またなる松あり。紫雲かの松にかゝりて、みどりをかくすほどなりけり。紫雲の松となづけていまにあり。かの荼毘所のあとには堂をたてゝ、御墓堂と号して念仏を修《しゆ》す。

［嵯峨及広隆寺に移し置奉る事］
嵯峨　京都市右京区
山徒　比叡山の僧徒
しのびて　こっそりと

［安貞二年正月西山の粟生野にて荼毘し奉る事］
安貞二年　一二二八年
暁更　夜明け方、まだ暗いころ
もと・するゑ　根本と幹をいう

いまの*光明寺《こうみようじ》これなり。

［第六図］

遺骨をひろひ、*宝瓶《ほうびよう》にをさめ《（納）》たてまつり、幸阿弥陀仏にあづけをきて、おの〱退散しぬ。そのゝち正信房《しようしんぼう》のさた《（沙汰）》として、かの芳骨をおさめたてまつらむために、二尊院《にそんいん》の西の*岸の上に、*雁塔《がんとう》をたてゝ、*貞永《じようえい》二年正月廿五日に、正信房御骨の御むかへに、粟生野の幸阿弥陀仏のもとに罷向《まかりむかう》ところに、幸阿弥陀仏は御骨を庵室《あんじつ》のぬりごめ《*（塗籠）》にふかくおさめをきたてまつりて、鎮西《ちんぜい》に下向しにけり。かぎをたづぬるに、ぬりごめをひらく《（開）》べからざるむね、かたくいましめをきて、鎰《かぎ》をあづけをかれざるよし、留守《るす》のものこたえ申あひだ、*仰天《ぎようてん》きはまりなし。相伴《あいともなう》ところの門弟廿八人、面々に力をつくし、をし《（押）》て戸をひらかむとするにかな《（叶）》はず、むなしく帰《かえり》なんとする時、「御在世《ざいせ》ならば、*湛空《たんくう》が参《さんじ》たるよし申いれ《（入）》んに、などか見参《げんざん》にいらでむなしく帰るべき」となく《（泣）》〱くどき《（口説）》申されけるに、ぬりごめのくるゝ《*（枢）》なる《（鳴）》やうにおぼえければ、門弟の中にちかく侍る信覚《しんがく》といふ僧に、「いま一度戸をひきてみよ」と正信房申されければ、信覚たちよりて戸をひくに、相違なくあきにけ

光明寺　京都府長岡京市にある西山浄土宗の総本山

［正信房湛空御骨を迎て二尊院の雁塔に奉納の事］

宝瓶　瓶（小型のかめ）の美称

岸　地面が切り立った所、崖

雁塔　廟塔、塔

貞永二年　一二三三年

ぬりごめ　回りを厚い壁で塗り固めた小部屋

仰天　非常に驚き落胆する

湛空　正信房のこと

くるる　開き戸の受け軸

り。歎中《なげき》おもむきを聞食入《きこしめしいれ》られけるにこそとて、歓喜《かんぎ》の涙をながし、御骨をむかへたてまつりて、塔中にをさめたてまつりぬ。

［第七図］

法然上人行状絵図　第四十三

上人《しょうにん》の勧化《かんげ》本願のむねにかなふゆへ（故）に、かのおしへにしたがふもの、往生をとげたる事、在世《ざいせ》といひ滅後といひ、都鄙《とひ》のあひだそのかずをしらず、筆墨も記しがたし。しかりといへども、法流をひろむる遺弟《ゆいてい》より、慈訓をまもる道俗にいたるまで、まのあたり面受したてまつれるにかぎりて、*旧記にのせ*口実にそなふるところ、あつめてその行状をしるす。けだし上人化導《けどう》の徳とするにたれるゆへなり。

［白川の法蓮房信空附法の事］

白川《しらかわ》の法蓮房信空《ほうれんぼうしんくう》〈又号称弁《しょうべんとごうす》〉は、中納言顕時卿《ちゅうなごんあきときぎょう》の孫、左大弁行隆朝臣《ゆきたかあそん》の長男也《なり》。かの朝臣の*室懐妊の時、父中納言顕時卿申されけるは、「汝《なんじ》が妻室のう（生）めらんところ、もし男子《なんし》ならば、かならず我《わが》養子とすべし」と。かの室家《しっか》つき（月）みちて、*久安二年に男子を生ず。中納言これをよろこびて、*乳母《めのと》に酒肉*五辛を禁ぜしめて養《やしない》そだてらる。*保元《ほうげん》二年十二歳のとし、墨染《すみぞめ》の布の衣袈裟《ころもけさ》をくるまのなかにいれて、黒谷《くろだに》の叡空《えいくう》上人にをく（送）りつかはす状云《じょうにいわく》、「面謁之時令申候小童登山候。剃髪着此法衣、不歴名利之学道、速授出離之要道（面謁の時申さしめ候《そうろう》小童登山《とうざん》し候。剃髪《ていはつ》して

旧記　古い記録
口実　言いぐさ、語りぐさ
室　貴人の妻、内室
久安二年　一一四六年
乳母　生母に代わり子に乳を飲ませ育てる女
五辛　五種の辛味や臭みのある野菜
保元二年　一一五七年

この法衣《ほうえ》を着《ちやく》せしめ、名利《みようり》の学道に歴《ふ》れず、速かに出離の要道を授けたまへ」〈云々《うんぬん》〉。仍《よつて》登山の翌日に出家して、*薫修《くんじゆ》功つもりにければ、*道徳三塔にきこえ、名誉九重《きゆうちよう》にを《（及）》よぶ。*二条院《にじようのいん》ことに御帰依をあつくしまし〳〵けり。叡空上人入滅の後は、源空《げんくう》上人に奉事《ぶじ》して大乗円戒を相承《そうじよう》し、又浄土の教門をならひ、念仏を修《しゆ》してまのあたり*白毫《びやくごう》を拝す。この*ひじり《（聖）》、毘沙門堂《びしやもんどう》の法印明禅《みようぜん》に対面のことありけるに、法印たづね申さるゝこと、*内外典《ないげてん》にわたりて、いづれも分明《ふんみよう》にこたへ申されければ、所学の程*ゆかしくおぼえて、「いかなる*明師達にかあひ給《たま》へりし」ととひ《（問）》申されけるに、幼稚のむかしより、たゞ法然《ほうねん》上人の教訓をかぶれる《（蒙）》ほか、きけるところなきよし申されけり。「このひとの才学の程をおもふに、師範上人の*恵解《えげ》の分おもひやられて、いみじくおぼえ侍《はべ》し」と、法印のちにかたられけるとなむ。さればにや、法印但馬《たじまの》宮へ進ぜられける状にも、このひじりの事をば、「内外《ないげ》博通し、智行《ちぎよう》兼備せり。念仏宗の先達《せんだつ》、*傍若無人《ぼうじやくぶじん》といふべし」とぞのせ《（載）》られて侍る。行年《ぎようねん》八十三、*安貞二年九月九日、九条の袈裟をかけ、頭北面西《ずほくめんさい》にして、上人の遺骨をむねにを《（置）》き、名号《みようごう》をとなへ、ねぶる《（眠）》がごとくして往生をとげられにけり。

薫修　修行を重ねること
道徳　修行を積んで得られた誉れ
二条院　第七八代天皇（在位一一五八～六五）
白毫　仏の眉間にある白い旋毛
ひじり　修行を積んだ高徳の僧、上人
内外典　内典(仏教の典籍)や外典(仏教以外の典籍)
ゆかし　見たい、知りたい
明師　尊師と同義、師を敬っていう
恵解　智恵と理解力
傍若無人　肩を並べる人がいない
安貞二年　一二二八年

［第一図］

西仙房心寂《さいせんぼうしんじゃく》は、もと叡空上人の弟子なりけるが、のちには上人を師として、一向専修《せんじゅ》の行者《ぎょうじゃ》となりにけり。学生《がくしょう》なるうへ《（上）》道心もふかゝりしかば、上人を*をろか《（疎）》ならぬことにおもひ給へり。しかるを西仙房心中におもはく、「*同朋《どうぼう》*同行《どうぎょう》したしきあたりは、ことにふれてその*難おほし。たれともしら《（知）》れざらんところ《（所）》にひとりゐ《（居）》て、しづかに念仏せむ」とおもひて、さるべき所やあるとたづねありき《（歩）》けるほどに、河内国《かわちの》*讃良《さらら》といふところに、あたりもにぎは《（賑）》ひてみゆる家ありけり。そこなるひとにたづぬれば、「あの家主《いえぬし》は*尾入道《おにゅうどう》とて、この辺の*長者《ちょうじゃ》なり。ありがたき善人にて、よろづの僧のあつまる所なり」と申けるをきゝて、かの家にゆきていふ《（言）》やう、「しづかなるところにゐて、後世《ごせ》のつとめをせばやとおもひ侍れども、*無縁のものにて身命《しんみょう》*つぎ《（継）》がたし。入道殿は善人にておはすなるに、あのはやしのなかに*方丈のいほり《（庵）》一《ひとつ》つくりて、なににても*めさ《（召）》むものを*よほし給なむや。そのうちにこもり居て、しづかに念仏し侍らむ。たゞし僧を帰依してをき《（置）》たればとて、*心経《しんぎょう》一巻をもよませ、もしは*消息《しょうそこ》一紙なりともかけなどの給ひて、これへよび、また

［西仙房心寂生涯別時念仏の行儀にて奇瑞往生の事］
をろかならぬこと　並々ならぬ人物
同朋　仲間、友達
同行　信仰・修行を同じくする者
難　難儀な事、煩わしい事
讃良　大阪府四条畷市。同市の大正寺は西仙房の開山と伝える
尾入道　翼賛は「尼入道」に訂す。尾は「を」（小）の意で、大入道の対称か
長者　富豪
無縁　親類・縁者がいないこと
つぐ　保つ、持続する
方丈　一丈四方
めさむ　飲食なされる
よほし　寛永一三年刊本「施し」、元禄一三年刊本「催し」と読む
心経　般若心経のこと
消息　手紙、便り

あれへおはする事あるべからず。*かた《(形)》のごとく命いけ《(生)》給はむものをば、やまはやし《(山林)》の鳥けだもの《(獣)》にほどこすとおもひ給へ」と。この入道もいさゝかみる《(見)》ところありけるにや、「いかにも御房の仰《おおせ》られんにしたがふべし。ゆめ〳〵心をたが《(違)》へたてまつるべからず」とこたへければ、「さらばそのころまいらん」とちぎりおきて、京へかへりのぼりて、所持の聖教《しょうぎょう》どもをばひと《(人)》にわかちとらせて、たゞ水瓶《すいびょう》ばかりを身にしたがへつゝ上人の草庵《そうあん》に参じ、*隠居の所存をのべ、「今生《こんじょう》の見参《げんざん》は只今《ただいま》ばかりなり。再会は極楽を期《ご》し侍べし」とていで《(出)》にけり。上人つねは、「いかやうにかす《(住)》みなしたるらん」との給ける程に、三年といふにこのひと出来《いでき》たれり。上人おどろきて、「あれはいかに」との給へば、西仙房申様《もうすよう》、「その事に候。はじめの年ばかりは、*世縁俗念の心をみだる事もさふら《(候)》はでよく候しかども、こぞ《(去年)》のはるより*徒然《つれづれ》の心いできて、いとひ《(厭)》し同朋同行、したしき*境界《きょうがい》までもこひしく、徒然にたえぬまゝには、ありし聖教をひらき見たらば*なぐさ《(慰)》みてましなど、ひとにとらせし事さへ後悔せられ、剰《あまさえ》はて《(果)》ては*時《とき》*非時《ひじ》をつたふる小童などにむかひて、なにとなき*そゞろ事《ごと》を申て、心をなぐさめなどして、いよ〳〵つれ〴〵のみ強盛《ごうじょう》になり侍しかば、故郷をおもふ心はおほく、極楽をねがふ心はすくなし。心をしづめて念仏申さむた

かたのごとく　形ばかり、わずかに
隠居　隠遁、閑居
世縁俗念　世間の関わりや俗事での煩わしい思い
徒然　ひとり寂しく物思いに沈む
境界　情景、環境
なぐさむ　気を紛らす
時　午前中にとる正規の食事。「斎」と書く
非時　午後にとる食事。「斎」の対語
そぞろ事　取り留めもないこと

めにこそこゝにはきたりしか。*つれ〴〵をねむじ《（念）》故郷をこふる心とたゝか《（戦）》はんためにはあらざりき。されば*仮名《けみよう》の*阿蘭若《あらんにゃ》*すみ《（住）》〴〵て、をはり《（終）》にはなにの身にかはなるべき。無益《むやく》のすまひかなとおもひて、入道にはかく《（斯）》とも申さでにげ《（逃）》のぼりて候なり」と申ければ、「智者にも学生にもよらず、道心なきものは*この心はなき事なり」と、上人返々《かえすがえす》随喜し給けり。さて姉小路《あねがこうじ》白川*祓殿《はらえどの》の*辻子《ずし》といふ所に、妹の尼公《にこう》の侍けるいほりのうしろに*ひさし《（庇）》をさして、身ひとつおさむるほどに、わら《（藁）》をもちて*ゆひ《（結）》まは《（回）》して、そのうちにこもりゐて、*かみ《（紙）》の衣を着し、*食時《じきじ》*便利のほかは一向に念仏す。小土器《こかわらけ》六《むつ》をならべて、香をもり火をけた《（消）》ず、とりうつし〴〵して念仏しけり。ひとにも対面せず、生涯は*別時なりけり。ついに*元久《げんきゆう》元年の冬、臨終正念《しようねん》にして、端坐《たんざ》合掌し高声《こうしよう》念仏する事数遍《すへん》、念仏のこゑ《（声）》にていきたえ《（息絶）》ぬ。そのあたり五六町のうち異香芬馥《いきようふんぷく》す。室のうち三年までかうばし《（芳）》かりけるとなむ。東山*延年寺《えんねんじ》のうゑ《（上）》の山に葬す。着するところのかみの衣、異香はなはだ《（甚）》し。たづねいたるひと、面々にわかちとりにけり。終焉《しゆうえん》のとき、貴賤男女《きせんなんによ》はしり《（走）》あつまりて結縁しけるなかに、大番の武士千葉《ちば》の六郎大夫《たいふ》胤頼《たねより》これをみて、たちまちに発心《ほつしん》出家す。上人給仕の弟子法阿弥陀仏《ほうあみだぶつ》これなり。

しか　過去助動詞「き」の已然形（「こそ」を受ける）
仮名　名前だけで実体がないこと
阿蘭若　梵語。人里離れた修行に適した閑静な所、草庵
すみすみて　住み着いていても
この心　世間体を捨ててでも往生を遂げようとする心
祓殿　神社などで祓いを行う殿舎
辻子　通り抜けの路地、小路
ひさし　小さな屋根
ゆひまはす　囲い回す
かみの衣　紙で作った衣、紙子（かみこ）
食時　食事する時
便利　大小便のこと
別時　別時念仏のこと
元久元年　一二〇四年
延年寺のうゑの山　鳥辺野と呼ぶ葬地

［第二図］

嵯峨《さが》の正信房湛空《しょうしんぼうたんくう》は、徳大寺《とくだいじ》の左大臣〈*実能公《さねよし》〉の孫、法眼円実《ほうげんえんじつ》の真弟、大納言《だいなごん》律師公全《こうぜん》これなり。*瑜伽《ゆが》の壇のうへには*四曼不離《しまん》のはなぶさ《（花房）》をもてあそび、*観念の窓のうちには*五相成身《じょうしん》の月をすまして、*三密の法将《ほっしょう》、*四明の智徳たるべき*器用《きゆう》なりければ、実全僧正《じつぜんそうじょう》の*附弟にぞたのまれける。されども浮生《ふしょう》の名利をいとふ心ねんごろに、菩提《ぼだい》の直路《じきろ》をねがふ心ざしふかゝりければ、つゐ《（遂）》に聖道門《しょうどうもん》をすてゝ上人の弟子となり、ひとすぢ《（一筋）》に浄土門にぞいり給ける。まのあたり上人の眼光を拝してのちは、信仰ことにふかし。円戒をつたえて天下の*和尚《わじょう》たりき。*稽古《けいこ》を事とせず、*小学の単修《たんじゅ》をこのみて、「学問選択集《せんちゃくしゅう》にはすぐべからず」とぞ申されける。年たけ齢《よわい》かたぶく《（傾）》まゝに、道心いよ〱堅固《けんご》にして、専修功つもり行徳《ぎょうとく》あらはれければ、世こぞりてこれをたうと《（尊）》びき。毘沙門堂の法印〈明禅〉最後の知識には、このひとをぞもちゐ《（用）》られける。嵯峨の二尊院《にそんいん》は、上人草庵をむすびてかよひ給し地なり。その跡を*かうばしくして、居をこゝにしめ、寺院を興隆し、*楞厳雲林《りょうごんうりん》両院の法則《ほっそく》をうつして、*廿五三昧《にじゅうござんまい》を*懃行《ごんぎょう》し、上人の墳墓をたてゝ、もはら《（専）》かの遺徳を

［嵯峨正信房湛空附法の事］
実能　藤原実能（一〇九六～一一五七）
瑜伽の壇　真言密教の修法をする場
四曼不離のはなぶさ　四種の曼荼羅（大・三昧耶・法・羯磨）を不離とする境地
観念の窓　観想の修行
五相成身の月　密教の通達菩提心・修菩提心・成金剛心・証金剛身・仏身円満という五つの相を明瞭に観じる
三密の法将　天台密教の最も優れた僧
四明の智徳　比叡山における学徳兼備の人
器用　能力・資質の持ち主
附弟　法統を受け継ぐ弟子
和尚　戒を授ける戒和尚のこと
稽古を事とす　伝統的な学問に専念する
小学の単修　特定の分野を専らに学修する

ぞ恋慕し給ける。上人*遷謫《せんたく》のときも、配所までともなはれけるが、御《おん》かたみのためにとて、船のうちにて上人の真影をはり(張)たてまつられける。船のうちのはり御影《みえい》とて、当時二尊院の塔にましますこれなり。生年《しょうねん》七十八、*建長五年五月の比《ころ》より所労の事おはしけるが、同七月廿七日、念仏数《す》百遍、ねぶるがごとくしてをはり(終)給にけり。

[第三図]

播摩国《はりまの》*朝日山《あさひやま》の信寂房《しんじやくぼう》は、上人面授の弟子なり。明恵《みょうえ》上人摧邪輪《ざいじゃりん》といふ文《もん》をつくりて選択集を破せられたるを、この人*破文《はもん》をつくりて*難者《なんじゃ》の非をあらはせり。一々の義立破《りっぱ》分明なる中に、*瑜伽荘厳《しょうごん》等の論を引て難じ、*香象清涼《しょうりょう》等の尺(釈)をあげて破せられたるところの答にいはく、「かれは菩薩《ぼさつ》の解行《げぎょう》をあかす、これは凡夫の往生をのぶ。難行易行《いぎょう》その心ことに(異)、自力他力そのむね別なり。経論の所説いづれも*誠諦《じょうたい》なりといへども、すでに*時処対機利益《りやく》各別なり。五性《ごしょう》各別の義をもて*一切皆成《かいじょう》の旨を難ぜむに、天台の学者これを信伏せむや。いま*万行成仏《まんぎょうじょうぶつ》の論をもちて念仏往生の義を難ぜむに、浄土の行人《ぎょうにん》これを依用《えゆう》せむや」〈已上〉。又「念仏宗を

かうばしくす　立派に整える
楞厳雲林　首楞厳院と雲林院
廿五三昧　二十五三昧式に基づく念仏の法会
懃行　懃は「勤」と同義
遷謫　罪によって遠方へ移される
建長五年　一二五三年

[播磨国朝日山の信寂房附法の事]
朝日山　兵庫県姫路市にある朝日山大日寺のこと
破文　慧命義一巻
難者　非難する人。明恵を指す
瑜伽荘厳　無着作の瑜伽師地論や大乗荘厳経論
香象清涼　香象大師(法蔵)や清涼国師(澄観)
誠諦　真実
時処対機利益各別　時代や場所、対象となる人の能力に応じて得られる効果はそれぞれ異なる
一切皆成　一切のものが成仏する

たてむと思はゞ諸師によるべし。また一師によらば宗義を立べからず」と、難ぜられたるところをこたふる《（答）》にいはく、「もし諸師によりて一宗をたつべくは、密宗の学者顕宗の祖師により、顕宗の学者密宗の祖師によるべし。もししからずはこの難き《（来）》たるべからず。難者もし天台真言の祖師によらば、花厳《けごん》はすなはち天台真言の方便となるべし。いかゞ宗義をたてむ。一宗のうちにおきて先徳おほしといへども、一師の尺《（釈）》義をもちて指南とする時は、またく《（全）》相違の師をもちゐる事なし」〈已上〉。凡《およそ》この人、内外典にあきらかなりき。さればにや、毘沙門堂の法印〈明禅〉は、上人の没後《もつご》に選択集をひらきみて、かの義を服膺《ふくよう》のあまり、一巻の書に所存のむねをしるして、*落書《らくしよ》の体《てい》にて信寂房の*鳥部野《とりべの》の草庵にをくられ《（送）》けるとなむ。世に述懐《じゆつかい》抄《しよう》といへるこれなり。このひじり、法門の大綱選択集を本《もと》として、かの義にたがへる事一言《ひとこと》も申されざりけり。*あながちに*練若《れんにや》のすまゐ《（住居）》を*このみ、*しゐて*俗塵《ぞくじん》をいとはれざりけり。遠江国《とおとうみの》*横路《よこじ》といふ所に侍ける西蓮《さいれん》といふ僧上洛《じようらく》して、辺土の*利生《りしよう》をすゝめ申によりて、*寛元《かんげん》々年の秋の比、花洛《からく》をいで《（出）》ゝかのくにゝ下向、おなじき二年正月*癰瘡《ようそう》を発《おこ》す。門弟等療治をすゝめ申といへども、つゐにこれをゆるさず、やうやく危急におよぶあひだ、食事《じきじ》をとゞめ、二月廿一日より門弟におほせ《（仰）》て、別

万行成仏　一切の諸行によって成仏する

落書　人の批判や時事の諷刺を匿名で記した文。ここでは単に匿名の意

鳥部野　京都市東山区。鳥辺野とも書く

あながち・しゐて　むやみに

練若　阿蘭若に同じ。人里離れた静かな所

このみ　下の打消し助動詞「ざり」に係る

俗塵　世俗の煩わしさ

横路　横地とも書く、静岡県菊川市

時念仏を修せしむ。こゝに苦痛こと〲くにやみ、瘡《かさ》平復することもと《（元）》のごとし。人奇特《きどく》の思《おもい》をなす。高声念仏時々に勇猛《ゆみよう》なり。三月二日の夜半よりこゑ《（声）》漸《ようや》くよは《（弱）》れり。*卯《う》のはじめにいたりて、門弟をしてかね《（鉦）》をならして高声に念仏せしめて、かのこゑに*つけて念仏すること百余遍、こゑとどまりてのち、唇舌《しんぜつ》をうごかす事七八遍、すなはちいきたえ《（息絶）》にけるとなん。

[第四図]

醍醐《だいご》の乗願房宗源《じょうがんぼうそうげん》〈号竹谷《たけだにとごうす》〉は、上人につかへ法義をうくる事多年、しかるにふかく隠遁《いんとん》をこのみ、*道念をかくして医師のよし《（由）》をなのり、また*音律《いんりつ》のことなどをぞひと《（人）》にはかたられける。しかれどもその*徳かくれなくして、*ある貴女御帰依ふかゝりけるが、ある時*沈《じん》の念珠を拝領せられたりけるを*自愛して、この念珠にて昼夜に念仏せられけるに、いまだこの人の事をもしらざりける修行者《しゅぎょうじゃ》一人、雲居寺《うんごじ》に*通夜《つや》したりけるが、うちまどろめる《（微睡）》に、堂のまへ《（前）》に山臥《やまぶし》いくらといふかず《（数）》もしらずあつまりて、*いひしろふ事をきけば、「いかゞして醍醐の乗願房の出離を障碍《しょうげ》すべき」といふに、一人の山臥かの沈の念珠の由来をかたりて、「この念珠を*たより

利生　人々を教え導く
寛元元年　一二四三年
癰瘡　腫れ物の病気
卯のはじめ　午前五時
つけて　合わせて

[竹谷の乗願房宗源附法の事]
道念　仏道を志す思い
音律　音楽の調子
徳　人徳、立派な人格
ある貴女　東二条院（後深草天皇中宮）か
沈の念珠　沈香で作った念珠
自愛　物を大切にする、珍重する
通夜　夜通しで祈願する
いひしろふ　互いに言い合う
たより　手づる

として出離をさまたぐべし」といふとおもひて、夢さめぬ。*ことざま《(事様)》あやしくおぼえて、傍《かたわら》なる人にたづぬるに、「さる人あり」といひければ、かの庵室《あんじつ》にたづねゆきて、ゆめの虚実をしらんがために、まづ《(先)》そこなるひとに、かの念珠の由来をたづぬるに、たがはざりければ、修行者奇特の思をなして、見参にいる《(入)》べきよしを*案内《あない》するに、いれて対面ありけり。修行者とかくの事もいはずはしり《(走)》よりて、もち給へる念珠をうばひ《(奪)》とりて、火中になげいれにけり。乗願房おどろきて、ことの心をたづねらるゝに、修行者夢の次第をくはしくかたりて、*かしこまり申ければ、いみじくよろこばれけり。まことしく生死《しょうじ》をいでぬべき人をば、魔界きをひ《(競)》て障碍の方便をなすこと、をそる《(恐)》べき事にぞ侍《はべる》める。ある時人とひていはく、「悪を行ぜし程《ほど》往生浄土の業《ごう》はおぼえ候はぬ。かくても往生とげ侍《はべり》なむや」と。答《こたえて》云《いわく》、「みな人のならひ也。*猛利熾盛《みようりしじよう》の心なけれども、つねにわすれず相続して行ずれば、往生する也。されば*倶舎《くしや》の性相《しようぞう》にも、『由重或《(惑)》浄心、及是恒所造（*重惑浄心に由《よ》るものと、及び是《こ》れ*恒《つね》に造る所なると）』といひて、つねになす事*定業《じようごう》を成《じよう》ずといふことあるなり」とぞ申されける。またあるときいはく、「世間の人の意《こころ》に相叶《あいかない》たる大刀《たち》かたなを*儲《もうけ》つれば、夜*枕《まくら》にもたて、そばにもおきたるは、なにとなくつねに心にもかけて、さ

ことざま　（夢の）ありさま

案内　取次ぎを請う

かしこまる　わびる、謝罪する

猛利熾盛　勇ましく盛んな

倶舎の性相　倶舎や唯識など法相宗の教学

重惑浄心　重惑（極めて盛んな煩悩）あるいは浄心（清らかな心）に基づく行為

恒に造る所　常に継続的に行なっている行為

ぐりもてあそぶ也。その定《じょう》に念仏真実に信じたるものは、いみじきこととおもひて、信力《しんりき》内に発したるゆへに、名号にいさみ（勇）て、*鎮《とこしなえ》にこれに*うちかゝりたるやうに申さるべきなり」〈云々《うんぬん》〉。このひじり、もとは*真言師*悉曇《しったん》師にて、仁和寺《にんわじ》にすまれけるが、のちには天台宗を稽古せられけれども、この両宗にて順次《じゅんし》に生死をいづべしともおぼえずとて、上人の弟子になり、遁世《とんせい》して醍醐の菩提寺《ぼだいじ》のおく、樹下《じゅげ》の谷といふところに隠居多年の後、清水《きよみず》の竹谷といふ所へうつりすまれけるが、*建長三年七月三日*戌剋《いぬのこく》に、生年八十四にて往生し給ふ。

［第五図］

定業　善悪の報いが定まっている行為
儲　得る、手に入れる
枕にもたつ　枕元に置く
鎮に　いつまでも変わらず
うちかかる　すがりつく
真言師　真言の祈禱師
悉雲師　梵語の学者
建長三年　一二五一年
戌剋　午後八時頃

法然上人行状絵図　第四十四

*長楽寺《ちょうらくじ》の律師隆寛《りゅうかん》〈又号無我《むがとごうし》、称皆空《かいくうとしょうす》〉は、粟田《あわた》の関白五代の後胤《こういん》、少納言資隆《しょうなごんすけたか》の三男なり。範源《はんげん》法印の*附法として、慈鎮和尚《じちんかしょう》の門弟につらなりき。天台の法灯をかゝげ、叡山《えいざん》の*領袖《りょうしゅう》たりといへども、しかるべき宿善やもよ（催）をしけむ、浮生《ふしょう》の名《みょう》利《り》をいとひ、*安養《あんにょう》の往生をねがひて、つねに上人《しょうにん》の禅室に参じ、しきりに出離の要道をたづね申されき。はじめ（初）にはいとうちとけ給《たま》はざりけれども、往生の志ふかきよしねんごろに述《のべ》給ければ、上人おほきにおどろきて、「当時聖道門《しょうどうもん》の*有職《うしき》にて、大僧正《だいそうじょう》御房〈慈鎮和尚〉に貴重せられたまふ御《おん》身の、これほどに*思《おもい》い（入）れ給ける事、返々《かえすがえす》もありがたくこそ思たまふれ」とて、浄土の法門ねむごろにさづけ給けり。毎日阿弥陀経四十八巻をよみ、念仏三万五千遍をとなふ。のちには六万遍なり。或《ある》時阿弥陀経転読の事を上人にたづね申されけるに、源空《げんくう》も毎日に阿弥陀経三巻をよみき。一巻は呉音、一巻は*唐音、一巻は*訓なりき。しかるをいまは、一向称名《しょうみょう》の外《ほか》他事なきよし仰《おおせ》られければ、四十八巻の読誦《どくじゅ》をとゞめて、毎日八万四千

［長楽寺の隆寛律師附法の事］
長楽寺　京都市東山区にある時宗（もと天台宗）の寺
附法　仏法（天台の椙生流）を伝授された弟子
領袖　統率する立場にいる人
安養　安養国（極楽浄土）のこと
有職　僧綱に次ぐ僧職にある者
思いる　いちずに思いつめる
唐音　漢音
訓　訓読

遍の称名をぞつとめられける。「『若我成仏十方衆生、称我名号下至十声、若不生者不取正覚、彼仏今現在世成仏、当知本誓重願不虚、衆生称念必得往生（*若《も》し我成仏《われじょうぶつ》せんに十方《じっぽう》の衆生《しゅじょう》、我が名号《みょうごう》を称すること下十声《しもじっしょう》に至るまで、若し生ぜずんば正覚《しょうがく》を取らじ。かの仏今《いま》現に世に在《ましま》して成仏したまへり。当《まさ》に知るべし、本誓《ほんぜい》の重願虚《むな》しからざることを。衆生称念すれば、必ず往生を得《う》）』。往生の肝心この文《もん》にあるべし。文字《もんじ》又《また》四十八、まさしく本願のかずにあたれり。さだめてふかき心あるべし」とて、常の詞《ことば》には、「衆生称念といふ、われ豈《あに》その人にあらざらんや。必得往生といへり、ひとりなんぞかの迎《むかえ》にもれん」とて、感涙はなはだしかりき。抑《そもそも》山門諸堂のつとめは、衆徒《しゅと》の*いろひ（綺）なく、*堂衆《どうしゅ》の沙汰《さた》なりしに、かの堂衆等《ら》*寺用をむさぼり、独歩のあまり衆徒を*忽緒《こつしょ》し、あまさへ（剰）八王子《はちおうじ》の社壇を城墎《じょうかく》として、悪行《あくぎょう》をたくみしかば、*建久三年冬のころ、官兵《かんぴょう》をさしつかはされ、堂衆をしりぞけられしのちは、諸堂の*安居《あんご》以下《いげ》みな衆徒の沙汰にてつとめけるに、根本中堂の安居の結願《けちがん》に、導師の沙汰ありしとき、隆寛その器量たるよし衆議《しゅぎ》をふるところに、法然房《ほうねんぼう》の弟子となり、専修《せんじゅ》念仏を行とするうへ（上）は、吾《わが》山の唱導しかるべからざるむね、*嗷々《ごうごう》の沙汰にをよび（及）しかども、抜群の名誉傍若無人《ぼうじゃくぶじん》なりしかば、異議の衆徒をなだめ、つゐ（遂）に招請《まねきしょう》ぜられけ

若し我成仏せんに云々　往生礼讃偈の文

いろふ　口出しする、干渉する

堂衆　雑用に仕える下級の僧

寺用　灯油・香華・供米・修理などの物料

忽緒　軽んじる

建久三年　一一九二年。正しくは建仁三年（一二〇三）

安居　四月一六日から七月一五日まで行われる経典講説の会

嗷々　口うるさく言うさま

るに、大師*草創のはじめより、末代繁昌《*はんじょう》のいまにいたるまで、弁説*たまをはき《(吐)》たまひければ、衆徒感歎《かんたん》のこゑ《(声)》ひゞきをなし、諸人《しょにん》随喜の涙たもとをうるを《(潤)》す。賞《*しょう》翫《がん》のあまり、律師いまだ凡僧*なりけるに、東西*の坂を乗輿《じょうよ》すべしとぞゆるされ《(許)》にける。

［第一図］

上人小松殿《こまつどの》の御《み》堂におはし《(御座)》ましけるとき、元久元年《*げんきゅう》三月十四日に、律師参《さんじ》給けるに、上人後戸《*うしろど》に出《いで》むかひ給て、ふところより一巻の書をとりいだして、「これは月輪殿《つきのわどの》の仰《おおせ》によりて、ゑらび《(撰)》進ずるところの選択集《せんちゃくしゅう》なり。の《(載)》するところの要文《ようもん》要義は、善導《ぜんどう》和尚浄土宗をたてたまふ肝心なり。はやく書写して披覧すべし。もし不審あらばたづね問べきなり。源空存生《ぞんじょう》のあひだは、秘して他見に及べからず。死後の流行《るぎょう》は何事かあらんや」との給ければ、貴命をうけて、いそぎ功ををへ《(終)》んがために、わかちて尊性《そんしょう》昇蓮《しょうれん》等に助筆*せさせて、これを書写して、本《*ほん》をば返上せられけり。しづかにこれを披見して、いよ〳〵信仰のまことをいたす。

大師　伝教大師（最澄）のこと
繁昌　法門が栄えている
たまをはく　優れた言辞を述べるさま
賞翫　称賛する
凡僧　僧綱に任じられていない僧
東西の坂　東西の坂本から山上へ
［上人小松殿の御堂にて選択集を隆寛に御附属の事］
元久元年　一二〇四年
後戸　仏殿の須弥壇の後方にある戸
助筆　書写の手伝い
本　書写の原本

[第二図]

並榎《なみえ》の竪者《りっしゃ》*定昭《じょうしょう》が凶害によりて、山門にうたへ《（訴）》、奏聞《そうもん》にをよびて、上人の門徒国々へ配流せられしに、律師その*専一《せんいつ》として、配所さだまるよし《（由）》きこえければ、「先師上人すでに念仏の事によりて、遷謫《せんたく》にをよび給し上は、予その跡をゝ《（追）》はむ事、尤本意《もともほい》なり」とて、長楽寺の来迎房《らいこうぼう》にして、最後の別時とて七日の如法念仏をつとめられけるに、結願の日にあたりて、異香《いきょう》室内に薫じ、蓮華《れんげ》〈一茎白蓮《いっけいのびゃくれん》〉庭上《ていしょう》に生じ、瑞花《ずいけ》そらよりふりくだりければ、*現身往生の人なりとぞたうと《（尊）》びあひける。まことに不思議の事なりけり。

[第三図]

律師をば*森《もり》の入道*西阿《さいあ》うけ給はりて、*東関へうつしたてまつる。*嘉禄《かろく》三年七月五日進発す。配所は奥州《おうしゅう》とさだめられけるを、森の入道ふかく律師に帰したてまつりて、かの秘計にて、代官に門弟実成房《じつじょうぼう》を配所へつかはし、律師をば西阿が住所相模国《さがみのくに》*飯山《いいやま》へ相具《あい》したてまつる。八月一日鎌倉をたち給けり。律師飯山へうつり給

[律師遠流の時長楽寺にて別時念仏奇瑞を顕はす事]
定昭　定照とも書く
専一　第一
現身往生　この身のままで浄土に往生すること

[律師相模国飯山にて奇瑞往生の事]
森　毛利とも書く
西阿　大江広元の子、季光（?～一二四七）
東関　関東のこと
嘉禄三年　一二二七年
飯山　神奈川県厚木市

しのちは、森の入道尊崇《そんそう》いよ〳〵ふかく、帰敬《ききよう》他事なかりき。しかるに同年仲冬*、風痾《ふうあ》にはかにをかす《（冒）》。病床に筆をとりて、身の一期《いちご》の事をしるされけり。これを覊《き》中吟《ちゆうぎん》となづく。そのことばにいはく、「我*きく、達磨和尚《*だるまおしよう》は配所のくさむらに跡をのこし、慈恩《じおん》大師は懐土《*えど》のいほり《（庵）》に名をとゞむ。ひとりは仏心宗*の根源、ひとりは法相宗《ほつそう》の高祖なり。大国*なを《（猶）》しかり、いはんや辺州*をや。上古又《また》かくのごとし、いはむや末代をや。苦界やすからず、浮生ゆめのごとし。たゞ聖衆《しようじゆ》の来迎をのぞむ。更に有為《うい》の遷変をいたまず」とて、一首を詠じたまふ。

　みな《（御名）》をよぶこゑ《（声）》*すむやど《（宿）》にいる月は雲もかすみもさへ《（障）》ばこそあらめ

同十二月十三日〈同月廿日《はつか》改元、安貞《あんてい》元年也《なり》〉申時《*さるのとき》にいたりて、律師の給けるは、「往生のときすでにいたれり。予が義の邪正《じやしよう》をも、一向専修の往生の手本をも、たゞいまあらはす《（現）》べきなり」とて、弥陀の三尊にむかひ、五色《ごしき》の糸を手にかけ、端坐《たんざ》合掌して高声《こうしよう》念仏二百余遍のゝち、「弥陀身色如金山、相好光明照十方、唯有念仏蒙光摂、当知本願最為強（弥陀*の身色《しんじき》は金山《こんせん》の如《ごと》し。相好《そうごう》の光明十方を照らす。唯《ただ》念仏のみ有りて光摂《こうしよう》を蒙《こうむ》る。当に知るべし、本願最も強しとなす）」の文を唱《となえ》たまふ。門弟正智唯願《しようちゆいがん》等《ら》をなじく《（同）》これをとなへて、「臨終の一念は百年の業《ごう》にすぐれたり」と申ければ、

仲冬　十一月の異称
我きく　高僧が流罪の地の草庵で没すること
達磨　六世紀の中国禅宗の祖
懐土　懐は「穢」の当て字
仏心宗　禅宗の別名
大国・辺州　中国と日本を指す
すむ　「住む」と「澄む」の掛詞
申時　午後四時頃
弥陀の身色は云々　往生礼讃偈の文

すこしゑみ《(笑)》をふくみ、本尊を瞻仰《*せんごう》し、高声に念仏し、禅定《ぜんじょう》に入《いる》がごとくしてをは《(終)》りをとりたまひぬ。春秋八十なり。彩雲軒《のき》をめぐり、異香室にみてり。音楽を聞て、きたりて臨終にあふ人これおほし。在世《ざいせ》のあひだの奇瑞《きずい》、臨終のきざみ《*(刻)》の霊異《りょうい》、しげきによりてのせず。

［第四図］

律師鎌倉をたちて、飯山へくだり給しとき、武州刺史《*ぶしゆうのしし》朝直朝臣《*ともなおあそん》〈于時《ときに》廿《にじゆう》二歳〉相撲の四郎と申けるが、御霊《*ごりよう》のまへ《(前)》にをいつき《(追)》て、事のよしを申されしに、律師輿《こし》をかき《*(昇)》すへ《(据)》させて対面したまふ。朝直朝臣、「身は武家にむま《(生)》れたりといへども、心は仏道にかけたり。ねがはくは家業をすてずして、生死《しようじ》をはなるべき道をゝしへ《(教)》給へ」と申されければ、律師の給はく、「年少の御《おん》身、武家のうつは《(器)》ものとして、この御尋《たずね》にをよぶ《(及)》こと、宿善の内にもよをす《(催)》なるべし。凡《およそ》仏教多門なれども、聖道浄土の二門をいで《(出)》ず。しかるに聖道門は、有智《うち》持戒の人にあらずは、これを修行すべからず。浄土門は極悪最下《さいげ》の機*のために、極善最上の法をさづけられたれば、有智無智をゑらば《(選)》ず、在家出家をきらはず、弥陀他力の本願を信ずれば往生うたがひ

瞻仰　仰ぎ見る
きざみ　時、場合
［武州の刺史朝直朝臣律師の勧化に帰して念仏往生の事］
武州刺史　武蔵守の唐風呼称
朝直　北条時房の子（一二〇六～六四）
御霊　神奈川県鎌倉市にある御霊神社
かきすへ　かついで据え置く
機　ここでは人の意

なし。就中《なかんずく》末法に入《いり》て七百余歳、時機相応の教行《きょうぎょう》はたゞ念仏の一門なり。されば*飛錫禅師《ひしゃくぜんじ》は、『末法にのぞみて余行をもちて生死をいとふは、陸地に船をこぐがごとし。他力をたのみて往生をねがふは、水上に船をうかぶるがごとし』との給へり。しかれば名号本願の船にのりて、弥陀如来を*船師とし、釈迦*発遣の順風にほ《（帆）》をあげば、罪障の雲もしづまり、妄執《もうしゅう》の波もたゝずして、*一念須臾《しゅゆ》のあひだに、極楽世界七宝池のみぎは《（汀）》にとづか《（届）》ん事、*百即百生《ひゃくしょう》さらに疑《うたがい》なし。この安心《あんじん》たがひ給はずは、たとひ戦場に命をすつとも、往生さはり《（障）》あるべからず」との給ければ、朝直朝臣たちまちに真実の信心をおこして、「毎日六万遍の念仏は、一期退転すべからず」と誓約せられけるが、三十余年称名の薫修《くんじゅ》をつみて、まのあたり本尊のつげ《（告）》をかうぶ《（被）》り、かねて往生の時をしり、生年《しょうねん》五十九歳、*文永元年五月一日出家をとげ、同三日*亥剋《いのこく》、高声念仏四百余遍、体《たい》をせめ、念仏のいき《（息）》にてをはり給にけり。これひとへに律師一言《いちごん》の勧化《かんげ》による。まことにたうと《（尊）》くぞおぼえ侍《はべ》る。凡この律師、道心純熟し練行《れんぎょう》功つもりて、三昧《さんまい》を発《ほっ》せられけるにや、先師上人の三昧発得《ほっとく》して、極楽の*依正《えしょう》を拝したまひける事を入申けるときは、「隆寛も時々はみえ候《そうろう》」と申されけるが、あしく《（悪）》いひ《（言）》つとおもはれたる気色《けしき》にて、「一定風気《いちじょうかざけ》にてみえ候と

飛錫　八世紀の中国の学僧
船師　船頭
発遣　（極楽に往生せよと）促し勧める
一念須臾　ほんの少しの時間
百即百生　百人が百人すべて往生する
文永元年　一二六四年
亥剋　午後十時頃
依正　依正二報の略。依報は極楽、正報は極楽の仏菩薩をいう

覚《おぼえ》候」とぞ申されける。この律師の儀*(義)を多念義*となづく。又は長楽寺義ともいへり。長楽寺の*惣門《そうもん》のうちに居をしめられける故なり。*承久《じようきゆう》三年のころ、但馬宮《たじまの》より念仏往生の事《こと》御尋ありければ、三箇条の篇目《へんもく》をたて、くはしく(詳)しるし申されけり。かの宮の御夢想には、「法然上人隆寛律師は、たがひに師弟となりて、ともに行化《ぎようけ》をたすく。浄土にては律師は師範、上人は弟子、娑婆《しやば》にては上人は師範、律師は弟子なり」とぞ御覧ぜられける。

[第五図]

遊蓮房円照《ゆうれんぼうえんしよう》は、入道少納言*通憲《みちのり》の子、信濃守是憲《しなののかみこれのり》これなり。生年廿一歳にして発心《ほつしん》出家す。はじめは法花経《ほけきよう》をそらにおぼえて読誦しけるが、のちには上人の弟子となりて一向に念仏す。道心堅固《けんご》に厭離《えんり》の心ふかき行者《ぎようじや》にて、いつとなくうちなみだ(涙)ぐみて、ものおもひすがた(姿)にてぞみえける。*一鋪《ぽ》半の*浄土の変相を図して頸《くび》にかけ、とゞまりやすむ所ごとにこれをかけて念仏す。最後の所労の時、*安居院《あぐい》の*聖《せい》覚《かく》法印のもとへ消息《しようそこ》をつかはしけり。其状云《そのじようにいわく》、「後世《ごせ》のつとめには、なに事をかせむずるとひと(人)申《もうし》候はゞ、一向に念仏申せと御勧進《かんじん》あるべく候。智者にておはし

儀　「義」と同義。教義、教え
多念義　平生に念仏を多く相続することを主張する
惣門　外構えの大門
承久三年　一二二一年

[遊蓮房円照の事]
道憲　藤原道憲（一一〇六～五九）、後白河上皇の側近、法名は信西
一鋪半　紙一幅半の大きさ
浄土の変相を図す　浄土の様相を絵画に描く
安居院　比叡山竹林院の京都における里坊
聖覚　父の澄憲か（明義進行集）

ませば、世間の人さだめてたづね申候はむずらんとて申候也《なり》」〈云々《うんぬん》〉。法印申されけるは、「*をぼろけならでは、さやうの事申べくもなかりしひとの、もし*証をえたることのあるやらむとおぼつか《覚束》なくて、たづね申さんとおもひしを、やがてうせられにし、遺恨のことなり」〈云々〉。*舎兄修禅院《しゅぜんいん》の僧正*信憲《しんけん》、ひとにかたられけるは、「*三寸の火舎に*一帀《いっそう》の香をもりて、その香のもえはつるまで合掌して、毎日三時高声に念仏することひさしくなりぬ。そのあひだ霊証をえたることたび〳〵なり」〈云々〉。聖覚法印申されける事、思合《おもいあわせ》られ侍り。西山の*善峰《よしみね》にしてをはり《終》をとる。名号をとなふること九遍、上人すゝめて、「いま一遍」とおほせ《仰》られければ、高声念仏一遍して、やがていきたえ《息絶》にけり。上人つねには、「浄土の法門と遊蓮房とにあへるこそ、*人界《にんがい》の生《しょう》をうけたる*思出《おもいいで》にては侍れ」とぞおほせられける。厭離穢土《えど》の心もふかく、欣求《ごんぐ》浄土の行もまことありける故にやと、ありがたくたうとくおぼえ侍る。

[第六図]

をぼろけ　並大抵、ありきたり
証　霊証、霊験
舎兄　甥か（尊卑分脈）
信憲　法相宗の僧（一一四五～一二二五）
三寸の火舎　口径三寸の香炉
一帀　渦巻き状
善峰　京都市西京区
人界の生　この世で人間に生まれる
思出　思い出す縁となる事柄

法然上人行状絵図　第四十五

勢観房源智《せいかんぼうげんち》は、備中守《びっちゅうのかみ》*師盛朝臣《もろもりあそん》の子、小松《こまつ》の内府《だいふ》〈*重盛公《しげもり》〉の孫なり。平家逆《げき》乱《らん》の後、よ（世）のはゞかりありて、*母儀《ぼぎ》これを*かくし（隠）も（持）てりけるを、*建久六年生年《しょうねん》十三歳のとき上人《しょうにん》に進ず。上人これを慈鎮和尚《じちんかしょう》に進ぜられけり。かの*門室に参じて出家をとげおはりぬ。いく程なくて上人の禅室に帰参《きさんし》、*常随給仕《きゅうじ》首尾十八箇年、上人*憐愍覆護《れんみんふご》他にこと（異）にして、浄土の法門を教示し、円頓戒《えんどんかい》このひとをもちて附属とし給《たま》ふ。これによりて、道具本尊房舎聖教《しょうぎょう》のこる所なくこれを相承《そうじょう》せられき。上人終焉《しゅうえん》の期《ご》ちかづき給て、勢観房、「念仏の安心《あんじん》年来御教誡《きょうかい》にあづかるといへども、な（猶）を御自筆に肝要の御所存一《ひと》ふであそばされて、給はりてのち御《おん》かたみにそなへ侍《はべ》らん」と申されたりければ、御筆をそめられける状云《じょうにいわく》、「もろこし（唐土）我朝《わがちょう》に、もろ〳〵の智者たちのさた（沙汰）し申さる、観念の念にもあらず。又学問して*念仏の心をさとり*などして申《もうす》念仏にもあらず。たゞ往生極楽のためには、南無阿弥陀仏と申てうたがひなく往生するぞとおもひとりて申ほかには、別の子細さふら（候）はず。

［勢観房源智附法の事］
師盛　平師盛（一一七一～八四）
重盛　平清盛の長男（一一三八～七九）
母儀　母親
かくしもつ　人知れず育てる
建久六年　一一九五年
門室　門跡の居室、禅房
常随給仕　常に付き従い仕えること
憐愍覆護　憐れみかばうこと

念仏の心　「仏」字朱ミセケチ
などして　「などし」三字朱ミセケチ

たゞし三心《さんじん》四修など申ことの候《そうろう》は、*決定《けつじょう》して南無阿弥陀仏にて往生するぞとおもふうちにこもり候なり。このほかおく*ふかきことを存ぜば、二尊の*あはれみ(憐)にはづれ、本願にもれ候べし。念仏を信ぜむひとは、たとひ一代の法*よく〳〵学せりとも、一文《いちもん》不知の*愚鈍の身になして、*あま(尼)入道の無智のともがら(輩)に同《おなじく》して、智者のふるまいをせずして*一向に念仏すべし」〈云々《うんぬん》〉。まさしき御自筆の書なり。まことに*末代の亀鏡《ききょう》にたれるものか。上人の*一枚消息《しょうそこ》となづけて世に流布するこれなり。上人御入滅の後は、賀茂《かも》のほとり*さゝき野といふところにすみ給けり。その由来は、上人の御病中に、いづくよりともなく車をよす(寄)る事ありけり。貴女くるま(車)よりおりて上人に謁したまふ。おりふし看病の僧衆《そうしゅ》、あるいは*あからさまにたち(立)い(出)で、あるひは休息しなどして、たゞ勢観房一人障子のほか(外)にてきゝ給ければ、*女房のこゑ(声)にて、「いましばしとこそおもひたまふるに、御往生ちかづきて侍《はべる》らんこそ、*無《む》下《げ》に心ぼそく侍れ。さても念仏の法門など、御《おん》のちにはたれ(誰)にか申《もうし》おかれ侍らん」と申さるれば、上人こたえ給はく、「源空《げんくう》が所存は選択集《せんちゃくしゅう》にのせ侍り。これにたがはず申さんものぞ、源空が義をつたえたるにて侍べき」と〈云々〉。そのゝちしばし御ものがたりありてかへり給ふ。その気色《けしき》*たゞびと(直人)とおぼえざりけり。さる程

決定　この上に朱「皆」字挿入
おくふかき　この上に朱「に」字挿入
あはれみ　この上に朱「御」字挿入
よくよく　この上に朱「を」字挿入
愚鈍の　三字右側に朱傍線あり
あま入道　在家のまま髪を剃って仏門に入った女性。尼女房に同じ
一向　この上に朱「たゝ」字挿入
末代の亀鏡　後世の手本
一枚消息　紙一枚に書かれた書状。一枚起請文と呼ぶ
ささき野　紫野（京都市北区）の一部か
あからさまに　ほんのしばらく
女房　女性
無下に　まったく
ただびと　普通の人

に僧衆などかへりまいれりければ、勢観房*ありつるくるまのゆくゑ《(行方)》おぼつか《(覚束)》なくおぼえて、を《(追)》いつきてみいれ《*(見入)》んとし給ふに、河原へ車をやりいだして、きた《(北)》をさしてゆくが、かきけ《(消)》つやうにみえ《(見)》ずなりにけり。あやしき事かぎりなし。かへりて上人に、「客人《まろうと》の貴女たれびとにか侍らん」とたづね申されければ、「あれこそ*韋提希夫人《いだいけぶにん》よ。賀茂の辺《ほとり》におはします《(御座)》なり」と仰《おおせ》られけり。この事末代にはまことしからぬ程におぼゆるかた《(方)》も侍れども、ちかく*解脱《げだつ》上人、明恵《みょうえ》上人なども、かやうの奇特《きどく》おほく侍けり。*この上人は、いますこし*宿老にて*行徳《ぎょうとく》もたけ、三昧《さんまい》をも発得《ほっとく》せられて侍れば、*権化《ごんげ》のよしをあらはし給はむ事、おどろくにたらず。勢観房まのあたりこの不思議を感見せられけるゆへ《(故)》に、上人遷化《せんげ》の後は、社壇ちかく居をしめて、つねに参詣をなむせられける。勢観房一期《いちご》の行状は、たゞ隠遁《いんとん》をこのみ自行《じぎょう》を本《もと》とす。*をのづから《(自)》法談などはじめられても、*所化《しょけ》五六人よりおほくなれば、「魔縁きを《(競)》ひなむ、ことごとし」とて、とゞめられなどぞしける。生年五十六、*暦仁《りゃくにん》元年十二月十二日、頭北面西《ずほくめんさい》にして念仏二百余遍、最後には陀仏の二字ばかりきこえて、息絶《いきたえ》給にけり。功徳院《くどくいん》〈賀茂《かもの》神宮《(宮)》堂也《なり》〉の*廊《ろう》にておはり給ふに、仏前より異香《いきょう》薫じて臨終所にいたる。そのひとすぢ《(一筋)》のにほひ、数日《すじつ》きえざりけり。

ありつる　先ほどの
みいる　注意して見る
韋提希　古代インドのマガダ国ビンビサーラ王の后
解脱上人　貞慶のこと
この上人　法然上人を指す
宿老　年老いて経験豊かな人
行徳もたけ　仏法修行の徳も熟す
権化のよし　韋提希夫人が仮に貴婦人の姿をとって出現されたわけ
をのづから　たまたま、まれに
所化　教えを受けるもの
暦仁元年　一二三八年
廊　主屋から突き出た細長い建物、細殿

［第一図］

遠江《とおとうみの》国*蓮華寺《れんげじ》の禅勝房《ぜんしょうぼう》は、天台宗を習学しけるが、自身の器《うつわもの》をはかるに、この教《おしえ》によりて順次《じゅんし》に生死《しょうじ》をいでん事、いかにもありがたくおぼえければ、熊谷《くまがえ》の入道念仏往生のむねをならひ《（習）》たるよしをきゝて、かの所にたづねゆきぬ。*禅門ほゞ教訓をくはへてのち、「くはしき事はわが師法然《ほうねん》上人にたづね申さるべし」とて、*挙状をあたえければ、上洛《じょうらく》して吉水《よしみず》の御房にまいりて、「無智の罪人の極楽浄土に往生する事の候なるをうけ給はらん」と申ければ、上人仰られけるは、「その極楽のあるじ《（主）》にておはします阿弥陀仏こそ、なに事もしらぬ罪人どもの、諸仏菩薩にも捨《すて》はて《（果）》られ、十方《じっぽう》の浄土にも門をさゝ《（鎖）》れたるともがら《（輩）》を、やすく〱とたすけ《（助）》すくは《（救）》むといふ願をおこして、十方世界の衆生《しゅじょう》を来迎《らいこう》したまふ仏よ。*かしこくぞおもひより給ける。心をしづめてよく〱きかるべし。唐土《もろこし》より日本国にわたりたる一切経は、五千余巻あり。そのなかに*双巻無量寿経、観無量寿経、*小阿弥陀経、これを浄土の三部経となづけて、往生極楽のやう《（様）》をとき給へる経なり。むかし法蔵比丘《ほうぞうびく》と申し、入道、四十八の願をたてゝ、極楽浄土を建立《こんりゅう》して、一切衆生を平等に往生せ

［遠江国蓮花寺の禅勝房の事］
蓮華寺　静岡県周智郡森町にある天台宗の寺
禅門　入道した者。ここは熊谷を指す
挙状　推挙状、紹介状
かしこくぞ　尊くも、畏れ多くも
双巻無量寿経　無量寿経のこと
小阿弥陀経　阿弥陀経のこと

させんれう（料）に、われ仏になりたらん時の名を称念せん衆生を、来迎せむといふ願をおこして、真実に往生せむと思て念仏申《もうす》衆生を、むかへをき（置）て仏になし給なり。四十八願のなかの第十八の願これなり」とて、本願のむなしからざるいはれ、念仏して往生すべきおもむき、こまかにさづけられけり。上人給仕の御弟子のなかに、信心堅固《けんご》のほまれありき。

このひじり（聖）不審なる事どもをたづね申けるにつきて、上人御返答の条々、

一《ひとつ》、「自力他力と申事は、いかやうにか心得侍《はべる》べき」と。上人のたまはく、「源空はいふかひなき辺国の土民なり。またく（全）*昇殿すべき器にはあらねども、*上《かみ》よりめされしかば、二度まで*殿上《てんじょう》へまいりたりき。これしかしながら上の御ちからなり。この定《じょう》に、極重悪人、無他方便（極重の悪人は、他の方便なし）の凡夫は、*かつて*報《ほう》身《じん》報土の極楽世界へまいるべき器にはあらねども、阿弥陀仏の御ちからなれば、称名《しょうみょう》の本願にこたへて来迎にあづからん事、なにの不審かあるべき。わが身の罪をもく（重）無智の者なれば、いかゞ往生をとげむやと疑《うたがう》べからず。さやうに疑はむものは、いまだ仏の願をしらざるものなり。かくのごときの罪人をすくはむための本願なり。この名号《みょうごう》を唱《となえ》ながら、ゆめ〱疑事あるべからず。*十方衆生の

昇殿　宮中の清涼殿の殿上の間に昇ることを許されること
上　天皇
殿上　殿上の間の略称
かつて　決して
報身報土　報身は菩薩が修行しその報いとして得た仏身、報土はその国土をいう。ここでは阿弥陀仏とその浄土を指す
十方衆生の願　第十八願をいう

願のなかには、有智《うち》無智、有罪《うざい》無罪、善人悪人、持戒破戒、男子女子《なんしにょし》、乃至《ないし》三宝滅尽の後の百歳のあひだの衆生までも、もるゝ事なし。かの三宝滅尽の時の衆生は、命のながきは十歳なり。戒定恵《かいじょうえ》の三学、その名をだにもきかずといへり。これらの衆生までも、念仏せば来迎に預《あずかる》べしと知ながら、わが身すてらるべしといふ事をば、いかゞ心得出《いだす》べきや。たゞし極楽のねがはれず、念仏の申されざらむばかりは、往生のさはり（障）となるべし。念仏に*ものうき人は、無量のたからを失《うしなう》べき人なり。念仏にいさみ（勇）ある人は、無辺のさとりをひらくべき人なり。相《あい》構《かまえ》て願往生の心にて念仏を相続すべきなり。我《わが》ちからにてはおもひよるまじき罪人の、念仏するゆへ（故）に本願に乗じて極楽へまいるを*、他力の願とも*超世《ちょうせ》の願ともいふなり。*案内《あない》をしらざる人は、*機をうたがひて往生せざるなり。『道心者《どうしんじゃ》智者などの念仏こそ往生はし給《たまう》らめ。あけくれ罪をのみつくり、一文字《ひともじ》をだにもしらざらむものは、念仏申とても往生不定《ふじょう》なり』と疑ものは、本願には*善悪の機をかねておこし給へりといふ事をしらぬ人なり。先世《ぜんぜ》の業《ごう》によりてむまれ（生）たる身をば、今生《こんじょう》の中《うち》にあらためなをす（直）事なし。女人《にょにん》の男子とならんとおもへども、今生の中にはかなはざるがごとし。*念仏の機は、たゞむまれつきのまゝにて念仏を

ものうし　気が進まない
を　ので(順接の接続助詞)
超世の願　三世一切の諸仏に超え優れた誓願
案内　(本願についての)事情
機　(自分が)救いの対象であること
善悪の機　善人と悪人。ここの機は人の意
念仏の機　念仏の教えを受ける人

ば申なり。智者は智者にて申てむまれ、愚者は愚者にて申てむまれ、道心ある人も申てむまれ、道心なき人も申てむまる。乃至富貴《ふうき》のものも貧賤《ひんせん》のものも、慈悲あるものも慈悲なきものも、欲ふかきものも*腹あし《（悪）》きものも、本願の*不思議にて、念仏だにも申せば、いづれもみな往生するなり。*念仏の一願に*万機《ばんき》をおさめてをこし給へる本願なり。たゞこざか《（小賢）》しく機の沙汰《さた》をばせずして、ねむごろに念仏だにも申せば、みなこと〴〵く往生するなり。念仏往生の義を*かたくふかく申さん人をば、つや〳〵本願をしらざる人と心得《う》べし。源空が身も*撿挍《けんぎょう》*別当どもがくらひ《（位）》にてぞ往生はせんずる。もとの法然房にては*えし候はじ。としごろ習《ならい》たる智恵は往生のためには*要《よう》にも立べからず。されども習たるしるしには、かくのごとく知たるははかり《（量）》なき事なり。浄土一宗の諸宗にこへ、念仏一行《いちぎょう》の諸行にすぐれたりといふ事は、万機を摂する*かたをいふなり。理観、菩提心《ぼだいしん》、読誦《どくじゅ》大乗、真言止観等、いづれも仏法の*をろ《（疎）》かにまし《（坐）》ますにはあらず。みな生死滅度の法なれども、末代になりぬればちから《（力）》及ばず、行者《ぎょうじゃ》の*不法なるによりて*機がをよ《（及）》ばぬなり。時をいへば末法万年のゝち人寿《にんじゅ》十歳につゞまり、罪をいへば十悪五逆の罪人なり。老少男女《なんにょ》のともがら、一念十念のたぐひにいたるまで、みなこれ

腹あし　短気である
不思議　計り知れない働き
念仏の一願　第十八願の念仏往生願という一つの願
万機　あらゆる人々
かたくふかく　堅苦しく大仰に
撿挍・別当　寺院の庶務を統括する職
えし候はじ　（往生）することが出来ない
要にも　何の役にも
かた　箇所、所、点
をろか　劣っている
不法　教え通りに修することができない
機がをよばぬ　人の方が教えについていけない

摂取不捨のちかひにこもれるなり。このゆへに諸宗にこへ諸行にすぐれたりとは申なり」。

一、「臨終の一念は、百年の業にすぐれたりと申《もうし》候は、平生《へいぜい》のうちには、臨終の一念ほどの念仏は申い《(出)》だすまじく候やらん」と。上人の給はく、「『具三心者、必生彼国（*三心を具する者は、必ずかの国に生ず）』とかゝれたれば、三心具足の念仏は、百年の業にすぐれたる臨終の一念とおなじ事なり。必 文字《かならずのもんじ》のあるゆへに」。

一、「念仏の行者毎日の所作《しょさ》に、こゑ《（声）》をたへ《（絶）》ざる人もあり、又《また》心に念じて数をとる人もあり。いづれを本とすべく候やらむ」と。上人のたまはく、「口にとなへ、心に念ずる、おなじ名号なれば、いづれもみな往生の業となるべし。たゞし仏の本願は称名と立《たて》給がゆへに、こゑにいだすべきなり。*経には『令声不絶、具足十念（声をして絶えざらしめ、十念を具足して）』とゝき《（説）》、*尺《（釈）》には『称我名号下至十声（我が名号を称すること下十声《しもじっしょう》に至るまで）と判じ給へり。わが耳にきこゆるほどを高声《こうしょう》念仏とするなり。但《ただし》*機嫌をしらず、高声すべきにはあらず。*地体《じたい》はこゑにいださむとおもふべきなり」。

一、「*余仏余経につきて結縁《けちえん》*助成《じょじょう》せん事は、雑行《ぞうぎょう》となるべく候やらむ」と。上人

三心を具する者云々　観無量寿経の文

経・尺　観無量寿経と往生礼讃偈を指す

機嫌　(周りの人が)気分を害する

地体　本来、そもそも

余仏余経　阿弥陀仏以外の仏や浄土三部経以外の経典

助成　力を添えて成さしめること

のたまはく、「決定往生の信をとりて、仏の本願に乗じてむうへ《（上）》には、他の善根《ぜんごん》に結縁助成せん事、またく雑行となるべからず。往生の助業《じよごう》となるべきなり。*善導の尺《（釈）》のなかに、すでに他の善根を随喜し、*自他の善根をもて、浄土に廻向《えこう》すと判じ給へり。この尺《（釈）》をもて知べきなり」。

一、「持戒のもの、念仏の*数遍《すへん》のすくなきと、破戒のもの、念仏の数反《（遍）》のおほきと、往生の後の位の*浅深《せんじん》いかゞ候べき」と。上人座し給へる畳をさしての給はく、「たゝみのあるにつきて、やぶれたるとやぶれざるとをば論ずべきなり。畳なくは、いかゞやぶれたると、やぶれざるとをば論ずべきや。そのやうに末法のなかには持戒もなく、破戒もなし。たゞ*名字《みようじ》の比丘のみあり。伝教《でんぎよう》大師の末法灯明記に、そのむねあきらかなり。このうへは持戒破戒の沙汰あるべからず。かくのごとくの凡夫のためにおこしたまふ本願なれば、たゞいそぎても〳〵名号を称すべし。

一、「後生《ごしよう》をば弥陀の本願をたのみ申さば、往生うたがひなし。現世《げんぜ》をばいかゞはからひ《（計）》候べき」と。上人の給はく、「現世をすぐ《（過）》べきやうは、念仏の申されんかたによりてすぐべし。念仏のさはりになりぬべからん事をばいと《（厭）》ひすつべし。一

善導の尺　観経疏
自他の善根　自分の善業による功徳と、他の人たちの善業を喜んで得た功徳
数遍　（念仏の）数、遍数
位の浅深　九品の高低をいう
名字の比丘　名と形だけの出家者

所にて申されずは、*修行して申べし。修行して申されずは、一所に住して申べし。*ひじり《（聖）》て申されずは、*在家になりて申べし。在家にて申されずは、*遁世《とんせい》して申べし。ひとりこもり居て申されずは、同行《どうぎよう》と共行《ぐうぎよう》して申べし。共行して申されずは、一人こもり居て申べし。衣食《えじき》かなはずして申されずは、他人にたすけられて申べし。他人のたすけにて申されずは、自力にて申べし。妻子も従類も自身たすけられて念仏申さんためなり。念仏のさはりになるべくは、ゆめ〳〵もつべからず。*所知所領も念仏の助業ならば大切なり。妨《さまたげ》にならばもつべからず。惣《そう》じてこれをいはゞ、自身安穏《あんのん》にして念仏往生をとげむがためには、なに事もみな念仏の助業なり。三途《さんず》にかへるべきことをする身をだにも、捨がたければか《（顧）》へりみ*はぐゝむぞかし。まして往生すべき念仏申さむ身をば、いかにもはぐゝみ*もてなすべし。念仏の助業ならずして、今生のために身を貪求《とんぐ》するは、三悪道《さんなくどう》の業となる。往生極楽のために自身を貪求するは、往生の助業となるなり」とぞ仰られける〈已上取詮《いじようせんをとる》〉。

本願のうたがひもなく、往生のおもひも*治定《じじよう》せられにければ、上人の座下《ざか》を辞し、下向の暇《いとま》を申ける時、上人*京づとせんとて、「聖道門《しようどうもん》の修行は、智恵をきはめ

修行　諸国を巡礼して回る。行脚、托鉢

ひじりて　（妻子らを捨て）出家して

在家　（妻子らと一緒に暮らす）在家の身

遁世　ここでは出家の意

所知所領　土地を領有していること

はぐくむ　いたわる、いつくしむ

もてなす　大切に扱う

治定　定まる、決まる

京づと　京みやげ

て生死をはなれ、浄土門の修行は、愚痴にかへりて極楽にむ《（生）》まると心得《う》べし」とぞ仰られける。さて本国にかへりては、ふかくその徳をかくして、*番匠《ばんじよう》を*芸能として世をわたるはかり事となむせられけるを、隆寛《りゆうかん》律師配所におもむかれし時、当国*みつけ《（見附）》の国府《こう》といふ所に逗留《とうりゆう》せられたりけるに、近隣の*地頭《じとう》ども結縁のためにき《（来）》たりあつまれるに、「さてもこの国に蓮花《（華）》寺といふ所に、禅勝房と申《もうす》ひじりや侍る」とたづねらるゝに、「そこにはさるべきひじり更におぼえ侍らず。番匠にて禅勝と申ものこそ侍れ」と申に、「いかにも*あやしく侍り。状をつかはしてたづね*心み侍らん」とて、ふ《（文）》みをかきてつかはされたりければ、これをひらき見て、とりあへずはし《（走）》りきたれり。律師にはには《（庭）》におりむか《（向）》ひて、手をとりてひきのぼせ、たがひになみ《（涙）》だをながして、往事をかたられけり。日来《ひごろ》あなづりおもひつる武士ども、*目もあやに見けり。律師申されけるは、「*いかに故《こ》上人の仰《おおせ》には、『禅勝房は身ひとり往生すべきものにてはなきなり』とこそ仰られしに、無下《むげ》にさ様《よう》にてむなしくすごし給はん事、*うたてきわざなり」といさめ申されければ、「おほ《（仰）》せまことにいはれたる事なり」とてわかれ給ふ。律師*よ《（世）》になごりを《（惜）》しげに見をくら《（送）》れけり。律師の弟子どもはる《（遥）》かにをくりて、「たま〳〵あ《（会）》ひたてまつれるしるしに、なに事にても御一《いち》

番匠　大工
芸能　身につけた技能
みつけ　見付と書く。静岡県磐田市
地頭　鎌倉幕府の職名。諸国の荘園・公領に置き、土地の管理や租税の徴収などに当たる
あやし　何だか変だ、不審だ
心み　「試み」に同じ
目もあや　目がくらむようなさま
いかに　どうしたのか
うたてき　情けない、嘆かわしい
よに　非常に、本当に

言《ごん》をかう（被）ぶらん」と申ければ、しばしものもの給はざりけるが、*たちかへりて、「かまへておの〳〵念仏つねに申くせ（癖）づきて往生し給へ」とぞの給ける。其《その》後は国中の貴賤《きせん》たうと（尊）みあがめければ、番匠にても*えおはせず、念仏の化導《けどう》もひろくぞ侍ける。

このひじりの申されけるは、「浄土宗の*学門の所詮《しょせん》は、往生極楽はやすき事と心得《う》るまでが大事なる也《なり》。やすしと心得《え》つれば、やすかるべき事也。しかるに近代の学生《がくしょう》の異義まち〳〵なるは、聖教甚深《じんじん》なれば邪正《じゃしょう》弁《わきまえ》がたし。但《ただし》上人の仰には、*さしもの事はなかりき」とぞの給ける。さて或《ある》人に、「往生をばいか程にか思《おもい》定られて侍る」ととは（問）れければ、「左のこぶ（拳）しを右のこぶしにてうたむに、うちはづ（外）すまじきほどにおぼえ候」と申けるをきゝ給て、「あなあぶ（危）なや」と申されければ、「さればそれにすぎては、なにと思さだめられ侍《はべる》らん」と申ければ、「生《しょう》あるもの、死に帰せんずる程に、一定《いちじょう》と思《おもう》なり。わがこぶしにてわがこぶしをうたんは、*をのづ（自）からはづるゝ事もあらんずるぞかし」とぞ申されける。廿《にじゅう》九のとしより一向称名のほか、更に他のつとめなかりき。生年八十五歳、*正嘉《しょうか》二年の九月よりすこしき病悩の事あり。死期《しご》にさきだつ事五六日、上人を拝したてまつる。十月三日の

たちかへりて　繰り返して
えおはせず　（番匠で）おることもできず
学門　「学問」に同じ。勉学
さしもの事　さほど難しいこと
をのづから　たまたま、偶然に
正嘉二年　一二五八年

*戌剋《いぬのこく》に、「蓮華のふるなり、人々これをみよ」とつげ、又「たゞいま迎接《こうしょう》の*儀式あり」としめし、*寅剋《とらの》のはじめにいたりて、「観音勢至《せいし》すでにきたり給へり」とて、おき居て端坐《たんざ》合掌し、高声念仏三反《べん》してをはり（終）をとる。正嘉二年十月四日*寅刻《こく》なり。

［第二図］

俊乗房重源《しゅんじょうぼうちょうげん》は、上《かみ》の醍醐《だいご》の禅徒にて、真言の薫修《くんじゅ》ふかゝりけるが、上人の徳に帰して往生をねがひ、師資の礼をあつくせられけり。*大原の座主《ざす》上人と法談の時も、門弟三十余人を相率《あいそつ》して、その座に*摂せられき。*治承《じしょう》の逆乱《げきらん》に南都東大寺焼失のあひだ、このひじりをもちて大勧進《だいかんじん》の職《しき》に補《ふ》せらる。*すでに造営をくはたつるころ、工《たくみ》の器用をえらばんために、ある番匠をめして、「屋をつくらむとおもふに、たる木（垂）のしたに*木舞《こまい》をうたむ事、いかゞあるべき」ととひ給ふに、番匠、「さる*屋づくり（造）いまだ見及《みおよび》候はず」と申けるを、「おもふやうあり、たゞつくれ」といはれければ、「あるまじき事し*いで（為出）、*傍輩《ほうばい》にわらはれんこと、いと*よしなきわざに侍り」と申す。あまたの番匠みなさやうにのみ申けるなかに、一人*領状するあり。

戌剋　午後八時頃
儀式　作法
寅剋のはじめ　午前三時頃
寅刻　午前四時頃

［醍醐の俊乗房重源附法の事］

大原の座主　天台座主の顕真
摂す　摂は「接」の当て字。会合する
治承の逆乱　治承四年（一一八〇）の平家の謀叛
すでに　今まさに
木舞　垂木の端をつなぐ細長い材
屋づくり　家の作り方
しいで　作り出す、仕上げる
傍輩　仲間
よしなき　つまらない
領状　承知、了承

「かゝる屋日ごろもつくりたる事侍りや」ととひ給に、「さることは侍らねども、なにともおしへ《(教)》給はんまゝにこそつくり心み侍らめ」と申ければ、その時、「まことにそのまゝにつくらんとにはあらず、たゞ心のほどをしら《(知)》むためにいひつるなり」とて、すなはちかれを*大工《だいく》として、東大寺をばつくりたてられけるとなん。おほかたよろづにはかりこと《(謀)》*かしこきひとなりければ、そのころの*ことわざ《(諺)》にて、*支度《したく》第一俊乗房とぞ人申ける。備前周防《びぜんすおう》両国を給はりて造営の功をおへ、*建久六年三月十二日供養をとげらる。*天子行幸《ぎょうこう》ありき。鎌倉の*右幕下《うばくか》結縁のために上洛、都鄙《とひ》群をなして厳重の法会《ほうえ》なりけり。*十一間《けん》二階の大仏殿、金銅《こんどう》十丈八尺の盧舎那《るしゃな》如来、同時につくり《(造)》たて《(建)》*みがき《(磨)》いだされ《(出)》けん、おぼろけの*心をきて《(掟)》にて、かなふべき事にあらず。されば*建久三年十一月、当寺かさねて供養の御願文〈六角中納言《ろっかくのちゅうなごん》*親経卿《ちかつねきょう》の草《そう》也。于時《ときに》参議〉にも、たゞびとにあらざるよし《(由)》のせられて侍り。上人の勧化《かんげ》にしたがひて念仏を信仰のあまり、かの*故山《こさん》上の醍醐に*無常臨時《りんじの》念仏をすゝめて*末代の恒規《ごうき》とし、そのほか七ケ所《か》に不断念仏を興隆せられき。東大寺の*念仏堂、高野山《こうやさん》の新別所*等これなり。そのつとめ《(勤)》いまにたえずとなんうけ給はる。このひじり若年のむかし、*天狗《てんぐ》にとられてある所へをはし《(御座)》たりけるを、「これはゆく《(行)》すゑ《(末)》におほきなる

大工　番匠の棟梁
かしこき　優れている
ことわざ　言い慣わされた言葉
支度　用意周到に計画すること
建久六年　一一九五年
天子　後鳥羽天皇
右幕下　右近衛大将、将軍の称。頼朝を指す
十一間二階　間口十一間、重層屋根
みがきいだす　美しく飾りたてる
心をきて　心構え、
建久三年　建仁三年（一二〇三）の誤り
親経卿　藤原親経（一一五一～一二一〇）
故山　故郷
無常臨時念仏　死者のために臨時に修する念仏
末代の恒規　後世まで勤める規則
念仏堂　当初は浄土堂と称した
等これなり　他に渡辺別所・播磨

利益《りやく》をなさむずる人なり。すみやかにゆるすべし」と、かたへ《(片方)》の天狗制し申けるによりて、ゆるされにけるよし申つたへて侍り。その詞《ことば》たがはざりける、不思議の事なり。建久*六年六月六日、東大寺にしておはりをとられにけるとなむ。

[第三図]

別所・備中別所・周防阿弥陀寺・伊賀別所（南無阿弥陀仏作善集）
天狗　深山に住む妖怪
建久六年　建永元年（一二〇六）が正しい（三長記）

法然上人行状絵図　第四十六

鎮西《ちんぜい》の聖光房弁長《しょうこうぼうべんちょう》〈又号弁阿《べんなごうす》〉は、筑前国《ちくぜんの》加月庄《*かつきの》の人なり。生年《しょうねん》十四歳より天台宗を学す。廿二《にじゅう》歳*寿永二年の春、延暦寺《えんりゃくじ》にのぼりて、東塔南谷観叡法橋《とうとうみなみだにかんえいほっきょう》の室にいる。のちには宝地房《ほうじぼうの》法印証真《しょうしん》につかへて、一宗の秘賾《*ひさく》をうけ、四明《*しめい》の奥義《おうぎ》をきはむ。廿九歳*建久元年に、故郷にかへりて*一寺〈油山《*あぶらやま》〉の*学頭に補《ふ》す。三十二のとし、世間の無常をさとりて*無上道心をおこし、今生《こんじょう》の名利《みょうり》をすてゝ身ののちの資*糧をもとむ。建久八年吉水《よしみず》の禅室に参ず。時に上人《しょうにん》六十五、弁阿三十六なり。ひそかにおもはく、「上人の智弁ふかしといふとも、なむぞわが所解《しょげ》にすぎむや」と。こゝろみに浄土門の枢楗《*すうけん》をたゝく。上人答ての給《たま》はく、「なむぢ（汝）は天台の学者なれば、すべからく三重の念仏を分別《ふんべつ》してきかしめむ。一《ひとつ》には摩訶止観《まかしかん》にあかす念仏、二《ふたつ》には往生要集にすゝむる念仏、三《みつ》には善導《ぜんどう》の立《たて》給へる念仏なり」とて、くはしくこれをのべ給ふ。文義《もんぎ》広博にして智解深遠《ちげじんのん》なり。崑崙《*こんろん》のいたゞきをあふぐ（仰）がごとし。蓬瀛《*ほうえい》のそこをのぞむににたり（似）。*（未）ひつじよりね（子）の時にいたるまで、演説数剋《すこく》にを（及）

［鎮西の聖光房弁長附法の事］
加月庄　香月とも書く。北九州市八幡西区
寿永二年　一一八三年
秘賾　奥深い教理
四明　比叡山の別称。ここでは天台の意
建久元年　一一九〇年
一寺　ある寺
油山　福岡市城南区・早良区
学頭　学事を統領する僧職
無上道心　一層堅固な道心
資糧　資金と食糧。ここでは死後の身を救ってくれる心の拠り所をいう
枢楗をたたく　重要な点を尋ねる
崑崙　中国の西方にある霊山
蓬瀛　蓬萊山と瀛洲。共に東方の海中にある神山

よぶ。これをきくに、*高峰《こうほう》の心やみ、渇仰《かつごう》の思《おもい》ふかし。「まことに凡夫解脱《げだつ》の直路《じきろ》は、浄土の一門、念仏の要行《ようぎょう》にしかざりけり」と信解《しんげ》して、ながく上人に師事《しじ》て、暫《しばらく》も座下《ざか》をさらず、ひさしく一宗を習学して、つぶさに*庭訓《ていきん》をうけられけり。翌年建久九年の春、上人選択集《せんちゃくしゅう》を聖光房にさづけらる。「これ月輪殿《つきのわどの》の仰《おおせ》によりて撰《えらべ》る所なり。いまだ披露に及ばずといへども、汝《なんじ》は法器なり、伝持にたへたり。はやく此《この》書をうつして末代にひろむべし」と仰られければ、かたじけなく頂戴してうけぬ。「我《わが》大師尺（釈）尊はたゞ法然《ほうねん》上人なり」とぞたとび（尊）申されける。同年八月に上人の厳命をうけて、*予州《よしゅう》に下《くだり》て念仏をすゝむ。その化《け》にしたがふものかずをしらず。又建久十年二月に帰洛《きらく》して、上人に奉仕《ぶじ》す。それより*元久元年七月にいたるまで六ケ《か》年、寸陰をきおひ（競）て尺（釈）文を*研覈《けんかく》し、一宗の深奥《じんのう》をきはむること、みづをうつはも（器）のにうつすがごとし。

［第一図］

ついに学なり功をへて、元久元年八月上旬、吉水の禅室を辞して鎮西の旧里にかへり、浄土一宗を興ずるに、利益《りやく》四遠にあまねし。こゝにある学者、上人の門弟と

ひつじよりねの時　午後二時頃から十二時頃
高峰の心　高い峰のように驕り高ぶった心
庭訓　（父から子に伝える教訓のような）懇切な教え
予州　伊予国のこと
元久元年　一二〇四年
研覈　詳しく調べて明らかにする

［聖光房帰国の後背宗の邪義を記して上人に御証判を請れし事］

号して云《いわく》、「浄土甚深《じんじん》の秘義は、天台*円融の法門におなじ。これ此宗の*最底なり。又蜜(密)々の口伝《くでん》あり、*金剛宝戒これなり。善導の雑《ぞう》行《ぎよう》を制して専修《せんじゆ》をすゝめ給は、暫《しばらく》初心の行人《ぎようにん》のためなり、さらに実義にあらず。これすなはち上人の相伝なり」と〈云々《うんぬん》〉。此真偽をあきらめむがために、元久二年三月、門弟度脱房《どだつぼう》をつかひとして、書状を上人に進ずるに、*件《くだん》の両条くはしくこれをかきのせて、「むかし座下に侍《はべ》りしに、*漢家《かんか》の先賢浄土の法門を尺(釈)する、その義*蘭菊《らんぎく》なれども、善導の御《み》心は、弥陀の本願の専修正《しよう》行《ぎよう》、これ往生極楽の正路《しようろ》、この宗の*元意《がんい》なるよし、つねに仰をうけ給はりき。いまだかくのごときのことをきかず。これ機なを(猶)熟せざるゆへ(故)に、御教訓を蒙《こうむ》らざるか。はやく*一家《いつけ》の*狼籍《ろうぜき》をとゞめ、末代の念仏を*印持せむがために、御在世《ざいせ》のとき是非を決断し、御証判を給はりて、専修の一行《いちぎよう》をたてんと思ふ」〈取意略抄《いをとりてりやくしようす》〉。こゝに上人てづから筆をそめて、彼《かの》状に*勘付《かんぷせ》られて云、「已上《いじよう》二ケ条、*以外《もてのほかの》僻事《ひがこと》也《なり》。源空《げんくう》全《またく》以　如《かくのごときの》是事不申《もうさず》候《そうろう》。以尺(釈)迦弥陀為證《しやかみだをもてしようとす》、更々《さらさら》如《しかの》然《ごときの》僻事所不申候也《もうさざるところに》」〈云々〉。上人自筆の誓文《せいもん》、末代念仏の亀鏡《ききよう》なり。彼書いままさしく世にあり、たれかこれをうたがはむ。この相伝の義、すこぶる信受するにたれる者歟《か》。

円融　それぞれの立場を保ちつつ完全に融け合って一体となり、相互に妨げのないこと
最底　最も奥深い所
金剛宝戒　金剛宝戒章（三巻）のこと
件の両条　以上の二箇条（天台円融の事、金剛宝戒の事）
漢家の先賢　中国の昔の賢人
蘭菊　蘭や菊がその美を競うようにいずれも優れていること
元意　根本の意趣
一家　一宗（浄土宗）
狼籍　乱れ。籍は「藉」の誤り
印持　正しいと承認されたものを保持すること
勘付　（彼状に）当方の考えの趣きを直に付記すること
以外　意外な、とんでもない

［第二図］

此ひじり《（聖）》*安貞二年の冬、肥後《ひごの》国*往生院《おうじょういん》にして、四十八日の別時念仏を修《しゅ》せられしとき、*後昆《こうこん》の異義をいましめむがために一巻の書を製す。これを末代念仏授手印となづく。上人相伝の*義勢つぶさにかの書にのせたり。著述ことをへ《（終）》てのち、善導大師まのあたり道場に*影現《ようげん》し給ふことありけり。これすなはちのぶ《（述）》るところの法門の証明《しょうみょう》なるべし。ひじりこれを拝して、「われ*すでに証を得たり」とて感涙をながされけり。又筑後《ちくごの》国*高良山《こうらさん》のふもとに、一《ひとつ》の精舎《しょうじゃ》あり、*厨寺《くりやでら》と号す。*丈六の弥陀の像を安置す。聖光房かの道場にして、一千日如法念仏を修し給ふに、八百日にを《（及）》よむで、高良山の大衆《だいしゅ》*僉義《せんぎ》していはく、「当山はこれ真言止観の学地也。此山のふもとにして、専修念仏の*懃行《ごんぎょう》しかるべからず。かの砌《みぎり》に発向して、念仏衆《ねんぶつしゅ》を追出《おいいだ》すべし」と。*衆儀《しゅぎ》ことをへにければ、をの〱《（各）》明暁《みょうぎょう》を期《ご》す。念仏衆この事をきゝて、すみやかに退出すべきよしを申すに、ひじりの給はく、「汝等《なんじら》はよろしく心にまかすべし。我はさらにいづ《（出）》べからず」と。此うへ《（上）》はみな退出の思《おもい》をやめて、悪徒のきたるをまつ程に、おもひのほかに一山の大衆、色々の供物《くもつ》をさゝげてきたり《（来）》て

［聖光房念仏授手印撰述の時善導大師影現し給事］

安貞二年　一二二八年
往生院　熊本県熊本市にある浄土宗の寺
後昆　後継者
義勢　教えの趣き
影現　（仏菩薩などが）姿を現わす
すでに　間違いなく、確かに
高良山　福岡県久留米市
厨寺　福岡県久留米市にある寺（現在は安養寺と称す）
丈六　身のたけ一丈六尺
僉義　衆議する。義は「議」の当て字
懃行　懃は「勤」と同義
衆儀　儀は「議」の当て字

いはく、「きのふ念仏*停癈《ちようはい》の悪計をなすに、今夜霊夢を感ずることあり。赫奕《かくやく》たる光明にしよりきたりて、此道場をてらす。あやしみたづぬるところに、かたはらに人ありていはく、『聖光上人念仏を行ずるゆへに、かのほとけひかり《（光）》をはなちて、つねにこのみぎり《（砌）》をてらすなり』と。諸人《しよにん》の夢一同なり。これによりてみな前非*を改悔《かいけ》して、*慙謝《ざんしや》のために群参す」と〈云々〉。それよりのちは、一山帰依をなし、四*輩信心をましけるとぞ。

［第三図］

筑後国*山本《やまもと》の郷《ごう》に、一寺を建立《こんりゆう》して*善導寺《ぜんどうじ》と号す。のちにはあらためて光明寺《こうみようじ》となづく。此寺にして上人相承《そうじよう》の法門を住持し、念仏往生の*解行《げぎよう》を弘通《ぐずう》すること、一生をゝふる《（終）》まで片時《へんし》も癈《（廃）》することなし。このひじり浄土門にいりしよりのちは、毎日に六巻の阿弥陀経、六時の礼讃《らいさん》ときを《（時）》たがへず、又六万反《べん》の称名《しようみよう》をこたる《（怠）》ことなし。初夜のつとめをはりて、一時《いつとき》ばかりぞまどろまれ《（微睡）》ける。そのゝちはおき《（起）》ゐ《（居）》つゝ、あくるまで高声《こうしよう》念仏たゆむことなかりけり。つねの述懐には、「人ごとに*閑*居の所をば高野*粉河《こうやこかわ》と申《もうし》あへ《（合）》ども、我《わが》身にはあか月のねざめ《（寝覚）》のとこ《（床）》にしかずとぞ

停癈　停止する。癈は「廃」と同義
前非　先の悪巧み
慙謝　恥じ入って詫びる
四輩　比丘・比丘尼・優婆塞・優婆夷の四衆をいう。ここでは皆の意

［筑後国善導寺建立の事］
山本の郷　郡名に由来する郷の名
善導寺　福岡県久留米市にある浄土宗の大本山
解行　教理の理解とその修行法
人ごとに　どの人もみな
閑居　一人静かに住む、隠遁する
粉河　粉河寺（和歌山市紀の川市にある天台宗の寺）

おもふ」と。また*安心起行《あんじんきぎょう》の要は*念死念仏にありとて、つねの*ことわざには、「出《いず》るいき《（息）》いる《（入）》いきをまたず、いるいき出るいきをまたず。たすけ給へ阿弥陀ほとけ、南無阿弥陀仏」とぞ申されける。*嘉禎《かてい》三年十月より病悩、同四年正月十五日ひつじ《（未）》の剋《こく》、門弟をあつめて来迎《らいこう》の讃《さん》を誦《じゅ》し念仏せしむ。聴聞《ちょうもん》のあひだ随喜のなみだをながしていはく、「極楽の聖衆《しょうじゅ》*半天にみち〳〵給へり」と。聞く人奇特《きどく》の思をなす。同廿三日*たつ《（辰）》の剋、化仏《けぶつ》来現し給ふよし門弟にしめす。同二月廿七日*うし《（丑）》のとき、異香《いきょう》しきりに薫ず。同廿九日未剋《ひつじの》、七条の袈裟《けさ》を着し、頭北面西《ずほくめんさい》にして、五色《ごしき》のはた《（幡）》を*ひかへ、平生《へいぜい》の発願《ほつがん》にまかせて、*一字三礼《さんらい》の自筆の阿弥陀経を合掌の*母《おお》指《ゆび》にさしはさみて、念仏すること一時ばかり、最後にはことに高声にとなへて、「光明遍照《へんじょう》」とて、いまだつぎの句にいたらざるに、ねぶる《（眠）》がごとくして*寂《じゃく》に帰す。春秋七十七、*夏臈《げろう》六十四也。命終《みょうじゅう》の時にあたりて、五色の雲天にそびき《（聳）》、又紫雲なゝめにいほり《（庵）》をおほふ。道俗群集《くんじゅ》して、あまねくこれをみる。又入滅の翌日より、*上妻《こうづま》の*天福寺《てんぷくじ》〈聖《ひじり》の旧居〉の本房のうへに、紫雲たなびくこと三ケ日、村里にみる人おほし。又臨終のきざみ《（刻）》も、とをく《（遠）》より紫雲におどろきて来《きたり》て、入滅にあふともがら《（輩）》あり。又*草野《くさの》が郎等《ろうどう》なりけるもの、ゆめに当寺に*迎講《むかえこう》あり、ひじり手

安心起行　（往生極楽のための）心の持ち方と実践
念死念仏　平生から臨終の想いをもって念仏を唱える
ことわざ　口癖
嘉禎三年　一二三七年
半天　中空、空の半ば
たつの剋　午前八時頃
うしのとき　午前二時頃
ひかふ　傍らに置く
一字三礼　一字ごとに三度礼拝して書写する
母指　母は「拇」と同義
寂に帰す　亡くなる
夏臈　出家得度からの年数
上妻　郡の名
天福寺　福岡県八女市の浄土宗（もと天台宗）の寺
草野　筑後国山本郡草野荘（福岡県久留米市）を本拠とする豪族

に*金字《こんじ》の阿弥陀経をもち給へりとみてさめぬ。すなはち往生のよしをきゝて、はせ(馳)きたりて入滅の儀を拝するに、さらにゆめの所見にたがはずとて、ふかく随喜しけり。しかのみならず、平生の祥瑞《しようずい》、終焉《しゆうえん》の霊異《りようい》、そのかずはなはだ(甚)おほし。あるひはまのあたり*和尚《かしよう》を拝し、あるひは*あらたに弥陀をみたてまつり、或《あるい》は極楽の依《え》正《しよう》目のまへに現じ、或は尺(釈)尊の光明身のうへをてらす。又門弟*敬蓮社《きようれんじや》は、ゆめに師はこれ善導の再誕なりとみ、ある人は弥陀の垂迹《すいじやく》なりとみる。かくのごときの奇瑞《きずい》そのかずありといへども、しげきによりてのせず。

［第四図］

かの製作の念仏往生修行門云《しゆぎようもんにいわく》、「世の中の念仏者、故《こ》上人の御流《ごりゆう》とは申あひて侍れども、上人の*御《おん》義にはなかりしことゞもを、申みだり(乱)侍こそ*不便《ふびん》の次第に侍れ。故上人弁阿にをしへ(教)給しは、善導の御心は、浄土へまいらむと思はむ人は、かならず三心《さんじん》具足して念仏を申べきなり。一《ひとつ》に至誠心と*云《い》は、まことしく往生せんとおもひとりて念仏を申《もうす》也。二《ふたつ》に深心《じんしん》と云は、我身は罪悪生死《しようじ》の凡夫なり。しかるに弥陀の本願のかたじけなきによりて、この念仏より外に、我身のたすかるべきこと

迎講　阿弥陀仏の来迎のさまを模して催す法会
金字　金泥で書いた文字
和尚　善導大師の姿
あらたに　霊験著しく
敬蓮社　入阿また入西と号す（？～一二八五）
［聖光房念仏往生修行門製作の事］
御義　み教え
不便　困ったこと
云は　「言ふは」の促音便化。「言っぱ」と読む

なしと、かたく信ずるを申也。三《みつ》に廻向《えこう》発願心と云は、たゞひとすぢ《（一筋）》に極楽にまいらむずるための念仏なりと思をいふ也。これぞ法然上人より習《ならい》つたえたてまつりたる三心にて侍る。この外またく《（全）》別のやうなき也。故上人の仰られ候しは、『在家のいとま《（暇）》なからむひとは、一万二万なむど《（等）》をも申べし。僧尼なむどとて、*さまをかへたらむ*しるし《（証）》には、三万六万なむどを申べし。いかにもおほく申すにすぎたる法門はあるべからず。詮《せん》ずるところ、此念仏は決定《けつじょう》往生の行なりと信をとりぬれば、自然《じねん》に三心は具足して往生するぞ』と、やすく〳〵と仰られ侍しなり。もしこれなら《（習）》はぬことをならいたりといひ、仰られぬことを仰られたりと申侍らば、三世《さんぜ》の諸仏、十方《じっぽう》の菩薩、ことにはたのみ《（頼）》たてまつる所の尺《（釈）》迦、弥陀、観音、勢至《せいし》、善導*聖霊《しょうりょう》、念仏守護の*梵天《ぼんてん》、*帝尺《たいしゃく》等の御《おん》あはれみなくして、現世後世《げんぜごせ》かなはぬ身となり侍らむ」〈已上《いじょう》略抄〉。上人口決《くけつ》の次第、誓言《せいごん》厳重なり。そのうへ此ひじりすでに奇瑞をあらはして、往生をとげられぬ。*得益《とくやく》法門にかなふ、所述たれか信受せざらむ。されば勢観房《せいかんぼう》は、「先師念仏の*義道をたがへず申人は、鎮西の聖光房なり」とぞ申されける。かのひじり、嘉禎三年九月廿一日、聖光房に送られける状云《じように》、相《あい》互不*見参《たがいにげんざんせず》候て、年月多積《おおくつもり》候。于今《いまに》存命、今一度《ひとたびの》見参、今生難有覚《こんじようにありがたくおぼえ》候。哀《あわれに》候

さまをかへたらむ　剃髪して出家の姿に変えている
しるし　証拠、あかし

聖霊　霊魂、みたま
梵天　色界の初禅天の総称、梵天王のこと
帝尺　帝釈天のこと。尺は「釈」の当て字
得益　(往生を遂げるという)利益を得る
義道　教義

見参　お目にかかること

者歟。抑《そもそも》先師念仏之《の》義、末流濁乱《じょくらんして》、義道不似昔《むかしににず》、不可説《とくべからず》候。＊御辺《ごへん》一人、正義《しょうぎ》伝持之由承及《うけたまわりおよび》候。返々《かえすがえす》＊本懐《ほんがいに》候。喜悦無極《きわまりなく》思給《おもいたまい》候。必《かならず》遂往生本望《おうじょうのほんもうをとげ》、可期《いんどう》＊引導値遇縁《ちぐのえんをごすべく》候者也。＊以便宜捧愚札《びんぎをもてぐさつをささぐ》。御報何日《いずれのひか》拝見《はいけん》哉《せんや》。佗（他）事短筆難尽《つくしがたく》候」〈云々〉。其《その》後＊文永の比《ころ》、聖光房附法の弟子＊然阿弥陀仏《ねんあみだぶつ》と、勢観房の附弟＊蓮寂房《れんじゃくぼう》と、東山＊赤築地《あかついじ》にて、四十八日の＊談義をはじめし時、然阿弥陀仏をよみ＊（読）く（口）ちとして、両流を＊挍合《きょうごう》せられけるに、一《ひとつ》として違するところなかりければ、蓮寂房の云、「日比《ひごろ》勢観房の申されしこと、いま＊すでに＊符合しぬ。予が門弟にを（於）きては、鎮西の相伝をもて我《わが》義とすべし。さらに別流をたつべからず」と。これによりてかの勢観房の門流は、みな鎮西の義に依附《えふ》して別流をたてずとぞうけたまはる。その外安居院《あぐい》の聖《せい》覚《かく》法印、二尊院《にそんいん》の正信房《しょうしんぼう》なども、わが義のあやまらぬ証《しょうじょう》誠には、聖光房をこそ申されけれ。当世《とうせ》筑紫《つくし》義と号するは、かの聖光房の流《りゅう》にて侍るとなむ。

［第五図］

御辺　あなた、貴僧
本懐　喜ばしい、満足に思う
引導値遇縁　（私を）極楽に導いて（貴僧と）浄土で会える因縁
便宜　好い機会
文永　一二六四〜七五年
然阿弥陀仏　良忠とも号す、浄土宗第三祖（一一九九〜一二八七）
蓮寂房　信慧とも号す（一二〇五〜一二八一）
赤築地　清水坂（京都市東山区）の経書堂の辺り
談義　教義に関する討論
よみくち　声を出して読む者、読み役
挍合　文章などの異同を比較対照する
すでに　すっかり、すべて
符合　（聖光房の相伝と）一致する

法然上人行状画図　第四十七

*西山《せいざん》の善恵房証空《ぜんねぼうしょうくう》は、入道加賀権守親季朝臣《かがのごんのかみちかすえあそん》〈法名証玄《ほうみょうしょうげん》〉の子なり。久我《こが》の*内符《だいふ》〈*通親公《みちちかのこう》〉の*猶子《ゆうし》として、生年《しょうねん》十四歳の時、*元服せしめむとせられけるに、童子さらにうべ（諾）なはず、父母あやしみて、一条堀川《ほりかわ》の*橋占《はしうら》をとひけるに、一人の僧、「真観清浄観、広大智恵観、悲観及慈観、常願常瞻仰（*真の観、清浄《しょうじょう》の観、広大なる智恵の観、悲の観及び慈の観あり、常に願ひ常に瞻仰《せんごう》すべし）」ととなへて、東より西へゆく（行）ありけり。宿善のうちにもよを（催）すなりけりとて、出家をゆるさんとするとき、師範の沙汰《さた》のありけるをきゝて、童子のいはく、「法然上人《ほうねんしょうにん》の弟子とならむ」と。これによりて*建久元年、上人の室に入《いり》、やがて出家せさせられて、解脱房《げだつぼう》と号す。たゞし*笠置《かさぎ》の*解脱上人と同名《どうみょう》なるによりて、これをあらためて善恵房とつけられき。その性《しょう》俊逸にして、一遍見聞《けんもん》するに通達《つうだつ》せずといふ事なし。上人にしたがひたてまつりて、浄土の法門を*稟承《ほんじょう》する事、首尾廿《にじゅう》三年〈自十四歳至卅六歳《じゅうよんさいよりさんじゅうろくさいにいたる》〉なり。稽《けい》古《こ》に心をいれて、善導《ぜんどう》の観経《かんぎょう》の疏《しょ》をあけくれ見られける程に、三部まで*見やぶら

［西山の善恵房証空附法の事］
西山　善峰寺や三鈷寺がある地域の通称
内符　内大臣の唐名。符は「府」の当て字
通親　源（土御門）通親（一一四九～一二〇二）
猶子　親族の子を養子とする
元服　男子が成人したことを示す儀式
橋占　戻り橋で通行人の話を聞き吉凶を占う
真の観云々　法華経の文
建久元年　一一九〇年
笠置　京都府相楽郡笠置町にある真言宗の笠置寺
解脱上人　貞慶のこと
稟承　師より伝え受ける
見やぶる　読み破る

れたりけるとぞ申《もうし》伝《つたえ》侍《はべ》る。

［第一図］

このひじり（聖）の意巧《いぎよう》にて、人の心得やすからむために、自力根性《こんじよう》の人にむかひては、白木《しらき》の念仏といふ事をつねに申されけり。その言《ことば》にいはく、「自力の人は念仏をいろどる（色）なり。或《あるい》は大乗のさとりをもて色どり、或はふかき領解《りようげ》をもていろどり、或は戒をもていろどり、或は身心《しんじん》をとゝの（調）ふるをもて色どらんと思《おもう》なり。定《じよう》散《さん》のいろどりある念仏をば、しおほせ（果）たり往じやう（生）うたが（疑）ひなしとよろこび、いろどりなき念仏をば、往生はうせ（失）ぬとなげくなり。なげくもよろこぶも自力の迷《まよい》なり。大経の法滅百歳の念仏、観経の下三品《げさんぽん》の念仏は、なにのいろどりもなき白木の念仏也《なり》。本願の文《もん》の中の『至心信楽《しんぎよう》』を、『称我名号《みようごう》』と尺（釈）給《したま》へるも、白木になりかへる心也。所謂《いわゆる》観経の下品下生《げぼんげしよう》の機は、仏法世俗の二種の善根《ぜんごん》なき無善の凡夫なるゆへ（故）に、なにの色どり一《ひとつ》もなし。況《いわん》や死苦にせめられて、忙然《もうねん》となる上は、三《さん》業《ごう》ともに正体《しようだい》なき機なり。一期《いちご》は悪人なる故に、平生《へいぜい》の行《ぎよう》のさり（然）ともとたの（頼）むべきもなし。臨終には死苦にせめらるゝ故に、止悪修善《しゆぜん》の心も、大小権実《ごんじつ》のさとり

［善恵房白木の念仏巧説の事］
意巧　意を用いた工夫、考案
自力根性　自力に頼る心
白木の念仏　自力をまじえない他力の念仏を白木に譬える
いろどる　色づけをする
定散　観経に説く定善や散善
しおほす　成し遂げる
うせぬ　なくなった
大経　無量寿経の通称
法滅百歳の念仏　仏法が滅尽した後、百年間は残るという念仏
下三品の念仏　下品の上生・中生・下生の三種の念仏
死苦　断末魔の苦しみ
忙然　ぼんやりしているさま
正体なし　正常でない
大小権実　大乗・小乗・権教・実教

も、かつて心にをかず《(置)》。*起立《きりゅう》塔像の善も、*この位《くらい》にはかなふべからず。*捨家《しゃけ》奇欲の心も、*このときはおこりがたし。まことに極重悪人なり。更に他の方便ある事なし。もし他力の領解もやある、名号の不思議をもや念じつべきとをしふ《(教)》れども、苦にせめられて次第に*失念するあひだ、*転教口称《てんぎょうくしょう》して、『汝若不能念者、応称無量寿仏(*汝若《なんじも》し念ずること能《あた》はずんば、応《まさ》に無量寿仏と称すべし)』といふとき、*意業《いごう》は忙然となりながら、十声《じっしょう》仏を称すれば、声々《しょうしょう》に八十億劫《こう》の罪を滅して、『見金蓮花猶如日輪(*金蓮花《こんれんげ》の猶《なお》し日輪の如《ごと》くなるを見る)』の益《やく》にあづかる也。この位には、*機の道心一もなく、定散の色どり一もなし。たゞ*知識のをしへにしたがふばかりにて、別のさかし《(賢)》き心もなくて、*白木にとなへて往生する也。たとへばおさな《(幼)》きもの、手をとりて、物をかゝ《(書)》せんがごとし。あに小児《しょうに》の*高名《こうみょう》ならんや。*下々品《げげぼん》の念仏も又かくのごとし。たゞ知識と弥陀との御心《み》にて、わづかに口にとなへて往生をとぐ《(遂)》るなり。弥陀の本願は、わきて五逆深重《じんじゅう》の人のために難行苦行せし願行なる故に、失念の位の白木の念仏に、仏の*五劫兆載の願行つゞまりいり《(入)》て、*無窮《むぐう》の生死《しょうじ》を一念につゞめて、*僧祇《そうぎ》の苦行を一声《いっしょう》に成《じょう》ずる也。又大経の三宝滅尽の時の念仏も、白木の念仏なり。その故は、大小乗の経律論みな竜宮におさまり、三宝こと〴〵く滅

起立塔像　仏塔を立て仏像を造る
この位　下品下生の人
捨家奇欲　家族を捨て欲望を捨てる。奇は「棄」の当て字
このとき　臨終の時
失念　臨終において正念を失う、心が乱れる
転教口称　教え方を変えて口称念仏を勧める
汝若し念ずること云々　観経の文
意業　意識
金蓮花云々　観経の文。「日輪」の次の「住其人前」を省いている
機の道心　機根に応じた道心
知識　臨終の善知識
白木に　白木のような純真な気持ちで
高名　手柄
下々品　下品下生の人
五劫兆載　五劫とか兆載永劫という無限の時間
無窮の生死　極まりなく繰り返した生死(の期間の修行)
僧祇　阿僧祇劫という無数の年月

しなむ。*閻浮提《えんぶだい》には*冥々《みようみよう》たる衆生《しゆじよう》の、悪の外には善といふ名だにも更にあるべからず。戒行をゝしへたる律も滅しなば、いづれの教《きよう》によりてか、止悪修善の心もあるべき。菩提心《ぼだいしん》をとける《(説)》経もしさきだち《(先立)》て滅せば、いづれの経によりてか、菩提心をおこすべき。このことはり《(理)》をしれる人も世になければ、ならひ《(習)》て知べき道もなし。故《かるがゆえ》に、定散の色どりはみなうせ《(失)》はて《(果)》たる白木の念仏、*六字の名号ばかり世には住すべきなり。そのとき聞て一念せん者、みなまさに往生すべしとゝけり《(説)》。*この機の一念十念して往生するは、仏法のほか《(外)》なる人の、たゞ白木の名号の力にて往生すべきなり。しかるに*当時は大小経論もさかりなれば、かの時の衆生には、事の外にまされる*機なりといふ人もあれども、下根の我等《ら》は、三宝滅尽の時の人にかはる《(変)》事なく、世は猶《なお》仏法流布の世なれども、身はひとり*三学無分《むふん》の機なり。大小の経論あれども、つとめ学せむと思《おもう》心ざしもなし。かゝる*無道心の機は、仏法にあへる甲《か》斐《い》もなき身なり。三宝滅尽の世ならば、力をよば《(及)》ぬかたもあるべし。仏法流布の世に生《うまれ》ながら、戒をもたもたず、定恵《じようえ》をも修行せざるにこそ、機のつたな《(拙)》く、道心なき程もあらはれぬれ。かゝるをろか《(愚)》なる身ながら、南無阿弥陀仏と唱《となうる》ところに、仏の願力こと〴〵く円満する故に、こゝが白木の念仏の*かたじけ《(忝)》なきにてはあるな

閻浮提　人間世界、現世
冥々たる　物事に暗い
六字の名号　南無阿弥陀仏の六字
この機　三宝滅尽の時の人々
当時　現在、ただいま
機　機根
三学無分　戒定恵を弁えない
無道心の機　道心のない人
かたじけなし　ありがたい

り。機*においては、安心《あんじん》も起行もまことすくなく、前念*も後念*もみなおろか（疎）なり。*妄想《もうぞう》*顛倒《てんどう》の迷《まよい》は、日をおうて（追）ふかく、ねてもさめても、悪業煩悩《あくごうぼんのう》にのみほだされ*居たる身の中よりいづる（出）念仏は、いと煩悩にかはる（代）べしともおぼえぬうへ（上）、定散の色どり一もなき称名《しょうみょう》なれども、前念の名号に諸仏の満足*を摂する故に、心水*泥濁《*ないじょく》にそまず（染）、無上功徳《くどく》を生ずるなり。なかなか*に心をそへ（添）ず、申せば生《うまる》と信じて、ほ*れ〴〵と南無阿弥陀仏とゝなふるが、本願の念仏にてはあるなり。これを白木の念仏とはいふなり」とぞの給ける。〈已上見于門弟記録《いじょうもんていのきろくにみゆ》〉念仏の行は、機*の浄穢《じょうえ》をいはず、罪の軽重《きょうじゅう》によらず、貴《とうとき》もいやしきも、智者も愚者も、申せば皆往生する行なるを、自力根性の人は、定散の色どりを指南として、*採色《さいしき》なき念仏をば往生せぬ*いたづら（徒）ものぞと思へる事しかるべからず。自力根性をすてゝ、他力門にむかへとなり。さればとて大乗のさとりある人、ふかき領解ある人、戒をたもてる人などの申《もうす》念仏は、わろし（悪）とにはあらず。よく〳〵この分別《ふんべつ》をわきまふべきものなり。

［第二図］

津《つ》の戸《と》の三郎入道尊願《そんがん》、不審なる事をば、上人往生の後は善恵房にたづね申け

［津戸三郎入道尊願の尋に付て善恵房返状の事］

機　無道心の人
前念　直前の瞬間に念じたこと
後念　今の瞬間に念じたこと
妄想　誤ったものの見方
顛倒　本来あるべき見方に反する見方
ほだす　縛る、繋ぎとめる
満足　刊本「万徳」に訂す
心水　心を水に譬える
泥濁にそむ　汚れに染まる
なかなかに　なまじっか
ほれぼれと　深く心酔したさま
機の浄穢　心の清らかな人と汚れた人と
採色　採は「彩」の当て字
いたづら　役に立たない、無益な

り。＊しかるに＊文暦《ぶんりやく》の比《ころ》、関東の念仏者の中に、善恵房の義とて心え(得)ぬ事どもを披露しけるにつけて、かの入道善恵房にたづね申ける状云《じようにいわく》、「念仏往生の間《あいだの》事、弥陀の本願にまかせ、善導和尚《かしよう》の御《おん》尺(釈)、故《こ》上人の御房《おんぼう》の御すゝめによりて、上《かみ》＊百年にいたり、下《しも》一日七日、十声一声にいたるまで、念仏往生は決定《けつじよう》のよしをうけ給《たまわり》て、往生をねがひ候《そうろう》所に、＊仰《おおせ》の候とて、当時関東の＊学生《がくしよう》の中に、『無智にてはつとめ(勤)たりとも、臨終しづかにをはり(終)たりとも、往生したりとは思べからず。又学問したらむものは、たとひ臨終のときいかなる狂乱をし、くるい顚倒したりとも、決定往生なり』と申《もうし》候。この事＊御房《ごぼう》中にいかやうに思食《おぼしめし》たりといふ事、＊慥《たしか》の便宜《びんぎ》のとき仰らるべく候。加様《かよう》に申せば、尊願が＊そへなき事を申《もうす》とぞおぼしめしぬべき事にて候へども、学問せぬ人のなげき申あひだ申候也」〈云々《うんぬん》〉。同年九月三日、善恵房の返状云《へんじようにいわく》、「学問せざる＊ひら信じの念仏は、往生すべからざるよし、＊この辺《あたり》に申と＊きこへ候＊覧《らん》、極《きわめ》たる＊ひが事に候也。ひらに信じて学問せざるも、又＊文《もん》につきて学するも、をちつく(落)所は、たゞおなじく南無阿弥陀仏にて往生すべき事にてこそ候へ。〈＊乃至《ないし》〉或はひらに願力を信じて、わが心にたりぬ(足)とおもひて念仏する人も候。或は本願を信ずるうへに、いよ〳〵ことはりをあきらめ(明)むために学問する人も候。

しかるに　さて、そこで
文暦　一二三四～一二三五年
百年にいたる　一生涯を終える
仰の候　(貴僧の)仰せである
学生　学者、学僧
御房中　直接に宛所の僧名を書くことを避け、御門下・御座下などと同意の敬語
慥の便宜　確実な次の便り
そへなき　寛永一三年刊本「そでなき」(しかるべきでない)、元禄一三年刊本「すべなき」(どうしようもない)に訂す
ひら信じ　ひたすら信じる
この辺に　そなたの近くで
きこへ　(人々の)耳に入る
覧　助動詞「らん」の当て字
ひが事　間違い、あやまり
文　経文
乃至　中略

*意楽《いぎよう》おなじからずといへども、往生はまたく《全》ことならず。しかるを学問する人は学せざるをそしり《謗》、学せざる人は学問するひとをそしる事、あひたがひ《相互》に極たるひが事也。たゞ所詮《しよせん》は、法蔵《ほうぞう》菩薩の*乃至十念のちかひ《誓》にこたえて、衆生称念せばかならずむまる《生》べきことはりの*きはまり《極》て、すでに阿弥陀仏になりて、善悪の凡夫をもらさず摂し給へる故に、尺迦《釈》もこれをとき、諸仏の*証誠《しようじよう》もむなしからざる事をたのみて御念仏候はゞ、*更々《さらさら》御往生うたがひなく候。このむねをこそふかく存ずる事にて候へば、人にも申きかせ、身にも存《ぞんじ》候へ」〈已上取詮《せんをとる》〉。又同年十月十二日の状云、「『無智の人は往生せず、*臨終正念《しようねん》にて命終《みようじゆう》すとも、往生とは定《さだむ》べからず。学生はたとひ臨終狂乱すとも、なを《猶》これ往生也』といふ事、*返々《かえすがえす》ひが事にて候也。無智の人往生せずといはゞ、弥陀の本願すでに機を*きらふ《嫌》になる。その理《ことわり》しかるべからず。他力本願を信ぜば、有智《うち》無智みな往生すべし。信心をゝこし《起》て後には、*学不学は人の心にしたがふべき也。本願を信ずる人、*正念に住せんうへは、なんぞ往生せずといふべきや。又学生は臨終狂乱すとも、往生と定べしといふ事、経尺《釈》の中にその文惣《そう》じて見及《みおよび》候はず。道理また然《しかる》べからず。凡《およそ》往生極楽においては、もはら《専》本願を信ずるによる。またく学生によらず、また無智によらざる也。信心もしおこら

意楽　心に思う願い
乃至十念　（第十八願の）わずかに十念であっても必ず往生できる
きはまる　極限に達する
証誠　（阿弥陀仏の誓願が）真実であると証明する
更々　決して
臨終正念　臨終に心を乱さない
返々　本当に、まったく
きらふ　分け隔てすること
学不学　学問するしない
正念に住せん　正念を保っている

ば、有智も無智も臨終はかならず正念に住すべし。なむぞ《（何）》学生にいたりて正念をす*てむや。もし学生なりとも、臨終狂乱せんは、もとより信心なき故也。但下品下生《ただしげぼんげしょう》の、『此人苦逼、不遑念仏（*この人、苦に逼《せ》められて、念仏するに遑《いとま》あらず）』等の文に、異義を成ずるともがら《（輩）》候歟《か》。この文の心はたゞ死苦の失念なり、またく狂乱顛倒の相にあらず。されば尺《（釈）》には、『臨終正念、金花来応也（*臨終正念なれば、*金花《こんげ》来応するなり）』といへり。たとひ*病死の苦痛ありとも、念仏の行おこたらずは、かならず正念といふべき也。苦痛と顛倒とその*体大《たいおおい》にことなるゆへに候。かくのごときの*荒説、御信用あるべからず。たゞ一向本願をたのみて、御念仏おこたらず候はむ事、本意《ほい》たるべく候也〈已上取詮〉。これらみな自筆*判形《はんぎょう》の状等なり。亀鏡《ききょう》とするにたれり。仰《あおぎ》てこれを信《しんず》べし。加之《しかのみならず》*九条の入道将軍の御尋《たずね》につきて、善恵房しるし申されける状云、「三心《さんじん》具足の念仏は、仏の願に相応する故に、かならず摂取の利益《りやく》をかうぶる《（蒙）》。この摂取の故を尺《（釈）》するに、親縁近縁増上縁《しんねんごんねんぞうじょうえん》の三《みつ》の心あり。一《ひとつ》に親縁といふは、この*鈍根無智の機を、もらさず摂取すべきいはれ《（謂）》より、正覚《しょうがく》を成じ給ふ*無碍光《むげこう》の体なる故に、かの仏の三業の功徳、我等が煩悩悪業の三業にへだつ《（隔）》るところなし。故《かるがゆえ》に称すればきゝ給ひ、礼《らい》すれば見《み》給ひ、念ずればしり給といへ

すつ　顧みない

この人苦に云々　観経の文

臨終正念なれば云々　観経疏の原文は「臨終正念即有金華来応」

金花　金蓮華に同じ

病死の苦痛　病の苦痛と死の苦痛

体　本質、本体

荒説　荒唐な言説、でたらめな説

判形　花押（が書かれてある）

九条の入道将軍　鎌倉幕府第四代将軍九条頼経（一二一八～五六）

鈍根無智の機　愚かで無知な人々

無碍光　何物にも妨げられない光

り。是則《これすなわち》行者《ぎようじや》の心の善悪をかへりみず、たのむ心ふかくなりぬれば、決定往生すべき称名とき丶給ひ、決定往生すべき礼拝《らいはい》と見給ひ、決定往生すべき憶念としり給也。されば、『彼此三業、不相捨離（*彼此《ひし》の三業、相《あい》捨離せず）』と尺《（釈）し》給へり。二《ふたつ》に近縁といふは、したしき道理きはまりぬれば、我等が身口意業《しんくいごう》を仏のしり給のみにあらず、又仏の三業をしるべきいはれあるゆへに、みん《（見）》とおもへばすなはち*みえ給也。もしは夢のうち、*乃至臨終にあらはれ給ふ、みなこの心也。三に増上縁といふは、かみ《（上）》の二縁の他力にて成ずるいはれをあらはす也。『衆生称念、即除多劫罪、命欲終時、仏与聖衆、自来迎摂、諸邪業繫、無能碍者、故名増上縁（*衆生称念すれば、即《すなわ》ち多劫《たこう》の罪を除く。命終はらんと欲する時、仏聖衆《しようじゆ》と与《とも》に、自ら来りて迎摂《こうしよう》したまふ。諸《もろもろ》の*邪業繫《じやごうけ》、能《よ》く碍《さ》ふる者なし。故に増上縁と名づく）』と尺《（釈）し》給へる衆生称念即除多劫罪（衆生称念すれば、即ち多劫の罪を除く）は、かみの親縁の体、他力にて成ずるところを尺《（釈）》しあらはす詞《ことば》也。命欲終時仏与聖衆乃至無能碍者（命終はらんと欲する時、仏聖衆と与に、乃至能く碍ふる者なし）といへるは、近縁の見仏、他力にて成ずべき道理を尺《（釈）》しあらはす詞也。故にこの縁は他力の体をあらはすを詮とす。かくのごとく心得《う》れば、親縁によりて称念すれば、無量劫のつみ滅する道理あるをもて、行者の心

彼此の三業云々　観経疏の文
みえ給　お見えになる
乃至　あるいは、また
衆生称念すれば云々　観経疏の文
邪業繫　罪業による縛りつけ

これにもよを(催)されて、悪をおそれ悪をとゞむる、この心いよ〳〵*おこたらず。又近《また》縁によりて、凡夫のつたなき眼《まなこ》に*報仏をみる大善根きはまりぬれば、この功力《くりき》にもよをされて、*已作《いさ》の善にはふかく随喜の心をおこし、*未作《みさ》の善においては*修習《しゆじゆう》のおもひ増進するが故に、増上縁といふ也。然則《しかればすなわち》三心具足する故に、帰命《きみよう》の心を(起)こる。これを南無といひ、三縁《さんねん》そなはれば、無碍光の体、我等が罪悪の身にへだつるところなき功徳を、阿弥陀仏といふ也。故に南無阿弥陀仏と称するこの六字の名号に、*一代の仏教の本意もこと〴〵くにおさまり、十方三世《じつぽうさんぜ》の*化物《けもつ》も、しかしながらそな(備)はるが故に、『念々不捨者、是名正定之業、順彼仏願故（念々に捨てざる者、これを正定《しようじよう》の業と名づく。かの仏の願に順ずるが故に）』といはれて、南無阿弥陀仏のほかに又余事なきなり。爰以《ここをもて》尺(釈)には、『自余衆行、雖名是善、若比念仏者、全非比挍也。是故諸経中、処々広讃念仏功能。如無量寿経四十八願中、唯明専念弥陀名号得生。又如弥陀経中、一日七日、専念弥陀名号得生。又十方恒沙諸仏証誠不虚也。又此経定散文中、唯標専念名号得生。此例非一也。広顕念仏三昧竟（自余の衆行《しゆぎよう》も、これ善と名づくと雖《いえど》も、若し念仏に比すれば、全く比挍《ひきよう》に非《あら》ざるなり。この故に諸経の中、処々に広く念仏の功能《くのう》を讃《さん》ず。無量寿経の四十八願の中の如《ごと》き、唯《ただ》専ら弥陀の名号を念じて生

おこたらず　強まる
報仏　阿弥陀仏のこと
已作　以前になした
未作　まだ行なっていない
修習　繰り返し修すること
一代　釈尊一代
化物　衆生を救うこと

ずることを得ることを明かす。また弥陀経の中の如き、一日七日、専ら弥陀の名号を念じて生ずることを得《う》。また十方恒沙《ごうじゃ》の諸仏、不虚《ふこ》を証誠したまふなり。またこの経の定散の文の中に、唯専ら名号を念じて生ずることを得ることを標す。この例一に非ざるなり。広く念仏三昧《ざんまい》を顕《あらわ》し竟《おわ》んぬ)』と判給《はんじ》へり。かくのごとく三心三縁重々に分別すれば、あやまる《（誤）》ところなくして、この愚悪の凡夫直《ただち》に*報土の往生をとぐる也。しかるにこの悪人へだてずといふ一分《いちぶん》の道理をとりて、悪は憚《はばかる》べからずといふ邪見をおこし、悪《（苦）》くるしからずといふ僻見《びゃくけん》あり。これおのれが悪のとゞめがたきによりて、*枉《まげ》て*いまの教《きょう》の所談と称する事、太《はなはだ》もて然《しかる》べからず。*垢障《くしょう》の機のうへに、南無阿弥陀仏の行成《ぎょう》ずといへども、先世《ぜんぜ》の*罪愆《ざいけん》臨終までつきずして、苦にせめらるといへども、其《その》心みだれずは往生をとぐるゆへに、観経の下品下生をば、『此人苦逼不遑念仏、善友告言、汝若不能念者、応称無量寿仏（この人、苦に逼められて、念仏するに遑あらず。善友《ぜんう》告げて言《い》はく、汝若し念ずること能はずんば、応に無量寿仏と称すべしと）』と説《とき》給へり。この文に*付て、おのれが悪のとゞめがたきによりて、臨終狂乱すべきゆへに、狂乱すとも往生すといふ輩《ともがら》*あるか。是則みづから*あやまるのみにあらず、又他を*あやまつ。そのとが《（咎）》はなはだふかし。*この品《ほん》の人の往生をばことさら、『臨終正念、金花

報土　阿弥陀仏の極楽浄土
枉て　無理に
いまの教　新しい（浄土の）教え
垢障の機　煩悩にまみれた人
罪愆　罪や過ち
付て　依拠して、根拠に
あるか　いることよ
あやまる　（往生）し損じる
あやまつ　過たせる
この品　下品下生

来応（臨終正念なれば、金花来応す）』と尺（釈）する也。*苦は先世の因にむくひたる果報のすがた也。狂乱は*当来の果をあらはす悪業のかたち也。なんぞ因果を分別せずして、かくのごときの説をいたすや」と記《しるし》給へり。念仏相続し臨終正念をもて、往生の指南とすべしといふ事、消息《しょうそこ》といひ記文《きもん》といひ、このひじりの存意あきらかなり。しかるに当世《とうせ》かの門流と号するなかに、「多念を*功労《くろう》すべからず、臨終を沙汰すべからず」といふ人も侍にや。この義すでにかの消息記録等に違するうへは、これまたく善恵房の義にあらず、*末学の*今案なり。なが（流）れのにご（濁）れるをきゝて、みなもと（源）のす（澄）めるをうたがふ事なかれ。

［第三図］

このひじりは、ことに*恭敬修《くぎようしゅ》を専《もはら》にして、*不浄のときは四十八度なんど手をぞ洗ける。毎月十五日には、かならず廿五三昧を行じて、見聞の亡者《もうじゃ》をとぶらひ、有縁《うえん》無縁をいはず、早世の人あればこれをわすれず、忌日《きにち》にはかならず阿弥陀経をよみ、念仏してねむごろに廻向《えこう》し、談義のおはりにも、*同音の阿弥陀経念仏さだまれる式なり。毎日に浄土の三部経を読誦《どくじゅ》し、名号六万反《べん》をとなへて、*半夜に及《およぶ》まで睡《すい》

苦　観経の下品下生の苦
当来　将来、来世
功労　努力する、骨折る
末学　後世の学者
今案　新義
［善恵房恭敬修を好み精進修行の事］
恭敬修　四修の一つ。三宝を敬うこと
不浄　大便や小便
同音　参会者が声を揃えて唱える
半夜　真夜中、中夜

眠《めん》せず、暁更には*法門を暗誦《あんじゅ》して、仏号をとなへ給《たまう》事、おこたりなかりき。*天福二年九月十四日の夜、沙門源弘《しゃもんげんこう》ゆめみらく、「善恵房は十一面観音の化身也。かの門徒はかならず十一面観音の像を一寸八分につくりて安置すべし」と〈委旨在夢《くわしきむねゆめのきに》記《あり》〉。このひじり、西山の*善峰寺《よしみねでら》より*信州善光寺《しんしゅうぜんこうじ》にいたるまで、十一箇の大伽藍《だいがらん》を建立《こんりゅう》して、あるひは曼荼羅《まんだら》を安じ、或は不断念仏をはじめをく(置)。みなこれ*供料供《くりょうく》米修理《まいしゅり》の足をつけてをかる。これまたく*勧進奉加《かんじんほうが》をなさず、諸人《しょにん》の供養物《くようもつ》をなげて、このいとなみをなす。興隆の次第まことにたゞ人にあらずとぞ申あへりける。

*宝治《ほうじ》元年十月の比より、日来《ひごろ》の不食増気して、身心やすからずといへども、*端居して日々に法門を宣説《せんぜつ》する事、平生のごとし。同十一月廿二日、往生の期《ご》ちかづけるよし、門弟夢想の告《つげ》を感ず。いそぎ師の前に参じて、かたり申さむとしていまだ言《ことば》をいだ(出)さゞるに、終焉《しゅうえん》ちかきにあるよし(由)をのたまひて、往生浄土の*己証《こしょう》をのべ、観仏念仏の*両宗を談ず。廿三日は清浄の*内衣《ないえ》を着し、*大衣《だいえ》をかけて、定散両門の義をさづけ、廿四日は*天台大師講をこなひ(行)、廿五日は他人の請《しょう》によりて仏を讃嘆《さんだん》し、又《また》自行のためにとて、*本尊を称揚し給《たまう》。法則《ほっそく》日来にたがはず。讃嘆の法門は、*玄義分序題門の大意也。廿六日は大衣を着し、大衆《だいしゅ》と同音に阿弥陀経を読誦し給。其後

法門　法文の意で、経文のこと
天福二年　一二三四年
善峰寺　京都市西京区にある天台宗の寺
信州　信濃国のこと
供料供米修理の足　供養料、供養米、修理銭
勧進奉加　勧進による財物の寄進
宝治元年　一二四七年
端居　端坐に同じ。正座する
己証　自らが悟った見解
両宗　両方の宗義
内衣　法衣の下に着る白衣
大衣　九条の袈裟
天台大師講　天台大師（智顗）の命日（一一月二四日）の法要
本尊を称揚　阿弥陀仏の功徳を讃える
玄義分序題門　観経疏の玄義分の

又《また》已証の法門などのべおはりて、本尊の御前にして念仏二百余遍、西にむかひ端坐《たんざ》合掌し、ねぶる《（眠）》かごとくして息たえぬ。時年《ときに》七十一、宝治元年十一月廿六日、*午《うま》の正中也。*一条の宰相《さいしよう》〈于時《ときに》中将〉能清《よしきよ》の*室家《しつか》、当日*巳《みの》時の夢に、善恵房雲に乗じて、西をさしてさり給と見て、ゆめさめて後、*未剋《ひつじのこく》にいたりて往生のよしをきく。この外奇特《きどく》一にあらずといへども、しげきによりてのせず。

[第四図]

序題門

午の正中　正午

一条の宰相　藤原能清（一二二六～九五）宰相は参議の唐名

室家　人の妻の敬称

巳時・未剋　午前十時頃・午後二時頃

法然上人行状絵図　第四十八

法性寺《ほっしょうじ》の空阿弥陀仏《くうあみだぶつ》は、いづれの所の人といふ事をしらず。延暦寺《えんりゃくじ》の住侶《じゅうりょ》なりけるが、叡山《えいざん》を辞して*聚洛《じゅらく》にいづ《（出）》。上人《しょうにん》にあひたてまつりて、一向専念の行者《ぎょうじゃ》となりて、経をもよまず、礼讃《らいさん》をも行ぜず、称名《しょうみょう》のほかさらに他のつとめなく、在所をさだめず、別の寝所なし。沐浴《もくよく》便利のほか衣をぬがず。行徳《ぎょうとく》あらはれて、ひとこれをたうと《（尊）》む。つねには四十八人の*能声《のうしょう》をとゝのへて、一日七日の念仏を*懃《ごん》行《ぎょう》す。所々の道場いたらざるところなし。極楽の七重宝樹の風のひゞきをこ《（恋）》ひ、八《はっ》功徳池《くどくち》のなみのおとをおも《（想）》ひて、*風鈴《ふりょう》を愛して、*と《（常）》こしなへにつゝみもちて、いたる所ごとにかならずこれをかけられけり。*心あらむ人*愛玩《あいがん》するにたれるものをや。つねのことばには、「如来尊号甚分明、十方世界布流行、但有称名皆得往、観音勢至自来迎（*如来の尊号は甚《はなは》だ分明《ふんみょう》にして、十方《じっぽう》世界に布《あまね》く流行《るぎょう》す。但名《ただみな》を称することのみ有りて皆往《ゆ》くことを得《う》。観音勢至《せいし》自ら来迎《らいこう》したまふ）」の文《もん》を誦《じゅ》して、「戯乎《ああ》南無極楽世界」といひて、なみだをぞおとされける。これ*多念々仏の根本なり。念仏の時のをはり《（終）》

［法性寺空阿弥陀仏和讃念仏の事］
聚洛　聚は集落、洛は洛陽の意で、ここでは京都をさす
能声　声のよい人
懃行　懃は「勤」と同義
風鈴　「ふうりん」の呉音による読み
とこしなへに　いつも変わらず
心あらむ人　極楽を慕う人
愛玩　もてあそび楽しむ
如来の尊号は云々　五会法事讃の最初の文
多念々仏　数多く念仏を唱えること

ごとには、「此界一人念仏名、西方便有一蓮生、但使一生常不退、此花還到此間迎（*此界《しかい》に一人仏名《いちにんぶつみよう》を念ずれば、西方に便《すなわ》ち一蓮《れん》の生ずる有り。但一生常に不退ならしめば、この花還《かえ》り*此間《しけん》に到りて迎ふ）。娑婆《しやば》に念仏つとむれば、浄土に蓮《はちす》ぞ生ずなる。一生つねに退せねば、このはなかへりてむかふなり。*一世《いつせ》の懃修《ごんしゆ》は須臾《しゆゆ》の程、衆事《しゆじ》をなげすてねがふべし。ねがはゞかならずむ（生）まれなむ。ゆめ〳〵おこたる事なかれ。光明遍照十方世界、念仏衆生摂取不捨（光明は遍《あまね》く十方の世界を照して、念仏の衆生《しゆじよう》を摂取して捨てたまはず）」とぞとなへられける。念仏のあひだに*文讃《もんさん》を*いろへ誦すること、み（源）なもとこの人よりはじまれり。

［第一図］

このひ（聖）じり所労のとき、日来《ひごろ》の安心《あんじん》を*印治《いんじ》決定《けつじよう》せむがために、上人にたづね申されけるにつきて、かの御返事云《へんじにいわく》、「凡夫の生死《しようじ》をいづる事は、往生浄土にはしかず。往生の業《ごう》おほしといへども、称名念仏にはしかず。称名往生はこれかのほとけの本願の行なり。故《かるがゆえ》に善導和尚《ぜんどうかしよう》の給《たま》はく、『若我成仏十方衆生、称我名号下至十声、若不生者不取正覚、彼仏今現在世成仏、当知本誓重願不虚、衆生称念必得往生

此界　この娑婆世界、この世。以下は五会法事讃の最後の文
此間　此界と同義
一世の懃修　この世において修行（念仏）にはげむこと
文讃　仏徳や法門を讃える詩文、和讃
いろへ　彩り添える、交える
［空阿の臨終行儀の尋に付て上人御返状の事］
印治　間違いがないという証明

(*若《も》し我成仏《われじょうぶつ》せんに十方の衆生、我が名号《みょうごう》を称すること下十声《しもじっしょう》に至るまで、若し生ぜずんば正覚《しょうがく》を取らじ。かの仏今《いま》現に世に在《ましま》して成仏したまへり。当《まさ》に知るべし、本誓《ほんぜい》の重願虚《むな》しからざることを。衆生称念すれば必ず往生を得《う》)』〈已上《いじょう》文〉。故に称名往生はこれ弥陀の本願なり。念仏のときこの観*をなすべし、『本願あやまり*給はず、かならず引接《いんじょう》をたれ給へ』と。このほかには別の*観行《かんぎょう》いる(要)べからず。又《また》往生要集の臨終の行儀にいはく、『この念をなすべし。如来の本誓は一毫《いちごう》もあやまり給《たまう》事なし。ねがはくは仏《ほとけ》決定して、我を引接し給へ、南無阿弥陀仏。あるひは*漸々《ぜんぜん》に略をとりて念ずべし。ねがはくは仏かならず引接し給へ、南無阿弥陀仏』〈已上〉。臨終の観念、要をとるにこれにすぐべからず。又正念《しょうねん》のとき称名の功を積《つみ》候《そうらい》ぬれば、たとひ臨終に称名念仏せずといふとも、往生つかまつるよし、群疑論にみえて候也《なり》〈云々《うんぬん》〉」〈取詮《せんをとる》〉。四《し》天王寺《てんのうじ》の西門《さいもん》*内外《うちと》の念仏は、このひじり奏聞《そうもん》をへてはじめをき(置)給へり。この御書もすなはちかの寺にぞ安置せられける。

[第二図]

上人のつねの仰《おおせ》には、「源空《げんくう》は智徳をもて人を化《け》する、なを(猶)不足なり。法性寺の

若し我成仏せんに云々　往生礼讃の文

観　心に思念する
あやまり　間違える
観行　心に観じ身に行う

漸々に　漸次、少しずつ

内外　四天王寺西門の内外に念仏堂があった

[上人常に空阿の無智念仏の化導をほめ給し事]

空阿弥陀仏は愚痴なれども、念仏の大先達《だいせんだつ》として、あまねく化導《けどう》ひろし。我もし*人《にん》身《じん》をうけば、大愚痴の身となり、念仏勤行《ごんぎょう》の人たらむ」とぞ仰られける。空阿弥陀仏は、上人をほとけのごとくに崇敬《そうぎょう》し申されしかば、右京権大夫《うきょうのごんのだいぶ》隆信《たかのぶ》の子、左京《さきょうの》大夫信実朝臣《のぶざねあそん》に、上人の真影をかゝしめ、一期《いちご》のあひだ本尊とあふぎ（仰）申されき。当時知恩院《ちおんいん》に安置する絵像《えぞう》の真影、すなはちこれなり。

〔第三図〕

毎年正月一日より、七箇日の*別行《べつぎょう》を勤修《ごんしゅ》し給けるが、*安貞二年の正月には、七《なぬ》日《か》例のごとく結願《けちがん》して、いま七日修すべきよし同行《どうぎょう》等に談じければ、おの〱命にしたがふ。*二七《にしち》日結願の念仏を臨終の念仏として、十五日の朝ねぶる（眠）がごとくにて往生す。別時をのべ（延）らるゝこと七日、さきだちて死期《しご》をしられけるゆへ（故）なり。種々の瑞相霊異一《ずいそうりょういひとつ》にあらず。高野山《こうやさん》*宝幢院《ほうどういん》に、寛泉房《かんせんぼう》といへるたうと（尊）き上人ありき。彼《かの》舎弟天王寺に住しけるが、あるとき天狗《てんぐ》になやまさるゝ事ありけり。かの天狗は、天王寺第一の*唱導、念仏勧進《かんじん》のひじり、東門《とうもん》の*阿闍梨《あじゃり》なりけり。託していはく、「われはこれ東門の阿闍梨也。邪見をおこすゆへに、この異道に堕せり。我在《ざい》

人身をうく　（再び）人間として生まれる

〔空阿兼て死期を知て奇瑞往生の事〕

別行　別時念仏

安貞二年　一二二八年

二七日　十四日目の

宝幢院　蓮華谷にあった子院

唱導　説教をよくする僧

阿闍梨　弟子を教え、師範となる僧の尊称

生《しよう》の時おもひき、『我はこれ智者也。空阿弥陀仏は愚人《ぐにん》なり。我《わが》手の小指をもて、猶《なお》彼人に比《ひす》べからず』と。しかるに彼空阿弥陀仏は、*如説に修行して、すでに輪廻《りんね》をまぬがれて、はやく往生を得たり。我はこの邪見によりて、悪道に堕し、なを生死にとゞまる。後悔*千万《せんばん》、うらやましきことかぎりなし」とて、さめ〴〵とぞなきける。

［第四図］

*往生院《おうじよういん》の念仏房《ねんぶつぼう》〈又号念阿弥陀仏《ねんあみだぶつとごうす》〉は、叡山の住侶、天台の学者なりき。しかるに上人の勧化《かんげ》によりて、浄土の出離をもとめ、たちまちに名利《みようり》の学道をやめて、ふかく隠遁《いんとん》の*風味をこひねがはれけり。あるとき忽然《こつねん》と往生に疑心おこりて、「*無常いまも到来せば、*生死いかゞせまし。あはれ上人の御在世《ざいせ》ならば、ときをうつさず*参決してましものを」と、かなしみなげきて、ね（寝）給へる夜のゆめに、上人空中に現じたまひて、「彼仏今現在世成仏（かの仏今現に世に在して成仏したまへり）といへば*すゝ（勧）むるぞかし。衆生称念必得往生（衆生弥念すれば必ず往生を得）なにのうたがひかある」とおほ（仰）せらるゝを承《うけたまわり》て、やがてゆめのうちに感涙せきあへず、なく〳〵お

如説　仏の教え通りに
千万　程度が甚だしいさま

［嵯峨の往生院念仏房の事］
往生院　京都市右京区にあった寺（今は祇王寺）
風味　風雅なおもむき、味わい
無常　死ぬこと
生死いかがせまし　生死輪廻の迷いをどうしたらよいのか
参決　相談して解決する
すすむる　（この一文があなたの信心を）促し進める

どろきにけり。それより*疑殆《ぎたい》ながくたへて、往生のおもひ決定せられにけり。*承《じよう》久《きゅう》三年、嵯峨《さが》の清涼寺《しょうりょうじ》〈尺《(釈)》迦堂是也《これ》〉*回禄《かいろく》の事侍《はべり》しを、このひじり*知識をとなへて、程なく造営を、ゝ《(終)》へ、翌年二月廿《にじゅう》三日、供養をとげられにき。かの西隣《さいりん》の往生院も、このひじりの草創なり。居をこの所にしめられしかば、ちかき程にて、毎日に清涼寺にまうで《(詣)》られけるが、*建長三年十月晦日《つごもり》、入堂して寺僧にあひて、「けふ《(今日)》ばかりぞ、この御堂《み》へもまいり侍らんずる」と申されけるを、なにともいと心え《(得)》ざりけるほどに、同十一月三日、殊勝の瑞相ありて、往生の素懐をとげられにけり。生年《しょうねん》九十五なり。身もなやむ事なくて、けふをかぎりと申されけん、かねて死期をしられたるほどもあらはれて、ふしぎにたうとくぞおぼゆる。

[第五図]

真観房感西《しんかんぼうかんせい》〈*進止《しんじ》入道これなり〉は、十九歳にてはじめて上人の門室にいる。師としつか《(仕)》へて、*法要を*咨詢《しじゅん》すること、おほくのとしなり。*選択《せんちゃく》を草せられけるにも、このひとを執筆《しゅひつ》とせられけり。また*外記《げき》の大夫《たい ふ》逆修《ぎゃくしゅ》をいとなみ、上人を請《しょう》じたてまつりて唱導とす。上人一日をゆづりて、真観房につとめさせられき。器用*無下《むげ》に

疑殆　疑い恐れる
承久三年　一二二一年
回禄　火災に遭う
知識をとなふ　仏像や堂塔造立に寄進する人を募ること
建長三年　一二五一年

[真観房感西の事]
進止　文章生の異称。止は「士」の当て字
法要　仏法の要義
咨詢　問い尋ねる
選択　選択本願念仏集のこと
外記の大夫　中原師秀

はあらざりけり。しかるを上人にさきだちて、＊正治《しょうじ》二年＊潤《うるう》二月六日、生年四十八にて往生をとぐ。上人念仏をすゝめ給けるが、「我をすてゝ、＊おはすることよ」とて、なみだをぞおとし給ける。

［第六図］

＊石垣《いしかき》の＊金光房《こんこうぼう》は、上人称美の言《ことば》を思ふに、浄土の法門＊閫奥《こんおう》にいたれる事しりぬべし。＊嘉禄《かろく》三年、上人の門弟を国々へつかはされし時、陸奥《むつの》国に下向、つゐ（遂）にかしこにて入滅のあひだ、かの行状ひろく世にきこえざるによりて、くはしくこれをしるさず。

［第七図］

上人の門弟そのかず侍しなかに、宿老のよ（世）にしられたるをえらびて、その行状をしるしおはりぬ。このほか法本房行空《ほうほんぼうぎょうくう》、成覚坊幸西《じょうかくぼうこうさい》は、ともに一念義をたてゝ、上人の命にそむきしによりて、門徒を擯出《ひんしゅつ》せられき。覚明房《かくみょうぼう》＊長西《ちょうさい》は、上人没後《もつご》に＊出雲路《いずもじ》の＊住心房《じゅうしんぼう》に＊依止《えし》し、諸行本願のむねを執《しつ》して、選択集に違背す。この三

無下にはあらず　ひどくはない
正治二年　一二〇〇年
潤　「閏」と音通
おはす　「行く」（逝く）の敬語

［石垣の金光房の事］
石垣　福岡県久留米市の石垣山
金光房　名は円証。建保五年（一二一七）六三歳没ともいう
閫奥　奥深い所
嘉禄三年　一二二七年

［法本房行空成覚房幸西は一念の邪義を立て門徒を擯出せられ覚明房長西は諸行本願義を執して選択集に違背せる故并門徒の列に載ざる事］
長西　諸行本願義・九品寺流の祖（一一八四〜一二六六）

人随*分名誉の仁たりといへども、上人の冥慮《みようりよ》はかりがたきによりて、門弟の烈(列)にのせざるところなり。みむ(見)人あやしむ事なかれ。

[第八図ナシ]

出雲路　京都市上京区
住心房　名は覚瑜（一一五八～一二三三）
依止　依頼して離れない
随分　すこぶる、はなはだ

解題

一

『法然上人行状絵図』（『行状絵図』と略称）を読解するには、『円光大師行状画図翼賛』（『翼賛』と略称、宝永元年刊）並びに『勅修吉水大師御伝縁起』（『縁起』と略称）及び『勅修吉水大師御伝略目録』（『目録』と略称、共に享保二年刊）は必須の文献である。『縁起』と『目録』の二つを用いて、『行状絵図』の成立を詳細に解説しているのが、『続日本絵巻物大成』三（『法然上人絵伝』）の小松茂美氏稿「「法然上人絵伝」総観」と『浄土宗聖典』第六巻（『法然上人行状絵図』）の伊藤唯真氏稿の「解題」である。しかし、本書では切り口を変えて、『翼賛』の序文から入っていこうと思う。

『翼賛』の序文によると、ある日、義山が弟子の円智を誘って、京都の浄教寺にいた師僧の聞証を訪ねた。聞証は知恩院に蔵する『行状絵図』のことにふれ、「此の伝已に世に梓行すと雖も、魚魯字誤り画図また闕けたり。汝等之を知恩の伝に参訂し、また附するに画図を以てし、且つ文義を注釈し事実を考覈して、以て来裔に便せよ」（原漢文、以下同じ）と命じた。そこで、義山と円智の二人は、本山に登り宝蔵を開き、全伝を手に取って、参訂に尽力した。「事已に成り、法師雲竹・報恩の磵上人、相共に随喜して之を書し之を画す。獅谷の澄上人、白銀百両を喜捨して、之が興基をなす」にいたった。文義の注釈と事実の考証に努めたが、なお同異決し難く、繁簡互いに存し、脱稿にいたらず、しかも円智が病没した。そこでとりあえず、「是を以て未だ注解に及ばず、先づ刻に属して行ふ」ものの、義山は師命と円智の遺志の重きことを思い、独りで事業を継続し、元禄十六年（一七〇三）十二月序文を著して、翌年ついに『翼賛』を刊行したのである。巻一の冒頭に「湖南大津沙門中阿（円智）纂述　洛東華頂沙門義山重修」と記す所以である。

ここに「先づ刻に属して行ふ」とあるのが、「元禄十三年春仏涅槃日　洛北報恩寺前住古磵画　洛西林観雲竹書」の後跋をもつ『円光大師行状画図』（二四冊本）であろう。それでは聞証が「此の伝已に世に梓行すと雖も、魚魯字誤り画図また闕けたり」と酷評した刊本は、おそらく『黒谷上人伝絵詞』（一〇冊、寛永十三年刊、同二十一年再刊）と題するものと思われる。

元禄十三年（一七〇〇）刊本の校訂者は義山であり、「義山本」と称して差し支えないが、寛永十三年（一六三六）刊本の校訂者は不明である。両本を比較すると、前者が漢字ひらがな交じり文、絵図入りであるのに対して、後者は漢字カタカナ交じり文、絵図無しといった違いがあるほか、たしかに「魚魯字誤り」が少なくない。しかし、元禄十三年本が寛永十三年本の読みに従う箇所は多く、義山もまた「誤り」を踏襲している場合があって、寛永十三年刊本は、刊本としてその価値を損なうにはいたらないといえる。そこで本書の校注において用いるとき、それぞれ「寛永十三年刊本」「元禄十三年刊本」と称し、両本を併せて呼ぶときは単に「刊本」と称した。

さて、『行状絵図』の成立等に関する解説は、従来から江戸中期に著された『縁起』によっているが、実はこれ以外に成立の事情を詳しく語る史料がないためであった。しかし、遺憾ながら忍澂が依拠した文献が見当たらないである。『縁起』よりさかのぼるものとして、『翼賛』序文に語る聞証の次の言葉がある。

> 四十八軸の全伝は吉水大師一化の顚末にして、山門の法印舜昌の編める所なり。初め昌師諸家の旧記を徧攬して編みて一套となし、画図を附入す。述作既に成りて櫝に韞めて自珍す。後恭しく後伏見上皇の勅を承り

て之を奏進す。天覧殷重叡信殊に深し。乃ち菅清の諸儒及び命世の才臣に詔して、之に添へ之を删り、斐然として章を成す。是に於て伏見後伏見後二条の三帝親しく宸翰を染め、法親王尊円勅に依りて華毫を挺んず。また一時の縉紳転法輪太政大臣実重等に命じて繕写全く備はれり。其の画図は則ち画司土佐の某勅に依りて筆す。

聞証がいうには、『行状絵図』は舜昌が撰修するところだが、初めは舜昌が諸家の旧記を遍く集め、絵伝を制作し、これを筐底に秘していた。のちに後伏見上皇の勅を承りて奏進した。上皇の叡感深く、菅原・清原の儒者や才臣に命じて添削させ、見事な文章となした。そして伏見・後伏見・後二条の三帝が自ら宸翰を染め、尊円法親王や三条実重らの能書家に書写せしめ、画司土佐某に絵図を描かせたという。ここで留意したいのは、後伏見上皇の勅の存在を認めるものの、勅より以前すでに舜昌は成稿し、それを儒家才臣が修文し、三帝が宸筆を染め、能書家が清書したとすることである。聞証の理解によれば、『行状絵図』の撰修は、舜昌の発意にかかるもので、上皇がそれを権威づけたのである。

次に、元禄三年（一六九〇）のころに成立したと推測される『総本山知恩院旧記採要録』（『採要録』と略称）がある。長くなるが引用しよう。

徳治二年、後伏見上皇、叡山功徳院舜昌法印に勅して、宗祖大師之正伝を撰しめ給ふ。稿を奏進するに及て、伏見法皇、後伏見上皇、後二条院宸翰を染させ給ひ、又能書之人々、青蓮院尊円親王、三条太政大臣実重公、姉小路庶流従二位済氏卿、世尊寺従三位行尹卿、同従四位定成朝臣等に勅して、各伝文を助筆せしめ、能画をして丹青の相を成しめ給ふ。然して是を八世の住持如一国師に給ふ。国師是を捧て、応長元年辛亥正月廿五日、宗祖大師百回之遠忌を修し、大に化風を振ふ。故に念仏之一行、益四海に盛なり。これ偏に道俗貴賤、勅修之正伝を拝し、結縁し奉りたれは也。是において舜昌法印之嘉名も、又遠近に聞えしかは、台徒之中、憤を含之由、山洛之間に沙汰す。依て法印述懐鈔を作て、山門に披露す。偏執之輩も其理に伏して、亦妨くる人なし。舜昌法印正伝惣修之賞とし、知恩院第九世之別当に被レ補。此時正副両伝ともに賜り、永く吉水之宝庫に納。第十二世誓阿上人住持之時、康安元年宗祖大師百五十回遠忌に当て、勅して慧光菩薩之謚号を賜ふ。又誓阿上人へ詔してのたまはく、祖師の伝本正副ともに甲乙なし。就中重写の一本は、第一第十一第卅一の三巻伏見法皇の宸翰、第八第二十の二巻は、世尊寺従三位行俊卿の筆、残る四十三巻後伏見上皇悉宸筆を染させ給ふ。叡願又たくひなし。一庫に両部を秘蔵し、若不レ図非常の災ありて、一時に烏有ともなりなは、うき事の限なるへけれは、一部はいかにも世はなれたらんはるけき名山に蔵して、末代の宝券に残すへしとの勅諚により、大和国当麻寺の奥に一宇を建立し、仏殿には宗祖大師の真影を安置し、宝庫には一部の勅伝を蔵す。両伝とも今に相伝て現存し、一宗の霊宝天下の美玉と崇む。是皆朝恩のしからしむる所也と云々。

『採要録』は、徳治二年（一三〇七）、後伏見上皇が勅して舜昌に撰修せしめたと明言し、『行状絵図』を「勅修」と見なす。三帝の宸翰に加えて、助筆した能書家は尊円法親王・三条実重の二人から増え、姉小路済氏らを含め五人となった。さらに正副の両本が制作されたようで、副本（「重写の一本」）も伏見法皇・後伏見上皇の宸翰、そして世尊寺行俊の筆と伝える。正本（「正伝」）は当時の住持如一国師が給わり、宗祖百回の遠忌を修し、副本は舜昌に下賜されたらしく、舜昌が「正伝惣修之賞」として知恩院の別当に補された時に、正副両本とも吉水の宝庫に納まったという。

舜昌が『行状絵図』を撰修したことで評判を高め、天台宗徒の怒りを買ったので、弁解のために書いたとする『述懐鈔』に、「今不レ図勅命ヲウケ、法然上人ノ勧化ヲ画図ニ写シ、弥陀称名ノ本願ヲ巻軸ニ顕ハス」と記す。ところが、大橋俊雄氏の指摘によると（「四十八巻伝の成立年時について」、『日本歴史』一五〇号、昭和三十五年刊）、これは『続浄土宗全書』所収の延享五年（一七四八）の刊本の記述であって、延宝三年（一六七五）の刊本では「然間法然上人乗ニ勧化画図ニ、弥陀称名利益顕ニ巻軸ニ」となっていたのを改竄したのである。こうした改竄は、本文にとどまらないのである。沙門増誉の跋文の「此鈔者、叡山功徳院法印舜昌和尚之述作也。法印奉ニ勅命ニ編ニ集吉水御伝四十八巻ニ」もまた、延宝三年刊本には「抑此鈔濫觴者、叡山舜昌法印、至ニ源空一代幷遺弟儀式ニ詳記ニ号ニ詞伝ニ作ニ四十八巻ニ」とあった。「不ν図勅命ヲウケ」「奉ニ勅命ニ」と改竄したのは、『行状絵図』の「勅修」を裏づけるための作為であったと考えられる。延宝三年の時点では、舜昌の法然絵伝の制作が「奉勅」を契機になされたとは伝承されていなかったのである。

それでは『行状絵図』の「勅修」説が唱えられたのはいつごろからであろうか。前引した聞証の言に「勅」や「詔」の語が見えるが、絵伝制作の発議の位置にはない。それが『採要録』で初めて後伏見上皇の勅をもって撰修が発議されたことになる。聞証が浄教寺に滞在していたのは、貞享四年（一六八七）に華開院で病臥する以前であろうから（『聞証和尚行状記』）、貞享の初年と思われる。「勅修」説は貞享・元禄の交に言い出されたと思われる。このころに『行状絵図』の校訂と注釈の事業が開始された。事業を推進したのは義山と円智であり、忍澂が資金援助して協力していた。憶測をたくましくすれば、宗祖を顕彰するために、『行状絵図』を権威づける方途として、義山グループが「勅修」説を唱えたものと推考しておきたい。

二

忍澂の『縁起』は格段に詳細となるが、『行状絵図』に成立等に関する事項はほぼ『採要録』を踏襲している。『採要録』が言及しなかった点、すなわち『縁起』によって得られる知見を以下に抄出する。

爰に後伏見上皇、本より大師の徳行を御信仰ましく〳〵けるが、叡慮もかたじけなく、かゝる事をや思召されけん、上人の道跡より、弘教の門弟、帰依の君臣等の行状に至るまで、たゞ吉水門人のをの〳〵記し置る旧記をかんがへて、事の同じきをはぶき、跡の異なるをひろひ、数編の伝記を総修して、一部の実録をなし、万代の亀鑑にそなへまうすべき旨、舜昌法印に仰下さる。法印つゝしみ承りて、近代杜撰の濫述をば撰びすて、たゞ門人旧記の実録をのみ取用て、類聚して編をなせり。しげきをかりては要をあつめ、漢字を訳しては和語となし、見る人ごとに尋やすくさとりやすからしむ。をよそ二百三十七段、段ごとに画図をあらはし、巻を四十八軸にとゝのへて奏進せらる。

かくて四十八巻の絵詞、やうやく繕写事をはりにしかば、上皇斜ならず悦ばせ給ひて、繕写の御本をばやがて官庫にぞ納められける。上皇又思召れけるは、もしながく官庫に秘蔵せば、利益衆生のはかりことにあらず、またみだりに披露せば、紛失の恐れなきにしもあらずと。依之重てまた絵詞一本を調られて副本にそなへ、かつは世間伝写の因縁にもなさばやとて、更に御草案の画図を取用ひさせ給ひて、又一部重写の叡願をおこさせたまひけるに、これも程なく功成てけり。

正本副本両部の御伝、おの〳〵四十八巻の絵詞、徳治二年に初まり、十年あまりの春秋をへて、其功ことぐ〵く成就し給ひぬ。

さて重写の御本をば世間に流布して衆生を利益すべしとて、舜昌にぞ給はりける。これより世こぞりて勅集の御伝と称して、展転書写してひろく京夷にひろまりければ、諸人の尊重する事、はるかに往昔門人の旧記にこえたり。

さて舜昌法印をば御伝物修の賞として、知恩院第九代の別当に補せらる。其時官庫の御伝を正本と名づけて、これを賜はりてながく吉水の宝庫にぞ納められける。をよそ我朝に諸師の伝記おほしといへども、いまだかくばかり盛なるはなかりき。ゆゝしき我祖の眉目にして、宗門の光華にぞ侍る。

忍澂は『縁起』の冒頭に「法然上人行状画図一部四十八巻は、九十二代後伏見上皇、叡山功徳院舜昌法印に勅して、昔年吉水門人の記する所の数部の旧伝を集めて、大成せしめ給ふにぞ侍る」と書き、『行状絵図』は先行の法然伝たる「数部の旧伝」を集めて「大成」したものと概括する。上皇は「旧記をかんがへて、事の同じきをはぶき、跡の異なるをひらひ、数編の伝記を総修して、一部の実録をなし、万代の亀鑑にそなへまうすべ」しという編集方針を舜昌に指示し、これを受けて舜昌は「近代杜撰の濫述をば撰びすて、たゞ門人旧記の実録をのみ取用て、類聚して編をな」したという。

四八巻の「絵詞」（絵図と詞書の意）の繕写が終わり、「官庫」に収められたが、上皇は「副本にそなへ」るために「又一部重写の叡願」をおこした。その正副各四八巻の絵詞が徳治二年から一〇年の歳月をかけて完成したのである。制作開始が徳治二年だとする根拠は不明であるが、後二条天皇の宸筆説を合理づけるには、同天皇が崩御される延慶元年（一三〇八）以前の開始としなければならず、その前年の徳治二年に始期を置いたとする考えもある（前掲伊藤氏稿「解題」）。制作に要した「十年あまりの春秋」という期間は、四八巻に及ぶ浩瀚な伝記資料の収集、詞書の修文、絵図の作画、装幀等にわたる諸工程、しかも正副二部の作業量を踏まえた忍澂の推算であろう。推算の目安にしたのは、舜昌と同時代の澄円が著した『浄土十勝箋節論』（巻二）に、「知恩院別当法印大和尚位舜昌」が法然上人の法語を得て「祖師行状画図之詞」となしたという記事にあった。澄円が『浄土十勝箋節論』を執筆した時点で、舜昌が『行状絵図』の撰修を終えていたことになる。『浄土十勝箋節論』の跋文が元応二年（一三二〇）に付され、序文が正中元年（一三二四）に書かれている。序文より跋文が先だという理由は分からないが、いったん脱稿の後に補訂を加えて序文を認めたと考えれば、さほど矛盾はない。そこで『行状絵図』成立の下限は、元応二年ないし正中元年となろう。「徳治二年に初まり、十年あまりの春秋をへて、其功こと〴〵く成就し給ひぬ」は、今のところ信じざるを得ないのである。

さて『採要録』では、前述したように、正本は当時の住持如一国師が給わり、副本は舜昌に下賜されたらしく、舜昌が「正伝物修之賞」として知恩院の別当に補された時、正副両本とも吉水の宝庫に納まったという。しかし『縁起』では、①正本は官庫に納められた、②副本にそなえ、かつ世間伝写の便宜に、一本を重写した、③副本を世間に流布し、衆生を利益するために舜昌に賜った、④舜昌は御伝物修の賞として知恩院の別当に補された時、官庫の正本をも賜った、というやや複雑な経緯が記される。正本を如一国師が給わり、宗祖大師百回の遠忌を修したことに触れないのは、『行状絵図』の完成が上人百回忌の応長元年（一三一一）以後のことと見ていたからである。副本の制作とそれを舜昌に賜った目的は②及び③で明らかだが、官庫の正本をも賜った事情がよく分からない。御伝物修の賞ならば、副本で十分なはずである。官庫に納めて永く秘蔵されるべきものが、どうしてすぐに下賜されたのか説明がつきにくく、副本制作の目的が宙に浮くことになろう。

『翼賛』（巻五〇）に「（当麻寺往生院）霊宝ノ中ノ大師行状画図全部四十八軸ハ、是伏見後伏見二条ノ三帝宸翰ヲ染《ソメ》、又才臣ノ筆翰ニ善《ヨキ》ニ仰セテ書シメ給シ二本ノ中、其ノ一本ヲ止メ、此ノ一本ヲ当麻ニ送ラ是ノ一本ハ本山ノ御伝ノ亡失ヲ恐レ思シ召シテ写サセ給シトソレケル也」とある。『翼賛』『採要録』『縁起』のいずれも、正副の二本が制作されて、知恩院本が正本、当麻本が副本であると主張する。だがこうした主張は、当麻本もまた宸翰名筆の手になる「叡願」の「重写の御本」であるとする伝承を裏づけるために、ある種の合理的な解釈を提示しているに過ぎないのではなかろうか。それにしても、副本制作の目的や舜昌が正副二本を下賜された理由は、なお釈然としないが、これらに関する憶測は、別稿（「『法然上人行状絵図成立私考』――『九巻伝』取り込み説批判――」、佐藤成順博士古稀記念論文集『東洋の歴史と文化』、平成十六年刊、山喜房佛書林）に譲る。

ところで、先行の法然伝の集大成という位置づけは、『行状絵図』の序に「ひろく前聞をとぶらひ、あまねく旧記をかんがへ、まことをえらび、あやまりをたゞして、粗始終の行状を勒するところなり」と記すので、舜昌の意図するところでもあった。だが、それは同時に忍澂自身の史観でもあった。『縁起』によれば、「門人の記する所の数部の旧伝」「門人旧記の実録」とは、上人に親炙した「聖覚法印・隆寛律師・勢観上人など」が「師の行業を録しとゞめられける」ものであった。ところが、祖師から遠ざかった時代に撰修された伝記は作為が多く、ほとんど信用するに足らず、世人を惑わすだけであるから、上人の直弟子らの記録した「師の行業」を「実録」と見て、そこに祖師の真の事績を求めようとした。しかし、門人の旧記だけで十分なのか。忍澂の『縁起』はいう。

つら〳〵御伝の縁起を按ずるに、誠に僧中の公伝にして、古今に比類なき事にぞ侍る。其ゆへは、門人の旧記は上世の実録なれども、をの〳〵知れる所をのみ記せられしかば、たがひに書もらせる事なきにしもあらず。さればあまねく諸伝を通はし見ん事もわづらはしかるべきに、法印の総修は数編の伝記にのする所、こと〴〵くそなはりて、さらに捜索のわづらひなし。いとめでたからずや。

門人の旧記は「実録」として尊重すべきだが、各自が知れることをのみ記して、内容に偏りがあり、脱漏する点も少なくない。諸伝を通覧すればよいのだが、かなり面倒である。舜昌が諸伝を「総修」したことで、捜索する必要がなくなったという。このように『行状絵図』を評価したのは、忍澂の識見によるものであるが、今日の法然伝研究の水準に照らして、十分に堪え得る見解ではないかと思う。「旧記の実録」を重視し、それらを「総修」した『行状絵図』は、法然上人の全貌をうかがうに最適の文献であろう。

法然上人の伝記資料としては、『伝法絵流通』(『本朝祖師伝記絵詞』)、『法然聖人伝絵』(『法然上人伝絵詞』)、『法然聖人絵』(『黒谷上人絵伝』)、『拾遺古徳伝絵』など一群の絵伝のほかに、『法然上人伝記』(醍醐本)、『知恩講私記』、『源空聖人私日記』などの文献がある。これらは『行状絵図』よりも早い時期に成立しているから、史料的に〝良質〟と言わざるを得ないが、法然上人の全貌を描いているわけではないのである。

三

『行状絵図』の「絵詞」（絵伝の詞書だけを抄出）の書写が最初に確認されるのは、『存覚上人袖日記』である。存覚は「黒谷四十八巻絵詞」を「杉原四半紙五行定」で一〇冊に写している。書写の時期は不明だが、存覚が没する応安六年（一三七三）以前になろう。知恩院本の『行状絵図』各巻の奥書に「四十八巻絵伝」とあるので、知恩院本の絵詞に相違ない。次に陽明文庫所蔵の『黒谷上人絵詞抜書』がある。永享九年（一四三七）に玉泉坊覚泉が江州金勝寺で書写した本を、文安四年（一四四七）に書写したものである。内容は『行状絵図』と比較すると、巻・段の順序が不同で、詞章も必ずしも忠実でないが、『行状絵図』の巻一から巻四八までの、計二七巻分の詞書を抜き書している。

井川定慶氏が「燈誉本」「徳富蘇峰本」と称する写本がある（『法然上人絵伝の研究』、昭和三十六年刊、法然上人伝全集刊行会）。「燈誉本」の表題は「法然上人伝絵図」、永禄元年（一五五八）に燈誉が書写した本を天正九年（一五八一）に書写したもので、「知恩院本の複写」であるという。これには「絵相」を欠くとあるので、『行状絵図』の絵詞の写本と見るべきであろう。「徳富蘇峰本」は同志社大学の徳富文庫所蔵で、慶長十二年（一六〇七）に文誉が知恩院へ通って書写した。「此れにも絵相はなく、詞書のみである」という。

以上はいずれも〝写本〟の範疇に属し、普及性に乏しかったが、江戸時代に木版印行が行われるにいたった。前述した寛永十三年（一六三六）の『黒谷上人伝絵詞』である。「寛永丙子孟春吉旦　書舎二左衛門梓行」という奥付以外に刊記がないので、刊行にかかわった人物を特定できない。この刊本の特徴は、各冊の初めに「目録」を配することで、各巻の内容標題を摘記している。興味深いことに、この目録は、小松茂美氏が紹介した宝永五年（一七〇八）に安井門跡道恕が筆記する「法然上人行状絵図目録」と吻合するのである。道恕の目録は、各巻の詞書の筆者推定を義山グループの考究に従ったが、標題は寛永十三年刊本によっている。ただこの標題は、たとえば第一巻は「序　出胎事　時国死門事」、第二巻は「定明逐電事　菩提寺入室事　小児上洛事」、第三巻は「童子入洛事　同登山事　同出家事　黒谷慈眼房渡事」とあり、実際の段とは対応していない。

各巻の各段について、標題を一々掲出したのが忍澂の『目録』である。「全部四十八巻、凡二百卌七段」のすべてに、内容を端的にあらわす題目を付して、閲読に便宜ならしめた。実際には二三五段のはずだが、第一巻第一段の「夫以、我本師釈迦如来は」から「たれかこのこゝろざしをよみせざらむ」までを「序」、「抑上人は」から「三宝に帰する心深かりけり」までを「父母仏神に祈て上人を懐妊し給ふ事」に分け、第三〇巻第四段を「東大寺造営の為に上人を大勧進職に補せらるべき院宣幷上人御辞退の事」と「上人俊乗房を大勧進に選び奏せられし事」に分け、それぞれ二段と数えたからであろう（後者の場合、原文では「俊乗房伊勢大神宮にまいりて」以下を改行しているので、これを分段と見られなくもない。それならば、「俊乗房伊勢大神宮祈請の事」とでも題すべきか）。段ごとに丁寧に付された標題は、内容の検索に便宜を得るので、本書では目次や本文各段の校注の箇所に挿入しておいた。

次いで最も普及に寄与したのは、元禄十三年（一七〇〇）刊行の『円光大師行状画図』であろう。そして同本に基づいて注釈を施した『翼賛』（全六〇冊）が宝永元年（一七〇四）に刊行された。ここに義山校訂の『行状絵図』が宗門の内外を風靡し、〝定本〟の位置を占めるにいたったのである。ところで、寛永十三年刊本にしろ、元禄十三年刊本にしろ、詞書の翻刻は必ずしも知恩院本の原文に忠実ではない、いま試みに第一一巻第五段を対照しよう（濁点の有無は原文のまま）。

上人うるさき事におもひたまひて、九条殿へまいり給はさらむために、房籠りとて別請におもむき給はす、（中略）さやう御時は子細におよひ侍らすと申されけれは、（中略）門弟正行房心中に、あはれ房籠とてよの

所へはましまさすして、九条殿へのみまいり給事、（知恩院本）

上人ウルサキコトニ思給《ヒ》テ、九条殿《クデウドノ》ヘマイリタマハサランタメニ、房籠《バウロウ》トテ別請ニオモムキタマハス、（中略）サ様ノ御時ハ子細ニ及ビハンヘラスト申サレケレハ、（中略）門弟《モテイ》正行《シヤウキヤウ》房心中ニ、哀《アハ》レ房籠トテ余ノ所ヘハマシマサスシテ、九条殿ヘノミ参給コト、（寛永十三年本）

上人うるさき事に思給て、九条殿へまいりたまはざらんために、房籠《ばうこも》りとて別請《べつしやう》におもむき給はず、（中略）さやうの御時は子細《しさい》に及ひ侍らずと申されければ、（中略）門弟正行房心中に、あはれ房籠りとて余《よ》の所へはましまさずして、九条殿へのみ参給こと、（元禄十三年刊本・翼賛本）

江戸期の刊本は、初学者に読み易からしめるために、仮名遣いを改め、漢字・仮名を適宜に変換し、文字を補うなどの改訂を行なっている。意味に差異を生じなければ差し支えないという鷹揚さの現われであろうが、現代の原文主義からはほど遠いテキストである。

近代に入り、活字印刷の『行状絵図』が刊行されて、普及性を一層高める。望月信亨氏編纂の『法然上人全集』（明治三十九年刊、浄土教報社）に「法然上人行状画図」が収められ、梶宝順氏の編になる『法然上人行状画図』（明治四十一年刊、東光社）が単行本として刊行された。後者は掌中版とも称すべき小型の本で、「索引」「法然上人年譜」及び『縁起』を付載している。『浄土宗全書』十六（明治四十三年刊、浄土宗宗典刊行会）に『翼賛』『縁起』『目録』が収められた。そして望月信道氏の編纂する『浄土宗聖典』（明治四十四年刊、無我山房）にも、「法然上人行状画図」が収録されている。

こうした相次ぐ出版によって、『行状絵図』が宗門人の手に取る身近な存在になったが、活字印刷本の底本には、いずれも義山の校訂にかかる「義山本」（元禄十三年刊本・翼賛本）を用いていた。それは義山本と同様の書名「――画図」で明らかである。厳密な意味での知恩院本の翻刻は、藤堂祐範・江藤澂英の両氏が当麻本・翼賛本と校合した『大正新校法然上人行状絵図』（大正十三年刊、中外出版）が最初である。つづいて『日本絵巻物集成』第十五巻・第十六巻（昭和六年刊、雄山閣）に『行状絵図』が収められた。知恩院本による絵詞は井川定慶氏の校訂にかかり、さらに同氏の該博な知見に基づく本格的な解説が施されている。これまでの活字印刷本は『縁起』を収録することで「解題」に代えていたが、ここに初めて解題らしきものをともなう知恩院本を底本とする『行状絵図』が登場した。

これ以後、知恩院本を直接に用いるのが主流となる。なかでも井川定慶氏編の『法然上人伝全集』（昭和二十七年刊、同刊行会）は、『行状絵図』をはじめ各種の法然絵伝の詞書をも網羅しており、学界を最も裨益した。しかし、魯魚の誤りがなきにしもあらず、原文対照が必要である。例えば梶山昇氏編『法然上人行実』（平成十七年刊、浄土宗）は、建久二年（一一九一）条に「上人、後白河法皇に授戒」の綱文を立て、同書四四頁の「建久二年正月五日より、御悩ありけるに」云々を引くが、建久三年の誤植である。

『行状絵図』は仏教用語や古典文法に精通しなければ読解しがたく、語句の注釈や現代語訳が求められる。早田哲雄氏『勅修法然上人御伝全講』（昭和四十二〜四十七年刊、西念寺）、村瀬秀雄氏『全訳法然上人勅修御伝』（昭和五十七年刊、常念寺）、大橋俊雄氏『法然上人伝』（平成六年刊、春秋社）などが出版されている。いずれも原文と現代語訳の対照ができるが、なかでも早田哲雄氏の現代語訳（「通釈」）が優れている。しかも早田氏の「注解」は懇切丁寧を極め、初学者には必須の文献となっている。だがしかし、早田氏は例えば、

　　すへて親しきも疎も貴も賤も、人にすきたる往生のあたはなし。（第二〇巻第一段）

という原文を、

　　総べて親しきもうときも、尊きも卑しきも、人に過ぎたる往生のあたはなし。（五一二頁）

と表記を改変している。原文の仮名遣いは往々にして間違っているが、それを正しい歴史的仮名遣いに改めるな

ど、国文学者としての見識によるのであろうが、原文主義に徹していない憾みがある。

本書はこうした問題点を克服すべく、原文主義を貫きつつ、現代人に読解の便を図るために、難読の漢語には振り仮名を付け、仮名語には傍注にて漢字を記するなど工夫を凝らした（詳しくは凡例を参照）。

あとがき

浄土宗総本山知恩院に所蔵される国宝『法然上人行状絵図』（『行状絵図』と略称）の詞書を翻刻することを思い立ったのは、今から数年前のことである。近年では大橋俊雄氏校注『法然上人絵伝』（平成十四年刊、岩波書店）が出版され、『浄土宗聖典』第六巻（平成十一年、浄土宗）に『行状絵図』が収められたので、屋上屋を架する感がしないわけではない。しかしながら、大橋氏の校注書は校訂に誤りと思われる箇所が存し、注釈も簡略すぎる嫌いがあり、『浄土宗聖典』の『行状絵図』は「釈文」の読み方が統一されていないのである。そこで、可能な限りの厳密なる校訂のもと、語句の読み方を統一し、簡潔な注釈を多く施した校注本の出版を計画したのである。

佛教大学アジア宗教文化情報研究所（のち宗教文化ミュージアムと改称）では、平成十五年度から五か年にわたり文部科学省のオープン・リサーチ・センター整備事業に採択され、研究プロジェクト「アジアにおける宗教文化の総合研究と研究成果の情報化による高度利用」を立ちあげた。私はその中に「法然上人絵伝の基礎的研究」という研究班を設けて、法然上人絵伝の研究に従事した。「班」とは言え、実質的には個人研究ではあったが、現存する法然絵伝を実地調査し、これを逐次影印に付して公刊した。公費助成による公刊は善導寺本の『本朝祖師伝記絵詞』、妙定院本の『法然上人伝絵詞』、常福寺本の『拾遺古徳伝絵』の三部に終わり、知恩院本の『行状絵図』は浩瀚な絵巻物のゆえに後日を期さざるを得なかった。

その間、『行状絵図』に対する基礎的な研究は継続した。研究論文を発表する一方で、『行状絵図』

を一般読書人に親しめるように努めた。まず『法然絵伝を読む』(平成十七年刊、佛教大学通信教育部)を刊行したのである。ついで『浄土宗新聞』に連載した記事を一書に編み、『絵伝にみる法然上人の生涯』(平成二十三年刊、法藏館)を出したのは、紙上で絵伝の良さを味わってもらうためであった。

いまここに、佛教大学宗教文化ミュージアムにおける研究成果として、『新訂法然上人絵伝』と題して出版するのは、法然上人に関する学術研究を志す若き学徒に、『行状絵図』を多用して頂きたいためである。すなわち常に原典を読みこなし、原典に依拠した論説をものにして欲しいからである。ただ心配なのは、白内障と老眼が混じる老衲の校注に、魯魚の誤りを免れないことである。どうかご寛恕を願う次第である。

最後になったが、本書の刊行には、いつもながら佛教大学附属図書館の事務部長松島吉和氏のお世話になった。レイアウトなどの編集作業には、思文閣出版編集長の林秀樹氏のお世話になった。ともにその名を記して謝意を表したく思う。

平成二十四年二月釈尊涅槃の日

校注者しるす

⊙著者略歴⊙

中井　真孝（なかい　しんこう）

1943年　滋賀県生
1972年　大阪大学大学院文学研究科博士課程（国史学専攻）修了
1985年　佛教大学文学部教授
1991年　文学博士（佛教大学）
1999年　佛教大学学長
2012年　学校法人佛教教育学園理事長
著書：『日本古代の仏教と民衆』（評論社）『日本古代仏教制度史の研究』（法藏館）『行基と古代仏教』（永田文昌堂）『朝鮮と日本の古代仏教』（東方出版）『法然伝と浄土宗史の研究』（思文閣出版）『日本の名僧⑦ 念仏の聖者　法然』（編，吉川弘文館）『法然絵伝を読む』（思文閣出版）『法然上人絵伝集成』1～3（監修，浄土宗）『絵伝にみる法然上人の生涯』（法藏館）

新訂《しんてい》 法然《ほうねん》上人《しょうにん》絵伝《えでん》

2012（平成24）年９月10日発行

定価：本体2,800円（税別）

校注者　中井真孝
発行者　田中　大
発行所　株式会社　思文閣出版
〒605-0089 京都市東山区元町355
電話 075-751-1781（代表）

印刷
製本　株式会社 図書印刷 同朋舎

 ISBN978-4-7842-1654-3　C3013

索　　引

【僧　尼】

あ

阿性房　18, 19
阿日　276
安西　276
安照　275
安楽房（安楽）
　63, 71, 75, 201, 202, 302～304→遵西
安蓮　275

い

一行　24, 308
印蔵　81

え

叡空　17, 28, 42, 362～364→慈眼房
懐感　40, 201, 285
恵心　33, 37, 136, 159, 166, 230, 232,
　278, 279, 320, 353, 354 →源信・楞厳先徳
恵進　101
恵表　44
円基　356
円玄　55
円実　367
円証
　73, 280→兼実・九条殿・月輪殿（人名）
円智　276
円長　84
円能　59
円隆　55
円良　58, 59

お

雄俊　287
御室（守覚法親王）　19, 20, 21, 25

か

皆空　373→隆寛
戒心　51, 75, 276→隆信（人名）
覚阿弥陀仏　358
覚快法親王　56, 94
覚賢　43
覚兼　55
覚悟房　83
学西　275
覚心　70
覚真　101
覚信　276
覚超　37, 351
学仏房　341
覚妙　275
覚明房（長西）　426
鐘下房　255→幸西・成覚房
寛印　250
観叡　397
寛雅　18
観覚　8～10, 12, 28, 84
願西　276
観性　56, 57
鑑真　28
感聖　275
寛泉房　423
観明房（理真）　269

き

帰西　275
教阿弥陀仏（教阿）

145, 147, 148, 150→天野四郎(人名)
慶雅　18, 20
行基　56
行空　275→法本房
行慶　96, 102
行賢　55
鏡西　276
行西　275
敬西房　226
行首　275
行舜　79
教真　28
教信　278
行智　55, 59
教芳　276
敬蓮社　119, 403
義蓮　275

く

空阿弥陀仏　108→明遍
空阿弥陀仏　420, 423, 424
空仁　276
空也　321
求仏房　337

け

詣西　276
解脱　345, 384, 406→貞慶
解脱房　406→善恵房
源雲　275
玄惲　343
源海　276
顕願　276
憲基　121
源空　14, 37, 39, 55, 76, 80, 82, 84, 85, 89, 90, 110, 137, 146, 151, 157, 160～162, 198, 205, 207, 216, 235, 237, 263, 265, 266, 272, 275～278, 280, 305, 323, 333, 349, 363, 373, 375, 383, 386, 388, 399, 422
→法然上人・勢至(人名)・藤井元彦
源光　10, 12
源弘　418
憲実　120, 121
玄修　55
玄奘　49
顕真　86
源信　278→恵心
源智　275→勢観房
見仏　63, 275→親盛(人名)
玄耀　275
源蓮　275

こ

幸阿弥陀仏　359, 360
公胤　79, 339, 341, 342
皇円　13, 264
皇覚　13, 264
皇慶　92
幸西　275, 356→鐘下房・成覚房
好西　276
業西　276
迎接房　83
公全　367→正信房
仰善　276
香象　368
高弁　344→明恵
弘法大師　19, 24～26, 133, 186, 261, 317, 346
光明房　259, 261
護法　273
金剛戒　207→二品禅尼(人名)
金剛覚　74→寛平法皇(人名)
金光房　426
欣西　275

さ

西阿　376→森入道(人名)
西阿弥陀仏　305
西意　275
西縁　275
西観　275
西住　275
西仙房(心寂)　42, 364, 365

西尊　276
西入　276
西忍　312→高階保遠(人名)
西仏　357,358
→頓宮兵衛尉・内藤五郎盛政(人名)
西妙　331
西蓮　369
相模房　87
作仏房　152

し

自阿　276
慈円　94,103→慈鎮
慈恩大師(慈恩)　49,273,377
慈覚大師(慈覚)
55,57,60,61,86,95,200,203,320,328
直聖房　316
慈眼房(叡空)　14,16,23,34,82,84→叡空
泗洲大師　49
慈鎮　56,57,69,94,104,324,338,373,382
→慈円
実円　95
実光　275
実昌　79,80
実成房　376
実信房(蓮生)
222→蓮生・宇津宮弥三郎頼綱(人名)
実全　95,367
実範　27,28→小将上人
寂西　275
綽空　276
寂光大師　93
住阿　276
重円　55
重宴　83,84
住心房　162,426
住真房　337
住蓮　63,75,275,302,304
守覚法親王→御室
俊縁　81
遵西　275→安楽房
俊乗房(重源)
40,89,92,267,268,394,395→重源
証阿　275
生阿　275
成阿弥陀仏　308
章安　201
静恵　79
承円　118,350
祥円　276
成覚房(幸西)
28,255,256,259,426→鐘下房・幸西
正覚房(真恵)　86
成願　276
乗願房(宗源)　161,370,371
貞暁　112
正行房　72
証空　275→善恵房
貞慶　345→解脱
勝憲　346
証玄　406→親季(人名)
少康　40,285
聖光房(聖光・弁長)　118,119,137,201,
202,254,285,397,398,400,401,404,405
→弁阿
静厳　31,80,114
昌西　275
静西　276
祥寂　276
少将上人　23→実範
定照(定昭)　356,376
浄勝房　245,249,251
証真　29,30,397
静心　76→範光(人名)
正信房(湛空)　48,76,337,355,360,367,405
→公全・湛空
浄心房　265
静尊　332
正智　377
勝如　278,319
聖如房　139
清弁　273

称弁　362→法蓮房
静遍　346→心円房
勝法房　51, 52
清涼　368
聖蓮　275
昇蓮　375
昇蓮房　345
示蓮　276
心阿弥陀仏　63
信円　69
心円房　346→静遍
信覚　360
真観房(感西)　71, 210, 425
信空　275→法蓮房
仁慶　95
真賢　55
信憲　381
尋玄　51→本蓮房
信寂房　39, 368, 369
真性　273
信生　358→塩屋入道(人名)
信中　247
親蓮　275
信蓮房　336

す

随蓮　150～152

せ

聖覚　70, 114, 116～121, 228, 239, 281, 320, 338, 352, 354, 380, 381, 405
勢観房(源智)　46, 338, 382～384, 404, 405→源智
世親　27→天親
仙雲　55, 57, 348
善恵　97
仙空　276
禅光房(顕明)　86
善算　319
禅勝房　254, 385, 392
善仲　319
善導和尚(善導)　3, 29, 33, 34, 36～40, 45, 71, 76, 88, 91, 111, 116, 117, 128, 129, 134, 136, 141, 157, 166, 167, 172, 174, 175, 177, 179, 186, 187, 189, 193, 199, 202, 204, 211, 213～216, 231, 232, 235, 245, 247, 255, 256, 258, 259, 278, 285, 287, 288, 292～294, 296, 298, 341, 345, 353, 375, 390, 397, 399, 400, 403, 404, 406, 411, 421
禅忍　275
善恵房(証空)　222, 406, 410, 411, 413, 417～419　→解脱房・証空
善無畏　24, 26
善蓮　276

そ

宗慶　275
蔵俊　17, 23
尊願　250～253, 410→津戸三郎為守(人名)
尊西　275
尊性　375
尊浄　275
尊成　275
尊忍　276
尊仏　276
尊蓮　276

た

大阿　275
達磨　377
湛空　360→公全・正信房

ち

智縁　99
智海　348
智覚　96, 201
智儼　201
智者　16, 201→天台大師
智明　223→薗田太郎成家(人名)
澄雲　55, 59
澄憲　21, 30, 58, 114, 345
重源　40, 41, 268→俊乗房

澄西 275
珍海 233

て

伝教大師(伝教)
86, 87, 93, 133, 136, 203, 390
天親 155, 201, 347→世親
天台大師(天台) 5, 16, 31, 86, 87, 120, 230, 231, 353, 418 →智者

と

度阿 276
道感 275
導空 275
道顕 21, 55
導源 275
導西 275
道綽 40, 88, 91, 123, 124, 237, 244, 285, 353
導衆 276
道亘 275
道遍 210, 358→渋谷七郎入道(人名)
道也 275
度脱房 399
曇鸞 40, 124, 285

な

南岳大師(南岳) 201, 203

に

如進 275
忍西 276
仁隆 346

ね

念阿弥陀仏 331
念阿弥陀仏 424→念仏房
然阿弥陀仏 405
念西 275
念生 276
念仏房 424→念阿弥陀仏

の

能信 81, 82

は

婆羅門僧正 56
範源 373
範俊 28

ひ

飛錫 379
敏覚 107

ふ

仏心 275
仏真 276

へ

弁阿 397, 403→聖光房
弁暁 20
弁西 276

ほ

法阿弥陀仏(法阿)
358, 366→千葉六郎胤頼(人名)
法然上人(法然・法然御房・法然房)
3, 14, 29, 30, 53, 75, 84, 87, 88, 108, 118, 119, 143, 153, 157, 228, 236, 262, 314, 316, 323, 331, 333, 335, 341, 343, 345, 349, 363, 374, 380, 385, 388, 398, 404, 406
→源空・勢至(人名)・藤井元彦
法本房(行空) 426→行空
法力房
201, 202→蓮生・熊谷次郎直実(人名)
法蓮房(信空) 42, 43, 48, 50, 149, 226, 276, 304, 319, 325, 336, 337, 339, 349, 358, 362
→称弁・信空
菩提流支 285
法敬 100
法照 188, 290, 347
法性覚 74→経宗(人名)

本蓮房　51→尋玄

み

明雲　87
明恵　344, 368, 384→高弁
明円　119～121
明観　121
明心　121
妙真　205
明禅　118, 348, 352, 354, 355, 363, 367, 369
明遍　47, 107, 344, 345
妙楽　31, 201, 237, 353

む

無我　373→隆寛

ゆ

唯願　377
唯願房　245, 248
惟西　276
遊蓮房(円照)　380, 381

よ

永観　278, 279, 321
永弁　30, 87

ら

来迎房(円空)　359

り

隆寛
48, 232, 332, 338, 356, 373, 374, 380, 392
→皆空・無我
龍樹　43, 155, 200
隆聖房　351
良宴　55, 57
良快　104, 358
楞厳先徳　287→恵心
良信　276
良尋　95
良清　337
良忍　14, 34, 91, 321

れ

蓮恵　276
蓮寂房　405
蓮性　210
蓮生
358→実信房・宇津宮弥三郎頼綱(人名)
蓮上房(尊覚)　207
蓮生　228, 230～234, 236, 238, 239, 276
→法力房・熊谷次郎直実(人名)
蓮台房　217, 218
蓮仏　226, 227→諏方入道(人名)

【人　名】

あ

明石定明　6, 8
顕時(中納言)　362
甘糟太郎忠綱　219, 220
天野四郎　145→教阿弥陀仏(僧尼)
在茂　74
粟田関白　13, 373
阿波介(陰陽師)　136, 137
安帝(東晋)　43

い

韋提希夫人(韋提)　321, 384
一品宮　342

う

宇多天皇→寛平法皇
宇都宮弥三郎頼綱
221, 358→実信房・蓮生(僧尼)
漆時国　4, 6, 7
漆元国　6→神戸大夫
漆盛行　6
運慶　158

え

役行者(優婆塞)　152, 308

お

王羲之　337
応神天皇　5
大炊天皇　40
大胡小四郎隆義　209, 210
大胡大郎実秀　210, 216
小槻宿祢(左大史)　319

か

花山院右大臣　332
兼実　69→月輪殿・円証(僧尼)
兼高(蔵人)　6
兼隆(参議)　331
兼雅(花山院左大臣・権大納言)　58, 75
兼光(中納言)　56
家隆(正三位)　100
菅丞相　308
寛平法皇　74→金剛覚(僧尼)
漢武(武帝)　284
神戸大夫　6→漆元国
桓武天皇　200

き

宜秋門女院　342
木曾冠者　31
北政所(月輪殿)　135
卿二品　76
清原武次　303, 304
公継(野宮左大臣・権大納言)　77, 280
公経(前太政大臣)　99
欽明天皇　108, 282

く

草野郎等　402
九条殿　72→兼実・月輪殿・円証(僧尼)
九条入道将軍(頼経)　413
国弘(漆)　6
熊谷次郎直実(熊谷入道)
221, 228, 229, 232, 235～238, 240, 385
→法力房・蓮生(僧尼)
黒木臣　108
桑原左衛門　329

け

外記大夫　425→師秀
袈裟王丸　332
建春門院　86

こ

康慶　158
向氏　347
後白河法皇(後白川)

21, 55, 61～63, 267→法皇
後鳥羽院　67, 76, 118, 302, 350→上皇
近衛院　10
後堀河院　356
是憲(信濃守)　380
惟宗氏女　84
金剛丸　332

さ

西明寺殿(禅門)　225, 226
定長(奉行人)　59
実氏(右大将)　99
実朝(右大臣)　245, 251
実宗(大宮内府・内大臣)　77, 336
実能(左大臣)　367

し

塩屋入道　358→信生(僧尼)
重兼(三河権守)　13
重経(藤右衛門尉)　71
重俊(漆)　6
重衡(本三位中将)　266～268
重盛(小松内府)　382
四条院　356
渋谷七郎入道　210, 358→道遍(僧尼)
修明門院　67
春華門院→一品宮
順徳院　356
淳仁天皇→大炊天皇
証賀(託摩法印)　116
上宮太子　320→聖徳太子
上皇(後鳥羽)　318, 322, 323
上西門院　43, 67
乗台(画工)　45
聖徳太子　108→上宮太子
聖武天皇　133
秦皇(始皇帝)　284

す

菅原在茂→在茂
菅原為長→為長
菅原道真→菅丞相
資隆(少納言)　13, 373
崇徳院　5
諏方入道　226→蓮仏(僧尼)

せ

勢至 5→藤井元彦・源空・法然上人(僧尼)
清和御門(天皇)　61

そ

宗久経　304
薗田次郎成基　223
薗田太郎成家　223→智明(僧尼)
尊智(絵師・法眼)　96, 102

た

大施太子　298
平清盛→平相国
平重衡→重衡
平重盛→重盛
平時氏(修理亮)　357
平基親→基親
平頼盛→頼盛
高倉院(先帝)　61, 323
高階保遠　312→西忍(僧尼)
隆信(右京権大夫) 62, 75, 423→戒心(僧尼)
但馬宮　117, 350, 363, 380→雅成親王
忠通　10, 94→法性寺殿
為長(菅宰相)　96, 102, 345

ち

親季(加賀権守)　406→証玄(僧尼)
親経(中納言)　395
親盛(大和前司)　63, 114→見仏(僧尼)
千葉六郎胤頼 358, 366→法阿弥陀仏(僧尼)
忠仁公　306
張丞相(宋)　347

つ

月輪殿(禅閤・禅定殿下)　10, 69, 104, 116, 123, 135, 236, 277, 280, 306, 308, 313, 314,

318, 358, 375, 398
→兼実・九条殿・円証(僧尼)
土御門院 63, 273
土御門通親→通親
経宗(大炊御門左大臣) 74→法性覚(僧尼)
津戸三郎為守
240, 245, 249, 250, 315, 410→尊願(僧尼)

て

定家(民部卿) 101
天智天皇 133

と

時広(右馬允) 332
俊基(薗田・淡路守) 224, 225
鳥羽院 56, 94
朝直(相模四郎) 378, 379
頓宮兵衛尉(入道)
357, 358→内藤五郎盛政・西仏(僧尼)

な

内藤五郎盛政
357→頓宮兵衛尉・西仏(僧尼)
中原朝臣(右大史) 304
中原師秀→外記大夫・師秀
長房(民部卿) 344
成頼(参議) 348

に

二条院 363
新田太郎 217
二品禅尼 207, 249→金剛戒(僧尼)
仁明天皇 6

の

後京極殿 116, 307, 314
後法性寺殿 69→月輪殿
信実(左京大夫) 204, 423
信賢(陪従) 331
教家(権大納言) 96
範季(三位) 70
範光(民部卿) 76→静心(僧尼)
範宗(正四位下) 102

は

幕下将軍(右幕下) 228, 240, 395
白楽天 308
秦氏 4, 5, 8

ひ

東山禅閤 314→藤原道家・道家
光(西三条右大臣) 6
秀郷(将軍) 223
秀能(官人) 302

ふ

藤井元彦 303, 304, 318
→勢至・源空・法然上人(僧尼)
藤原顕時→顕時
藤原朝臣(左少弁) 304
藤原朝臣(権右中弁) 319
藤原兼子→卿二品
藤原兼実→月輪殿
藤原兼隆→兼隆
藤原兼雅→兼雅
藤原兼光→兼光
藤原家隆→家隆
藤原公継→公継
藤原公経→公経
藤原惟方→別当入道惟方
藤原定長→定長
藤原実宗→実宗
藤原実能→実能
藤原隆衡(権中納言) 318
藤原忠季(侍従所監) 97
藤原忠経→花山院右大臣
藤原忠通→忠通
藤原親経→親経
藤原経宗→経宗
藤原定家→定家
藤原長房→長房
藤原成頼→成頼

藤原教家→教家
藤原範季→範季
藤原範光→範光
藤原道家(従一位)　315→東山禅閣・道家
藤原道兼→粟田関白
藤原光親→光親
藤原宗家→宗家
藤原宗貞(左衛門志)　84, 85
藤原基房→基房
藤原基家→基家
藤原師長→師長
藤原保季→保季
藤原能清→能清
藤原良経→後京極殿
藤原良房→忠仁公
藤原頼実→頼実

へ

平相国　266, 309
別当入道惟方　333, 337

ほ

法皇(後白河)　56〜59, 323
北条時頼→西明寺殿
北条朝直→朝直
北条政子→二品禅尼
彭祖　285
法性寺殿　10, 69, 94→忠通
堀川院　6
堀河太郎　334, 335

ま

真清(薄師)　331
雅成親王　117→但馬宮

み

参河局　332
道家(前摂政)　97→東山禅閣・藤原道家
通親(久我内府)　406
通憲(少納言)　107, 114, 380
光親(中納言)　313, 314, 318, 323
源実朝→実朝
源年(式部太郎)　6
源長明(伯耆守)　6
源光→光
源義仲→木曾冠者
源頼朝→幕下将軍

む

宗家(大納言)　58

も

基家(大納言)　98
基親(兵部卿)　255〜258
基房(松殿)　69
守朝(津戸・民部大夫)　252
森入道　376, 377→西阿(僧尼)
師長(妙音院入道相国)　55
師秀(外記入道)　71→外記大夫
師盛(備中守)　382
文徳天皇　40

や

弥次郎入道　216
保季(従三位)　101

ゆ

行隆(右大弁)　267, 276, 362
行光(信濃前司)　248

よ

能清(一条宰相)　419
義孝(少将)　99
頼実(中山相国)　96, 318
頼盛(大納言)　346

【典　籍】

あ行

阿弥陀経(弥陀経)　115, 184, 199, 200, 231, 289, 314, 373, 401～403, 415, 417, 418 →小阿弥陀経
安楽集　285
一枚消息　383
一切経　16, 25, 30, 33, 320, 385
恵心伝記　353
円宗文類　20
往生拾因→拾因
往生大要抄　130
往生伝　31, 96, 332
往生要集(要集)　33, 37, 61, 83, 136, 196, 232, 278, 320, 397, 422
往生礼讃(礼讃)　196, 215, 256, 258
往生論　201

か行

戒珠集　97～100
戒本十重禁次第　250
観経　66, 185, 193, 269, 286, 288, 289, 293, 294, 342, 407, 416 →観無量寿経
観経疏(疏)　29, 36, 40, 41, 128, 136, 196, 199, 216, 232, 256, 258, 345, 406→四帖疏
観仏経　269
観無量寿経　172, 213, 231, 244, 285, 287, 385→観経
義釈　24～26
羈中吟　377
玉葉集　271
弘決　351
倶舎論　27
群疑論　422
花厳経(花厳)　42, 43, 281
解深密教　26
決定往生集　233
玄義分序題門　418
顕真消息　90
顕選択　356
高僧伝　40
五会法事讃　188, 347
後拾遺往生伝　97
小消息　163
護法論　347
金剛宝戒　399
金光明経　339

さ行

摧邪輪　344, 345, 368
摧邪輪荘厳記→荘厳記
最勝王経　200
三大部　14
三昧発得記　46
四教義　12
四帖疏　222→観経疏
七難消滅法　136
四分律　343
拾因(十因)　278, 321
十住心論(十住心)　19, 24～26
十二門戒儀　266
述懐抄　349, 369
授菩薩戒儀→十二門戒儀
首楞厳経　52
小阿弥陀経　190, 194, 385→阿弥陀経
荘厳記　344
荘厳論　368
浄土往生伝→戒珠集
浄土決疑抄(決疑抄)　340, 341, 343
浄土三部経(三部経・三部妙典)　63, 64, 66, 67, 89, 269, 351, 385, 417
上人伝　226
続千載集　271
心経　364
新修往生伝　96, 101
新千載集　272
真如観　351
浅近念仏抄　104
専修浄業文　247

選択集(選択)　71, 107, 108, 123, 341, 344～346, 349, 350, 367, 368, 369, 375, 383, 398, 425, 426
双巻経(双巻)　66, 136, 256, 259→無量寿経
双観経　351→無量寿経
像法決疑経　292
続選択　346
続本朝往生伝　101

た行

大経　123, 132, 134, 157, 191, 288, 407, 408 →双巻経・双観経・無量寿経
大経釈　134
大集月蔵経　123
大乗荘厳経論→荘厳論
大聖竹林寺記　290
大智度論→大論
大日経　19
大日経義疏→義釈
大般若経　79
大論　292
弾選択　356

な行

日本往生極楽記→保胤往生伝
日本往生伝　76
念仏安心書　217
念仏往生修行門　403

は行

婆娑論　27
破法論　347
般舟三昧経　290
般若経(般若)　164, 281
般若心経→心経
法華経(法花)　87, 115, 142, 143, 164, 200, 233, 309, 342, 380 →妙法花経
発願文(蓮生)　233
法華三大部→三大部

ま行

摩訶止観(止観)　351, 397
摩訶止観輔行伝弘決→弘決
末代念仏授手印　400
末法灯明記　390
妙行業記　37
妙法花経　339→法華経
無量義経　44
無量寿経　125, 210, 385, 415 →大経・双巻経・双観経
無量寿経釈→大経釈
門弟記録　410

や・ら行

保胤往生伝　99
唯信抄　114
維摩経　347
瑜伽論　368
夢記(蓮生)　232, 233
夢記(源弘)　418
来迎讃　75, 402

【寺　院】

あ行

安居院　114, 116, 120, 121, 380, 405
引摂寺　85
引導寺　63
雲居寺　84, 85, 370
雲林院　367
恵光房　30
恵心院　30
延年寺　366
円融房　93
延暦寺　8, 80, 397, 420→山門
往生院(嵯峨)　424, 425
往生院(肥後)　400
園城寺(園城)　55, 60, 61, 341→寺門・三井寺

か行

笠置　406
勝尾寺　35, 271, 319, 322
賀茂神宮堂　384→功徳院
勧修寺　28
鏡智房　92
清水寺　81, 82, 333
功徳院(賀茂)　384→賀茂神宮堂
功徳院(比叡山)　13, 264
鞍馬寺　91
厨寺　400
興福寺　77, 82, 268, 280
光明山　107
光明寺(粟生野)　360
光明寺(筑後)　401
広隆寺　327, 359
粉河　401

さ行

最勝四天王院　318
西林院　118, 350, 352
山王院　28
山門　21, 31, 55, 60, 61, 93, 94, 219, 267, 273, 276, 278, 348, 357, 358, 374→延暦寺
四天王寺(天王寺)　96, 108, 109, 332, 422, 423
持宝房　10, 12
寺門　344→園城寺・三井寺
謝司空寺　43
十禅師　31
修善院　381
首楞厳院(楞厳院)　58, 92, 367
松苑寺　82
勝応弥陀院　85
聖護院　79
上乗院　346
勝智房　92
性智房　92
浄土院　93
浄土寺　356
生福寺　53, 312
聖霊院　102
清涼寺　17, 425
勝林院　89, 91
青蓮院　94
真如堂　118
善光寺　109, 222, 418
善通寺　317
善導寺　401
禅林寺(禅林)　278, 335, 344, 346

た行

醍醐　346
大聖竹林寺　290
当麻寺　40
滝山寺　81
誕生寺　5
檀那　348
知恩院　329, 334, 423
竹林房　31, 80, 114
中院　28
長楽寺　373, 376, 380

天福寺　402
東寺　28, 55
東大寺
　89, 138, 240, 266～269, 343, 394～396

な行

二尊院　41, 360, 367, 368, 405
仁和寺　18, 81, 142, 143, 331, 345, 346, 372

は行

毘沙門堂　348, 363, 367, 369
仏智房　92
法界房　59
宝地房　29, 397
法住寺　61, 86
宝幢院　423
法曼院　348
菩提寺(醍醐)　372
菩提寺(美作)　8
法勝寺　151
法性寺　306, 420, 422

ま行

三井寺(三井)
　21, 70, 162, 339→園城寺・寺門
妙覚寺　265
妙香院　104, 358
妙智房　92
弥勒寺　143

や・ら行

善峰寺　94, 418
来迎房　376
霊山寺　50
蓮花王院　62, 63, 323
蓮華寺　385, 392

【地　名】

あ行

粟生野　359, 360
赤築地　405
朝日山　368
姉小路白川　366
油山　397
粟田口　333
安房国　240
安楽谷　92
飯山　376, 378
池上　92
石垣　426
石橋　240
伊豆国　205
出雲路　426
一条堀川　406
一谷　266
一切経谷　332
稲岡庄(稲岡)　4, 6
猪俣　219
瀛州(中国)　284, 397
越後国　259
大谷　35, 324, 346, 356
大原　14, 86, 89, 92, 93, 394
大峰　153
岡　19→仁和寺岡
小倉　223, 225
押小路殿　59
小野　346

か行

角張　308
笠原庄　264
勝尾　221
加月庄　397
河東押小路　55
鎌倉　120, 207, 376, 378, 395

上醍醐　394
賀茂　35, 383, 384
鴨河　356
河内国　145, 364
河村　145, 150
関東　234, 250, 411→東関・坂東
祇園　329
九州　119→鎮西
京都(京)　120, 153, 221, 232, 234, 237, 244, 259, 319, 365　→都・洛陽
経島　309
清水　372
金谷(中国)　282
金峰　133
九条　143
九条殿　72
久野　152
熊谷　238
熊野山(熊野)　153, 302, 316
久米　6
久米南条　4
黒谷　16, 20, 28, 42, 339, 362→西塔黒谷
上野国　119, 209, 223, 356
上妻　402
柙戸　319
高野山(高野)　47, 107, 111, 112, 133, 344, 395, 401, 423
高良山　400
国府　119
五条坊門富小路　143
五台山(中国)　290→清涼山
小松谷　306
小松殿　35, 116, 375
子松庄　312
小屋原　210
崑崙(中国)　397

さ行

西国　39, 192
西塔北谷　10
西塔黒谷　14→黒谷
西塔南谷　255
嵯峨　17, 26, 359, 367, 425
相模国　145, 376
さくらの池　264
ささき野　383
讃岐国(讃州)　53, 308, 312, 315
讃良　364
三条小川　331
三条白川　56
塩飽　312
鹿谷　302
四条京極　331
四条堀河　334
四条万里小路　150
日域　308, 347→日本
信濃国(信州)　308, 418
四明　9, 35, 42, 357, 367, 397 →台嶺・天台山・比叡山
樹下谷　372
鷲峰(印度)　281
清涼山(中国)　290→五台山
白川(白河)　339, 362
志楽庄　143
新安楽　92
震旦　40, 43, 74, 121, 209, 308, 347
周防　395
椙生(杉生)　13, 264
酒長御厨　223
西山　406
摂津国　309, 319
走湯山　205

た行

大原(中国)　98
醍醐　18, 19, 133, 267, 370, 372, 395
台嶺　9→四明・天台山・比叡山
高砂浦　309
竹谷　370, 372
丹後国(丹後)　83, 143
筑後国　118, 400, 401
筑前国　397

鎮西　39, 75, 118, 197, 254, 360, 397, 398, 404, 405 →九州
月輪殿　50, 69, 70, 73, 229
津戸郷　248
天竺　74, 121
天台山　143→四明・台嶺・比叡山
東関　376→関東・坂東
東国　149
東都　339
東塔　80, 93
東塔南谷　397
遠江国　152, 264, 369, 385
栂尾　344
土左国　303, 308, 318
都率　351
鳥羽　230, 232, 309
鳥居岡　58
鳥部野　369

な行

中川　23, 27
那河郡　216
並榎　356, 376
南都　8, 17, 82, 266, 269, 273, 281, 291, 302, 394
西谷　319
西山　35, 222, 327, 334, 359, 381, 418
日光　120
日本　133, 209, 345, 385→日域
仁和寺岡　18→岡

は行

花薗　332
祓殿辻子　366
波羅奈国(印度)　298
播磨国(播磨)　39, 309, 368
坂東　39, 234→関東・東関
日吉　87, 95, 219
比叡山(叡岳・叡山)　10, 86, 114, 133, 200, 255, 264, 373, 420, 424 →四明・台嶺・天台山
東石蔵　335
東山　35, 302, 331, 366, 405
肥後国　400
備前　395
広沢　346
広谷　35
武当山(中国)　44
平州(中国)　244
方丈(中国)　284
蓬莱(中国)　284, 397
北京　291
北嶺　220, 273, 281, 302, 339
北陸　263
菩提山　69

ま行

水尾峰　327
水飲　58
見附国府　392
美作国(美作)　4, 6, 84
都　266→京都・洛陽
武蔵国(武州)　216, 219, 228, 229, 235, 238〜240, 315, 329
陸奥国(奥州)　39, 376, 426
村岡市　238
室泊　310
唐土　40, 76, 247, 284, 382, 385

や・ら行

八坂　63
山本　401
八幡　332
揚州(中国)　43
横川　57
横路　369
吉水　35, 80, 85, 94, 134, 209, 329, 385, 397, 398
善峰　381
予州　398
洛中　53, 318, 319, 344
洛陽　239, 305→京都・都

六条川原　302
六波羅　357